Joseph Kardinal Höffner
Christliche Gesellschaftslehre

Joseph Kardinal Höffner

CHRISTLICHE GESELLSCHAFTSLEHRE

Herausgegeben, bearbeitet und ergänzt

von Lothar Roos

Verlag Butzon & Bercker Kevelaer

Die Deutsche Bibliothek – CIP-Einheitsaufnahme

Höffner, Joseph:
Christliche Gesellschaftslehre / Joseph Kardinal Höffner.
Hrsg., bearb. und erg. von Lothar Roos. – Neuausg. –
Kevelaer : Butzon und Bercker, 1997
  ISBN 3-7666-0107-5

ISBN 3-7666-0107-5

Neuausgabe 1997
© 1997 Verlag Butzon & Bercker D-47623 Kevelaer
Alle Rechte vorbehalten
Umschlaggestaltung: Elisabeth von der Heiden, Geldern, unter
Verwendung eines Logos von Prof. Kurt Wolff, Düsseldorf
Satz und Layout: Wolfgang Fischer, Bonn

INHALT

DRITTER ABSCHNITT: DIE WIRTSCHAFT

VORWORT ZUR NEUAUSGABE

Es gibt wohl kein erfolgreicheres Lehrbuch der Soziallehre der Kirche als Höffners „Christliche Gesellschaftslehre". Erstmals 1962 veröffentlicht, erlebte es in gut zwanzig Jahren bis 1983 acht z. T. erweiterte Auflagen und sechs fremdsprachliche Übersetzungen (1964 Englisch und Spanisch; 1967 Japanisch; 1970 Portugiesisch bzw. Brasilianisch; 1979 Italienisch und Koreanisch). Auch dadurch wird deutlich, daß es sich um ein weltkirchlich offensichtlich einmaliges Werk handelt. Das „Erfolgsgeheimnis" des Autors liegt in einer wohl ebenfalls einzigartigen Kombination von Eigenschaften. Joseph Höffner war Historiker und Systematiker, Theologe und Nationalökonom, Grundlagenforscher und „Popularisator", Professor und Bischof.

Joseph Höffner wurde 1906 in Horhausen (Westerwald) in einer kinderreichen bäuerlichen Familie (er hatte sieben Geschwister) geboren. 1929 wurde er an der päpstlichen Universität Gregoriana in Rom zum Doktor der Philosophie und, nach der 1932 empfangenen Priesterweihe, 1934 mit einer Arbeit über „Soziale Gerechtigkeit und soziale Liebe" dort auch zum Doktor der Theologie promoviert. Mit der sozialhistorisch-sozialethischen Studie „Bauer und Kirche im deutschen Mittelalter" erwarb er in Freiburg i. Br. 1938 zusätzlich einen deutschen theologischen Doktorgrad. Seine volkswirtschaftlichen Studien krönte er an der gleichen Universität mit der von Walter Eucken betreuten, 1940 abgeschlossenen Dissertation über „Wirtschaftsethik und Monopole im 15. und 16. Jahrhundert". Schließlich habilitierte er sich 1944 ebenfalls in Freiburg i. Br. im Fach Moraltheologie mit dem Thema „Christentum und Menschenwürde. Das Anliegen der spanischen Kolonialethik im Goldenen Zeitalter" (1947 veröffentlicht).

1945 wird Joseph Höffner Professor für Pastoraltheologie und Christliche Soziallehre am Priesterseminar in Trier, 1951 übernimmt er den Lehrstuhl für Christliche Sozialwissenschaften an der Universität Münster. Er begründet dort 1960 das „Jahrbuch für Christliche Sozialwissenschaften". Neben seiner Lehr- und Forschungstätigkeit beteiligt er sich am politisch-gesellschaftlichen Wiederaufbau des Nachkriegsdeutschland u. a. als Mitglied der wissenschaftlichen Beiräte bei den Bundesministerien für Familien- und Jugendfragen, für Wohnungsbau, für Arbeit und Sozialordnung, als Leiter des Sozialreferats im Zentralkommitee der Deutschen Katholiken sowie als Geistlicher Berater des Bundes Katholischer Unternehmer.

Höffners „Christliche Gesellschaftslehre" erschien im Jahr seiner Ernennung zum Bischof von Münster (1962) als gereifte Frucht seiner langjährigen akademischen Lehrtätigkeit. Ihre akademische und kirchliche Wirkung entfaltete sie also erst in der Zeit, als ihr Verfasser als Bischof von Münster bzw. als Erzbischof von Köln (seit 1969) und Vorsitzender der Deutschen Bischofskonferenz (seit 1976) das Amt des Universitätsprofessors mit dem des Bischofs vertauscht hatte. Wie sehr er aber auch in seiner bischöflichen Verkündigung aus den Quellen der kirchlichen Soziallehre reichlich zu schöpfen vermochte, zeigen – neben vielen anderen Veröffentlichungen – vor allem seine berühmten Vorträge bei der Herbstvollversammlung der Deutschen Bischofskonferenz. Ihre letzten Titel lauteten: „Soziallehre der Kirche oder Theologie der Befreiung?" (1984); „Wirtschaftsordnung und Wirtschaftsethik" (1985) sowie „Der Staat. Diener der Ordnung" (1986). Der Vortrag von 1985 wurde in fast 30 Ländern verbreitet. Nicht zuletzt deshalb, weil sein Verfasser durch das weltkirchliche Gewicht des Erzbistums Köln und durch seine vielfältigen Pastoralreisen als Vorsitzender der Deutschen Bischofskonferenz in vielen Ländern der Dritten Welt selber ein immer mehr geachteter Botschafter der Soziallehre der Kirche geworden war. Noch im Dezember 1986 (Joseph Höffner verstarb am 16. Oktober 1987) führte ihn eine ausgedehnte Reise u. a. nach Nicaragua, Mexiko, in die Philippinen und nach Hongkong. In Nicaragua traf er sich in einer schwierigen politischen Vermittlungsmission mit dem sandinistischen Regierungschef Ortega, in Mexiko-City und Manila wurde er jeweils von wirtschaftswissenschaftlichen Fakultäten mit der Ehrendoktorwürde ausgezeichnet.

Vor diesem biographischen Hintergrund[1] werden Eigenart und weltweite Wirksamkeit des Höffnerschen Lehrbuches verständlich. Joseph Höffner war zutiefst davon überzeugt, daß die gesellschaftliche Mitverantwortung der Kirche nur auf dem Fundament der klassischen, von Bischof Ketteler und Leo XIII. initiierten und stets weiter zu entwickelnden Soziallehre der Kirche wahrgenommen werden könne. Liebenswürdig, humorvoll, gelegentlich nicht ohne spitze Ironie, stets scharfsinnig Historie, Empirie und theologisch-ethische Systematik miteinander ins Spiel bringend, entfaltet er die Soziallehre der Kirche in seinem Lehrbuch und verteidigt sie gegen ideologische Angriffe von außen wie gegen modische Ersatzformen von innen. So entstand ein klassisches Lehrbuch, das die mittelalterliche Tradition der kirchlichen Soziallehren, wie sie erstmals bei Thomas von Aquin oder der spanischen Spätscholastik aufleuchten, aus eigenen Quellenstudien ebenso kennt und verarbeitet wie die mit „Rerum novarum" (1891) beginnende moderne Tradition der kirchlichen Sozialverkündigung. Von ihr sagt das Zweite Vatikanische Konzil, die Kirche nehme „immer und überall ... das Recht in Anspruch, in wahrer Freiheit den Glauben zu verkünden, ihre Soziallehre kundzumachen ... und auch politische Angelegenheiten einer sittlichen Beurteilung zu unterstellen, wenn die Grundrechte der menschlichen Person oder das Heil der Seelen es verlangen" (GS 76). Gemäß Höffners Vorwort zur letzten von ihm besorgten Auflage will seine „Christliche Gesellschaftslehre" einem vom Konzil wiederholt ausgesprochenen Anliegen dienen: Die Gläubigen sollen die Grundsätze der Soziallehre „so studieren, daß sie fähig werden, für ihren Teil am Fortschritt der Lehre wie an der rechten Anwendung derselben auf den einzelnen Fall mitzuwirken" (AA 31), getreu der Mahnung Johannes' XXIII.: „Vor allem wünschen Wir, daß sie (die Christliche Gesellschaftslehre) in den katholischen Schulen aller Stufen, ganz besonders aber in den Seminarien, als Pflichtfach vorgetragen werde ... Außerdem soll die Sozial-

---

[1] Vgl. die ausführliche biographische Würdigung von L. Roos: Joseph Kardinal Höffner (1906–1987), in: J. Aretz/R. Morsey/A. Rauscher (Hg.), Zeitgeschichte in Lebensbildern. VIII. Mainz 1997, 173–195, 319–320.

lehre in die religiöse Bildungsarbeit der Pfarreien und der apostolischen Laienbewegungen aufgenommen werden" (MM 223). Wer wissen will, was die Kirche in diesem Bereich lehrt und vertritt, der steht bei Höffner immer auf sicherem Grund. Zugleich ist sein Lehrbuch sehr persönlich geprägt. Man spürt an vielen Stellen die Verbindung zwischen akademischer Forschung und Lehre, sozial-ethischer Politikberatung und pastoraler Weisung. Diese Elemente werden in so origineller Weise verbunden, daß Ansatz und Stil dieses Lehrbuches kaum kopiert werden können. Insofern verbietet sich der Versuch einer Überarbeitung.

Welcher Sinn aber liegt darin, es vierzehn Jahre nach seiner letzten Auflage heute wieder zugänglich zu machen? Gewiß gibt es seitdem eine intensive wissenschaftstheoretische Diskussion über die Begründung von Ethik im allgemeinen und das Selbstverständnis der Katholischen Soziallehre im besonderen. Auch gibt es Themenfelder, die in einem heutigen Lehrbuch der Christlichen Gesellschaftslehre ausführlicher dargestellt werden müßten, etwa eine politische Ethik der Demokratie, das Verhältnis von Kirche und demokratischer Gesellschaft oder weitergehende ökologische und weltwirtschaftliche Fragestellungen. Aber alles, was sich hier sagen ließe, kann nicht von jenen Fundamenten und Lösungen absehen, die die kirchliche Sozialverkündigung in ihrer langen und insbesondere modernen Geschichte der päpstlichen Sozialenzykliken seit Leo XIII. vorgelegt hat. Für dieses sichere und bleibend wichtige Fundament steht das Lehrbuch von Joseph Höffner. Auch wenn ein Teil des dort angeführten statistischen Materials und manche Anwendungsbeispiele überholt sein mögen, so gilt dies in keiner Weise für die Substanz der Aussagen. Wer sich ein Bild und eine zutreffende Vorstellung von den methodischen Grundlagen, den prinzipiellen Positionen und den sozialethischen Konsequenzen der kirchlichen Sozialverkündigung machen will, für den bleibt Höffners „Christliche Gesellschaftslehre" nach wie vor ein wichtiges, nicht überholtes Grundlagenwerk.

In einer Hinsicht ist eine Ergänzung allerdings möglich und auch sinnvoll: Nach der letzten Auflage des Lehrbuches (1983) wurde die päpstliche Sozialverkündigung durch die beiden Sozialenzykliken „Sollicitudo rei socialis" (1987) und „Centesimus annus" (1991) in nicht unwesentlicher Weise weitergeführt. Die erste von Johannes Paul II. veröffentlichte Enzyklika „Laborem exercens" (1981) wurde von Kardinal Höffner in der letzten Auflage z. T. bereits berücksichtigt. Insofern liegt es nahe, die offizielle päpstliche Sozialverkündigung in ihren jüngsten und wesentlichen Aussagen hinzuzufügen. Dies geschieht in der vorliegenden Ausgabe an den sachlich jeweils gebotenen Stellen in Form behutsamer Ergänzungen. Außerdem wurden die Fußnoten und Literaturangaben vereinheitlicht, einige Quellenhinweise aus dem Text in den Anmerkungsapparat verbracht bzw. nachgetragen und ein Abkürzungsverzeichnis beigefügt. Eingriffe des Herausgebers im Text sind durch eckige Klammern gekennzeichnet. Es handelt sich dabei um wenige Auslassungen (in der Hauptsache von veraltetem statistischen Material, bei dem aktuelle Zahlen unschwer zu beschaffen sind) und um die bereits erwähnten Ergänzungen.[2]

Die Neuausgabe macht einen gefragten „Klassiker" unter den Lehrbüchern nun auch für den deutschen Sprachraum wieder zugänglich (eine neue englische und litauische Übersetzung liegen bereits vor, eine spanische ist in Vorbereitung). Der Leser hat so ein Lehrbuch zur Verfügung, daß sich der Soziallehre der Kirche von ihren Anfängen bis zur Gegenwart verpflichtet weiß und das zugleich hinsichtlich der Grundaussagen der päpstlichen Sozialverkündigung auf dem neuesten Stand ist.

Lothar Roos

---

[2] Für die Unterstützung bei der Überarbeitung des Werkes und die Erstellung der Druckvorlage verdient mein wissenschaftlicher Mitarbeiter Wolfgang Fischer besonderen Dank.

EINLEITUNG

§ 1 Anliegen und Begriff der Christlichen Gesellschaftslehre

1. Die Christliche Gesellschaftslehre (Soziallehre) ist weder ein Bündel praktischer Weisungen zur Lösung der „Sozialen Frage" noch eine geschickte Auswahl gewisser für die christlich-soziale Schulung brauchbarer Erkenntnisse der modernen Soziologie, sondern „ein integrierender Bestandteil der christlichen Lehre vom Menschen" (MM 222). Eine besondere Bedeutung hat die Christliche Gesellschaftslehre, die von der Kirche „von den ersten Jahrhunderten an"[1] verkündet worden ist, im Zeitalter des Industrialismus erlangt, was durch die großen Sozialenzykliken „Rerum novarum" (1891), „Quadragesimo anno" (1931), „Mater et Magistra" (1961), „Pacem in terris" (1963), „Populorum progressio" (1967) und „Laborem exercens" (1981) sowie durch die Pastoralkonstitution des II. Vatikanischen Konzils „Gaudium et spes" über die Kirche in der Welt von heute bestätigt wird.

[Zwanzig Jahre nach „Populorum progressio" bringt Johannes Paul II. die „soziale Sorge der Kirche mit dem Ziel einer wahren Entwicklung des Menschen und der Gesellschaft" (SRS 1) erneut unter gewandelten Verhältnissen in der Enzyklika „Sollicitudo rei socialis" (1987) zum Ausdruck. Der hundertste Jahrestag von „Rerum novarum" ist schließlich der Anlaß für „Centesimus annus" (1991), seiner wohl gewichtigsten Sozialenzyklika.]

2. Die *theologische* Erheblichkeit der Christlichen Gesellschaftslehre ergibt sich aus fünf Erwägungen:

a) Der Mensch ist Ebenbild Gottes, durch Christi Blut erlöst und zur ewigen Gemeinschaft mit Gott berufen. Er darf nicht zum Gegenstand und Mittel staatlicher, gesellschaftlicher oder wirtschaftlicher Prozesse erniedrigt werden. Denn „die Ordnung der Dinge muß der Ordnung der Personen dienstbar werden und nicht umgekehrt" (GS 26). Die Liebe zu Gott und zum Nächsten ist das große Gebot des Neuen Bundes.

---

[1] *Pius XII.*, 23.2.1944 (UG 94).

b) Christus hat den *ganzen* Menschen, auch sofern er wesenhaft auf das Du und die Gemeinschaft bezogen ist, erlöst. Es wäre eine verdächtige Verkürzung der christlichen Lehre vom Menschen, wenn man in ihm nur die von Gott angerufene Einzelseele sehen würde.

c) Einem weitverbreiteten Supranaturalismus gegenüber betont die Christliche Soziallehre, daß es auch nach dem Sündenfall eine in der gesellschaftlichen Veranlagung des Menschen grundgelegte, d. h. gottgewollte Ordnung des gesellschaftlichen Zusammenlebens gibt. Diese „gesellschaftliche Ordnung, ihre Wiederherstellung und ihre Vollendung nach dem Heilsplan der Frohbotschaft" (QA), ihre „Gestaltung im Licht der christlichen Lehre" (MM) ist Gegenstand der Christlichen Gesellschaftslehre. Gott hat den gefallenen Äon nicht seinem Widersacher überlassen.

d) Heilsmäßig kommt den gesellschaftlichen Verhältnissen infolge unserer demütigenden Abhängigkeit vom jeweiligen Milieu eine erschütternde Bedeutung zu, weil die Menschen „aus den gesellschaftlichen Verhältnissen heraus, in denen sie leben und in die sie von Kindheit an eingefangen sind, oft vom Tun des Guten abgelenkt und zum Bösen angetrieben werden" (GS 25). Die Verkehrung der gottgewollten Ordnung macht es in der Tat „einer ungeheuer großen Zahl von Menschen außerordentlich schwer", „das eine Notwendige, ihr ewiges Heil, zu wirken" (QA 130). Heilswidrige Verhältnisse, z. B. die Elendszustände in manchen Entwicklungsländern, sind Ärgernisse, die nach Abhilfe rufen, und zwar nicht nur in der Form der Sozialkritik und des Almosens, sondern auch der gesellschaftlichen Neuordnung nach den Grundsätzen der Christlichen Soziallehre. Das harte und leidenschaftliche Ankämpfen gegen Armut, Hunger, Krankheit, Elend und Not ist christliche Pflicht. Voreiliges Resignieren wäre keine christliche Ergebung in den Willen Gottes, sondern fatalistischer Quietismus, der dem christlichen Glauben den Vorwurf einbrächte, er sei „Opium für das Volk".

e) Daß die Christliche Gesellschaftslehre „ein integrierender Bestandteil der christlichen Lehre vom Menschen" [(MM 222)] ist, folgt zutiefst aus der Menschwerdung Christi. Indem das Wort

Gottes „eine wirkliche menschliche Natur" annahm, „trat es auch in das geschichtliche und gesellschaftliche Leben der Menschheit ein", so daß ein Christ, der „die Ordnungskraft des Glaubens für das öffentliche Leben" brachliegen ließe, einen „Verrat am Gottmenschen" begehen würde. Wegen der Menschwerdung Christi ist die Kirche „das Lebensprinzip der menschlichen Gesellschaft"[2]. Die Gegenüberstellungen „Kirche und Welt", „Kirche und Staat", „Gnade und Natur", „Glaube und Vernunft" haben zwar ihren Sinn, dürfen aber nicht so verstanden werden, als ob die Kirche schlechthin außerhalb der Welt stünde. Kirche und Welt durchdringen einander. Die Kirche führt nicht nur – an der Peripherie stehend – einen Dialog mit der Welt, sondern ist heilshaft als „Sauerteig" (Mt 13,33), als „Salz der Erde" (Mt 5,13), als „Samenkorn" (Mt 13,24), als „Licht der Welt" (Mt 5,14) in der Mitte der Welt gegenwärtig. Durch die Epiphanie Christi ist die ganze menschliche Geschichte in das Heilswerk Gottes einbezogen. Meisterhaft, wenn auch in negativer Umschreibung, hat der heilige Paulus diese Wahrheit ausgesprochen: „Ich bin überzeugt, daß weder Tod noch Leben, weder Engel noch Mächte, weder Gegenwärtiges noch Zukünftiges, noch Gewalten, weder Höhe noch Tiefe noch irgendein anderes Geschöpf uns trennen kann von der Liebe Gottes in Christus Jesus unserem Herrn" (Röm 8,38–39). „Durch die Menschwerdung hat Gott dem menschlichen Leben jene Dimension gegeben, die er ihm von Anfang an zugedacht hat" (RH 1).

[Johannes Paul II. betont immer wieder, daß eine wirklich humane Gesellschaft nur auf der Basis eines verbindlichen Ethos errichtet werden kann, das seine sicherste Begründung in der „transzendenten Wahrheit" über den Menschen findet. „Wenn es keine transzendente Wahrheit gibt, der gehorchend der Mensch zu seiner vollen Identität gelangt, gibt es kein sicheres Prinzip, das gerechte Beziehungen zwischen den Menschen gewährleistet." Die Würde des Menschen gründet letztlich darin, daß er „sichtbares Abbild des unsichtbaren Gottes ist" (CA 44).]

3. Auf Grund der bisherigen Überlegungen läßt sich die Christliche Gesellschaftslehre *definieren* als das Gesamt der sozialphiloso-

---

[2] Vgl. *Pius XII.*, 17.8.1958 (UG 4520).

phisch (aus der wesenhaft sozial veranlagten Menschennatur) und sozialtheologisch (aus der christlichen Heilsordnung) gewonnenen Erkenntnisse über Wesen und Ordnung der menschlichen Gesellschaft und über die sich daraus ergebenden und auf die jeweiligen geschichtlichen Verhältnisse anzuwendenden Normen und Ordnungsaufgaben.

§ 2 Methode der Christlichen Gesellschaftslehre

1. Die Christliche Gesellschaftslehre umfaßt sowohl seinswissenschaftliche als auch normative Disziplinen, wobei sie sich sozialphilosophischer und sozialtheologischer Methoden bedient. Auf den Einwand, die Sozialphilosophie sei nicht typisch „christlich", ist zu entgegnen, daß es nach der Lehre des Zweiten Vatikanischen Konzils Aufgabe der Kirche ist, „die Wahrheit, die Christus ist, zu verkündigen und authentisch zu lehren, zugleich auch die Prinzipien der sittlichen Ordnung, die aus dem Wesen des Menschen selbst hervorgehen, autoritativ zu erklären und zu bestätigen" (DH 14). Dazu kommt, daß viele „natürliche" Wahrheiten der Sozialmetaphysik und Sozialethik durch die göttliche Offenbarung ausdrücklich bestätigt worden sind und dadurch eine Gewißheit erlangt haben, wie sie das philosophische Denken nicht zu erreichen vermag. Im übrigen geht die Christliche Gesellschaftslehre davon aus, daß die „Grundsätze des Naturrechts und die Offenbarungswahrheiten, wie zwei keineswegs entgegengesetzte, sondern gleichgerichtete Wasserläufe, beide ihre gemeinsame Quelle in Gott"[3] haben und daß beide zwar verschiedene, nicht gleichrangige Bereiche sind, sich jedoch in der *einen* von Christus erlösten menschlichen Person treffen. Die von Gott erschaffene konkrete menschliche Natur ist seinshaft auf Christus bezogen und in die – Natur und Übernatur umgreifende – Erlösungsordnung aufgenommen. Nach christlichem Verständnis hat die Erbsünde die menschliche Natur zwar „verwundet und geschwächt", die Anlagen und Kräfte des Menschen jedoch „nicht

---

[3] *Pius XII.,* 1.6.1941 (UG 498).

im Innern getroffen", wenn auch der Mensch nur „mit Hilfe der allmächtigen Gnade Christi" so zu leben vermag, „wie es die Ehre Gottes und die eigene Würde als Mensch verlangen"[4]. Wesentlich ist, daß die Christliche Gesellschaftslehre sich mit den natürlichen gesellschaftlichen Ordnungen letztlich im Hinblick auf die christliche Heilsordnung befaßt. Durch diese Ausrichtung empfängt die Christliche Gesellschaftslehre ihre theologische Prägung, wobei zu beachten ist, daß infolge der Christozentrik der gesamten Schöpfung alles naturrechtlich Richtige in einem hintergründigen und wahren Sinn christusbezogen, d. h. christlich ist und zur *einen* Heilsökonomie gehört (vgl. Kol 1,16; 2,10; Eph 1,22). Damit ist keineswegs eine sakrale Überfremdung der irdischen Wirklichkeiten ausgesagt. Die Christliche Gesellschaftslehre erkennt vielmehr die relative Eigenständigkeit der Kultursachgebiete (des Staates, der Wirtschaft, der Wissenschaft, der Kunst usw.) ausdrücklich an. Nicht nur in der Politik sollen wir „dem Kaiser geben, was des Kaisers ist" (Mt 22,21). Die mittelalterliche Vermengung des religiösen und des profanen Bereichs war kein christliches Ideal. „Gewisse Geisteshaltungen, die einst auch unter Christen wegen eines unzulänglichen Verständnisses für die legitime Autonomie der Wissenschaft vorkamen", werden vom Zweiten Vatikanischen Konzil ausdrücklich bedauert (GS 36).

2. Ausgehend von Schöpfung und Erlösung sieht die Christliche Gesellschaftslehre im wesenhaft sozial veranlagten Menschen nicht nur das Ebenbild Gottes, des Schöpfers, sondern den „durch das Blut Christi und die göttliche Gnade" Erlösten, „zu einer höheren Ordnung" Erhobenen und zur Gotteskindschaft Berufenen.[5] Es gilt deshalb, die Christliche Soziallehre durch die Entfaltung spezifisch theologischer Kategorien über das Naturrecht hinaus zu entwickeln. So ist z. B. die soziale Bedeutung der wurzelhaften Verbundenheit und Solidarität aller Menschen näher zu untersuchen, wie sie sich aus der Lehre von der Schöpfung, der Erschaffung von Mann und Frau, der Erlösung durch Jesus

---

[4] *Pius XII.,* 25.9.1949 (UG 358).
[5] *Pius XII.,* 23.2.1944 (UG 94).

Christus, der Gotteskindschaft und dem mystischen Leibe Christi ergibt. Auch die soziale Auswirkung der Sünde und ihrer Folgen sowie die geschichtstheologische Bedeutung der Lehre vom Antichrist und von der Überwältigung der Weltgeschichte durch den wiederkehrenden Christus sind in die Betrachtung einzubeziehen. Wie alles Geschöpfliche ist auch das Soziale heilsbedürftig und christusbezogen.

3. Schließlich fällt der Christlichen Gesellschaftslehre – in sozialtheologischer Sicht – die wichtige Aufgabe zu, vor jedem Sozialutopismus zu warnen. Vor der Himmelfahrt fragten die Jünger: „Herr, richtest du *in dieser* Zeit das Reich Israel wieder auf?" (Apg 1,6), eine Frage, die wie ein Ärgernis durch die christlichen Jahrhunderte geht. Immer wieder erhoben sich Sektierer und verhießen ein irdisches Paradies. Die Christliche Gesellschaftslehre weiß, daß es vor dem Jüngsten Tag kein Paradies geben wird, trotz aller Propheten aus dem Osten und aus dem Westen. Auch die eifrigsten Laienapostel vermögen keine christlichen Idealordnungen zu schaffen; denn „die ganze Welt liegt im argen" (1 Joh 5,19). Am Ende der Zeiten werden die irdischen Ordnungen und Institutionen keineswegs den Zustand christlicher Vollendung erreicht haben, sondern vom wiederkehrenden Christus überwältigt und gerichtet werden (vgl. Röm 3,6).
Seit dem 18. Jahrhundert sucht sich die innerweltliche Heilsutopie immer wieder mit der unklaren und vieldeutigen Ideologie des „Fortschritts" zu tarnen. Den Ausdruck „Fortschritt" hat erst *Christlob Mylius* (1722–1754), der Herausgeber der Zeitung „Der Freygeist", um das Jahr 1750, also mitten im Zeitalter der Aufklärung, in die deutsche Sprache eingeführt. Das Neue Testament verwendet das Wort „prokope", was eigentlich nicht „Fortschritt", sondern, etwas mühsamer, das Vorwärtsbringen eines Schiffes durch Ruderschlag bedeutet, in einem doppelten Sinn. „Prokope" bezeichnet einerseits das uns durch Gottes Erbarmen geschenkte Fortschreiten im Glauben und in der Christusnachfolge (1 Tim 4,15; Phil 1,25), also den „Fortschritt des Evangeliums" (Phil 1,12), andererseits den Fortschritt der Häresie, die „wie ein Krebsgeschwür" fortschreiten und um sich fressen wird

(2 Tim 2,16–17; 3,13). Es kommt also darauf an, was man beim Fortschritt verläßt und auf was man zugeht. Die Jünger „verließen ihre Netze" und gingen auf Jesus zu (Mt 4,20; 19,27). Der Mensch kann aber auch beim Fortschreiten den Herrn verlassen und fremden Göttern nachlaufen (Dtn 11,16; Jos 22,16; Ri 2,12; Jes 1,4). Er kann den „rechten Weg" verfehlen (2 Petr 2,15), die „erste Liebe" aufgeben (Offb 2,4) und „immer mehr in die Gottferne fortschreiten" (2 Tim 2,16).

Technischer und wirtschaftlicher Fortschritt bereiten nicht direkt und unmittelbar „den neuen Himmel und die neue Erde" (Offb 21,1) vor. Der wahre Fortschritt, der durch das Geheimnis des Kreuzes und der Auferstehung geheiligt wird, geschieht vielmehr durch die Vermehrung des Glaubens, der Hoffnung und der Liebe. Richtig verstanden sind Fortschreiten und Bewahren (Tradition) keine Gegensätze, sondern zwei für den Menschen lebensnotwendige Grundhaltungen. Nicht alles Frühere ist bewahrenswert. Es gibt in manchen Bereichen ein berechtigtes „Fort" vom Bisherigen. Bewahrenswert ist das überzeitlich Gültige. Hier ist ein ständiges „Zurück zu den Ursprüngen" nötig. „Wenn du trinkst, gedenk der Quelle", sagt das Sprichwort. „Wer die Quelle sucht, muß gegen den Strom schwimmen", schreibt der polnische Dichter Jercy Lec. Der Christ soll nicht konformistisch mitschwimmen, sondern Wellenbrecher sein.

Inzwischen sind die zwei Fortschritts-Ideologien, die im 19. und 20. Jahrhundert zahlreiche Menschen und Völker berückt haben, schwer erschüttert: Weder der technokratisch vorangetriebene Fortschritt der Wirtschaft und des materiellen Wohlstands noch der revolutionäre Aufbau einer sozialistischen Gesellschaftsordnung vermögen den Menschen Glück und Freiheit zu bringen.

[Johannes Paul II. sieht als „wahre Ursache" für den „Zusammenbruch des Marxismus", von der „Untauglichkeit des Wirtschaftssystems" abgesehen, die „vom Atheismus hervorgerufene geistige Leere". Sie habe „die jungen Generationen ohne Orientierung gelassen" (CA 24). Auch die in den „westlichen Gesellschaften" zu beobachtende „Entfremdung" habe letztlich theologische Ursachen. Werde die „dem Menschen wesenseigene ‚Fähigkeit zur Transzendenz'" ausgeblendet, drohe eine „Umkehrung von Mitteln und Zielen". Die Menschen benutzen sich „gegenseitig als Werkzeuge" zur „Be-

friedigung ihrer Sonder- und Sekundärbedürfnisse" und werden so unfähig
zur „freien Selbsthingabe" (CA 41). Dies führe zur Zerstörung der Familie,
aber auch zur Aushöhlung des „demokratischen Ideals". Ohne transzendente Letztbegründung der Menschenwürde liefen die „demokratischen Systeme" Gefahr, sich im Antagonismus der „Einzelinteressen" aufzureiben
und die Kraft zum Gemeinwohlkonsens zu verlieren (vgl. CA 46/47).]

Ziel der Christlichen Gesellschaftslehre – vor allem in ihrer ge-
sellschaftspolitischen, sozialethischen und sozialpädagogischen
Ausrichtung – ist weder ein irdisches Paradies noch die neotri-
umphalistische Verherrlichung der „weltlichen Welt", sondern jene soziale Ordnung, in welcher der Mensch den Willen Gottes zu
erfüllen und ein christliches Leben zu führen vermag. Mithin ist
sowohl der Sozialutopismus als auch ein spiritualistisches Ghetto-
Christentum abzulehnen, das dem christlichen Glauben keine
Ordnungskraft im gesellschaftlichen Bereich zubilligen und die
Welt ihrem Schicksal überlassen möchte. Die Hoffnung auf das
Kommende macht uns nicht weltflüchtig, sondern innerlich frei,
so daß wir aus der Kraft des Glaubens die irdischen Wirklichkeiten zu gestalten vermögen.

4. Wenn es auch die vornehmste Aufgabe der Christlichen Gesellschaftslehre ist, die sozialmetaphysischen, sozialethischen und sozialtheologischen Grundlagen zu erforschen, wird sie doch stets
darauf bedacht sein müssen, die *„Zeichen der Zeit"* (Mt 16,3) zu verstehen. Sonst gerät sie in die Gefahr, einer gegenwartsfremden,
wenn auch noch so grundsatztreuen Abstraktion zu verfallen.
Daraus folgt, daß die Christliche Gesellschaftslehre die gesicherten Ergebnisse der empirisch-systematischen Soziologie, der Sozialgeschichte, der Sozialpsychologie, der Bevölkerungswissen-
schaft usw. sorgfältig beachten und auswerten muß, besonders im
gegenwärtigen Zeitalter, in dem stürmische gesellschaftliche,
technische und wirtschaftliche Entwicklungen die Daseinsweise
und die Lebensformen der Menschen tiefgreifend umgestalten.
Die Christliche Gesellschaftslehre ringt mit der Spannung zwischen dem Göttlichen und dem geschichtlich Wandelbaren in der
Kirche, zwischen Vorgegebenem und Aufgegebenem, zwischen
Notwendigkeit und Freiheit.

5. In diesem Grundriß soll die Darstellung der gottgesetzten unwandelbaren Werte und Ordnungen mit der Analyse der Verhältnisse des gegenwärtigen Zeitalters verbunden werden. Soweit es in einem knappen Grundriß möglich ist, werden alle einschlägigen Fragen der allgemeinen und besonderen Christlichen Gesellschaftslehre erörtert werden.

ERSTER TEIL

GRUNDLEGUNG

ERSTES KAPITEL
Die soziale Wesensanlage des Menschen

*§ 1 Die Personalität als Grundlage und Voraussetzung
der sozialen Wesensanlage des Menschen*

1. Der Gedanke, daß es irgendwo ein Wesen geben könnte, das ein zweites Ich-selber wäre, kommt uns unheimlich vor. Dieses unwillkürliche Erschrecken vor dem gespensterhaften Doppelgänger gründet in tiefen Schichten unseres Wesens. Kein Geschöpf auf dieser Erde ist so sehr eine Welt für sich wie der Mensch. Er ist Person, und nur von der Personalität her läßt sich seine soziale Wesensanlage begreifen. Deshalb soll zunächst, um einen Zugang zum Verständnis der Sozialität zu gewinnen, die Eigenart der menschlichen Personalität durch zehn Aussagen näher umschrieben werden.

a) Personalität bedeutet „Teilnahme am Licht des göttlichen Geistes". Durch seinen Verstand, der freilich durch die Weisheit vollendet werden muß, überragt der Mensch „die Dingwelt". Er ist fähig, „seinen Schöpfer zu erkennen und zu lieben"; er ist von ihm „zum Herrn über alle irdischen Geschöpfe gesetzt" (GS 12, 15).

b) Personalität bedeutet Einmaligkeit. Der Mensch ist er selbst, mit diesem Leib und dieser Seele, unterschieden und abgegrenzt von jedem anderen Wesen, nie wiederholt, nie wiederholbar. Er wird als Original geboren, wenn er auch oft als Kopie endet.

c) Personalität bedeutet Selbstand. Wir sind nicht Teil eines anderen, wie etwa die Hand ein Teil unseres Leibes ist. Wir bestehen in uns selbst, obwohl sich verschiedene Bereiche in uns finden:

31

Leiblich-Vitales und Geistiges. Aber wir *haben* eigentlich nicht einen Leib und eine Seele, wie man ein fremdes Ding besitzt, sondern wir sind das leibhafte und geistige *Ganze*.

d) Die menschliche Person ist Träger ihres Denkens, Handelns und Unterlassens. Alle unsere Taten sind *unsere* Akte, auch wenn sie sich auf viele Jahrzehnte unseres Lebens verteilen. Wir können Fehlentscheidungen und Sünden zwar bereuen und innerlich überwinden; aber wir können es nie auslöschen, daß es unsere Akte waren und bleiben. Durch unsere Personalität empfangen sie den nicht mehr aufhebbaren Ich-Charakter.

e) Personalität bedeutet Freiheit. Die dem geistigen Wesenskern der menschlichen Person entspringende Willensfreiheit ist die Fähigkeit, sich selbstmächtig verschiedenen Möglichkeiten gegenüber so oder so zu entscheiden, ohne durch psychischen Determinismus eindeutig in eine bestimmte Richtung genötigt zu werden. Durch das gestaltungsmächtige freie Wollen ist der Mensch „Herr seiner selbst"[1]. Ohne persönliche Willensfreiheit ist sittliche Verantwortung unmöglich, so daß Schuld und Sühne, Lohn und Strafe, Reue und Genugtuung ihren Sinn verlören. Damit wird nicht bestritten, daß der Mensch bei seinen Entscheidungen bewußt und unbewußt in vielfacher Weise (erblich, psychisch, gesellschaftlich) beeinflußt wird und – besonders im Zeitalter der Massenmedien – der Manipulation ausgesetzt ist. Heute breiten sich Unsicherheit und Entscheidungsangst immer mehr aus. Obwohl – oder weil – die moderne Gesellschaft alles für „machbar" hält, wird sie immer ratloser, so daß die Beratungsstellen ständig zunehmen.

f) Personalität bedeutet Verantwortlichkeit. Dem Menschen ist die Flucht in die Fremdverantwortung verwehrt. Mit der selbstverantwortlichen Entscheidung ist das Einstehenmüssen innerlich verbunden, was Gefährdung bis hin zur Katastrophe bedeutet, so daß sich die Identität von Freiheit, Verantwortung und Gefähr-

---

[1] *Thomas von Aquin,* S. th. II-II 64,5 ad 3.

dung ergibt. Andererseits besitzt der Mensch die Möglichkeit der Selbstüberschreitung, da er den persönlichen Anruf Gottes zu vernehmen und in ein dialogisches Verhältnis zu Gott zu treten vermag. Aus dieser Sicht ist die Gabe der Selbstentscheidung Zeichen der gottebenbildlichen Würde des Menschen und zugleich Auftrag zu selbstverantwortlicher personaler Entfaltung, während aus dem Wort, „zur Freiheit verdammt zu sein", Pessimismus und Hybris spricht. Im Ja zur Verantwortung findet das Bekenntnis zur sittlichen Wertordnung seinen Ausdruck.

g) Personalität bedeutet Gewissen. Der Mensch trägt zwar den Ursprung seiner freien Entscheidungen in sich, aber in ihm lebt auch die ihm vorgegebene Norm, durch die er das sittlich verpflichtende „Du sollst" oder „Du sollst nicht" vor allem im Konfliktsfall persönlich erlebt. Gerade im letztlich von Gott stammenden Anruf des Gewissens wird sich der Mensch seiner Personalität bewußt, obwohl das Gewissen „durch Gewöhnung an die Sünde allmählich fast blind" werden kann (GS 16).

h) Personalität bedeutet Einsamkeit. Freiheit, Verantwortung und Gewissen lassen den Menschen im Personkern „bei sich allein". Die so verstandene Einsamkeit ist ein Grunderlebnis des Menschen, während ihr Zerrbild, die Vereinsamung, den Menschen auf der Flucht vor sich selbst in den Lärm und in den Vergnügungsrummel treibt.

i) Personalität des Menschen bedeutet Bewußtsein des Fremdursprungs. Der Mensch weiß zwar, daß er für seine Entscheidungen einstehen muß; aber er ist nicht dafür verantwortlich, daß er existiert. Er ist ein Beschenkter. Sein Dasein, seine Zukunft, sein Heil: alles verdankt er der schenkenden Liebe Gottes. Zugleich weiß er um die Vorläufigkeit seines irdischen Lebens. Man kann den Menschen treffend als jenes Wesen definieren, das sich des Sterbenmüssens bewußt ist. Alle Fortschritte der Technik und Wissenschaft, so groß und nützlich sie auch sind, wirken angesichts des Todes wie ein Hohn. Der Mensch ist Geschöpf, von Gott erschaffen, angerufen und geliebt.

j) Personalität bedeutet Berufung des Menschen „zur Gemeinschaft mit Gott". Der Mensch ist „von seinem Ursprung her" zum „Dialog mit Gott" aufgerufen (GS 19). Er ist durch Christus erlöst und durch die Taufe zur „neuen Schöpfung" (Gal 6,15), „der göttlichen Natur teilhaftig" (2 Petr 1,4) geworden. Die Bewahrung und Entfaltung der Gotteskindschaft ist dem Christen als personale Lebensaufgabe gestellt.

Die christliche Deutung der Personalität ist die Antwort auf die heute, besonders von jüngeren Menschen, leidenschaftlich gestellte Frage nach dem *letzten Lebenssinn*. Nicht wenige werden heute vom abgrundtiefen Gefühl der Sinnlosigkeit ihres Lebens geängstigt. Sie sind festgefahren, „im Garn verstrickt" (Jes 24,18) und stehen vor zerbrochenen Wegweisern. Die Angst ist dem Menschen, auch in der Wohlstandsgesellschaft, nicht fern. Sie wacht mit ihm, sie schläft mit ihm. Eine achtfache Angst läßt sich unterscheiden: die Angst vor der Wirtschaftskrise, vor der Arbeitslosigkeit, vor dem Krieg, vor der Krankheit, vor dem Alter, vor der Vereinsamung, vor dem Tod und vor dem, was nach dem Tod kommt. Die Angst kann nur durch die Nähe eines Liebenden überwunden werden. Der große Liebende aber ist Gott selber, der uns nicht für das Unheil, sondern für das Heil erschaffen hat.[2]

2. Schon das kleine Kind ist Person und, wenn es getauft ist, Gotteskind und Glied des Leibes Christi – aber noch nicht Persönlichkeit. Zur Persönlichkeit reift der Christ erst heran, wenn er in der Nachfolge Christi der Vollendung in Liebe und Treue zustrebt. Je mehr er Persönlichkeit wird, desto ursprünglicher, reicher und geprägter steht in seiner unwiederholbaren Einzigartigkeit und Einmaligkeit vor uns. Dennoch – und das ist das Erstaunliche – findet die menschliche Person ihre Erfüllung erst in der Berührung mit anderen. Sie ruht nicht beziehungslos in sich selbst, sondern ist geöffnet, ansprechbar, dialogisch. Personalität und Sozialität stehen in einem ursprünglichen und eigentümlichen Span-

---

[2] Vgl. *J. Höffner,* Wo Gott ist, da ist keine Angst. Köln 1977 (Rufe in die Zeit 3).

nungsverhältnis zueinander. Je kraftvoller ein Mensch Persönlichkeit geworden ist, desto tiefer und inniger wird die Begegnung mit anderen sein, mag es sich nun um die Ich-Du-Beziehung der Paargemeinschaft oder um das spannungsreiche Verhältnis des Menschen zu den großen und umfassenden Sozialgebilden handeln.

§ 2 Erweis der sozialen Wesensanlage des Menschen

1. Es liegt nahe, zur Begründung der geselligen Wesensanlage des Menschen zunächst sein *Angewiesensein* auf andere und auf die Gesellschaft – im leiblich-materiellen, geistig-kulturellen und sittlichen Bereich – hervorzuheben. Kein Lebewesen ist in den ersten Monaten und Jahren der Kindheit so sehr auf andere angewiesen wie der Mensch, dem – im Unterschied zum Tier – die Sicherheit angeborener Instinkte fehlt. Das Tier wird durch seine Naturanlagen und durch die Umwelt, in die es instinktsicher eingebettet ist, geformt, wobei sich für jede Tiergeneration die gleiche Lage wiederholt. Der Mensch jedoch reicht durch Überlieferung, Erziehung und Lehre seine Erfahrungen und Erkenntnisse von Generation zu Generation weiter. Wir sind „Erben unserer Väter und Beschenkte unserer Mitbürger" (PP 17). Jede Kultur beruht auf dem gemeinsamen Besitz der geistigen Güter vergangener und gegenwärtiger Generationen: „Wie wenig haben und sind wir das, was wir im reinsten Sinne unser Eigentum nennen! Wir alle müssen empfangen und lernen, sowohl von denen, die vor uns waren, als von denen, die mit uns sind. Selbst das größte Genie würde nicht weit kommen, wenn es alles seinem eigenen Innern verdanken wollte. Das aber begreifen sehr viele gute Menschen nicht und tappen mit ihren Träumen von Originalität ein halbes Leben im Dunkeln" (Goethe zu Eckermann). Vor allem die Normen der sittlichen Ordnung bedürfen der Bewahrung und des Schutzes durch die Gesellschaft. In dieser Hinsicht kommt der Kirche als Verkünderin der göttlichen Offenbarung besondere Bedeutung zu.

2. Zutiefst gründet die gesellige Wesensart des Menschen nicht utilitaristisch im äußeren Angewiesensein auf andere, sondern me-

taphysisch im Wesen des Menschen, was Reichtum, nicht Armut bedeutet. Das geschaffene Sein, das der schenkenden Güte Gottes entstammt, sucht auf vielerlei Weise die Güte und Größe des Schöpfers darzustellen. Alles Sein, auch das nicht geistbegabte, ist deshalb im metaphysischen Sinn „mitteilsam" (bonum est diffusivum sui). In besonderer Weise ist der Mensch als Ebenbild Gottes, d. h. als geschöpfliche, personale Geistsubstanz, einerseits seinem Wesen nach mitteilsam, d. h. bereit, das eigene geistige Wertsein weiterzuschenken, andererseits bestrebt, an der geistigen Wertfülle anderer Personen teilzunehmen. Alles personale Sein strebt also wesentlich nach Hingabe und Teilhabe, so daß personales Sein seinem Wesen nach auf das Du und die Gesellschaft hingeordnet ist. Ziel ist das gegenseitige Anteilgeben und Anteilnehmen an personalen Werten, wobei je nach der Art der personalen Werte die verschiedenen Sozialgebilde in ihrem Sinnbereich bestimmt werden, z. B. als Ehe, Freundschaft usw.

3. *Sozialtheologisch* ist die Gliedschaft am Leibe Christi das innigste Einheitsprinzip der Menschen untereinander und mit dem dreieinigen Gott. Der Eine in drei Personen hat den Menschen als sein Ebenbild erschaffen, woraus man schließen darf, „daß die Sozialität Gottes sich in der menschlichen Sozialität widerspiegelt"[3].
Auch im Gebet Christi zum Vater, „daß alle eins seien ..., wie auch wir eins sind" (Joh 17,20–22), leuchtet, wie das Zweite Vatikanische Konzil lehrt, eine „Ähnlichkeit" auf „zwischen der Einheit der göttlichen Personen und der Einheit der Kinder Gottes in der Wahrheit und der Liebe" (GS 24). Thomas von Aquin hat darauf hingewiesen, daß die Ebenbildlichkeit des Menschen mit dem trinitarischen Gott in besonderer Weise in der Sprache (als dem Abbild des Logos) und in der Liebe (als dem Abbild des Heiligen Geistes) aufleuchtet. In der vernunftlosen Schöpfung gebe es nur eine „Spur" (vestigium) der Dreieinigkeit, im Menschen jedoch ihr „Bild" (imago): „In den vernunftbegabten Geschöpfen, die mit Verstand und Willen ausgestattet sind, findet sich die Darstel-

---

[3] H. *de Lubac,* Catholicisme. Aspects sociaux du dogme, zit. bei G. Thils, Théologie et Réalité sociale. Tournai/Paris 1952, 259.

lung der Dreifaltigkeit in der Form des Bildes, insofern sie das empfangene Wort und die ausströmende Liebe besitzen"[4].

§ 3 Die gemeinschaftsbildenden Kräfte im Menschen

1. Die triebhaft zur Geselligkeit drängenden Kräfte des Menschen – Geschlechtstrieb, Nachahmungstrieb, Geltungstrieb, Kampftrieb, Spieltrieb usw. – reichen zur Bildung dauerhafter gesellschaftlicher Verbindungen und Institutionen nicht aus, wenn sie auch – im Verein mit geistigen Kräften – ihre Bedeutung haben. Auch das bloße Disputieren und Kritisieren schließt auf die Dauer nicht zusammen. Gemeinschaftsbildend wirken vielmehr vor allem zwei geistige Kräfte: die Bereitschaft zur Nachfolge und die Liebe. Die Bereitschaft zur Nachfolge, wie sie etwa das Verhältnis der Kinder zu den Eltern und der Schüler zum Meister bestimmt, ist keine Flucht in die Fremdverantwortung, sondern persönliche Entscheidung. Sie setzt gesinnungsmäßige Verbundenheit voraus und ist häufig mit der Liebe vereint. Dabei handelt es sich nicht um jene „Liebe", die den anderen Menschen egoistisch mißbraucht und wie ein Konsumgut behandelt, sondern um die Liebe als Werthaltung, die sich in der Opferbereitschaft für den Nächsten und für die Gemeinschaft auswirkt.

2. Durch die geistige Verbundenheit untereinander sind die Menschen imstande, soziale Tugenden (Nächstenliebe, Treue, Wahrhaftigkeit, Gerechtigkeit, Gehorsam) zu üben und Kultursachgebiete aufzubauen, die ein Einzelner aus sich allein nicht schaffen könnte (Kunst, Wissenschaft, Wirtschaft usw.): „Hier sehen wir ... seinshafte *und* sittliche Werte, die schlechthin außerhalb jeder Reichweite absoluter Individuen liegen, die selbst Gottes Schöpfermacht nur *sozialen* Wesen verleihen und zugänglich machen kann."[5]

---

[4] *Thomas von Aquin,* S. th. I 45,7.
[5] *O. v. Nell-Breuning,* Zur christlichen Gesellschaftslehre. Freiburg i. Br. 1947 (Wörterbuch der Politik I), 43 f.

3. Hervorragende Vermittlerin des geistigen Austausches ist die *Sprache*, durch die wir – jeweils in der durch dieselbe Muttersprache verbundenen Gesellschaft – am „Prozeß des Wortens der Welt" teilnehmen.[6] Die Sprache schafft Gemeinschaft, vor allem, wenn Menschen nicht nur *über* etwas sprechen, sondern sich selbst im Wort aussagen (Jawort der Ehe, „Adsum" der Priesterweihe). Von Menschen, die in Liebe verbunden sind, sagen wir: Sie verstehen sich, sie reden *eine* Sprache. Die Hl. Schrift berichtet, daß die ursprüngliche Gemeinschaft der Menschen durch die Sprachverwirrung von Babel zerstört worden ist (Gen 11,1–9) und daß die Gemeinschaft der durch Christus Erlösten im Sprachwunder des Pfingstfestes neuen Ausdruck gefunden hat (Apg 2,1–11).

Die erstaunliche Entwicklung der modernen Kommunikationsmittel hat dazu geführt, daß gerade heute die Bedeutung des „Wortes" und des „Bildes" für die öffentliche Meinungsbildung kaum überschätzt werden kann. Der Einfluß einiger Tausend Meinungsbildner in den Schlüsselstellungen der Presse, des Hörfunks und des Fernsehens ist in mancher Hinsicht größer als die Macht der Parlamente, – leider jedoch häufig zersetzend und verantwortungslos. *Joachim Besser* schreibt vom Deutschen Fernsehen: „Da sich fünfzig Millionen Menschen Abend für Abend nur mit dem beschäftigen, was ein paar hundert ausgewählt haben, wird eine Konformität des Denkens erzeugt, die einmalig in der Geschichte ist"[7]. „Konformität des Denkens" ist ein anderer Name für Gleichschaltung und Unmündigkeit. Dazu kommt, daß die fast pausenlose Überflutung mit Sensationen und Informationen durch die Massenmedien die Sprache weithin entwertet und die Menschen kaum noch zur Einkehr und Stille kommen läßt.

Auch führt die Sprache vieler Massenmedien, die sich kaum an den Verstand, aber desto zudringlicher an die Gefühle wendet (typisch sind die Fremdwörter: emotional, affektiert, suggestiv, pathetisch, drastisch, schockierend, dramatisierend), zum Wortschwund und zur Verkümmerung der Muttersprache. Als *Konfutse* († 479 v. Chr.) gefragt wurde, womit er beginnen würde, wenn man

---

[6] J. L. *Weisgerber,* Die Grenzen der Schrift. Köln/Opladen 1955, 10.

[7] *J. Besser,* in: Welt der Arbeit, 18.5.1973.

ihm die Regierung übertrüge, antwortete er: „Ich würde die Sprache verbessern; denn wenn die Sprache nicht stimmt, ist das, was gesagt wird, nicht mehr das, was gemeint ist. Man dulde keine Willkür in den Worten." Ausdruck der Sprachverderbnis ist das Schlagwort als Träger einer Ideologie und als Mittel der Propaganda. Die Sprache wird vielfach durch eine die Wahrheit auflösende Sophistik zersetzt und vergewaltigt. Es gibt eine Literatur, die geistreich „gemacht" und doch miserabel und minderwertig ist.

Die Erwartung, durch die Masse der Informationen und durch eine Unzahl von Konferenzen und Dialogen würden die Menschen sich selbst und den Sinn des gesellschaftlichen Geschehens besser verstehen, hat sich nicht erfüllt. Im Gegenteil, das Gefühl der Unverstehbarkeit der Welt ist stärker geworden. Auch leben immer mehr Menschen beziehungslos nebeneinander her; sie führen Monologe und kapseln sich ab. „Kein Mensch kennt den andern, jeder ist allein", sagt *Hermann Hesse.*

ZWEITES KAPITEL
Gemeinschaft, Gesellschaft, Vermassung

§ 1 Gemeinschaft und Gesellschaft

1. Gesellschaft bezeichnet – in weitem Sinn – jede Form dauernder Verbundenheit von Menschen, die einen Wert (ein Ziel) gemeinsam zu verwirklichen trachten. So verstanden ist Gesellschaft begrifflich dasselbe wie Gemeinschaft, wie ja auch etymologisch beide Wörter Gleiches ausdrücken, da beide mit den zusammenfassenden Silben Ge- und -schaft beginnen und enden, „gemein" aber ebenso wie „sell" (ahd. sal, as. seli) das Gemeinsame, Verbindende, Gesellige bedeutet. Die katholische Gesellschaftslehre gebraucht denn auch beide Ausdrücke weithin synonym, hierin dem lateinischen Text der päpstlichen Sozialenzykliken sich anpassend, die jedes Sozialgebilde *societas* nennen, mag es sich nun um die Familie (societas domestica) oder um den Staat (societas civilis) oder um den gesellschaftlichen Raum zwischen Einzelmensch und Staat („quae in eius velut sinu iunguntur societates", RN 37) handeln.

2. Andererseits sondert das deutsche Sprachempfinden in zahlreichen Wortbildungen die *Gemeinschaft* – als personale, gesinnungsmäßige Verbundenheit – von der *Gesellschaft* – als einer zweckhaften Organisation – ab. Wir nennen die Ehe eine Lebensgemeinschaft, nicht eine Lebensgesellschaft. Wir reden von der häuslichen Gemeinschaft, von der Erziehungsgemeinschaft, von der Gnadengemeinschaft, von der Gemeinschaft der Heiligen, – aber von der Aktiengesellschaft, der industriellen Gesellschaft und dgl. Allerdings ist der Sprachgebrauch nicht eindeutig. Obwohl wir z. B. von der klösterlichen Gemeinschaft sprechen, nennen sich die Jesuiten „Gesellschaft Jesu" und die Steyler Missionare „Gesellschaft des Göttlichen Wortes". Im deutschen Gesellschaftsrecht heißt die Poolbildung mehrerer Unternehmungen „Gewinngemeinschaft" oder „Interessengemeinschaft" (z. B. IG-Farben).

3. In die Wissenschaft drang die Gegenüberstellung „Gemeinschaft – Gesellschaft", die schon bei Schleiermacher und in der

Romantik (Adam Müller) anklingt, vor allem durch *Ferdinand Tönnies* († 1936) ein. Zwar blieb Tönnies' Buch „Gemeinschaft und Gesellschaft" (1887) zunächst fast unbeachtet, bis vor dem Ersten Weltkrieg die Jugendbewegung im Gegensatz „Gemeinschaft – Gesellschaft" ihr eigenes Anliegen wiederfand. Im Jahre 1912 erschien das Buch in zweiter, 1935 in achter Auflage. Zahlreiche Kultursoziologen übernahmen – vor allem in den drei ersten Jahrzehnten des 20. Jahrhunderts – die Tönniesschen Gedanken. Max Weber sprach von „Vergemeinschaftung" und „Vergesellschaftung", Hermann Kantorowicz von „irrationalen Lebensbeziehungen" und „rationalen Zweckbeziehungen", Wilhelm Hellpach von „Zeugungsstrukturen" und „Satzungsstrukturen" usw. Unter August Pieper und Anton Heinen gewann die besondere Betonung der emotional-lebendigen Gemeinschaftsverbundenheit gegenüber der gemachten Verzwecklichung der Organisation prägenden Einfluß auch auf die Bildungsarbeit des „Volksvereins für das katholische Deutschland".

Nach dem Zweiten Weltkrieg wurde Tönnies wieder in den Hintergrund gedrängt, da sich die deutsche Soziologie von der spekulativen Kultursoziologie abwandte und – beeinflußt von der amerikanischen Methode – die empirische Sozialforschung in den Vordergrund rückte. Von der Antinomie „Gemeinschaft – Gesellschaft", so urteilte René König 1955, sei „nicht einmal ein Trümmerhaufen, sondern eine einzige große Unklarheit" übriggeblieben, die mit „Geschichte und Wirklichkeit" nichts zu tun habe.[1] Es fällt jedoch auf, daß die Tönniessche Antinomie auch heute noch unter neuem Namen nachwirkt; pflegen doch zahlreiche Soziologen den „primären Ordnungen" der Familie, der Nachbarschaft, der Zunft und des Dorfes die anonymen „Sekundärsysteme" gegenüberzustellen, die sich nicht mehr an den *ganzen* Menschen wenden, sondern ihn nur noch in einer jeweils verschiedenen Hinsicht erfassen, etwa als Belegschaftsmitglied, als Sozialversicherten usw.

4. Tönnies war davon ausgegangen, daß aus dem in Gesinnung, Gemüt und Gewissen des Menschen sich ausprägenden „Wesen-

---

[1] Kölner Zeitschrift für Soziologie 7 (1955) 375 f.

willen" Gebilde wesenhafter Verbundenheit – die Gemeinschaften des Blutes (Familie, Sippe, Verwandtschaft, Stamm), des Raumes (Nachbarschaft, Dorfgemeinschaft) und des Geistes (Freundschaft) – emporwachsen, während der auf das Zweck-Mittel-Verhältnis ausgerichtete „Kürwille" gewillkürte Gebilde (Gesellschaften) geschaffen habe: „Als beruhend im gemeinsamen Wesenwillen wird Gemeinschaft, als hervorgebracht durch gemeinsamen Kürwillen Gesellschaft verstanden."[2] Der Wesenwille wirke in den Gemeinschaften als Brauch, Glaube, Eintracht, Sitte und Religion, während der Kürwille in den Gesellschaften den Vertrag, die Satzung und die Konvention hervorbringe.

5. Kritisch ist zur Tönniesschen Antinomie zu bemerken, daß der Grundgedanke, die unbewußt-emotionalen Kräfte des Menschen seien gut, der vernünftig-ordnende Geist jedoch irgendwie verdächtig, unhaltbar ist. Auch deutet Tönnies die Gemeinschaft nur vom subjektiven Erlebnis her, während die ontische Struktur (die Substantialität und Personalität) des Menschen als Voraussetzung und Ziel jeder Gemeinschaft ihm verschlossen bleibt. Wesenwille und Kürwille sind nämlich biologisch-psychologische, d. h. physische, keine metaphysischen Prinzipien. Dazu kommt, daß die mit der Antinomie gewollte Klassifizierung der Sozialgebilde der Wirklichkeit nicht entspricht, da alle Sozialgebilde – auch die auf personaler Verbundenheit beruhenden – bewußt Geformtes aufweisen. Zu den Wesensmerkmalen der Gemeinschaft gehören nicht nur Verbundenheit und gemeinsame Wertverwirklichung, sondern auch Ordnung und Führung (Autorität). Damit soll nicht geleugnet werden, daß – die philosophische Begründung der Gemeinschaft vorausgesetzt – der Unterscheidung zwischen mehr personal geprägter Gemeinschaft und vorwiegend zweckhaft organisierter Gesellschaft ein gewisser Erkenntniswert zukommt.

---

[2] *F. Tönnies*, Gemeinschaft und Gesellschaft. Leipzig 1935, 86 f.

§ 2 Massenhaftigkeit und Vermassung

1. Nicht wenige erklären heute, daß die Zunahme der Bevölkerung, die Verstädterung, die Industrialisierung, die Mechanisierung des Arbeitslebens, die Technisierung des Verkehrs-, Transport- und Nachrichtenwesens, die Standardisierung und Uniformierung der Güterproduktion, mit einem Wort: die Massenhaftigkeit der modernen Lebensformen, den Menschen entpersönlicht und vermaßt hätten. Der Massenmensch entstehe „technologisch aus der Mechanisierung, ökonomisch aus der Standardisierung, soziologisch aus der Anhäufung, politisch aus der Demokratie". Wohin „die immer schneller wirbelnde Bewegung der Spirale" zuletzt führen werde, könne man nicht wissen; aber „daß wir uns ihrem irgendwie gearteten Ende nähern", könne kaum einem Zweifel unterliegen.[3] Der technische Fortschritt, „insbesondere auf dem Gebiet der Nahrungsmittelproduktion", habe vielerorts längst zur „soziologischen Übervölkerung" geführt und das Leben auf dieser Erde „durch ihre Umwandlung in einen Kaninchenstall mehr und mehr verschandelt und verleidet, auch wenn das Futter vorläufig noch ausreicht"[4].

2. Der Christ wird gegen diese These Bedenken vorbringen müssen, wie sie Romano Guardini in die Frage zusammengefaßt hat: „Haben wir ein Recht, aus der Einschränkung, welche das Wachsen der Masse für alle Persönlichkeits- und Kulturwerte bringen wird, im Letzten ein Argument gegen sie zu machen? Haben wir ein Recht, deswegen, weil der Kulturstand von tausend Menschen geringer sein muß als der von zehn, zu sagen, nicht tausend dürften geboren werden, sondern nur zehn?"[5] Nach christlichem Denken ist die Massenhaftigkeit der Lebensverhältnisse nicht mit der Entpersönlichung des Menschen gleichzusetzen. Die Umweltbedingungen der modernen Industriestaaten machen es zwar schwer, „noch unabhängig von äußeren Einflüssen zu denken, aus eigener

---

[3] *H. de Man,* Vermassung und Kulturverfall. München ²1952, 48, 195.
[4] *A. Rüstow,* in: Ordo 4 (1951) 389.
[5] *R. Guardini,* Das Ende der Neuzeit. Basel 1950, 73.

Initiative tätig zu werden, in Eigenverantwortung seine Rechte auszuüben und seine Pflichten zu erfüllen, die geistigen Anlagen voll zu betätigen und zu entfalten". Dennoch ist der Meinung, das enge Geflecht der gesellschaftlichen Bindungen führe notwendig zur Selbstentfremdung, „entschieden zu widersprechen" (MM 62). Für die Vermassung sind vielmehr – in geistiger, sittlicher und religiöser Hinsicht – folgende drei Züge charakteristisch:

a) Die Flucht in das unpersönliche „man" denkt, „man" meint, „man" tut. Wer anfällig für das Schlagwort ist, sich in letzten Lebensfragen vom Fernsehen und von den Illustrierten „vordenken" läßt, zum Echo anderer wird und genormte Gesinnungen übernimmt, ist der Vermassung verfallen. Innerlich haltlose Menschen sind für Diktatoren die gefügigen Werkzeuge.

[Die Enzyklika „Centesimus annus" spricht von der „Manipulation", die „von jenen Massenmedien vorgenommen wird, die mit der Macht einer geradezu gekonnten Eindringlichkeit Moden und Meinungstrends aufzwingen, ohne die Möglichkeit, deren Voraussetzungen einer kritischen Prüfung zu unterziehen" (CA 41).]

b) Die Verabsolutierung des materiellen Lebensstandards, die das Geistige zurückdrängt und damit die Personalität des Menschen bedroht. Reklame und Reizüberflutung drängen in dieselbe Richtung. Nicht zu Unrecht pflegt man zu sagen, daß die gesellschaftliche Geltung eines Menschen nicht so sehr durch seine berufliche Stellung und Verantwortung als vielmehr durch seinen Lebensstandard, durch das, „was er sich leisten kann", bestimmt werde. Der Glaube an die „Machbarkeit" der Welt hat die Kräfte des Menschen nach außen abgesogen wie nie zuvor in der Geschichte. Aber im bloßen Außen und im Konsum findet der Mensch nicht seine Erfüllung.

c) Die religiöse Entwurzelung. Eine weitverbreitete rationalistische und naturalistische Denkweise steht dem Religiösen und Übernatürlichen fremd und indifferent gegenüber. Dabei fällt auf, daß in breiten Volksschichten gewisse „abgesunkene" pseudowissenschaftliche Theorien noch nachwirken, die in der Wissenschaft längst überholt sind. Die Atmosphäre der modernen Gesellschaft ist säkularisiert. Aber das lautlose Abgleiten vieler in die religiöse Gleichgültigkeit hat nicht die „große Befreiung" gebracht, sondern zahlreiche Menschen unsicher, orientierungslos und seelisch traurig gemacht. [...] Letztlich kann nur die Verankerung in Gott den Menschen vor der Entweihung und dem Verlust seiner Personwürde bewahren.[6] Heute werden viele vom abgrundtiefen Gefühl der Sinnlosigkeit ihres Lebens geängstigt.

„Die entscheidende Daseinserfahrung", schreibt *Eugen Gottlob Winkler*, war, „schon für den Zwanzigjährigen ... das Gefühl, ausgesetzt zu sein in einer vollkommenen Leere ... Die Wüste bedeutete ihm die Analogie der Welt."[7] Im Gedicht „Das wüste Land" sagt *Thomas Stearns Eliot*: „Ich zeige dir die Angst in einer Handvoll Staub."[8] Wüste bedeutet: Schatten, Nacht, „verstreute Trümmer und Sand durcheinander", totale Trostlosigkeit, Einsamsein, oder, wie *Franz Kafka* in seinen Tagebüchern schreibt: „vollständige Gleichgültigkeit und Stumpfheit ... Nichts, nichts. Öde, Langeweile, nein, nicht Langeweile, nur Öde, Sinnlosigkeit, Schwäche"[9]. Die „geistige Wüste", das sind „die Leichen der Karawanen deiner früheren und deiner späteren Tage"[10]. „Augen und Mund stehen so offen und leer, Herr", sagt Paul Celan.[11]

[Die Bedrohung des Persönlichen und Individuellen durch den Druck übermächtiger gesellschaftlicher Strukturen beschreibt Johannes Paul II. in „Centesimus annus" als tendenziellen Verlust der „Subjekthaftigkeit der Gesellschaft" (Subiectivitas societatis). Werde der Mensch zu einem „Bündel gesellschaftlicher Beziehungen verkürzt", dann „verschwindet der Begriff der Person als autonomes Subjekt moralischer Entscheidung". Der anthropologische „Grundirrtum des Sozialismus" bestehe darin, den Menschen „lediglich als Instrument und Molekül des gesellschaftlichen Organismus" zu ver-

---

[6] Vgl. *J. Höffner*, Industrielle Revolution und religiöse Krise. Köln/Opladen 1961. – *Ders.*, Pastoral der Kirchenfremden. Bonn 1979.

[7] *E.G. Winkler*, Dichtungen – Gestalten und Probleme. Pfullingen 1956.

[8] Vgl. *H. Friedrich*, Die Struktur der modernen Lyrik. Hamburg 1967, 265.

[9] *F. Kafka*, Tagebücher. Frankfurt a. M. 1954, 475.

[10] *F. Kafka*, Hochzeitsvorbereitungen auf dem Lande. Frankfurt a. M. 1953, 349.

[11] Gedicht „Tenebrae", in: *P. Celan*, Sprachgitter. Frankfurt a. M. 1959.

stehen, dem keine „persönliche und unveräußerliche Verantwortung dem sittlich Guten gegenüber" zukomme (CA 13).

In den demokratischen Gesellschaften zeige sich die „Subjekthaftigkeit der Gesellschaft" in der „Schaffung von Strukturen der Beteiligung und Mitverantwortung" (46). Dies werde freilich verhindert, wenn ein absolutistisch praktiziertes Mehrheitsprinzip Würde und Rechte der Personen sowie die im Rahmen des Gemeinwohls bestehende Autonomie der gesellschaftlichen Gruppen und Institutionen, insbesondere der Familie, aushebeln würde (vgl. CA 13).

Eine sublime Aushöhlung der Subjekthaftigkeit der Gesellschaft und des dafür stehenden Subsidiaritätsprinzips stelle jener „neue Typ von Staat" dar, der als „Wohlfahrtsstaat" oder „Versorgungsstaat" bezeichnet werde (CA 48). „Der Versorgungsstaat, der direkt eingreift und die Gesellschaft ihrer Verantwortung beraubt, löst den Verlust an menschlicher Energie und das Aufblähen der Staatsapparate" mit entsprechend „ungeheurer Ausgabensteigerung" aus (CA 48). Schuld daran seien vielfach die Bürger selbst durch eine gesteigerte Anspruchsmentalität und ein „Abschieben" der persönlichen Verantwortung auf den Staat. Dies werde zum Teil dadurch provoziert, daß der Markt nur käufliche Leistungen honoriere, nicht aber jene immateriellen Güter, wie sie vor allem die Familie als Erziehungs- und Pflegeleistungen auch im ökonomischen Interesse der Gesellschaft aufbringe. So werde der einzelne „heute oft zwischen den beiden Polen Staat und Markt erdrückt" (CA 49). All dies behindere und bedrohe den „Subjektcharakter der Gesellschaft" als einer freien, selbstverantwortlichen Gemeinschaft von Personen, Familien und gesellschaftlichen Gruppen.]

ERSTES KAPITEL
Das Solidaritätsprinzip

§ 1 Der Sinn des Prinzips der Solidarität

1. Die das Leben der Gesellschaft regelnden Ordnungsgesetze gründen in den sozialphilosophischen und sozialtheologischen Seinsverhalten, die im Abschnitt „Einzelmensch und Gesellschaft" dargestellt worden sind. Als nächste und unmittelbare Schlußfolgerung ergibt sich aus diesen Seinsverhalten das *Prinzip der Solidarität* (von solidare = fest zusammenfügen). Es setzt bei der Personalität und Sozialität des Menschen *zugleich* an und besagt wechselseitiges Verbundensein und Verpflichtetsein. Damit sind sowohl der Individualismus, der die Sozialnatur des Menschen leugnet und in der Gesellschaft nur einen Zweckverband zum mechanischen Ausgleich der Einzelinteressen sieht, als auch der Kollektivismus, der den Menschen seiner Personwürde beraubt und zum bloßen Objekt gesellschaftlicher, vor allem wirtschaftlicher Prozesse erniedrigt, als gesellschaftliche Ordnungsprinzipien abgelehnt. Das Prinzip der Solidarität steht nicht irgendwo in der Mitte zwischen Individualismus und Kollektivismus, sondern stellt, da es bei der Personwürde und bei der wesenhaft sozialen Anlage des Menschen *zugleich* ansetzt, eine neue und eigenartige Aussage über das Verhältnis zwischen Mensch und Gesellschaft dar. Einerseits gründet dieses Prinzip in der seinsmäßig vorgegebenen wechselseitigen Verbundenheit (Gemeinverstrickung) des Einzelnen und der Gesellschaft, andererseits besagt es die sich aus diesem Seinsverhalt ergebende sittliche Verantwortlichkeit (Gemeinhaftung). Es ist mithin ontisches und ethisches Prinzip zugleich.

2. Wissenschaftlich dargestellt und begründet wurde das Solidaritätsprinzip vor allem von Heinrich Pesch, Gustav Gundlach und

Oswald von Nell-Breuning. Diese Gelehrten haben ihrem sozialwissenschaftlichen System – wohl in der Absicht, dem Individualismus und Sozialismus eine kurze und treffende Parole entgegenzustellen – den Namen „Solidarismus" gegeben, so daß „Solidarismus" gleichbedeutend mit „Christlicher Gesellschaftslehre" wäre. Dem stimmen allerdings längst nicht alle katholischen Sozialwissenschaftler zu, wenn sie auch die Grundidee des Solidaritätsprinzips anerkennen. Es dürfte in der Tat mißlich sein, die Christliche Gesellschaftslehre unter ein bestimmtes Stichwort zu fassen, mag es nun der „Familiarismus" (Gustav Ermecke), der „Christliche Sozialismus", der „Universalismus" (Othmar Spann) oder der „Solidarismus" sein. Es empfiehlt sich, einfachhin von „Christlicher Gesellschaftslehre" zu sprechen.

§ 2 Die Begründung des Prinzips der Solidarität

1. Weil der Mensch seinem Wesen nach Person und in seiner persönlichen Einmaligkeit zugleich seinem Wesen nach auf die Gesellschaft bezogen ist, beruht das Bauprinzip der Gesellschaft „auf einem ursprünglichen und eigentümlichen Beziehungs- und Verbundenheitsverhältnis" von Mensch und Gesellschaft und gestattet „keineswegs eine glatte Rückführung auf *eine* der beiden Größen". Aus der eigentümlichen Doppelrichtung dieser Bindung, die das metaphysische Wesen der Gesellschaft ausmacht, folgt, daß die Personen „aus innerer Wertfülle heraus an das Ganze gebunden" sind, „aber so, daß das Ganze seine eigene Wertfülle nur hat in seiner Gebundenheit an die persönliche Wertfülle der Glieder"[1].

2. Das Bundesverfassungsgericht bekannte sich in seinem Urteil vom 20. Juli 1954 zu demselben Grundsatz: „Das Menschenbild des Grundgesetzes ist nicht das eines isolierten souveränen Individuums. Das Grundgesetz hat vielmehr die Spannung Individuum und Gemeinschaft im Sinne der Gemeinschaftsbezogenheit

---

[1] *G. Gundlach,* Solidarismus, in: Staatslexikon IV (1931), Sp. 1614.

und Gemeinschaftsgebundenheit der Person entschieden, ohne dabei deren Eigenwert anzutasten."[2]

[Die Enzyklika „Sollicitudo rei socialis" entwirft das Leitbild einer solidarischen Gesellschaft auf Weltebene: Entsprechend wird nicht nur vom „inneren Bereich einer jeden Nation", sondern analog auch von Solidarität zwischen Nationen und Völkern gesprochen. Dies erfordere ein ethisches Grundkonzept einer menschheitlichen Kultur, bei dem die Qualität des Ganzen nur aus dem Respekt vor allen einzelnen Personen, Gesellschaften und Völkern gefunden werden könne. Dabei „muß die Identität eines jeden Volkes mit seinen geschichtlichen und kulturellen Eigenschaften voll geachtet werden ... Sowohl die Völker als auch die einzelnen Personen müssen sich der *grundsätzlichen Gleichheit* erfreuen, ... die das Fundament des Rechtes aller auf Teilnahme am Prozeß einer vollen Entwicklung ist" (SRS 33).]

---

[2] BVerfG v. 20.7.1954, BVerfGE 4, 120.

ZWEITES KAPITEL
Das Gemeinwohlprinzip

Das bei Personalität und Sozialität *zugleich* ansetzende Solidaritätsprinzip wirft die Frage auf, ob sich beide Pole des solidarischen Beziehungsverhältnisses gleichrangig gegenüberstehen oder einander über- und untergeordnet sind. Es wird sich zeigen, daß diese Frage nicht mit einem glatten Ja oder Nein beantwortet werden kann, sondern vielfältiger Unterscheidung bedarf. Während in bestimmter Hinsicht dem Gemeinwohl der Vorrang zukommt, ist in anderer und letzter Sicht die Personalität der höhere Wert.

§ 1 Der Vorrang des Gemeinwohls vor dem Einzelinteresse

1. Die abendländische Sozialphilosophie hat seit mehr als zwei Jahrtausenden versucht, das Verhältnis des Einzelmenschen zur Gesellschaft mit Hilfe der Organismus-Analogie zu deuten – eine Methode, die sehr vorsichtig angewandt werden muß, da sie, wie die Geschichte lehrt, leicht totalitär mißbraucht werden kann.

Schon Menenius Agrippa soll im 5. Jahrhundert vor Christus die Patrizier und Plebejer Roms durch die Fabel von den uneinigen Gliedern, die doch solidarisch *einen* Leib bilden, versöhnt haben. Platon verglich in der Politeia den „wohlgeordneten Staat" mit einem Leib und seinen Gliedern. Aristoteles bediente sich der Organismus-Analogie, um Erkenntnisse über Struktur und Leben der Gesellschaft zu gewinnen. Seneca lehrte, daß „wir alle Glieder eines großen Leibes" sind, da die Natur uns als „Verwandte" gezeugt und zu „geselligen Wesen" gemacht habe.[1] Thomas von Aquin hat die Organismus-Analogie systematisch in seine Gesellschaftslehre eingebaut: Die Gesellschaft ist „gleichsam ein Leib", „gleichsam ein Mensch"[2]. Ein Zeitgenosse des Aquinaten, Vinzenz von Beauvais, nannte den Staat einen „mystischen Leib"

---

[1] *L. A. Senecae* ad Lucilium I, XV. ep. 4. Bononiae 1927, 83.
[2] *Thomas von Aquin,* S. th. I-II 81,1.

(„corpus politicum mysticum"), eine Bezeichnung, die im 15. und 16. Jahrhundert von Johannes Gerson, Antonius de Rosellis, Dominicus Soto und Franz Suarez aufgegriffen wurde. Der heilige Paulus hat die Organismus-Analogie auch auf die Kirche angewandt. Er spricht vom „Leibe Christi" in einem doppelten Sinn: Leib Christi bedeutet an einigen Stellen (1 Kor 12,12–30; Röm 12,4–8) die Kirche als sichtbare, organisch gegliederte, gesellschaftliche Erscheinung; an anderen Stellen (z. B. Eph 5,21–33) versteht Paulus unter „Leib Christi" die übernatürliche, geheimnisvolle Lebens- und Gnadengemeinschaft, welche die Glieder mit ihrem Haupt und untereinander verbindet. Der Ausdruck „mystischer Leib" wird von Paulus nicht gebraucht; er kommt erst in der Frühscholastik auf und wird seit dem 13. Jahrhundert, wie wir sahen, nicht nur auf die Kirche, sondern auch auf den Staat angewandt.

2. Die christliche Sozialphilosophie bedient sich der Organismus-Analogie, um einerseits die individualistische Gesellschaftsauffassung zurückzuweisen und um andererseits das Gemeinwohlprinzip zu verdeutlichen. Dabei läßt sich eine dreifache Analogie unterscheiden:

a) Organismen bleiben bestehen, während die einzelnen Zellen vergehen und immer wieder neu aufgebaut werden. In analoger Weise überdauert die Gesellschaft das Kommen und Gehen der einzelnen Menschen. Schon die Familie umspannt zwei Generationen. Dorf und Stadt, Volk und Staat bestehen durch Jahrhunderte. Die Gesellschaft, so schreibt Augustinus im 22. Buch des Gottesstaates, gleicht einem Ölbaum, dessen Blätter fallen und neu hervorwachsen, dessen Stamm und Krone aber bleiben. Die Organismus-Analogie macht also deutlich, daß die Gesellschaft einerseits die kurze Spanne eines Menschenlebens zeitlich überschreitet und in Vergangenheit und Zukunft hineinreicht, also keine statische Größe ist, sondern von drängender, oft stürmischer und konfliktreicher Bewegung erfüllt ist, – und daß sie andererseits auch räumlich – wie die Äste des Ölbaums – den Lebensraum des Einzelnen überragt.

b) Die Teile eines Organismus, z. B. die Blätter und Wurzeln einer Pflanze, bilden keine Summe unbezogener Einzeldinge; sie werden vielmehr von der immanenten Lebenskraft der Entelechie in den Dienst des Ganzen gestellt. Wiederum kann man diesen Seinsverhalt analog in der Gesellschaft verwirklicht sehen, deren Glieder keine isolierten Individuen sind, sondern eine geistig-sittliche Ordnungseinheit bilden und dem Ganzen dienen.

c) Organismen lassen ihre Glieder nicht verkümmern, sondern ernähren und erhalten sie; nur in äußerster Not opfert der Organismus ein Glied, um das Ganze zu retten. Ein ähnliches Gesetz gilt analog auch in der Gesellschaft, die ihre Glieder nicht ausbeuten darf, sondern für sie sorgen muß, während die Glieder ihrerseits bereit sein müssen, ihre Interessen selbstlos dem allgemeinen Wohl unterzuordnen. Wie die Hand sich unwillkürlich dem Schwerthieb aussetzt, um den ganzen Leib zu retten, so wird sich auch der Bürger „zur Erhaltung des ganzen Gemeinwesens der Lebensgefahr aussetzen"[3].

3. Aus der Organismus-Analogie ergibt sich für die Deutung des Gemeinwohls folgendes: Es ist falsch, mit Viktor Cathrein im Gemeinwohl „nichts (anderes) als eine Summe gleichartiger Individualwohlfahrten"[4] zu sehen. Das Gemeinwohl ist keine Summe, sondern ein artmäßig vom Einzelwohl und von der Summe der Einzelwohle verschiedener neuer Wert. Jedes Sozialgebilde, z. B. eine Stadt oder eine Universität, hat sein besonderes Gemeinwohl. Spricht man jedoch vom Gemeinwohl schlechthin, so ist das Gemeinwohl der „vollkommenen Gesellschaft" des Staates gemeint; es ist das Gesamt der Einrichtungen und Zustände, die es dem Einzelmenschen und den kleineren Lebenskreisen ermöglichen, in geordnetem Zusammenwirken ihrer gottgewollten Sinnerfüllung (der Entfaltung der Persönlichkeit und dem Aufbau der Kulturbereiche) zuzustreben. Dabei ist freilich zu beachten, daß im Zeitalter weltweiter Verflechtung das bonum commune, das

---

[3] *Thomas von Aquin*, S. th. I 60,5.
[4] *V. Cathrein*, Moralphilosophie. I. Freiburg i.B. [5]1911, 285.

man bisher auf den Staat einzuschränken pflegte, „mehr und mehr einen weltweiten Umfang annimmt und deshalb auch Rechte und Pflichten in sich begreift, die die ganze Menschheit betreffen" (GS 26; vgl. auch 74).

§ 2 Die Wahrung der Personwürde

1. Es wäre ein verhängnisvoller Irrweg, durch Übersteigerung der Organismus-Analogie das Gemeinwohlprinzip zur Vernichtung der Freiheit und Würde der Person zu mißbrauchen. Ein organisches Lebewesen und die Gesellschaft gehören zwei artmäßig verschiedenen Seinsbereichen an. Die Zelle geht gänzlich im Dienst des Organismus auf; der Mensch jedoch muß Subjekt der gesellschaftlichen Prozesse bleiben.

Nun haben sich seit dem 19. Jahrhundert in der Tat nicht wenige Soziologen dazu verleiten lassen, die Organismus-Analogie biologisch zu mißdeuten. Auguste Comte nannte die Soziologie eine „soziale Physik" und sprach von „sozialer Anatomie". Paul Lilienfeld sah in der Gesellschaft einen realen Organismus mit sozialem Nervensystem, sozialer Zwischenzellensubstanz, Wachstumshemmungen und Rückbildungserscheinungen. Auch christliche Wissenschaftler haben sich im Kampf gegen die individualistische Gesellschaftsauffassung zu Formulierungen hinreißen lassen, die mißverständlich und bedenklich sind. Man wird es noch richtig verstehen, wenn Matthias Scheeben von der „quasi-substantialen" Einheit des Menschengeschlechts spricht[5] oder wenn Dietrich von Hildebrand der Gemeinschaft zwar den Substanzcharakter abspricht, ihr jedoch „substanzartiges Sein"[6] zuerkennt, obwohl diese Ausdrücke gewagt sind. Unhaltbar ist es jedoch, wenn Rudolf Kaibach das Soziale ein „substantives Sein", eine „komplette Substanz" nennt.[7]

---

[5] M. Scheeben, Handbuch der katholischen Dogmatik, II. 1880, 626.

[6] D. v. Hildebrand, Metaphysik der Gemeinschaft. Regensburg ²1955, 179.

[7] R. Kaibach, Das Gemeinwohl und seine ethische Bedeutung. Düsseldorf 1928, 44.

2. Diesen mißverständlichen Formulierungen gegenüber sollen zum Schutz der Personenwürde *drei Grundsätze* aufgestellt werden:

a) Nur die Einzelperson ist Substanz, die Gesellschaft jedoch eine reale Beziehungs- und Ordnungseinheit (relatio realis). Außerhalb der Einzelmenschen und unabhängig von ihnen existiert die Gesellschaft nicht. In der Kirche, dem mystischen Leibe Christi, ist die Einheit von besonderer, nicht vergleichbarer Art. Christus läßt nämlich „die Kirche an seinem übernatürlichen Leben teilnehmen, durchdringt ihren ganzen Leib mit seiner göttlichen Kraft und nährt und erhält die einzelnen Glieder", so daß die Bezeichnung „mystischer Leib" jeden natürlichen Leib ausschließt, „sei es ein physischer, sei es ein sogenannter moralischer".[8] Es ist deshalb unstatthaft, aus der Struktur des mystischen Leibes Christi Schlüsse zur Deutung natürlicher Gesellschaftsgebilde zu ziehen.

b) Der Vorrang des Gemeinwohls vor dem Einzelwohl gilt nur, insofern und insoweit der Mensch als Glied einem bestimmten Sozialgebilde verpflichtet ist. Der Mensch ist stets in einer jeweils verschiedenen Hinsicht Glied eines Sozialgebildes, etwa im Betrieb Belegschaftsmitglied, im Verein Vereinsmitglied, im Staat Staatsbürger usw. Kein Betrieb und kein Staat darf im Menschen *nur* das Belegschaftsmitglied („totaler" Betrieb) oder *nur* den Staatsbürger („totaler" Staat) sehen und ihn mit allem, was er ist, denkt und tut, in Beschlag nehmen wollen. Denn der Mensch ist mehr als Betriebsangehöriger oder Staatsbürger; er ist *Mensch* und keineswegs „Teil des Staates nach allem, was er ist, und nach allem, was er besitzt"[9]. Nur insofern, insoweit und solange der Mensch als Belegschaftsmitglied in einem Betrieb arbeitet, muß er sich den objektiven Notwendigkeiten des Betriebes unterordnen; und nur insoweit es sich um den Staatsbürger-Status handelt, gebührt dem staatlichen Gemeinwohl der Vorrang vor den Einzelinteressen. Manche reden in fast mystischer Ergriffenheit von „dem" Gemeinwohl (das es ebensowenig gibt wie „den" Baum), ohne zu

---

[8] *Pius XII.*, Enzyklika „Mystici Corporis" [AAS 35 (1943) 218, 221].
[9] *Thomas von Aquin*, S. th. I-II 21,4.

differenzieren, ob sie das Gemeinwohl einer Stadt, eines Staates oder der ganzen Menschheit meinen.

Erst recht kommt dem Gemeinwohl eines irdischen Sozialgebildes kein Vorrang zu, wenn ihm Güter der übernatürlichen Ordnung gegenüberstehen. „Das übernatürliche Heil eines einzigen Menschen steht höher als das natürliche Gute des gesamten Universums".[10]

c) Letzter Sinn aller Sozialität ist die Vollendung der Personalität. Letztlich dient die Gesellschaft der Person, da „nur das geistige Wesen seiner selbst willen im Weltplan gewollt ist, alles andere seinetwegen"[11]. „Im Plane des Schöpfers ist die Gesellschaft ein natürliches Mittel, dessen sich der Mensch zur Erreichung seines Zieles bedienen kann und soll; denn die menschliche Gesellschaft ist für den Menschen da und nicht umgekehrt".[12] Trotzdem wird man sagen dürfen, daß die Gesellschaft in einem gewissen Sinn auch ihren Selbstzweck hat. Wenn nämlich ein Sozialgebilde, z. B. ein Staat, sich in Ehrfurcht vor der gottgesetzten Ordnung entfaltet und zur Blüte gelangt, fördert er nicht nur das Wohl seiner Glieder, sondern dient auch als verwirklichter Gottesgedanke der Ehre und Verherrlichung des Schöpfers.

§ 3 Die Autorität

1. Die christliche Gesellschaftsphilosophie pflegt mit Hilfe der Organismus-Analogie zu veranschaulichen, daß jede Gesellschaft – nicht jedoch die duopersonale, der autoritären Struktur entbehrende Gemeinschaft (z. B. die Freundschaft) – einer einheitlichen, die Glieder zur Verwirklichung des Gemeinwohls hinführenden *Autorität* bedarf. Wie der Organismus sich beim Schwinden der immanenten Lebenskraft aufzulösen beginnt, so kann auch keine Gesellschaft bestehen, wenn jeder seinen Sonderinteressen nachgeht. „Eine Vielheit kann nur dann als Gesellschaft leben, wenn

---

[10] *Thomas von Aquin,* S. th. I-II 113,9 ad 2.

[11] *Thomas von Aquin,* In Eth. Nic. I, 1.

[12] *Pius XI.,* Enzyklika „Divini Redemptoris", AAS 29 (1937) 79.

einer vorsteht und für das allgemeine Wohl sorgt; eine Vielheit jagt nämlich an sich vielen Zielen nach, einer jedoch einem Ziel".[13] Aufgabe der Autorität ist es, sowohl die jeweils im Interesse des allgemeinen Wohls gebotenen Maßnahmen zu ergreifen, als auch vorausplanend den Bestand der Gesellschaft zu sichern.

[Die Gemeinwohlautorität kann und darf sich gemäß „Centesimus annus" nur auf der Basis eines verbindlichen Ethos konstituieren, dem sie selbst und alle Glieder der Gesellschaft gleichermaßen verpflichtet sind. Dieses Ethos hat seinen Kern in der „transzendenten" Verankerung der Menschenwürde. Ohne eine solche Rückbindung bestehe die Gefahr, daß ihr „Eigeninteresse als Klasse, Gruppe oder Nation" die Menschen „unweigerlich in Gegensatz zueinander" bringe. „Wenn die transzendente Wahrheit nicht anerkannt wird, dann triumphiert die Gewalt" der Macht (CA 44). Dies gilt genauso für die Auseinandersetzungen zwischen den Bürgern und in logischer Folge für die Gestalt der Gemeinwohlautorität: „Eine Demokratie ohne Werte verwandelt sich, wie die Geschichte beweist, leicht in einen offenen oder hinterhältigen Totalitarismus" (CA 46).]

2. Die durch das Gemeinwohl begründete und an das Gemeinwohl gebundene gesellschaftliche Autorität (z. B. des Staates) ist von der Ursprungsautorität zu unterscheiden, wie sie urbildlich im Verhältnis Gottes zu den Geschöpfen und analog im Verhältnis der Eltern zu ihren Kindern und im Verhältnis der Kirche zu den im Sakrament der Taufe aus ihrem Schoß Geborenen gegeben ist. Es ist Aufgabe der gesellschaftlichen Autorität, das Zusammenleben der einzelnen und der Gruppen durch die Verkündigung und Anwendung rechtlicher Normen zu ordnen. Das Zweite Vatikanische Konzil beklagt es, daß heute manche „unter dem Vorwand der Freiheit jederlei Unterordnung" ablehnen. Die Welt von heute brauche Menschen, „die der sittlichen Ordnung gemäß der gesetzlichen Autorität gehorchen und zugleich Liebhaber der echten Freiheit sind" (DH 8). Dem Konzil schwebt keineswegs eine triumphalistische Verherrlichung der „gottgesetzten Obrigkeit" vor. Jeder Autoritätsträger ist dem Irrtum und dem Versagen, vor allem der Versuchung zum Machtmißbrauch ausgesetzt. In der modernen demokratischen Gesellschaft unterliegt deshalb die Auto-

---

[13] *Thomas von Aquin,* S. th. I 96,4.

rität der Kontrolle und der Kritik, die nicht nur durch die Parlamente, die Gerichte und die öffentliche Meinung, sondern auch durch die einzelnen Bürger bei den Wahlen ausgeübt werden. Damit soll freilich keineswegs einer überbordenden Kritik an jeder Autorität und an allem, was institutionellen Charakter trägt, mag es nun die Familie, die Schule, die Kirche oder der Staat sein, das Wort geredet werden. Die von vielen als „Befreiung" des Menschen verherrlichte anti-autoritäre Erziehung wird gemeinschaftsunfähige Super-Individualisten hervorbringen und die Neurosen vermehren. Es ist gefährlich, an die Stelle der Selbstüberwindung die Systemüberwindung zu setzen.

Erst recht wird ein Staat in seinem Fundament erschüttert, wenn Terror und Gewalttat (Attentate, Entführungen und dergleichen) sich ausbreiten und ideologisch verteidigt oder begünstigt werden.

DRITTES KAPITEL
Das Subsidiaritätsprinzip

§ 1 Der Sinn des Prinzips der Subsidiarität

1. Das Wort „Subsidiarität" geht auf das lateinische „subsidium" zurück, das „Hilfe aus der Reservestellung" bedeutet; so werden z.B. in der römischen Militärsprache den an der Front (in der „prima acies") kämpfenden Kohorten die hinter der Front bereitstehenden Reserve-Kohorten (die „subsidiarii cohortes") gegenübergestellt. Auf die Gesellschaft angewandt, bezeichnet Subsidiarität das ergänzende, hilfsweise Eingreifen der größeren Sozialgebilde zugunsten der Einzelmenschen und der kleineren Lebenskreise, wobei es sich in den meisten Fällen bei den „größeren Sozialgebilden" um den Staat oder um zweckhaft organisierte Institutionen handeln wird. Nach dem Zweiten Weltkrieg ist von einigen katholischen Sozialwissenschaftlern versucht worden, fast alles, was wir über das Solidaritätsprinzip und das Gemeinwohlprinzip dargelegt haben, in das Subsidiaritätsprinzip hineinzudeuten, was zu begrifflichen und methodischen Unklarheiten geführt hat. Der Grundsatz der Subsidiarität setzt die Prinzipien der Solidarität und des Gemeinwohls voraus, ist aber nicht mit ihnen identisch. Daß die Gesellschaft den einzelnen helfen muß, ist eine klare Aussage des die wechselseitige Verbundenheit und Verpflichtung betonenden Solidaritätsprinzips; die Aufteilung und Abgrenzung der bei diesem Helfen zu beachtenden Zuständigkeiten obliegt dem Subsidiaritätsprinzip.

2. Die klassische Definition des Subsidiaritätsprinzips findet sich in der Enzyklika „Quadragesimo anno" (79–80): „Wie dasjenige, was der Einzelmensch aus eigener Initiative und mit seinen eigenen Kräften leisten kann, ihm nicht entzogen und der Gesellschaftstätigkeit zugewiesen werden darf, so verstößt es gegen die Gerechtigkeit, das, was die kleineren und untergeordneten Gemeinwesen leisten und zum guten Ende führen können, für die weitere und übergeordnete Gemeinschaft in Anspruch zu nehmen; zugleich ist es überaus nachteilig und verwirrt die ganze Ge-

sellschaftsordnung. Jedwede Gesellschaftstätigkeit ist ja ihrem Wesen und Begriff nach subsidiär; sie soll die Glieder des Sozialkörpers unterstützen, darf sie aber niemals zerschlagen oder aufsaugen ... Je besser durch strenge Beobachtung des Prinzips der Subsidiarität die Stufenordnung der verschiedenen Vergesellschaftungen innegehalten wird, um so stärker stehen gesellschaftliche Autorität und gesellschaftliche Wirkkraft da, um so besser und glücklicher ist es auch um den Staat bestellt."

Pius XII. nannte das Subsidiaritätsprinzip einen „von der Soziallehre der Kirche stets verteidigten Grundsatz", daß nämlich „Tätigkeit und Leistung von seiten der Gesellschaft immer nur eine unterstützende Bewandtnis haben und die Tätigkeit des Individuums, der Familie, des Berufsstandes nur stützen und ergänzen dürfen"[1]. Es ist viel beachtet worden, daß Pius XII. die Geltung des Subsidiaritätsprinzips „auch für das Leben der Kirche, ohne Nachteil für deren hierarchische Struktur", ausgesprochen hat.[2]

Wer das Subsidiaritätsprinzip in den Zusammenhang des Solidaritäts- und des Gemeinwohlprinzips stellt, wird in ihm nicht „*den obersten* sozialphilosophischen Grundsatz", sondern einen „überaus bedeutsamen Grundsatz" („gravissimum illud principium", QA 79) sehen.

§ 2 Die Begründung des Prinzips der Subsidiarität

1. Seine Begründung findet das Subsidiaritätsprinzip sowohl in der Freiheit und Würde des Menschen als auch in der Struktur und Eigenart der kleineren Lebenskreise, denen Aufgaben und Rechte zustehen, die in sinnvoller Weise von den umfassenderen Sozialgebilden nicht erfüllt werden können. Dabei ist von zwei Erwägungen auszugehen:

a) Das Subsidiaritätsprinzip schützt einerseits das Eigensein und Eigenleben der Einzelmenschen und der kleineren Lebenskreise

---

[1] *Pius XII.*, 18.7.1947 (UG 3255).
[2] *Pius XII.*, 20.2.1946 (UG 4094).

vor Übergriffen der umfassenderen Sozialgebilde, so daß es in dieser Hinsicht eine gewisse abgrenzende Betonung des Selbstandes besagt.

b) Andererseits bedeutet Subsidiarität, was zuweilen tendenziös übersehen wird, „Hilfe von oben nach unten". Dieses hilfsweise Eingreifen der größeren Sozialgebilde kann aus zwei Gründen geboten sein: einmal, weil Einzelmenschen oder kleinere Lebenskreise in den ihnen zustehenden Aufgabenbereichen mit oder ohne Schuld versagen, sodann, weil es sich um Aufgaben handelt, die nur von den umfassenderen Sozialgebilden gemeistert werden können. Da die Einzelmenschen und die kleineren Lebenskreise nicht autark, sondern in ausgedehntere Sozialgebilde eingeordnet sind, obliegen ihnen nicht nur Eigenaufgaben, sondern auch Gemeinschaftsaufgaben.

2. Wenn auch der Name „Subsidiaritätprinzip" verhältnismäßig neu ist und sich weder bei Heinrich Pesch noch in der [...] Ausgabe des „Staatslexikons" ([von] 1932) findet, ist dieses Prinzip dem Inhalt nach doch uralte menschliche Weisheit. Es hat nicht erst, wie A. F. Utz behauptet, „des Anstoßes durch den Liberalismus" bedurft, um überhaupt zum Subsidiaritätprinzip „vorzustoßen".[3] Schon im Buch Exodus wird Mose der Rat gegeben: „Allein kannst du es nicht bewältigen ... Gib dem Volk Vorsteher für je tausend, hundert, fünfzig und zehn! ... Entlaste dich und laß auch andere Verantwortung tragen" (Ex 18,18–22). Auch Thomas von Aquin berührt das Anliegen der Subsidiarität, wenn er im Anschluß an Aristoteles erklärt, daß eine übertriebene Vereinheitlichung und Gleichschaltung den Bestand des „aus verschiedenen Gebilden zusammengesetzten Gemeinwesens" bedroht, genauso, „wie Symphonie und Harmonie der Stimmen schwinden, wenn alle denselben Ton singen".[4] Auch Dante betont in seiner „Monarchie"[5], daß keineswegs „jede kleine Angelegenheit

---

[3] *A. F. Utz,* Das Subsidiaritätsprinzip. Heidelberg 1953, 7.
[4] *Thomas von Aquin,* In Pol. II, 5.
[5] *Dante,* Monarchia I, 14.

einer jeden Stadt" unmittelbar vom Kaiser entschieden werden dürfe; denn „die Nationen, Königreiche und Städte haben ihre unterschiedlichen Eigentümlichkeiten, die in besonderen Gesetzen berücksichtigt werden müssen". Eine wichtige Rolle hat die Subsidiarität sodann in den Auseinandersetzungen zwischen den Kurialisten und ihren Gegnern im 14. Jahrhundert gespielt. Im 19. Jahrhundert – längst vor den Sozialenzykliken – hat Bischof Ketteler den Grundsatz der Subsidiarität nicht nur treffend formuliert, sondern wohl als erster vom „subsidiären Recht" gesprochen: Vernunft und Wahrheit geben dem Volk das Recht, „das, was es selbst tuen kann, in seinem Hause, in seiner Gemeinde, in seiner Heimat, auch selbst zu besorgen und zu vollbringen. Das verträgt sich dann freilich in keiner Weise mit dem Prinzip der zentralisierenden Staatsgewalt ... Dann hätte ja das Vielregieren und die Fabrikation der Gesetze bald ein Ende." Der Staat habe z. B. der Familie gegenüber nur „ein gewisses vormundschaftliches Recht für solche Fälle, wo Eltern ihre Elternrechte und Pflichten schwer verletzen". Es sei jedoch „harter Absolutismus, eine wahre Geistes- und Seelenknechtung, wenn der Staat dieses, ich möchte sagen, subsidiäre Recht mißbraucht". „Meine Ansicht geht von dem einfachen Satze aus, daß jedes Individuum seine Rechte, die es selbst ausüben kann, auch selbst ausüben darf. Der Staat ist mir keine Maschine, sondern ein lebendiger Organismus mit lebendigen Gliedern, in dem jedes Glied sein eigenes Recht, seine eigene Funktion hat, sein eigenes freies Leben gestaltet. Solche Glieder sind mir das Individuum, die Familie, die Gemeinde usw. Jedes niedere Glied bewegt sich frei in seiner Sphäre und genießt das Recht der freiesten Selbstbestimmung und Selbstregierung. Erst wo das niedere Glied dieses Organismus nicht mehr imstande ist, seine Zwecke selbst zu erreichen oder die seiner Entwicklung drohende Gefahr selbst abzuwenden, tritt das höhere Glied für es in Wirksamkeit".[6] Das Zweite Vatikanische Konzil hat die Bedeutung des Grundsatzes der Subsidiarität besonders für das Erziehungs- und Schulwesen (GE 3)

---

[6] Kettelers Schriften I, 403; II, 21, 162.

und für die internationale wirtschaftliche Zusammenarbeit (GS 86) hervorgehoben.

Aus dem Prinzip der Subsidiarität ergibt sich der *Dualismus* von Staat und Gesellschaft, der für die katholische Soziallehre charakteristisch ist. Dieser Dualismus ist „Bedingung individueller Freiheit"[7].

---

[7] *P. Koslowski,* Gesellschaft und Staat. Ein unvermeidlicher Dualismus. Stuttgart 1982, 3.

ERSTES KAPITEL
Das Recht als Norm des Gesellschaftslebens

§ 1 Das Naturrecht als Wesensrecht

1. Die meisten und wichtigsten Normen, die das gesellschaftliche Zusammenleben regeln, sind *rechtlicher* Natur, wobei unter „Recht" jene Werte verstanden werden, die dem einzelnen als das „Seine" und der Gesellschaft als das „Ihre" zustehen (objektives Recht) und worauf mithin ein Anspruch (subjektives Recht) besteht. Das Recht kündet von der Würde des gottebenbildlichen Menschen, dem bestimmte Güter als sein eigen zugeordnet sind; zugleich ist es Ausdruck menschlicher Gefährdung, da jene Güter bedroht sind und deshalb vom Recht geschützt werden müssen.

Drei Eigenschaften, so lehrt Thomas von Aquin, kennzeichnen das Recht: Erstens setzt es die Bezogenheit zwischen mehreren voraus („ad alterum"); sich selbst gegenüber hat der Mensch keine Rechte. Zweitens gehören zum Recht nur jene Güter, die dem Rechtsinhaber als das Seine im strengen Sinne zugeordnet sind („debitum"); auf Dankbarkeit und Liebe hat der Mensch keinen Rechtsanspruch. Schließlich setzt das Recht die Gleichheit von Leistung und Gegenleistung voraus („tantum – quantum"); jede Übergebühr verläßt den Rahmen des Rechts.[1]

2. Gewisse Rechte sind dem Menschen mit seiner Natur unverlierbar zu eigen. Das Naturrecht setzt nicht bei der konkreten, geschichtlichen Natur dieses oder jenes Menschen an, sondern bei der Natur als dem Wesenskonstitutiv des Menschen als solchem, d.h. bei dem, was zu allen Zeiten und in allen Kulturkreisen den Menschen metaphysisch als Menschen bestimmt, wozu Leiblichkeit und Geistigkeit,

---

[1] *Thomas von Aquin*, S. th. II-II 58,5.

Personalität und Sozialität sowie die Geschöpflichkeit gehören. Der Mensch besitzt natürliche Rechte, weil Gott ihn als Person erschaffen hat, z. B. das Recht auf Leben, auf Unversehrtheit des Leibes, auf Gewissensfreiheit. Solche natürlichen Rechte des Menschen sind in der „Allgemeinen Erklärung der Menschenrechte vom 10. Dezember 1948" von den Vereinten Nationen umschrieben worden: „Jeder hat das Recht auf Leben, Freiheit und Sicherheit der Person. Niemand darf in Sklaverei oder Abhängigkeit gehalten werden .... Jeder hat Anspruch darauf, überall als Rechtspersönlichkeit anerkannt zu werden." Das alles könnte selbstverständlich oder gar „inhaltlos" (Stammler) klingen. Aber welch gewaltiger Inhalt dem Naturrecht innewohnt, dürfte angesichts des Massenmords an Millionen von Juden, auch jüdischen Kindern, durch das nationalsozialistische Terrorregime offenkundig geworden sein. Auch heute ist das Lebensrecht des Menschen bedroht, da die Abtreibung verharmlost wird und man offen darüber spricht, ob unheilbar kranken oder siechen Menschen eine Todesspritze gegeben werden dürfe.[2]

3. *Das Naturrecht als Teil des natürlichen Sittengesetzes* ist letztlich im „ewigen Gesetz" (in der „lex aeterna") des Schöpfers begründet und verpflichtet im Gewissen. Es ist deshalb falsch, Sittlichkeit und Recht wie „innere Moralität" und „äußere Legalität" gegenüberzustellen. Jedoch umfaßt das Recht keineswegs sämtliche Bereiche des Sittlichen, z. B. weder die Frömmigkeit noch die Keuschheit oder die Selbstliebe oder die Nächstenliebe. Das menschliche Gesetz, so lehrt Thomas von Aquin, wendet sich an die große Menge, die in ihrer Mehrheit nicht gerade „vollkommen tugendhaft" ist. Deshalb verbietet das menschliche Gesetz nicht *alle* Laster, sondern nur die schwereren, die zu meiden die Mehrheit des Volkes imstande ist, vor allem jene Vergehen, „ohne deren Verbot die menschliche Gesellschaft nicht bestehen kann; deshalb werden z. B. durch das menschliche Gesetz Mord, Diebstahl und der-

---

[2] Vgl. *J. Höffner,* Nicht töten – sondern helfen. Köln [8]1977 (Themen und Thesen 6).

gleichen verboten"[3]. Auch begnügt sich das menschliche Gesetz im allgemeinen mit der äußeren Erfüllung der Vorschriften, ohne nach der Gesinnung zu fragen. Das Strafrecht allerdings kann das Forschen nach Beweggrund und Schuld nicht ausklammern, so daß die Behauptung, „einer richterlichen Entscheidung dürften grundsätzlich keine ethischen Wertungen zugrundegelegt werden, beklagenswert falsch" ist; denn „die innere Verbindlichkeit des Rechts beruht gerade auf seiner Übereinstimmung mit dem Sittengebot"[4].

4. Schon die Kirchenväter, z. B. Irenäus, unterschieden zwischen dem *primären Naturrecht*, das unabhängig vom Sündenfall gilt, und dem *sekundären Naturrecht*, das den Zustand der gefallenen Natur voraussetzt. Während z. B. das Lebensrecht primäres Naturrecht ist, gehört die Institution des Privateigentums zum sekundären Naturrecht, das Thomas von Aquin „jus gentium" zu nennen pflegt [...].

§ 2 Der Kampf um das Naturrecht

Bei der entscheidenden Bedeutung, die dem Naturrecht für den Menschen und die Gesellschaft zukommt, überrascht es nicht, daß um dieses „Wesensrecht" erbittert gerungen wird. Von fünf Seiten her wird der Angriff gegen das Naturrecht heute geführt.

1. *Der atheistische Existentialismus* sucht dem Naturrecht das Fundament zu entziehen, indem er die gemeinsame Menschennatur leugnet. „Es gibt keine Menschennatur", behauptet Jean-Paul Sartre, „weil es keinen Gott gibt, der sie hätte entwerfen können." Der oberste Grundsatz des Existentialismus lautet: „Der Mensch ist nichts anderes als das, was er aus sich macht"; denn beim Menschen gehe das Dasein dem Sosein voraus; er existiere zuerst und „werfe sich einer Zukunft entgegen"[5].

---

[3] *Thomas von Aquin,* S. th. I-II 96,2.
[4] BGHSt 6, 52.
[5] *J. P. Sartre,* L'Existentialisme est un Humanisme. Paris 1948, 22, 52.

Es erübrigt sich, an dieser Stelle näher auf die Ausgangsthese Sartres, die Leugnung Gottes, einzugehen. Mit der Anerkennung des Schöpfers brechen Sartres Schlußfolgerungen zusammen.

2. Besonders hartnäckig wird das Naturrecht vom *Rechtspositivismus* abgelehnt. Gegen Ende des 19. Jahrhunderts waren zahlreiche Rechtswissenschaftler vom endgültigen Untergang des Naturrechts überzeugt. „Der Kampf gegen das Naturrecht", meinte Otto von Gierke 1883, „gehört in der Hauptsache der Vergangenheit an. Was von ihm die Schwertschläge der Historischen Schule überlebt hat, ist nur noch der Schatten seiner einstigen stolzen Macht."[6] Karl Bergbohm aber forderte 1892, das „Unkraut Naturrecht", dieser „Bastard des Rationalismus und der Politik", müsse, „in welcher Form und Verhüllung es auch auftreten möge, offen oder verschämt, ausgerottet werden, schonungslos, mit Stumpf und Stiel". Die „unheilvollen Wirkungen" des „auf flagrant unwahren Voraussetzungen beruhenden, aus lauter Phantasmen und Sophismen zusammengewebten" Naturrechts würden „erst künftig einmal, wenn auch die allerletzten spekulativen Zuckungen" überstanden sind, „sich ganz übersehen und genau abschätzen lassen". Nur das „positive Strafrecht" mache eine Handlung zum Verbrechen; wer annehme, daß es Handlungen gebe, die „an sich" Verbrechen seien, habe „irgendein Naturrecht im Kopfe".[7] Hans Kelsen nannte es noch 1925 eine „naturrechtliche Naivität oder Überhebung" und eine „vollends sinnlose Behauptung", daß in totalitären Despotien keine Rechtsordnung bestehe; „stellt doch auch der despotisch regierte Staat irgendeine Ordnung menschlichen Verhaltens dar ... Diese Ordnung ist eben die Rechtsordnung." Der despotische Staat vermöge zwar „jede Entscheidung an sich zu ziehen, die Tätigkeit der untergeordneten Organe bedingungslos zu bestimmen und einmal gesetzte Normen jederzeit ... aufzuheben oder abzuändern. Ein solcher Zustand ist aber ein Rechtszustand."[8]

---

[6] *O. v. Gierke,* Naturrecht und deutsches Recht. Frankfurt a. M. 1883, 13.
[7] *K. Bergbohm,* Jurisprudenz und Rechtsphilosophie. I. Leipzig 1892, 118, 227, 228, 280, 396, 479, 532.
[8] *H. Kelsen,* Allgemeine Staatslehre. Berlin 1925, 335 f.

Ein folgerichtiger Rechtspositivismus muß zu dem Schluß kommen, daß es einerseits keine Handlung geben kann, die in sich, d. h. unabhängig vom positiven Gesetz, rechtswidrig ist, und daß andererseits jedes positive Gesetz, auch das niederträchtigste, Recht schaffe, – zwei für den Menschen und die Gesellschaft verhängnisvolle Folgerungen, wie die jüngste Geschichte bestätigt hat. Der Rechtspositivismus, so schrieb Gustav Radbruch 1948, hat „die deutsche Rechtswissenschaft und Rechtspflege wehrlos gemacht gegen noch so große Grausamkeit und Willkür"; so ist „die Idee eines übergesetzlichen Rechts, an dem gemessen auch positive Gesetze als gesetzliches Unrecht sich darstellen können, nach einem Jahrhundert des juristischen Positivismus wieder mächtig auferstanden".[9] Auch das Bundesverfassungsgericht erklärte 1952, es erkenne „die Existenz überpositiven, auch den Verfassungsgesetzgeber bindenden Rechtes an". Pius XII. aber legte am 13. November 1949 vor der Römischen Rota dar: „Die bloße Tatsache, daß etwas von der gesetzgebenden Macht zur verpflichtenden Norm des Staates erklärt worden ist, genügt allein und an sich noch nicht, um wahres Recht zu schaffen ... Es mußte erst der totalitäre Staat antichristlicher Prägung kommen, der Staat, der grundsätzlich oder wenigstens tatsächlich jede Zügelung durch ein oberstes göttliches Recht sprengte, um vor der Welt das wahre Gesicht des Rechtspositivismus zu enthüllen ... Wir alle sind Zeuge gewesen, wie einige, die nach diesem Recht gehandelt hatten, dann zur Rechenschaft vor der menschlichen Justiz gezogen worden sind ... Man hat festgestellt, wie auf Grund der Grundsätze dieses Rechtspositivismus diese Prozesse mit ebensoviel Freisprechungen hätten enden müssen ... Die Angeklagten waren sozusagen vom ‚geltenden Recht' gedeckt."[10]
Viele haben aufgemerkt, als *Max Horkheimer* 1970 auf die „harmonistischen Illusionen" des Positivismus hinwies, der „den Hinblick auf ein Jenseits" ausschließe. „Der Positivismus", so schrieb er, „findet keine die Menschen transzendierende Instanz, die zwischen Hilfsbereitschaft und Profitgier, Güte und Grausamkeit, Habgier

[9] *G. Radbruch,* Vorschule der Rechtsphilosophie. Göttingen 1948, 108 f.
[10] *Pius XII.,* 13.11.1949 (UG 382-386).

und Selbsthingabe unterschiede". „Es gibt keine logisch zwingen-
de Begründung dafür, warum ich nicht hassen soll, wenn ich mir
dadurch im gesellschaftlichen Leben keine Nachteile zuziehe."[11]

3. Verwandt mit dem Rechtspositivismus ist der *Rechtssoziologismus*,
der zwar anerkennt, daß es in den verschiedenen Kulturkreisen
allgemeine Rechtsauffassungen gibt, denen das positive Gesetz
nicht widersprechen dürfe, dann jedoch behauptet, daß diese
Rechtsauffassungen weder unwandelbar noch allgemeingültig,
sondern an das „Gesamtgefüge der jeweiligen Kultur" gebunden
seien. Die Soziologie als „Naturrechtslehre der modernen Zeit"
habe nachgewiesen, daß die an sich relativen Rechtsvorstellungen
den Menschen eines Kulturkreises – die sich des relativen Charakters dieser Normen nicht mehr bewußt seien –, als absolut,
d. h. als „Naturrecht", vorkämen. So erklärt z. B. Arnold Gehlen,
daß es „im Sinne einer echten Veränderung historisch entstandene Strukturen des Bewußtseins gibt, deren Bedingtheit und Gewordensein für uns abgedeckt ist". In diesem Sinne empfinde eine
Gesellschaft, „die die Kraft zu ihren Traditionen noch nicht verloren hat, auch ihre moralisch-sozialen Normen als natürlich, obwohl einige Gelehrte wissen mögen, wie unendlich verschieden in
Raum und Zeit solche Normen waren ... Das Natürliche ist gene-
rell das Selbstverständliche, und dieses ist das selbstverständlich
Gewordene, dessen Gewordensein aber unserem Bewußtsein abgedeckt ist". So empfänden wir z. B. die Päderastie als unnatür-
lich, „weil sie nicht zu den Normen unserer Gesellschaft gehört,
wie im alten Griechenland"[12], – wobei anzumerken ist, daß die
Unzucht mit Kindern bei den Griechen keineswegs als allgemeine
Norm anerkannt war.
Heute behaupten auch einige katholische Moraltheologen, die ein
gestörtes Verhältnis zur Metaphysik haben, es gebe *keine in sich
schlechten Handlungen*. Wie die Ethik überhaupt, so sei auch die Sozialethik nichts als *Wertung* und deshalb der menschlichen Souve-

---

[11] *M. Horkheimer,* Die Sehnsucht nach dem ganz Anderen. Hamburg 1970,
60 f.
[12] *A. Gehlen,* Urmensch und Spätkultur. Bonn 1956, 116 f.

ränität unterstellt. Es komme auf die Beweggründe an, wobei die Güterabwägung eine wichtige Rolle spiele. „Die Moral", so schreibt z. B. *Wilhelm Korff*, „ist ein Kunstprodukt der menschlichen Vernunft, erdacht und durchgesetzt von Menschen für Menschen. Diese ihre Vernunft teilt sie mit allen anderen Hervorbringungen des Menschen: mit der Sprache, von der niemand behaupten würde, sie sei unmittelbares Naturgewächs, mit den Deutungen und Theorien über unsere Welt und ihren Sinn, und schließlich mit den technischen Gestaltungen vom Faustkeil bis zum Computer. Dabei wird nicht bestritten, daß dies alles seine naturalen Voraussetzungen, Bedingtheiten, Notwendigkeiten und Unbeliebigkeiten hat. Aber sie sind Produkt des Menschen. Sie sind samt und sonders Artefakte. Das gilt auch für die Moral."[13]

Auch Franz Böckle erklärt, daß „alle ethischen Normen, die das zwischenmenschliche Verhalten betreffen, letztlich auf einem Vorzugsurteil" basieren: „Gut heißt: besser als".[14] Es wird gefolgert, daß Übertretungen der zweiten Tafel der Zehn Gebote keine *in sich schlechten* Handlungen seien; ihre sittliche Qualität hänge von der Güterabwägung ab. Im zwischenmenschlichen Bereich könnten sittliche Normen nur teleologisch begründet werden, d. h. im Hinblick auf die „voraussehbaren Folgen des Handelns".

Diese These wird von vielen mit Recht abgelehnt. „Ich halte diese Sicht der Dinge für falsch", schreibt Robert Spaemann.[15] Die teleologische Moral sei „aus verschiedenen Gründen unhaltbar"[16]. Ähnliche Bedenken bringen B. Stoeckle, A. Chapelle, Josef Seifert und Josef Georg Ziegler vor. Josef Pieper nennt die These, die sittlichen Normen seien „Konstrukte der menschlichen Vernunft", „ungeheuerlich".[17]

---

[13] *W. Korff,* Theologische Ethik. Freiburg i. Br./Basel/Wien 1975, 14–16.

[14] *F. Böckle,* Glauben und Handeln, in: MySal V, 1976, 36, 92.

[15] *R. Spaemann,* Wovon handelt die Moraltheologie? In: IkaZ 6 (1977) 298, 305, 307.

[16] *R. Spaemann,* Moralische Grundbegriffe. München 1982, 67.

[17] Vgl. *B. Stoeckle,* in: IkaZ 5 (1976) 258 f. [...] – *A. Chapelle,* in: IkaZ 6 (1977) 334. – *J. Seifert,* Was ist und was motiviert eine sittliche Handlung? Salzburg 1976, 67.

Niemand leugnet, daß es zeitbedingte Rechtsvorstellungen, Sitten und Bräuche geben kann, die den Menschen als unwandelbar und allgemeingültig erscheinen. Aber hier liegt nicht das Problem. Die Frage ist vielmehr, ob das Recht schlechthin kulturkreisgebunden ist oder ob es Rechte gibt, die zu allen Zeiten und in allen Kulturkreisen gelten, weil sie – wie z. B. das Recht auf Leben – Wesensrechte des Menschen sind. Im Konzentrationslager Auschwitz sind jüdische Säuglinge lebend in die Mord-Öfen geworfen worden. Das war *in sich schlecht.* Der Mensch ist nicht irgendein Geschöpf, sondern Kind Gottes, durch Christi Blut erlöst. Ein absoluter Rechtssoziologismus ist ebenso unhaltbar wie ein absoluter Rechtspositivismus.

4. Besonders ernsthaft wird sich die katholische Soziallehre mit den Bedenken auseinandersetzen müssen, die von der *evangelischen* Theologie gegen das Naturrecht vorgebracht werden. Luther selbst stand zwar, trotz seiner Rechtfertigungslehre, positiv zum Naturrecht, so daß man ihn als „naiven Naturrechtler" bezeichnet hat, was freilich von anderen abgelehnt wird. Der Reformator nennt „das edle kleinod, so natürlich recht und vernunfft heißt", „ein seltzam ding unter menschen kindern" und betrachtet „Mose gesetz und natur gesetz" als „eyn ding".
Demgegenüber wird heute in weiten Kreisen, insbesondere des europäischen Protestantismus, das Naturrecht als „fragwürdige Ontologie" und „verruchte menschliche Selbstgerechtigkeit"[18], als „Anmaßung vor Gott" und Abfall in das „Sein wie Gott"[19] heftig abgelehnt. Das Naturrechtsdenken verkenne die „totale gegenseitige Durchdringung von Schöpfung und Sünde"[20] und setze eine „Selbsterschließung Gottes an Christus vorbei"[21], ja sogar ein deistisches Schöpfungswerk voraus, „das Gott sozusagen verlassen hat" (Prenter). Die Zerstörung der ursprünglichen Gottebenbildlichkeit mache ein Recht unmöglich, „das der Natur des Men-

---

[18] H. *Dombois,* Naturrecht und christliche Existenz. Kassel 1952, 62.
[19] *H. H. Schrey,* in: ThR 19 (1951) 41.
[20] H. *Thielicke,* Theologische Ethik, Tübingen 1951 ff., 1080.
[21] *K. Barth,* Christengemeinde und Bürgergemeinde. Stuttgart 1946, 24.

schen inhärent wäre"[22]. Die Naturrechtslehre verkenne die „reformatorische Tiefe der Sündenerkenntnis", wechsle „die Inkarnationstheologie gegen eine Immanenzphilosophie" aus und mache „weder mit der Sünde noch mit der Gnade im biblischen Sinn Ernst".[23] Der gefallene Äon sei „nicht mehr Schöpfung und noch nicht Reich Christi"[24].

Angesichts dieser schroffen Ablehnung des Naturrechts erscheint es nur folgerichtig, daß auch gegen die Lehre von der „biblischen Schöpfungsordnung", wie sie etwa Emil Brunner vertritt, Bedenken erhoben werden. Die Idee der Schöpfungsordnung verharmlose die Eschatologie und drohe die Welt dem „Gericht Gottes" zu entziehen.[25] Umstritten ist auch der traditionelle Begriff der von der Schöpfungsordnung verschiedenen, sie jedoch voraussetzenden „göttlichen Erhaltungsordnungen", die, wie z. B. Ehe, Recht und Staat, als „Reaktion des Zornes Gottes gegen die Sünde" verordnet seien,[26] um die gefallene Menschheit vor der völligen Vernichtung durch die Mächte des Bösen zu bewahren. Gegen diese Lehre wird betont, es sei zu einseitig, in jenen Ordnungen nur den Zorn Gottes zu sehen.

Manche evangelischen Sozialwissenschaftler erklären übrigens, man habe es sich mit der monotonen Ablehnung des Naturrechts zu leicht gemacht. „Ohne das, was am Naturrecht wesentlich ist", komme auch die evangelische Sozialethik nicht aus.[27] Durch die Sünde werde zwar „das Wesen des Menschen radikal bestimmt", „die Kontinuität seines Menschseins" jedoch nicht aufgehoben.[28] Es gehe nicht um „die Alternative: Christus oder Naturrecht, sondern um die Aufgabe, das Naturrecht in Christus hineinzuneh-

[22] *J. Ellul*, Die theologische Begründung des Rechts. München 1948, 51.

[23] Ebd., 42.

[24] *H. Simon*, Der Rechtsgedanke in der gegenwärtigen deutschen evangelischen Theologie. Bonn 1952, 146 f.

[25] *E. Wolf*, Gottesrecht und Menschenrecht. München 1954, 24.

[26] *H.D. Wendland*, Die Kirche in der modernen Gesellschaft. Hamburg 1956, 227.

[27] *C.v. Dietze*, in: Das christliche Deutschland. Stuttgart 1947, 183.

[28] *W. Stählin*, Zusage an die Wahrheit. Stuttgart 1951, 48.

men, ohne es dadurch selbst auszulöschen"[29]. Mithin müsse der „Impuls auf das Naturrecht hin" erhalten bleiben, ohne daß die evangelische Theologie sich „dabei gleichsam auf die Zunge beißt".[30]

Bei aller Schärfe der Formulierungen dürften die Meinungsverschiedenheiten zwischen evangelischer und katholischer Theologie nicht unüberbrückbar sein, da einerseits die evangelische Theologie „selbstverständlich" anerkennt, daß der Mensch auch nach der Sünde Mensch geblieben ist, und da andererseits nach Auffassung der katholischen Theologie der konkrete, geschichtliche Mensch durch die Sünde verwundet und zum Schlechteren gewandelt worden ist, was nicht ausschließt, daß sich aus der metaphysisch verstandenen Menschennatur auch nach dem Sündenfall ein Naturrecht ableiten läßt.

5. Häufig wird gegen das Naturrecht – auch von solchen, die es nicht grundsätzlich ablehnen – eingewandt, es verkenne und entwerte die *Geschichtlichkeit des Menschen und der Gesellschaft* und verflüchtige sich zu einer wirklichkeitsfremden Abstraktion. Die Naturrechtslehre bediene sich ausschließlich der deduktiven Methode und leite ihre Normen in sublimen Spekulationen aus der lex aeterna ab. Die induktive Erforschung der jeweiligen gesellschaftlichen Verhältnisse liege dem naturrechtlichen Denken fern. „Niemals" sei versucht worden, „dem Leser eine tatsächliche Bestandsaufnahme" durch eine „reale Schilderung" der konkreten Verhältnisse zu vermitteln.[31]

Dieses Urteil verkennt nicht nur das Anliegen des Naturrechts, sondern trifft auch auf die Naturrechtslehre der Scholastik nicht zu. Thomas von Aquin unterscheidet ausdrücklich zwischen den gottgesetzten Werten und Ordnungen, deren übergeschichtliche Gültigkeit aus der „Unwandelbarkeit und Vollkommenheit" Gottes, des Schöpfers der Menschennatur, stammt, und den geschicht-

---

[29] H. *Wenz,* in: Evangelische Theologie 8 (1948/49) 177.

[30] H. *Thielicke,* Theologische Ethik, a. a. O., 345.

[31] W. *Braeuer,* Handbuch zur Geschichte der Volkswirtschaftslehre. Frankfurt a. M. 1952, 32 f.

lich wandelbaren gesellschaftlichen und wirtschaftlichen Verhältnissen.[32] Im 16. Jahrhundert legt Franz Suarez, berühmt durch die
Tiefe und klassische Klarheit seiner Gedanken, im Anschluß an
Thomas dar, daß die Wandelbarkeit der sozialen Ordnungen in
der Veränderlichkeit der Menschen, im Wandel der Sitten und Ge-
bräuche sowie vor allem im Wandel der Zeitverhältnisse begründet sei. Ludwig Molina aber geht von dem Grundsatz aus, daß
ethische Urteile „um so weniger nützlich und um so weniger richtig sind, je allgemeiner sie formuliert werden"[33]. Um diesen Fehler
zu vermeiden, haben sich vor allem die spanischen Naturrechts-
lehrer des 16. Jahrhunderts mit erstaunlichem Erfolg bemüht, die
konkreten Verhältnisse kennenzulernen und zu analysieren.[34]
Das Naturrecht ist zwar übergeschichtlich gültig, wird aber
selbstverständlich nur in der Geschichte wirksam, ist also in dieser
Hinsicht keineswegs „geschichtslos" oder „übergeschichtlich"
oder „transzendent", sondern den jeweiligen geschichtlichen
Rechtsordnungen immanent. Das Naturrecht ist ein ständig zu
verwirklichendes „Programm".

§ 3 Naturrecht und positives Recht

1. Es war ein völliges Verkennen des naturrechtlichen Anliegens,
als im 18. Jahrhundert gewisse Aufklärungsjuristen alles, was ihnen
irgendwie „vernünftig" schien, zum „Naturrecht" machten. Die
einen wiesen damals nach, daß der Mensch ein natürliches Recht
auf Schmuck und kosmetische Artikel besitze (Christian Wolff),
andere erklärten, die Errichtung von Postämtern sei eine naturrechtliche Forderung, wieder andere stellten entweder die Verfassung des Heiligen Römischen Reiches oder das Feudalsystem oder
die französische Revolutionsverfassung als naturrechtlich hin, so
daß der Unterschied zwischen natürlichem und positivem Recht
heillos verwischt wurde. In Wirklichkeit macht die Anerkennung

---

[32] *Thomas von Aquin,* S. th. I-II 97,1.
[33] *L. Molina,* De Justitia et Jure. Tr. II, disp. 35, n. 1.
[34] Vgl. *J. Höffner,* Kolonialismus und Evangelium. Trier [3]1972, 243 ff.

des Naturrechts, das kein Vernunftrecht, sondern ein Wesensrecht ist, die positive Gesetzgebung keineswegs überflüssig. Das Naturrecht enthält die aus dem Wesen des Menschen sich ergebenden, überzeitlich gültigen, obersten und allgemeinen – gerade deshalb für die Rechtsordnung so bedeutsamen – Grundnormen. Es wäre jedoch utopisch, diese Grundnormen als ausreichend für die Ordnung des menschlichen Zusammenlebens anzusehen und die positiven Gesetze für überflüssig zu halten. Erst die positiven Gesetze schaffen das auf die jeweiligen geschichtlichen Verhältnisse anwendbare Recht (Verfassungs- und Verwaltungsrecht, bürgerliches Recht, Handelsrecht, Steuerrecht, Zivil- und Strafprozeßrecht usw.). Dabei ist zu beachten, daß die naturrechtlichen Grundnormen dem positiven Gesetzeswerk zwar immanent sind, daß die positiven Gesetze jedoch darüber hinaus zahlreiche geschichtlich bedingte und deshalb wandelbare Elemente enthalten, so daß der Gestaltungskraft des Gesetzgebers breiter Spielraum bleibt.

2. Im einzelnen läßt sich das Verhältnis des Naturrechts zum positiven Recht durch fünf Grundsätze bestimmen:

a) Die *Verbindlichkeit* der positiven Rechtsordnung ergibt sich aus dem Naturrecht, das den Gesetzgeber zum Erlaß der vom Gemeinwohl geforderten Gesetze, den Bürger jedoch zum Gehorsam gegenüber den Gesetzen verpflichtet.

b) Manchen positiven Gesetzen ist das Naturrecht derart immanent, daß sie als *kodifiziertes Naturrecht* bezeichnet werden können, z. B. Verbot und Bestrafung des Mordes.

c) Andere positive Gesetze sind konkrete, *den jeweiligen geschichtlichen Verhältnissen angepaßte Verwirklichungen naturrechtlicher Prinzipien* (angewandtes Naturrecht). Wie sehr eine an sich naturrechtliche Institution der Geschichtlichkeit unterliegt, zeigt das Privateigentum, das „wie die übrigen grundlegenden Bestandstücke des gesellschaftlichen Lebens" keineswegs „unwandelbar" ist, dessen nähere Umschreibung vielmehr „der menschlichen Geschicklichkeit und den staatlichen Einrichtungen ... anheimgegeben" ist (QA 49).

74

d) Die meisten positiven Gesetze sind *in ihrem Inhalt nicht naturrechtlich bestimmt,* sondern unterstehen nur der allgemeinen naturrechtlichen Forderung, dem Gemeinwohl zu dienen, z. B. die meisten Bestimmungen des bürgerlichen Rechts, des Prozeßrechts, des Strafrechts, des Steuerrechts usw. Wegen ihrer gesellschaftlichen, politischen und wirtschaftlichen Bedingtheit sind diese Gesetze nach Zeiten und Völkern überaus verschieden.

e) Positive Gesetze, die eine eindeutige Verletzung naturrechtlicher Grundnormen darstellen, sind *ungültig.* Ein Gesetz, das z. B. einem bestimmten Volk das Lebensrecht abspricht (etwa die Ermordung jüdischer Kinder anordnet), ist ungültig, und ein Richter, der nach diesem Gesetz „Recht" spricht, oder ein Scharfrichter, der ein solches Urteil vollstreckt, sind Verbrecher, und zwar zu allen Zeiten und in jedem Kulturkreis. Als während des Boxeraufstandes (1900/01) die Parole aufkam: „Pardon wird nicht gegeben", schrieb der Berliner Universitätsprofessor Friedrich Paulsen: „Es würde keinen deutschen Offizier geben, der solche Bluttat (Mord an den Gefangenen) befehlen, und keine deutschen Soldaten, die sie verrichten werden ... Und was soll mit den Verwundeten geschehen ... ? Sollen wir zum Grundsatz erheben, daß die Söhne unseres Volkes Verwundete ... umbringen? Ich bin wieder überzeugt, daß der Abscheu vor solcher Blutarbeit selbst dem Befehl Widerstand leisten würde."[35] Handlungen, die dem „natürlichen Völkerrecht und seinen allgemeinen Prinzipien" widersprechen, sind nach der Lehre des Zweiten Vatikanischen Konzils „Verbrechen", ebenso „Befehle, die solche Handlungen anordnen; auch die Berufung auf blinden Gehorsam kann den nicht entschuldigen, der sie ausführt", z. B. bei der Ausrottung eines ganzen Volkes oder einer völkischen Minderheit (GS 79).

---

[35] Zit. *V. Cathrein,* Moralphilosophie. I, a. a. O. 414.

Das Naturrecht als Wesensrecht besitzt drei Eigenschaften: die Allgemeingültigkeit, die Unwandelbarkeit und die Erkennbarkeit.

1. *Allgemeingültigkeit.* Weil sich das Naturrecht aus der bei allen Menschen gleichen Menschennatur ergibt, verpflichtet es jedermann. Man hat zwar behauptet, das Irrationale, Unfaßbare und Schöpferische der politischen Entscheidung hebe den Staatsmann – wie den Künstler – aus der Masse der übrigen Menschen und damit auch des Rechts heraus. Nach christlichem Denken ist diese These nicht nur falsch, sondern in ihren Auswirkungen für das Volk und für die Menschheit verhängnisvoll. Ohne die Allgemeingültigkeit wäre das Naturrecht kein Naturrecht mehr.

2. *Unwandelbarkeit.* Während die positiven Gesetze wegen ihrer Abhängigkeit von den jeweiligen Verhältnissen dem Wandel unterliegen und unter Umständen völlig aufgehoben werden müssen, sind die naturrechtlichen Grundnormen unwandelbar, da sie auf der Konstanz der menschlichen Natur beruhen. Sie können weder außer Kraft gesetzt noch geändert, noch durch Privilegien oder Dispens gelockert werden. Im Mittelalter haben zwar einige Theologen versucht, das Naturrecht nicht im Wesen des von Gott erschaffenen Menschen, sondern im Willen Gottes zu begründen, der – ohne die Menschennatur umzuwandeln – die naturrechtlichen Normen nach Belieben ändern und z. B. „Gotteshaß, Diebstahl und Ehebruch" anordnen könne (Wilhelm von Ockham, † 1349). Diese moralpositivistische These, die auch bei Petrus Abélard († 1164) und Johannes Duns Scotus († 1308) anklingt, verkennt das ontologische Fundament des Naturrechts, das letztlich im Wesen, nicht im Willen Gottes ruht.
Die Unwandelbarkeit des Naturrechts widerspricht keineswegs der Geschichtlichkeit des Menschen, da das Naturrecht auf dem überzeitlich gültigen, metaphysischen Wesenskonstitutiv des Menschen beruht. Dem geschichtlichen Wandel sind die einzelnen Menschen und die in Raum und Zeit lebende Menschheit, aber nicht die metaphysische Menschennatur, unterworfen. So nimmt z. B. der sich

aus dem Lebensrecht des Menschen ergebende naturrechtliche Anspruch auf die lebensnotwendigen Bedarfsgüter beim Säugling eine andere Gestalt an als beim Erwachsenen, ist aber in beiden Fällen dasselbe natürliche Recht. Auch pflegen sich die den jeweiligen gesellschaftlichen Verhältnissen angepaßten naturrechtlichen Institutionen mit diesen Verhältnissen zu ändern, wie es z. B. beim Privateigentum der Fall ist. Die naturrechtlichen Prinzipien sind jedoch überzeitlich gültig und deshalb unwandelbar.

3. *Erkennbarkeit.* Nicht selten wird behauptet, das Naturrecht enthalte „lauter formale Sätze" (Johann Sauter), die in mühsamer Weise erst nachträglich konkretisiert werden müßten. In Wirklichkeit gewinnt der Mensch die wesentlichen naturrechtlichen Einsichten ursprünglich und unmittelbar „in der gesellschaftlichen Grundsituation der Familiengemeinschaft" (Johannes Messner), mag es sich nun um die patriarchalische Großfamilie früherer Kulturkreise oder um die Zweigenerationenfamilie des industriellen Zeitalters handeln. Die Grundprinzipien des Naturrechts werden also nicht zuerst formal erfaßt und dann inhaltlich bestimmt, sondern umgekehrt in der Familie, in der sich die wesentlichen Elemente des Rechts nachweisen lassen, von Kind an konkret und gegenständlich erlebt und erlernt, so daß die Erkenntnis der Prinzipien und der Seinsverhalte schon in der Wurzel vereint ist.

Daß sich Fehldeutungen des Naturrechts bei vielen Völkern nachweisen lassen, ist weder ein Beweis gegen das Naturrecht noch gegen seine Erkennbarkeit. Wie die Geschichte lehrt, sind selbst die Grundnormen dem Irrtum ausgesetzt. Wenn auch z. B. in allen Kulturkreisen das Lebensrecht des Menschen grundsätzlich anerkannt worden ist, war dieses Recht doch in bestimmten Fällen (Menschenopfer, Kindesaussetzung) verdunkelt. Noch häufiger kam es im Bereich des sogenannten angewandten Naturrechts, bei dem naturrechtliche Prinzipien auf die jeweiligen Verhältnisse bezogen sind, zu irrigen Auffassungen. Hier das Richtige zu treffen ist, wie Thomas von Aquin schreibt, „nicht jedermanns Sache, sondern Aufgabe weiser Menschen"[36]. Den „Kern des Gesetzes",

---

[36] *Thomas von Aquin,* S. th. I-II 100,1.

den Gott „in das Herz" der Menschen geschrieben hat (Röm 2,15), auch in den Feinheiten zu entziffern, ist ein oft mühseliges und vom Irrtum bedrohtes Unterfangen. Unkenntnis und Fehldeutung des Naturrechts haben in der Begrenztheit des menschlichen Geistes und in seiner Verdunkelung durch die Urschuld ihren tiefsten Grund. Verstärkt und verhärtet werden diese Irrtümer nicht selten durch falsche Theorien und durch die öffentliche Meinung. Es ist tröstlich, daß Christus, wie das Zweite Vatikanische Konzil lehrt, seiner Kirche, der „Lehrerin der Wahrheit", den Auftrag erteilt hat, „die Prinzipien der sittlichen Ordnung, die aus dem Wesen des Menschen selbst hervorgehen, autoritativ zu erklären und zu bestätigen" (DH 14) – ein Auftrag, der dem Lehramt, nicht dem Hirtenamt der Kirche, wie Jakob David meint,[37] zugeordnet ist.

---

[37] *J. David,* Das Naturrecht in Krise und Läuterung. Köln 1967, 65 ff. – Vgl. *L. Berg,* Naturrecht im Neuen Testament, in: JCSW 9 (1968) 23 ff.

ZWEITES KAPITEL
Die Tugend der Gerechtigkeit

§ 1 Das Wesen der Gerechtigkeit

1. Wenn in der modernen Rechtsphilosophie die Gerechtigkeit erwähnt wird, ist nicht selten die „sittliche Idee des Rechts" gemeint, die man – unter Ablehnung des Naturrechts und gleichsam als sein Ersatz – irgendwo hinter dem positiven Recht, jedoch außerhalb der Sphäre des eigentlichen Rechts, vermutet und von der man annimmt, daß sie den keineswegs unbestrittenen Anspruch erhebe, sittlicher Maßstab des geltenden Rechts zu sein. Dieser im Grunde rechtspositivistischen Auffassung gegenüber sieht die christliche Soziallehre in der Gerechtigkeit eine *Tugend,* und zwar jene sittliche Haltung, „kraft deren einer standhaften und beharrlichen Willens jedem sein Recht gewährt"[1]. Der die Gerechtigkeit Übende sucht nicht sein eigenes Recht, sondern er gibt und läßt dem *anderen* dessen Recht.

2. Die Gerechtigkeit ist eine der vier Kardinaltugenden, also eine Haupttugend, um die sich andere Tugenden wie um die Türangel („sicut in cardine") bewegen. Sie setzt das Recht, insbesondere das Naturrecht, voraus, von dem sie Sinn und Ausrichtung empfängt, woraus sich ergibt, daß bei der Tugend der Gerechtigkeit die drei Eigenschaften des Rechts wiederkehren: die Bezogenheit auf den anderen, das strenge Geschuldetsein und das genaue Gleichmaß zwischen dem Geschuldeten und dem Geleisteten. Wenn eine dieser Eigenschaften fehlt oder nur abgeschwächt zutrifft, ist nicht mehr die Kardinaltugend der Gerechtigkeit zuständig, sondern eine der Tugenden aus ihrem Gefolge, z.B. die Pietät, die Wahrhaftigkeit, die Dankbarkeit oder die Freigebigkeit.

---

[1] *Thomas von Aquin,* S. th. II-II 58,1.

Die Gerechtigkeit ist die große Ordnerin des menschlichen Gemeinschaftslebens. Nach den drei sozialen Grundbeziehungen – dem Verhältnis ebenbürtiger Rechtspartner zueinander, dem Verhältnis der Sozialgebilde zu ihren Gliedern und dem Verhältnis der Glieder zu den Sozialgebilden – unterscheidet die abendländische Tradition seit Aristoteles (Nikomachische Ethik) drei Grundformen der Gerechtigkeit:

1. Wenn sich Rechtspartner auf gleicher Ebene begegnen, waltet die *justitia commutativa* (die kommutative, ausgleichende, Verkehrs-, Vertrags-, Tauschgerechtigkeit) ihres Amtes. Ihre Verletzung durch Diebstahl, Schädigung, Eingriff in Leib und Leben des Nächsten schafft einen Unrechtszustand, der nicht nur innerlich bereut, sondern auch äußerlich wiedergutgemacht werden muß. In der industriellen Gesellschaft tritt die kommutative Gerechtigkeit vor allem in vier Bereichen in Erscheinung:

a) Die industrielle Gesellschaft ist eine kommerzialisierte Gesellschaft, in der fast alles, was die Haushalte an Gütern und Diensten benötigen, gekauft wird, so daß die *Preisgerechtigkeit* eine in früheren Wirtschaftsepochen, in denen die Eigenwirtschaft weit verbreitet war, ungeahnte Bedeutung erlangt hat.

b) Da in der entwickelten Industriegesellschaft ungefähr 80 Prozent der Erwerbstätigen als unselbständige Arbeiter, Angestellte und Beamte ihren Beruf ausüben, muß sich die Verkehrsgerechtigkeit in besonderer Weise in den *Arbeitsverhältnissen* (gerechter Lohn, Pflichterfüllung am Arbeitsplatz) auswirken.

c) Mehr als vier Fünftel der Bevölkerung der Industriestaaten sind in das System der *„Sozialen Sicherheit"* eingefügt, womit ein weiterer wichtiger Bereich der kommutativen Gerechtigkeit gegeben ist. Der Versicherungsbetrug ist nicht nur in der Privatversicherung, sondern auch in der gesetzlichen Sozialversicherung (Krankenversicherung, Unfallversicherung usw.) eine Verletzung der

Verkehrsgerechtigkeit, was nachdrücklich betont werden muß, da hier weithin laxe Auffassungen herrschen.

d) Steigende Bedeutung gewinnt die kommutative Gerechtigkeit im modernen *Verkehrswesen,* wobei zu beachten ist, daß die Wiedergutmachungspflicht bei verschuldeten Verkehrsunfällen auch der Familie des Verletzten oder Getöteten gegenüber gilt.

2. Wenn auch die Verkehrsgerechtigkeit für das menschliche Zusammenleben überaus wichtig ist, kommt doch – vor allem heute – jenen Grundformen der Gerechtigkeit, die das Spannungsverhältnis zwischen den einzelnen und den Sozialgebilden regeln, eine noch größere Bedeutung zu. Hier ist zunächst jene Grundform zu nennen, die das Verhältnis der Sozialgebilde zu ihren Gliedern – gleichsam von oben nach unten – ordnet: die *justitia distributiva* (distributive, zuteilende Gerechtigkeit), deren Ziel es ist, die Einzelmenschen durch eine gerechte Verteilung am Gemeinwohl teilnehmen zu lassen, so daß allen die geistig-sittliche Entfaltung ermöglicht wird. Da nicht jedem einzelnen und nicht jeder Gruppe in jeder Beziehung dieselbe Stellung innerhalb des sozialen Ganzen zukommt, entspricht der zuteilenden Gerechtigkeit nicht die für die kommutative Gerechtigkeit geltende arithmetische, sondern die geometrische Gleichung, wie sie etwa den Steuergesetzen zugrunde liegt. Zerrbild der distributiven Gerechtigkeit ist jede Art der Korruption, Begünstigung und Unterdrückung bestimmter Menschen oder Gruppen. Die distributive Gerechtigkeit verpflichtet deshalb vor allem jene, die in den Sozialgebilden (in Gemeinde und Staat) die Macht ausüben, während die Glieder dann im Geiste der distributiven Gerechtigkeit handeln, wenn sie mit gerechten Maßnahmen zufrieden sind. Würde übrigens ein Staat nicht nur die Gliedstellung der Bürger innerhalb des staatlichen Ganzen, sondern die Menschenrechte verletzen, so würde er sowohl gegen die distributive als auch gegen die kommutative Gerechtigkeit verstoßen.

3. Auch die Sozialgebilde sind Träger von Rechten. Damit steht die dritte Grundform der Gerechtigkeit vor uns: die *justitia legalis*

(legale oder gesetzliche Gerechtigkeit), deren Formalobjekt die Hinordnung auf das Gemeinwohl ist. Sie ist von der zuteilenden Gerechtigkeit zu unterscheiden; während nämlich die legale Gerechtigkeit auf die Schaffung des Gemeinwohles ausgerichtet ist, zielt die zuteilende Gerechtigkeit auf den einzelnen, genauer: auf die der jeweiligen Gliedstellung des einzelnen angemessene Zuteilung des Gemeinwohls. Hauptsächlich und sozusagen „architektonisch" findet sich die legale Gerechtigkeit in den Gesetzgebern und Regierenden, erst in zweiter Linie und eher „ausführend" in den Bürgern.[2] Der Gesetzgeber erfüllt die Pflichten der legalen Gerechtigkeit vor allem durch eine gerechte Gesetzgebung und Verwaltung; von den Bürgern verlangt sie, daß sie den Gesetzen gehorchen und im Notfall sich mit Eigentum, Leib und Leben für das Gemeinwohl einsetzen. Wenn sich die legale Gerechtigkeit auch vor allem auf den Staat bezieht, ist sie doch überall zuständig, wo es ein Gemeinwohl zu wahren gilt. In diesem Sinne spricht z. B. Cajetan († 1534) von der legalen Gerechtigkeit im kirchlichen Bereich, während Martin von Esparza († 1689) sie ausdrücklich auch dem sogenannten „gesellschaftlichen" Raum zuordnet, indem er die Pflichten der legalen Gerechtigkeit innerhalb einer Stadtgemeinde, einer Handelsgesellschaft usw. einschärft.

4. Seit dem 19. Jahrhundert pflegt man neben die drei genannten Grundformen der Gerechtigkeit eine vierte Art zu stellen: die *soziale Gerechtigkeit*. Zunächst war diese Bezeichnung nur ein Schlagwort, hinter dem zwar ein unklares Wünschen und Fordern, aber keine wissenschaftliche Begriffsbildung stand. Als erster dürfte der neuscholastische Sozialphilosoph Ludwig Taparelli († 1862) den Ausdruck „soziale Gerechtigkeit" im wenig deutlichen Sinn einer Gerechtigkeit „zwischen Mensch und Mensch" gebraucht haben. Antonio Rosmini stellte 1848 in seinem Vorschlag einer christlichen Muster-Staatsverfassung die inhaltlich nur unklar bestimmte soziale Gerechtigkeit als richtungweisendes Prinzip hin. Andere bezeichneten um die Jahrhundertwende die soziale Gerechtigkeit, die Thomas von Aquin nicht gekannt habe, als „Giftfrucht des Moder-

---

[2] *Thomas von Aquin*, S. th. II-II 58,6.

nismus" und lehnten „Wort und Sache" heftig ab.[3] Trotz dieser Verdächtigungen breitete sich der Name im katholischen Schrifttum immer weiter aus und wurde unter Pius X. auch in die amtlichen Schreiben der Römischen Kurie aufgenommen. Schließlich rückte die Enzyklika „Quadragesimo anno" 1931 die soziale Gerechtigkeit so sehr in den Mittelpunkt, daß man dieses bedeutsame Rundschreiben die „Enzyklika der sozialen Gerechtigkeit" genannt hat.

Handelt es sich bei der sozialen Gerechtigkeit nur um einen neuen Namen für eine längst bekannte Sache oder um ein neues Baugesetz gesellschaftlichen Lebens, das man früher nicht oder nicht ausdrücklich genug beachtet hat? Viele setzen die soziale Gerechtigkeit mit der legalen gleich (z. B. A. Vermeersch, E. Génicot, L. Lachance, P. Tischleder). Andere beschränken die soziale Gerechtigkeit auf die naturrechtlichen, nicht gesetzlich festgelegten Forderungen des Gemeinwohls (z. B. B. Häring, A. F. Utz). Wieder andere fassen im Begriff der sozialen Gerechtigkeit die legale und zuteilende Gerechtigkeit zusammen (H. Pesch, O. Schilling, E. Welty). Einige gehen noch weiter und deuten die soziale Gerechtigkeit als „die Harmonie unter der richtig aufgefaßten legalen, distributiven und kommutativen Gerechtigkeit" (B. Mathis, F. Cavallera). Während sich die bisher genannten Begriffsbestimmungen im Bereich der überlieferten drei Grundformen der Gerechtigkeit halten, möchten andere in der sozialen Gerechtigkeit eine spezifisch neue Art sehen. So behauptet z. B. Johannes Messner, die soziale Gerechtigkeit ordne das Verhältnis der innergesellschaftlichen Gruppen und Klassen zueinander, während sich die bekannte Dreiteilung „ganz offensichtlich" auf den Staat beziehe. Gustav Gundlach aber sucht die soziale Gerechtigkeit der üblichen Dreiteilung überzuordnen. Die überlieferten drei Grundformen seien statischer Natur; die soziale Gerechtigkeit jedoch habe dynamischen Charakter, gestalte das Werden der Rechtsordnung und verwirkliche sich „in den genannten drei statischen Formen von Gerechtigkeit". In Wirklichkeit kann die soziale Gerechtigkeit nicht als vierte Grundform der Kardinaltugend gedeutet werden; sie ist vielmehr

---

[3] Vgl. *J. Höffner*, Soziale Gerechtigkeit und soziale Liebe. Saarbrücken 1935, 10.

mit der richtig verstandenen legalen Gerechtigkeit identisch. Von vornherein scheiden jene Begriffsbestimmungen aus, die unter sozialer Gerechtigkeit mehrere Grundformen der Kardinaltugend zusammenfassen. Da nämlich einem solchen Sammelbegriff das eigene Formalobjekt fehlt, kann unmöglich eine neue Grundform der Gerechtigkeit gemeint sein. Auch der Vorschlag Messners, den Geltungsbereich der sozialen Gerechtigkeit auf die Beziehungen zwischen den gesellschaftlichen Gruppen und Klassen einzuschränken, überzeugt nicht, da hier kein neues Formalobjekt aufgewiesen, sondern nur ein bestimmter Anwendungsbereich der legalen Gerechtigkeit hervorgehoben wird. Gegen den an sich bestechenden Deutungsversuch Gustav Gundlachs ist einzuwenden, daß die überlieferte legale Gerechtigkeit keineswegs des dynamischen Charakters ermangelt. Thomas von Aquin setzt voraus, daß der für das Gemeinwohl Verantwortliche die Gestalt der zu verwirklichenden Ordnung wie ein Künstler in seinem Geist „architektonisch" erschaut hat; erst dann kann er in sinnvoller Weise politische Entscheidungen treffen und Gesetze erlassen. Mithin liegt die eigentliche Funktion der legalen Gerechtigkeit *vor* der Gesetzgebung: nämlich in der schöpferisch-politischen Konzeption, die in der Gesetzgebung und in der Regierungspolitik Gestalt annimmt. Es entspräche deshalb dem Wesen und der Funktion der legalen Gerechtigkeit besser, wenn man sie nicht „gesetzliche", sondern „Gemeinwohlgerechtigkeit" oder „soziale Gerechtigkeit" nennen würde. Auch wäre es eine etatistische Verengung, die Gemeinwohlgerechtigkeit auf den Staat und sein Gemeinwohl einzuschränken. Ihr Geltungsbereich ist breiter. Sie waltet ihres Amtes nicht nur im Staat, sondern auch in den Gebietskörperschaften, in den Berufsständen, in der Kirche usw., also überall, wo es um die „Verwirklichung des Gemeinwohls – dieses aber dynamisch verstanden –" geht (GS 74).

§ 3 *Soziale Gerechtigkeit und soziale Liebe*

1. Gerechtigkeit und Liebe schließen einander nicht aus, sondern sichern erst in ihrer Verbundenheit den Bestand und die Entfal-

tung der menschlichen Gesellschaft. „Beide sind Ausstrahlungen desselben Gottesgeistes, Programm und Siegel der Würde des Menschengeistes. Beide ergänzen sich gegenseitig, wirken zusammen, beleben und stützen sich, reichen sich die Hand auf dem Weg zu Eintracht und Frieden" (Pius XII.). Das Recht hat etwas Hartes und Trennendes an sich; es ist unabhängig von Gefühl und Neigung. Mithin kann die Gerechtigkeit, „so treu sie auch immer geübt werde, ... nur den Streitstoff sozialer Konflikte aus der Welt schaffen; die Herzen innerlich zu verbinden vermag sie nicht". Sozialer Friede und Zusammenarbeit unter den Menschen setzen „innere Gesinnungsverbundenheit" voraus, was nicht heißt, daß die Liebe ein Ersatz „für geschuldete, aber versagte Gerechtigkeit" sein könne (QA 137). Der Arbeiter hat es „nicht nötig, das als Almosen anzunehmen, was ihm nach der Gerechtigkeit gebührt; noch kann man versuchen, sich von den schweren, durch die Gerechtigkeit auferlegten Pflichten mit kleinen Gaben der Barmherzigkeit loszukaufen"[4].

2. Die Bezeichnung „soziale Liebe" („dilectio socialis") dürfte Thomas von Aquin geprägt haben.[5] Der Ausdruck wird heute in engem Zusammenhang mit der sozialen Gerechtigkeit gebraucht. So wird z. B. in der Enzyklika „Quadragesimo anno" dargelegt, daß die soziale Gerechtigkeit „die staatlichen und gesellschaftlichen Einrichtungen" durchwalten, die soziale Liebe jedoch als „Seele dieser Ordnung" wirken müsse. Die gesellschaftlichen Gruppen müßten „von dem Bewußtsein ihrer Zusammengehörigkeit als Glieder einer großen Familie, als Kinder eines und desselben himmlischen Vaters" durchdrungen sein und sich „als ein Leib in Christo" fühlen (QA 137). Hier wird vorausgesetzt, daß der Mensch die Pflichten der sozialen Liebe aus der Kraft der sie umfassenden Gottes- und Nächstenliebe zu erfüllen vermag. Im Unterschied von der ehelichen Liebe, der Kindesliebe, der Geschwisterliebe, der Freundesliebe ist die im engeren Sinn verstandene *soziale Liebe* die gemeinschaftsschöpferische, wohlwollende und

---

[4] *Pius XI.*, Enzyklika „Divini Redemptoris", AAS 29 (1937) 91.
[5] *Thomas von Aquin*, De caritate, a. 9.

hingebende Anerkennung und Bejahung sowohl der in den gesellschaftlichen Bindungen und Gebilden liegenden Werte als auch
der den einzelnen und den Gruppen zukommenden Anteile am
Gemeinwohl. Die soziale Liebe ist zum selbstlosen Dienst am
Gemeinwohl bereit und gönnt jedem seine gesellschaftliche Stellung. Wichtige Aufgaben sind der sozialen Liebe besonders in den
Beziehungen der Stände, Berufe, Gruppen und Klassen zueinander gestellt. Die soziale Liebe müht sich, Konflikte durch Verständigung zu überwinden. Sie sieht und sucht das Einigende und
Gemeinsame. Sie nimmt den Forderungen der Gerechtigkeit das
Kalte und Strenge. Nichts widerspricht ihr so sehr wie der Klas-
senhaß. Wenn auch eine in Schranken bleibende Auseinandersetzung zwischen den Klassen nicht ohne weiteres gegen die soziale
Liebe verstößt, verlangen doch in dieser Lage sowohl die soziale
Gerechtigkeit als auch die soziale Liebe, alles daranzusetzen, um
durch eine Neuordnung der gesellschaftlichen Verhältnisse die
Klassenspaltung zu beseitigen (vgl. QA 114). Nicht selten wird
übrigens die soziale Liebe durch ihre Werke und Anregungen der
sozialen Gerechtigkeit und dem Sozialrecht den Weg bahnen.
„Die Gerechtigkeit von heute ist die Liebe von gestern; die Liebe
von heute ist die Gerechtigkeit von morgen."[6] Als Ziel schwebt
der Christlichen Soziallehre ein Ordnungsgefüge vor, „das in der
Wahrheit gegründet, nach den Richtlinien der Gerechtigkeit er-
baut, von lebendiger Liebe erfüllt ist und sich schließlich in der
Freiheit verwirklicht". Die Beziehungen „zwischen den einzelnen
Menschen und den Völkern" sollen „nicht von der Furcht, sondern von der Liebe" bestimmt sein; „denn der Liebe ist es vor allem eigen, die Menschen zu einer aufrichtigen und vielfachen Zusammenarbeit zu führen, aus der so viele materielle und geistige
Güter hervorsprießen."[7] Sie lehrt uns zu unterscheiden „zwischen
dem Irrtum, der immer zu verwerfen ist, und dem Irrenden, der
seine Würde als Person stets behält, auch wenn ihn falsche oder
weniger richtige religiöse Auffassungen belasten" (GS 28).

---

[6] *M. Gillet,* Justice et Charité, in: Semaine sociale de France 1928, 132.
[7] *Johannes XXIII.,* Enzyklika „Pacem in terris", Teil III und V.

ZWEITER TEIL

DAS ORDNUNGSGEFÜGE
DER GESELLSCHAFT

Die Christliche Gesellschaftslehre begnügt sich nicht mit der Erarbeitung sozialphilosophischer und sozialtheologischer Grundsätze. Sie untersucht auch das überaus mannigfaltige Ordnungsgefüge der menschlichen Gesellschaft, wie es in den Familien, Berufen, Gemeinden, Arbeitsstätten, Verbänden, Staaten usw. vor uns steht. In der fast verwirrenden Vielfalt gesellschaftlicher Beziehungen und Gebilde sind überzeitlich gültige Wesensstrukturen erkennbar, die sich jedoch nur in den jeweiligen, stetem Wandel unterworfenen Verhältnissen verwirklichen, so daß die Spannung zwischen Wesensgestalt und Geschichtlichkeit mit aller Schärfe hervortritt.

Den gesellschaftlichen Ordnungen, z. B. der Wirtschaft oder dem Staat, wohnt eine gewisse Eigengesetzlichkeit inne; sie „funktionieren" irgendwie auch dann, wenn der göttliche Gesetzgeber geleugnet wird, z. B. in den bolschewistischen Staaten. Jedoch ist der Mensch in diesem Falle stets von der Gefahr bedroht, zum bloßen Objekt wirtschaftlicher oder staatlicher Prozesse erniedrigt zu werden.

ERSTER ABSCHNITT
EHE UND FAMILIE

ERSTES KAPITEL
Die Ehe

Um die Deutung der Ehe bemühen sich Philosophen, Soziologen, Psychologen, Mediziner, Juristen und Theologen, so daß die Gefahr droht, bei der bunten Inventaraufnahme stehenzubleiben. Wie jede Wesensgestalt ist auch die Ehe, obwohl die verschiedensten Schichten des Menschen als eines Leib-Seele-Wesens in ihr zusammenklingen, eine *Ganzheit*. Da wir jedoch Wesenheiten nicht in einem Blick intuitiv zu schauen vermögen, sondern ihre Strukturen mühsam aufdecken und entfalten müssen, sollen *zehn Bereiche* unterschieden werden, die für die Deutung der Ehe wichtig sind, wobei freilich nicht übersehen werden darf, daß es sich im Grunde nur um verschiedene Sichten der einen Ganzheit handelt, die wir Ehe nennen.

§ 1 Die Geschlechtlichkeit

1. Die als Polarität des Männlichen und Weiblichen sich darstellende Geschlechtlichkeit, die eine Grundvoraussetzung der Ehe ist, darf nicht mit dem Geschlechtstrieb gleichgesetzt werden. Sie ist umfassender, bestimmt die biologische Dynamik der beiden Geschlechter und prägt das ganze leiblich-seelische Sosein des Mannes und der Frau, was sich im Denken und Handeln, im Gefühl, im Gemüt und selbst im Verhältnis zu Gott auswirkt. Während die Eigenart des Mannes mehr der Werktätigkeit zugewandt ist, wird das Wesen der Frau durch die hingebende, auf das Du bezogene Mütterlichkeit bestimmt. Der Mann ist deshalb nicht Maßstab für die Frau, wenn auch manche Frauen und Mädchen auf Grund ihrer großen Anpassungsfähigkeit bewußt oder unbewußt – besonders in der außerhäuslichen Berufsarbeit – sich den

Mann als Maßstab nehmen. Im übrigen darf man die seelische Verschiedenheit der beiden Geschlechter nicht übertreiben. Der menschliche Wesensgrund ist bei Mann und Frau der gleiche. Auch in ihrem Mannsein oder Frausein sind die beiden Geschlechter „Gottes Abbild". Beiden hat Gott die gleiche Würde und dieselben unveräußerlichen Rechte geschenkt. Gott ist für Mann und Frau in der gleichen Weise „der rufende, liebende, wirkende Schöpfer". Beide sollen auf ihn hören, ihm antworten und dienen. Beide sind „gleich in ihrer Würde als Gottes Geschöpfe, aber auch gleich in ihrem Elend, wenn sie sich Gott verweigern"[1]. Gott hat sich in gleicher Weise des Mannes und der Frau erbarmt. Ja, noch mehr: Er hat eine Frau, die Jungfrau Maria, in einzigartiger Weise in sein Heilswerk hereingenommen. Wir glauben und bekennen, daß der Sohn Gottes „seiner Menschheit nach in der Zeit von der Jungfrau Maria geboren worden ist"[2]. Durch die Mutterschaft Mariens, so schreibt Papst Johannes Paul II., hat Gott „in der höchsten Form, die möglich ist, die Würde der Frau" offenbart.[3] Auch gibt es wohl kaum einen Mann, der nicht auch Kräfte und Gaben des Opferns und Fürsorgens in sich trüge, wie man andererseits kaum eine Frau finden dürfte, die sich nicht auch sachlich-nüchtern dem Werke widmen könnte. Man pflegt mit Recht zu sagen: ein *bloß* männlicher Mann sei schrecklich und eine *bloß* weibliche Frau unausstehlich. Dennoch bleibt bestehen, daß das Anderssein von Mann und Frau bis in die tiefsten Wurzeln des leiblich-seelischen Seins hinabreicht. Zwar ist die Verteilung der sozialen Rollen (etwa bei den Arbeitsverrichtungen) zwischen den beiden Geschlechtern weithin geschichtlich bedingt; aber selbst wenn Mann und Frau das Gleiche tun, ist die Art, wie sie es tun, verschieden, so daß die außerhäusliche Berufsarbeit der

---

[1] Deutsche Bischofskonferenz, Zu Fragen der Stellung der Frau in Kirche und Gesellschaft, 21. September 1981. Hg. v. Sekretariat der Deutschen Bischofskonferenz. Bonn 1981, 9.

[2] Konzil von Chalcedon. DS 301.

[3] Apostolisches Schreiben „Familiaris Consortio" von Papst Johannes Paul II. über die Aufgaben der christlichen Familie in der Welt von heute, 22. November 1981, Nr. 22.

Frau in der industriellen Gesellschaft nicht nur ein Mehr, sondern ein qualitativ Neues bedeutet.

2. Der Erkenntnis, daß die Geschlechtlichkeit konstitutiv zum Sosein des Menschen gehört, stehen zwei irrige Auffassungen gegenüber:

a) Manche Soziologen suchen die zweigeschlechtliche Wesensausprägung soziologistisch zu relativieren, indem sie die Unterschiede im Gefühls- und Gemütsleben und in der Denkweise von Mann und Frau bloß „vermeintlich allgemeingültig" nennen und auf die geschichtlich bedingte soziale Rollenverteilung zwischen den beiden Geschlechtern zurückführen möchten. Dem ist entgegenzuhalten, daß die geschichtliche Bedingtheit gewisser (nicht aller) Rollenverteilungen keineswegs ein Beweis gegen die das ganze menschliche Sosein prägende Geschlechtlichkeit ist. Grundgestalten wie „Tochter", „Schwester", „Gattin", „Mutter", „Sohn", „Bruder", „Gatte", „Vater" sind überzeitlich gültig und nicht als bloß gesellschaftlich bedingte Rollenverteilungen deutbar. Die biologische Verschiedenheit der beiden Geschlechter wirkt sich wegen der wesenstiefen Bezogenheit von Leib und Seele auch im Seelischen und Geistigen aus.

b) Noch verhängnisvoller ist es, die Geschlechtlichkeit als Erniedrigung des Menschen hinzustellen, wie es die sublimen leib- und geschlechtsfeindlichen Spekulationen des persischen Dualismus, der orientalischen Mysterienkulte, des Neuplatonismus, der Gnosis und vor allem des Manichäismus versucht haben. Mani forderte von seinen Erwählten, daß sie sich „das Siegel des Busens und des Schoßes" anlegten; nur so könne das ewig sich fortzeugende Unheil gebannt werden, daß der lichte Geist durch Liebe und Ehe immer wieder im dunklen Kerker des Fleisches begraben werde. Dieser geschlechtsfeindliche Spiritualismus hat offen und noch häufiger in versteckter Weise das abendländische Denken auch in den christlichen Jahrhunderten berückt. Man spürt seinen Einfluß bei einigen Kirchenvätern, z. B. bei Klemens von Alexandrien, Origenes, Johannes Chrysostomus. Der Häretiker Tertullian nannte die Frau eine „Pforte des Teufels", da sie „das Abbild Gottes, das der Mann ist", verführt und geschändet habe. Aber auch der heilige Gregor von Nyssa († 394) meinte, Gott habe ursprünglich einen geschlechtslosen „himmlischen Menschen" erschaffen wollen, dann jedoch, weil er den Sündenfall voraussah, den historischen „Erdmenschen" erschaffen und ihn als Adam und Eva in die beiden Geschlechter aufgeteilt. Hin und wieder werden auch heute noch ähnliche Gedanken geäußert. So legte z. B. Theodor Culmann dar, Adam sei zunächst in sich selber doppelgeschlechtlich gewesen und erst durch seine Schuld geschlechtlich differenziert worden. Er habe nämlich die doppelgeschlechtliche Existenzweise bei den Tieren wahrgenommen und als eine „ihm abgehende und deshalb wünschenswerte" empfunden. Das sei der „Anfang der Sünde" gewesen. „Gott muß sich nun herbeilassen, jenem durch Schuld des Menschen in der Schöpfung ausgekommenen Nichtgut durch Bildung des Weibes abzuhelfen. Die Erschaffung des Weibes ist deshalb eine so furchtbare Katastrophe, daß sie nur überboten wird von dem Tod selbst, dessen Vorstufe sie eben ist."[4] Auch Theodor Böhmerle nannte es eine unheilvolle Entscheidung, daß Adam das weibliche Prinzip neben sich haben wollte, anstatt es in sich zu tragen. Die Genesis erzähle, „daß das Weib aus der Seite des Mannes herausgenommen worden sei. Wo war also das Weib vorher? Ganz offenbar *im* Mann." Adam habe heftig nach einer Gehilfin verlangt, so daß der Herr erkannte: „Was einst gut war, ist jetzt nicht mehr gut ... Vom Ineinander zum Nebeneinander, das war der Riesenschritt, der gemacht war und der die entsetzlichsten Folgen in sich barg."[5] Bei Edgar Dacqué finden sich ähnliche Überlegungen: durch die Erschaffung des Weibes habe Adam ein „Gegenüber" erhalten, das nicht Gott war. „Und damit war schon eine Not entstanden", die schließlich zum Sündenfall führte. Denn die Ursünde geschah Evas wegen: „Hevah erkennt sich dahin, daß sie selbst das zur Wiedervereinigung Lockende an sich, ohne Gottbe-

[4] *Th. Culmann,* Die christliche Ethik. Stuttgart ²1874, 56.
[5] *Th. Böhmerle,* Die Frauenfrage im Lichte der Bibel. Wernigerode 1924, 26, 33 f.

zogenheit, sein könne, ... so wird es zum ungeheuren Wirbel des Begehrens, geistig und sinnlich." Und damit ist der Mensch „von innen her und mit ihm die Natur in den dämonischen Zustand getreten"[6].

Die christliche Lehre vom Menschen weist diese pessimistischen Mißdeutungen des Geschlechtlichen, die Ehe und Familie als erst durch das Versagen des Menschen notwendig gewordene Institutionen hinstellen, als ketzerisch zurück. Es ist kein Zufall, daß sich der Name Ketzer von den Katharern – italienisch gazzari – ableitet, also von jener mittelalterlichen Sekte, die den manichäischen Spiritualismus in das christliche Abendland einschmuggeln wollte. Nach christlichem Denken ist die Doppelgeschlechtlichkeit im ursprünglichen, von der Liebe, Güte und Weisheit Gottes gewollten Schöpfungsplan enthalten und nicht erst durch einen widergöttlichen Abfall vom geschlechtslosen Monismus zum geschlechtlichen Dualismus entstanden. Die Heilige Schrift weist bei der Erschaffung des Menschen mit besonderem Nachdruck auf dieses göttliche Planen hin: „Laßt uns den Menschen machen als unser Ebenbild, uns ähnlich! ... So schuf Gott den Menschen als sein Abbild. Als Gottes Abbild schuf er ihn. Er schuf sie als Mann und Frau" (Gen 1,26 f.). Mit ungewohnter Schärfe wendet sich der heilige Paulus gegen die gnostischen „Irrgeister" und „heuchlerischen Lügner", die „Teufelslehren anhangen" und „verbieten, zu heiraten und gewisse Speisen zu genießen ... Denn alles, was Gott geschaffen hat, ist gut" (1 Tim 4,1–4). Gottes Vorsehung hat das „Hochzeitliche" zu einem Strukturgesetz der Schöpfung gemacht.

§ 2 Die dialogische Bezogenheit der Geschlechter

1. Obwohl die geschlechtliche Eigenart dem ganzen leiblichen und seelischen Wesen des Menschen eine maskuline oder feminine Prägung verleiht, stehen die beiden Geschlechter dennoch in einer so tiefen und spannungsreichen Bezogenheit zueinander,

---

[6] E. *Dacqué,* Die Urgestalt. Der Schöpfungsmythos neu erzählt. Leipzig 1940, 27 ff.

daß ein dialogisches Verhältnis wesenhafter Tiefe möglich ist. Die Geschlechter erleben diese Bezogenheit als Lockung und Verheißung, als Aufgabe und Verantwortung. Sie wollen instinktiv einander gefallen. Ihre Hinwendung zueinander kann sehr verschiedene Formen annehmen; sie kann edel und selbstlos sein, aber auch draufgängerisch und egoistisch; sie kann als angstvolle Hemmung auftreten, bleibt jedoch auch in diesem Fall innere Bezogenheit. In der Ehe soll sich – bei gleichem menschlichen Wesensgrund – das charakteristisch Männliche mit dem charakteristisch Weiblichen zu beglückender Lebensgemeinschaft vermählen. Mann und Frau müssen sich deshalb in ihrer Eigenart anerkennen, ernst nehmen und bejahen. Der Mann darf seiner Frau nicht begegnen, als wäre sie immer noch das „junge Mädchen", fast noch ein großes Kind – und umgekehrt. Solche Fehlhaltungen entspringen meistens einem sublimen Egoismus, der sich häufig unter der Maske des ewigen, schulmeisterlichen Erziehers oder der zudringlichen mitleidigen Bemutterung zu tarnen sucht. Man „schenkt" und meint sich selbst. Die dialogische Bezogenheit darf nicht durch den herrschsüchtigen Monolog verdrängt werden.

Dieser Hinweis ist besonders heute wichtig, da an die Stelle der patriarchalischen Familienverfassung des vorindustriellen Zeitalters ein partnerschaftliches Gattenverhältnis getreten ist. Es ist nicht zuletzt eine Folge der außerhäuslichen Berufstätigkeit der Mädchen und Frauen, daß sie sich dem Mann gegenüber nicht mehr hilflos und abhängig fühlen, sondern in der beiderseitigen Anerkennung der Gleichwertigkeit ihr Ideal sehen, was nicht alles schablonisierende Gleichmacherei bedeutet. Die Frau hat sich mit Erfolg gegen die uralte Versuchung des Mannes gewehrt, in ihr nur einen „Gegenstand" des Begehrens und Besitzens zu sehen. Fast überall auf der Welt ist die Diskriminierung der Frau geringer geworden, wenn auch längst nicht überwunden. Das Ringen um die Gleichberechtigung, die Gleichbehandlung und die Chancengleichheit dauert an. In den Industriestaaten ist die Entwicklung am weitesten vorangeschritten. Hier ist die Frau zum erstenmal in der Menschheitsgeschichte dem Manne in Ehe und Familie, Gesellschaft und Öffentlichkeit – rechtlich, wenn auch nicht überall tatsächlich – ebenbürtig: gleiche Schulpflicht, gleiche Bildungs-

und Ausbildungsmöglichkeiten, gleiche Berufschancen. Die Soziologen sprechen von der „Allgegenwart der Frau" (omniprésence de la femme), auch in dem Sinn, daß sich die Frau nicht verschleiert und verhüllt, wie ehedem im Orient, sondern in ihrer charakteristischen Femininität überall gegenwärtig ist. Sie stellt sich mitverantwortlich und mitgestaltend der Welt von heute, und zwar bewußt als Frau, nicht als Nachahmerin des Mannes. Was sich hier vollzogen hat und noch vollzieht, ist für die Menschheitsgeschichte bedeutsamer als etwa die Entdeckung der Atomenergie oder die Ausbreitung der Automation. Im übrigen sollte man den mittelalterlichen Patriarchalismus nicht übertreiben. Es gab damals in den von Frauen regierten Stiften und Abteien, besonders in den reichsunmittelbaren Fürstabteien (z. B. in Essen, Gandersheim, Quedlinburg, Gernrode, Hochelten, Herford und Zürich), Inseln des Matriarchats, in denen zahlreiche hörige Bauern und selbst Kleriker den Äbtissinnen unterstanden. Die Emanzipation hat ihre Vorstufen.

2. Mit dem christlichen Menschenbild ist nur die Gleichwertigkeit von Mann und Frau und ihre sich daraus ergebende personale Bezogenheit vereinbar. Die Frau, so lehrte *Francisco de Vitoria* († 1546) im patriarchalischen Spanien des 16. Jahrhunderts, ist Gefährtin („socia"), nicht Dienerin („non serva") des Mannes.[7] Zuweilen wird zwar auch heute noch der national-sozialistische Ladenhüter hervorgeholt, das Konzil von Mâcon habe im Jahre 585 der Frau die Seele abgesprochen. In Wirklichkeit ist diese Frage, wie sich aus den Konzilsakten ergibt, überhaupt nicht auf jener Nationalsynode erörtert worden. Gregor von Tours berichtet lediglich, daß ein Bischof – wahrscheinlich im Gespräch außerhalb der Synodalverhandlungen – gefragt habe, ob das Wort homo noch auf die Frau zutreffe. Diese Frage war nicht anthropologisch, sondern philologisch gemeint, da das Wort homo in den sich damals entwickelnden romanischen Sprachen allmählich die Bedeutung „Mann" (homme, uomo) angenommen hatte.

---

[7] *Fr. de Vitoria*, Relectio de Matrimonio, p. 2, n. 7.

1. Der Geschlechtskraft, einem angeborenen instinktiven Lebens-drang, wohnen zwei eng miteinander verschlungene Sinngehalte inne: Einerseits ist diese Kraft naturhaft auf ein überindividuelles Ziel, die Fortpflanzung der menschlichen Gattung, gerichtet, so daß Thomas von Aquin von einem „überragenden Gut"[8] spricht. Andererseits ist das Erlebnis der geschlechtlichen Hingabe für Mann und Frau geheimnisvoller leiblich-seelischer Ausdruck ihres Schenkens und Sichverschenkens in der Liebesgemeinschaft der Ehe. Der Christ sieht deshalb im Geschlechtlichen nichts Böses, sondern eine von Gott geschenkte, innerlich auf die Ehe bezoge-ne Anlage wesenhafter Tiefe. Auch ohne den Sündenfall wäre die Fortpflanzung des paradiesischen Menschen durch die ge-schlechtliche Vereinigung von Mann und Frau geschehen, und Thomas von Aquin meint, das Erlebnis der Sinne wäre dabei tie-fer gewesen als heute, weil der Mensch eine reinere Natur und ei-nen „sensibleren" Leib gehabt hätte.[9]

2. Während das Tier der Geschlechtskraft nicht widerstehen kann, sondern vom Instinkt getrieben der Fortpflanzung dienen muß, ist es dem Menschen gegeben, die Geschlechtskraft – nicht etwa durch krankhafte Verdrängung, sondern durch echte Subli-mierung – zu beherrschen und zu vergeistigen, d. h. jungfräulich zu leben. Andererseits vermag der Mensch das geschlechtliche Er-lebnis sowohl von der Fortpflanzung als auch von der Ehe zu trennen. Die Verbreitung der Verhütungsmittel und das Schwin-den der sittlichen Verantwortung haben den vor- und außereheli-chen Geschlechtsverkehr erheblich anwachsen und weithin zu ei-nem flüchtigen und unverbindlichen Erlebnis werden lassen. Je mehr dieses Verhalten sich ausbreitet, desto ernster ist darauf hin-zuweisen, daß die Geschlechtskraft gerade wegen ihrer wesenhaf-ten Tiefe, wenn sie egoistisch entartet, sowohl im Mann wie in der Frau zerstörerisch wirkt. Sie bedarf der Zucht. Es ist verhängnis-

---

[8] *Thomas von Aquin,* S. th. II-II 153,2.
[9] *Thomas von Aquin,* S. th. I, 98, 2 ad 3.

voll, daß heute von vielen die Unzucht (vor- und außerehelicher Geschlechtsverkehr, Homosexualität) „Liebe" genannt wird.[10]

§ 4 Die Bewahrungskraft

1. Dem Menschen ist es eigen, sich gegen die Verletzung intimer Persönlichkeitsbereiche instinktiv zu wehren. So lebt z.B. in jedem Menschen die *seelische* Scham, d.h. das unwillkürliche Streben, Allerpersönlichstes, wie es etwa der Jugendliche im Tagebuch aufzeichnet, nicht vor anderen preiszugeben. Am deutlichsten meldet sich die seelische Scham, wenn es sich um Schuld und Sünde handelt. Zur seelischen tritt die *soziale* Scham, die sich dann regt, wenn der Mensch seine Geltung innerhalb der Mitwelt gefährdet glaubt, etwa infolge linkischen Benehmens oder unmoderner Kleidung. Da die Entweihung im geschlechtlichen Bereich sich besonders verhängnisvoll auswirkt, ist die Bewahrungskraft des Schamstrebens hier so stark ausgeprägt, daß wir, wenn von Scham schlechthin die Rede ist, weder die seelische noch die soziale, sondern die *geschlechtliche* Scham meinen. Sie ist weder ein Ergebnis der Erziehung oder Gewöhnung noch eine Auswirkung von Furcht und Ekel, sondern eine naturgegebene Bewahrungskraft, die als menschliches Urgefühl „vor dem Abgleiten in die Sphäre des bloß Triebhaften" zurückhalten soll.[11] Mit der Geschlechtsreife erwacht die Scham selbst dann, wenn die Umgebung dem jungen Menschen bewußt andere Auffassungen beizubringen versucht. Sie beginnt sich bei vielen Kindern etwa um das fünfte Jahr zu regen und ist bei allen Kindern um das zehnte Jahr gegeben. Wie sehr das brutale Einbrechen in die geschlechtliche Intimsphäre eine Entweihung bedeutet, zeigt der Sprachgebrauch, der hier von Gewaltanwendung schlechthin, von „Vergewaltigung" spricht.

---

[10] Vgl. *J. Höffner,* Sexual-Moral im Licht des Glaubens. Köln ⁸1980 (Themen und Thesen 5). – *Ders.,* Nur Du – und Du für immer. Köln 1980.

[11] *Th. Müncker,* Die psychologischen Grundlagen der katholischen Sittenlehre. Düsseldorf ⁴1953, 285.

Die geschlechtliche Scham schafft Abstand und verbindet zugleich in neuer Weise. Sie ist „Reserve" im Doppelsinn dieses Wortes: als abwehrende Zurückhaltung und als Ansammlung von Werten, die dereinst in der Ehe verschenkt werden sollen. Als Abwehr ist die Scham ein „Schutz gegen das wahllos zugreifende Triebleben"[12]. Zugleich läßt sie der Liebe Zeit, zu wachsen und zu reifen, indem sie „als Engel der Ehrfurcht an der Pforte des Mysteriums steht, die sich eines Tages öffnen soll"[13]. Die Bewahrungskraft ist wesentlich auf die Ehe bezogen und behält in der Ehe, wenn auch in anderer Gestalt, ihren Sinn.

2. Wenn auch die äußeren Ausdrucksformen der Scham, z.B. in der Mode, dem geschichtlichen Wandel unterliegen, herrscht doch in der modernen Gesellschaft ein sexuell überreiztes Klima. Besonders im Vergnügungsleben, in der Absatzwerbung sowie in gewissen Filmen und Illustrierten macht sich die Schamlosigkeit öffentlich breit. Auch geistig stehen diese „Erzeugnisse" nicht selten so tief, daß sich Sexualisierung und Verblödung die Hand reichen. Ein raffiniert geführter Angriff gegen jede Art von Scham, gegen die seelische, besonders aber gegen die geschlechtliche, ist im Gang. Diese skandalöse Bloßstellung und Indiskretion, die sich als „Emanzipation" zu tarnen sucht, gefährdet besonders den jungen Menschen und reißt Mauern ein, die als Schutzwall um Ehe und Familie gebaut sind.

§ 5 Die begehrende Liebe des Eros

1. Bei vielen Völkern herrschte jahrhundertelang der patriarchalische Brauch, daß die Eltern ohne Befragung der Kinder den Ehepartner bestimmten, wobei bäuerliche, dynastische und politische Interessen häufig die entscheidende Rolle spielten, wobei aber auch beachtet werden muß, daß die Brautleute damals unmündig

---

[12] *Th. Müncker,* Die psychologischen Grundlagen der kath. Sittenlehre, 288.
[13] *E. Masure,* Die Vergeistigung der Ehe, in: *J. Viollet,* Vom Wesen und Geheimnis der Familie. Salzburg o.J., 255.

und sehr jung – oft nur 12 bis 15 Jahre alt – waren. Im übrigen nahm man an, daß die wesenstiefe Bezogenheit zwischen den beiden Geschlechtern bald zu Sympathie und Zuneigung führen werde. Nicht selten sahen sich die Brautleute am Hochzeitstag zum erstenmal in ihrem Leben, wie z.B. König Philipp II. von Spanien und seine fünfzehnjährige Braut Isabel von Valois, die am 31. Januar 1560 im Festsaal des Schlosses von Guadalajara einander vorgestellt wurden, worauf sofort die Trauung in der Palastkapelle erfolgte. Die Ehe zwischen Philipp und Isabel ist sehr glücklich gewesen, wie es überhaupt damals „wahrscheinlich weniger unglückliche Ehen gegeben hat als heute", weil „an Stelle der individuellen eine Anziehung der Familien und Sippen" wirksam sein konnte.[14] Damals hieß es: Weil du mein Weib bist, habe ich dich lieb; heute heißt es: Weil ich dich liebe, wirst du mein Weib.

Natürlich war der patriarchalische Eheschließungsbrauch nur dann sittlich einwandfrei, wenn die Brautleute ohne Furcht und Zwang der Entscheidung der Eltern zustimmten und wenn es als sicher gelten konnte, daß die Liebe in ihnen erwachen werde. Die Kirche hat deshalb im Zeitalter des Patriarchalismus die gegen den Willen der Eltern geschlossenen Ehen stets als gültig anerkannt und die den Brautleuten aufgezwungenen Ehen für ungültig erklärt, und zwar in wirksamer Weise, weil den kirchlichen Gerichten die Ehegerichtsbarkeit zustand. Damit waren auch im patriarchalischen Zeitalter Zuneigung und Liebe als ehegestaltende Kräfte anerkannt. Manche Soziologen behaupten zwar, daß die Verbindung der personalen Liebe mit der Ehe dem patriarchalischen Zeitalter fremd gewesen und erst im 11. und 12. Jahrhundert mit den Troubadouren und Minnesängern allmählich aufgekommen sei – eine These, die mit den geschichtlichen Zeugnissen im Widerspruch steht. Schon im Buche Genesis – und dort werden doch typische patriarchalische Verhältnisse geschildert – heißt es: „Jakob hatte die Rachel lieb ... So diente Jakob um Rachel sieben Jahre, und diese kamen ihm wie wenige Tage vor, so lieb hatte er sie" (Gen 29,18 ff.). Als die Mutter Samuels kinderlos blieb und sich darob grämte, tröstete ihr Mann Elkana sie: „Anna,

---

[14] *W. Morgenthaler,* in: Die Psychohygiene. Bern 1949, 124.

warum weinst du? Warum ißt du nichts? Weshalb bist du so be-
trübt? Bin ich dir nicht mehr wert als zehn Kinder?" (1 Sam 1,8).

2. Nun gibt es freilich kaum ein Wort, das so Hohes und Heiliges
und zugleich so Niedriges und Gemeines bezeichnen kann wie
das schlichte Wörtlein „Liebe". Es gibt eine sogenannte „Liebe",
die einen anderen Menschen ausnützt und in geschlechtliche Hörigkeit zwingt. Thomas von Aquin meint, so liebe auch der Löwe
den Hirsch, wenn er ihn sehe oder seine Stimme höre: „weil er ein
Fressen für ihn sei"[15]. Solche geschlechtliche Ausbeutung ist kras-
ser Egoismus, aber keine Liebe. Wahre Liebe hat ihren Urgrund
in Gott, dessen Ebenbild der Mensch ist. Weil „Gott die Liebe
ist" (1 Joh 4,8), ist auch der Mensch ein liebendes Wesen, und die
meisten Menschen erfahren dieses Geheimnis besonders tief und
beglückend in der ehelichen Liebe zwischen Mann und Frau.
Ehegestaltende Kraft besitzt jedoch nur jene Liebe, die Werthaltung ist. Sie ist doppelter Art: Eros und Agape.
Die allgemeine Anziehung und Spannung zwischen den Geschlechtern wird auf einen Menschen des anderen Geschlechts speziali-
siert und konkretisiert durch jene seelische Geschlechterliebe, die
wir *Eros* nennen. Der Eros steht heute wohl am Anfang der meisten Liebesverhältnisse und Ehen. Er ist „begehrende Liebe", aber
in einem edlen Sinn; denn er sucht Ergänzung, Lebensbereiche-
rung, Beglückung, Erfüllung im geliebten Menschen, ist allerdings
von der doppelten Gefahr bedroht, einerseits im eigenen Ich
steckenzubleiben, andererseits ein unwirkliches Idealbild in den
anderen Menschen hineinzudeuten, was leicht zu Enttäuschungen
führen kann. Auch pflegt der Eros den Liebenden zuweilen eine
Seligkeit zu verheißen, wie sie in diesem Äon zwischen dem Sündenfall und dem Jüngsten Tag unerreichbar ist. Wenn auch der
Eros als seelische Geschlechterliebe vor allem beim Mädchen zunächst nicht mit dem Geschlechtstrieb verbunden ist, wird die
Verliebtheit doch normalerweise dahin drängen, wobei zu beobachten ist, daß dieses Drängen, weil es lebendig ist, nicht stehen-
bleibt, sondern zum Intimerwerden neigt. Heute ist bei vielen Ju-

---

[15] *Thomas von Aquin,* S. th. II-II 141,4 ad 3.

gendlichen die „Liebe" nicht viel mehr als eine Verzauberung (Faszination), d. h. ein Eros niederer und ungeläuterter Art. Ihre Augen sind durch ichbezogenes Lieben „gehalten", so daß sie nicht erkennen, von welchen Mächten sie getrieben werden. „Hingerissensein" ist nicht dasselbe wie die eheliche Treue, die Entscheidung ist. Bei der Trauung wird nicht gefragt: „Sind Sie hingerissen?", sondern: „Sind Sie frei und ungezwungen gewillt?"

§ 6 Die selbstlos schenkende Liebe

1. Auf die Dauer wird der Eros nicht genügen, um alle Belastungsproben der Ehe auszuhalten. Denn „alle diese Feuer brennen langsam aus" (Sigrid Undset). Mit dem Eros muß sich jene Liebe verbinden, die der heilige Paulus *Agape* nennt, die „langmütig" und „gütig" ist, „nicht ihren Vorteil sucht", sich „nicht verbittern läßt", „nichts Böses nachträgt", „alles erträgt, alles glaubt, alles hofft, alles duldet" und „niemals aufhört" (1 Kor 13,4–8). Es mag Ehen geben, in denen die Agape mit dem Eros von Anfang an verbunden ist. In den meisten Ehen muß die Agape allmählich wachsen; sonst scheitert die Ehe. „Mit der Eh' da hat die Lieb' ein End" ist ein böser Spruch.

In der selbstlos schenkenden ehelichen Liebe, die „Menschliches und Göttliches in sich eint" und die Gatten in „zarter Zuneigung" zur „freien gegenseitigen Hingabe ihrer selbst" führt (GS 49), bürgt der Mensch nicht mit „etwas", sondern mit sich selbst; er liebt nicht „etwas", was der andere besitzt, sondern den anderen ganz und gar. Die Agape erstrebt nicht wie der Eros die Lebenserhöhung des eigenen Ich, sondern des Du. Sie will nicht glücklich sein, sondern glücklich machen und bleibt damit vor der Gefahr des „Egoismus zu zweien" bewahrt. Die Agape sucht den anderen einfühlend zu verstehen; sie nimmt ihn, wie er ist – auch mit seinen Grenzen und Schwächen –, und projiziert nicht die unbewußt verklärenden Idealbilder der „Anima" oder des „Animus" in ihn hinein. Sie ist „ein lauteres Aufmerken auf das Dasein des anderen" (Lavelle), ein einzigartiges Eingehen auf sein Wesen und zugleich die Bereitschaft zu innigster Lebensgemeinschaft, damit „einer des anderen Last trage" (Gal 6,2) und beide mitein-ander „als geliebte Kinder Nachahmer Gottes" werden (Eph 5,1). Obwohl die selbstlos schenkende Liebe als „natürliche" Liebe möglich ist, findet sie doch ihre Vollendung erst in der übernatür-lichen göttlichen Tugend der Liebe. In der selbstlos schenkenden Liebe ist sich der Mensch bewußt, daß er sein ganzes Leben von nun an dem anderen überantwortet und sich seiner Prägekraft ausliefert, ohne ihn je durch und durch kennen zu können.

2. Dem Eros und vor allem der selbstlos schenkenden Liebe ist eine verwandelnde Kraft eigen. Hier finden die übrigen Bereiche des Geschlechtlichen ihre Sinnerfüllung und Erhöhung. Eros und Agape durchglühen und durchdringen gleichsam diese Bereiche, nicht um sie aufzuheben, sondern um sie zu veredeln. Das Sin-nenhaft-Geschlechtliche wird zum Ausdruck der ehelichen Liebe und davor bewahrt, zum egoistischen Selbstzweck zu werden. Auch die Bewahrungskraft findet durch die Liebe ihre Erfüllung, da der Mensch nunmehr – ohne Furcht vor Entweihung – sein Geheimstes und Persönlichstes schenken darf. Ebenfalls wird das Einander-Gefallenwollen, das sonst so leicht zur Koketterie entar-tet, in der wahren Liebe als sinnvoll empfunden werden. Da die liebende Einheit der Herzen zutiefst in gemeinsam bejahten und gelebten religiösen Werten gründet, ist die Ehe zwischen Men-schen, die weltanschaulich und religiös auf verschiedenem Boden stehen, mehr als andere Ehen von Krisen bedroht.

§ 7 Die Weckung neuen Lebens

„Ehe und eheliche Liebe", so lehrt das Zweite Vatikanische Kon-zil, „sind ihrem Wesen nach auf die Zeugung und Erziehung von Nachkommenschaft ausgerichtet" (GS 50). Wo Liebe ist, da ist Leben. Wie die Braut Christi, die Kirche, im Sakrament der Taufe ihrem Herrn immer neue Gotteskinder schenkt, so steht auch die Ehe unter dem Fruchtbarkeitssegen, den Gott über sie ausgegos-sen hat. Daher erleben die Eltern ihr Kind mehr als geschenkt denn als gezeugt. Die Kinder sind „die vorzüglichste Gabe für die

Ehe" (GS 50). Das heute gängige Schlagwort, jedes Kind müsse ein „Wunschkind" sein, ist nicht unbedenklich. Das neue Leben wird als „machbar" und nicht mehr als Geschenk verstanden. Noch schlimmer ist es, daß der sexuelle Lustgewinn weithin absolut gesetzt und die sich an das Kind verschenkende, opferbereite Liebe lächerlich gemacht wird. [...]

In den dreißiger Jahren unseres Jahrhunderts,[16] besonders aber nach dem Zweiten Vatikanischen Konzil,[17] ist die Frage nach den sogenannten *Ehezwecken* lebhaft erörtert worden. Wenn nach der Sinngebung gefragt wird, die der Ehe als naturgegebener Institution objektiv innewohnt, ist die Weckung und Entfaltung neuen Lebens an erster Stelle zu nennen. Aber die Ehe als Institution hat *auch* den ihr objektiv innewohnenden Sinn, Lebens- und Liebesgemeinschaft von Mann und Frau zu sein. Die Ehe ist ja, wie das Zweite Vatikanische Konzil erklärt, „nicht nur zur Zeugung von Kindern" eingesetzt. Auch in der kinderlosen Ehe behält „die gegenseitige Liebe der Ehegatten ihren gebührenden Platz" (GS 50). Es ist übrigens ungeschichtlich, der älteren Theologie vorzuwerfen, sie habe die Ehe nicht als Liebesgemeinschaft, sondern ausschließlich als Institution zur Kindererzeugung verstanden. Vor vierhundert Jahren wurde im Auftrag des Konzils von Trient der Römische Katechismus veröffentlicht, in dem es heißt: Der Hauptgrund, warum Mann und Frau sich finden, ist „die Gemeinschaft zwischen den beiden Geschlechtern". Keine andere Freundschaft ist so tief wie die eheliche Liebe, die als Abbild des Bundes Christi mit der Kirche „Mann und Frau in der denkbar innigsten Liebe und Zuneigung" miteinander vereinigt. Darin besteht ja „vor allem die eheliche Hingabe", daß die Frau „nächst Gott unter allen Menschen ihren Mann am innigsten" liebt.[18]

In der modernen Gesellschaft werden die Brautleute meistens ihren Lebensbund nicht an erster Stelle des Kindes wegen schlie-

[16] Vgl. *N. Rocholl,* Die Ehe als geweihtes Leben. Dülmen 1935, 61.

[17] Vgl. *J. David,* Neue Aspekte der kirchlichen Ehelehre. Bergen-Enkheim ²1966.

[18] Catechismus Romanus. Das Religionsbuch der Kirche (veröffentlicht 1566). Übersetzt von M. Gatterer. Innsbruck 1934. II 8, Nr. 14, 15, 27.

ßen. Die Sehnsucht nach seelisch-leiblicher Lebens- und Liebesgemeinschaft, nach Ergänzung, Beglückung und Vollendung, begehrende und schenkende Liebe, führen sie zueinander. Auch die Heilige Schrift nennt dieses Einswerden der Gatten an erster Stelle: „Adam rief aus: Diese endlich ist Bein von meinem Gebein und Fleisch von meinem Fleische ... Deshalb verläßt der Mann Vater und Mutter und schließt sich seiner Frau an, und sie werden ein Leib" (Gen 2,23–24). Christus hat dieses Wort aufgegriffen: „Habt ihr nicht gelesen, daß der Schöpfer im Anfang den Menschen als Mann und Frau geschaffen und gesagt hat: Darum wird der Mann Vater und Mutter verlassen und seiner Frau anhangen, und die zwei werden ein Fleisch sein? Sie sind also nicht mehr zwei, sondern ein Fleisch" (Mt 19,4–5). Auch der heilige Paulus beschreibt die Ehe als Liebesgemeinschaft: „Ihr Männer, liebt eure Frauen, wie Christus die Kirche geliebt und sich für sie hingegeben hat" (Eph 5,25). Die Weckung neuen Lebens, das Kind, wird an diesen Stellen nicht ausdrücklich erwähnt. Vielmehr wird die Sehnsucht nach dem seelisch-leiblichen Einssein als die beide Geschlechter zusammenführende Kraft in den Mittelpunkt gestellt. In diesem Sinne sind auch die viel zitierten Worte der Eheenzyklika „Casti connubii" vom 31. Dezember 1930 zu verstehen: „Die gegenseitige innere Formung der Gatten, das beharrliche Bemühen, einander zur Vollendung zu führen, kann man, wie der Römische Katechismus lehrt, sogar sehr wahr und richtig als Hauptgrund und eigentlichen Sinn der Ehe bezeichnen. Nur muß man dann die Ehe nicht im engeren Sinne als Einrichtung zur Zeugung und Erziehung des Kindes, sondern im weiteren als volle Lebensgemeinschaft fassen." [AAS 22 (1930) 548 f.]
Gesund empfindende Gatten werden freilich auch den starken Willen zum Kind in ihren Liebesbund aufnehmen, wobei zu bedenken ist, daß die Sinngehalte der Ehe eng verschlungen sind, da sich die persönliche Beglückung, Erfüllung und Entfaltung gerade im Leben-Schenken und im Erziehen verwirklicht. In diesem Sinne sind die Kinder für die Lebens- und Liebesgemeinschaft der Gatten von unschätzbarer Bedeutung. Es muß deshalb mit tiefer Besorgnis erfüllen, daß viele christliche Gatten jedes Kind zurückweisen und daß junge Mütter, die ihr drittes Kind erwarten,

kränkenden Bemerkungen ausgesetzt sind oder anonyme Spottbriefe erhalten. Damit soll das schwere Problem der „verantwortlichen Elternschaft" nicht bagatellisiert werden. Verständnisvoll hat das Zweite Vatikanische Konzil den Eheleuten versichert, daß es um ihre Nöte und Schwierigkeiten weiß. Viele Eheleute seien „in ihrem Bemühen, das Eheleben harmonisch zu gestalten, oft durch mancherlei Lebensbedingungen der heutigen Zeit eingeengt"; sie befänden sich in einer Lage, „in der die Zahl der Kinder – mindestens zeitweise – nicht vermehrt werden kann". Zur Frage nach der *Zahl* der Kinder bemerkt das Konzil: „Dieses Urteil müssen im Angesicht Gottes die Eheleute letztlich selbst fällen." Dabei dürfen sie freilich „nicht nach eigener Willkür" vorgehen; „sie müssen sich vielmehr leiten lassen von einem Gewissen, das sich auszurichten hat am göttlichen Gesetz; sie müssen hören auf das Lehramt der Kirche, das dieses göttliche Gesetz im Licht des Evangeliums authentisch auslegt". Die Ehegatten sollen sich bewußt sein, „daß es keinen wahren Widerspruch geben kann zwischen den göttlichen Gesetzen hinsichtlich der Übermittlung des Lebens und dem, was echter ehelicher Liebe dient" (GS 50–51). Das Konzil hat darauf verzichtet, über bestimmte Methoden der Geburtenkontrolle „konkrete Lösungen unmittelbar vorzulegen", jedoch hinzugefügt, daß es „den Kindern der Kirche nicht erlaubt (ist), in der Geburtenregelung Wege zu beschreiten, die das Lehramt in Auslegung des göttlichen Gesetzes verwirft" (GS 51). Die eheliche Hingabe muß, so lehrt Papst Paul VI., für die Weitergabe des Lebens „offen bleiben", was nicht besagt, daß es den Eheleuten verboten wäre, „aus schwerwiegenden Gründen und unter Beobachtung des Sittengesetzes ... zeitweise oder auf unbegrenzte Zeit die Geburt weiterer Kinder zu vermeiden".[19] Auch Papst Johannes Paul II. beschwört die Ehegatten, die beiden Sinngehalte der ehelichen Hingabe, nämlich die liebende Vereinigung und die

---

[19] Enzyklika „Humanae vitae" vom 25. Juli 1968, Nr. 10. – Vgl. das „Wort der deutschen Bischöfe zur seelsorglichen Lage nach dem Erscheinen der Enzyklika Humanae Vitae", 30.8.1968. – *J. Höffner,* Zur Würdigung der Enzyklika „Humanae vitae", in: *ders.,* Weltverantwortung aus dem Glauben. Reden und Aufsätze II. Münster 1969, 280–293.

Weckung neuen Lebens, nicht eigenmächtig auseinanderzureißen. Denn dann „liefern sie den Plan Gottes ihrer Willkür aus; sie ‚manipulieren' und erniedrigen die menschliche Sexualität – und damit sich und den Ehepartner –, weil sie ihr den Charakter der *Ganz*hingabe nehmen", was zu einer „objektiv widersprüchlichen Gebärde" führt.

Die Seelsorger mahnt der Papst zu einer „einheitlichen sittlichen und pastoralen Beurteilung" und die Professoren zu einem „einmütigen Zusammenwirken der Theologen in überzeugter Anlehnung an das Lehramt, der einzigen authentischen Führungsinstanz des Volkes Gottes". Der Papst fährt fort: „Wenn dagegen die Ehegatten durch die Zeitwahl den untrennbaren Zusammenhang von Begegnung und Zeugung in der menschlichen Sexualität respektieren, stellen sie sich unter Gottes Plan und vollziehen die Sexualität in ihrer ursprünglichen Dynamik der Ganzhingabe, ohne Manipulationen und Verfälschungen."[20]

Die Päpste stellen sich schützend vor die Würde des Menschen, die heute durch ideologische, publizistische, pädagogische, chemische und medikamentöse *Manipulationen* in erschreckender Weise bedroht ist. Im Grunde ist die Antibaby-Pille eine Manipulation, deren Auswirkungen auf die kommenden Geschlechter kein Wissenschaftler mit Sicherheit vorauszusagen vermag. Auch sollte es uns bedenklich stimmen, daß die Manipulation, worüber man bei Erscheinen der Enzyklika „Humanae vitae" (1968) noch kaum sprach, in den jüngsten Diskussionen auf die Sterilisation, die Abtreibung und die Ermordung sicher Menschen ausgedehnt wird.

§ 8 Die Ehe als Vertrag

1. „Die einzelne Ehe", so heißt es in der Enzyklika „Casti connubii", „kommt nur durch die freie Zustimmung beider Brautleute zustande." Gegenstand dieser Willenseinigung, die „durch keine menschliche Macht ersetzt werden kann", ist nur das eine, „ob die Eheschließenden wirklich eine Ehe, und zwar mit dieser be-

---

[20] Apostolisches Schreiben „Familiaris Consortio" 31–34.

stimmten Person, eingehen wollen oder nicht". Dagegen ist die Wesensgestalt der Ehe der Willkür der Brautleute „durchaus entzogen"[21]. Während andere Verträge der freien Vereinbarung der Vertragspartner unterliegen, ist der Ehevertrag von Gott selber inhaltlich vorwegbestimmt worden.

Der Abschluß der Ehe in der Form eines vor Gott und vor aller Öffentlichkeit bindenden Vertrages ist nicht nur eine Forderung der gesellschaftlichen Ordnung, sondern zugleich Ausdruck der bräutlichen Liebe, die sich durch heilige Schwüre zur Einheit, Ausschließlichkeit und Unauflöslichkeit bekennen will. In diesem Sinne ist der Ehevertrag die „juridische Übersetzung des Begriffes Liebe" (René Savatier)[22]. Zugleich liegt im ehelichen Jawort ein großes Wagnis, da bei beiden Gatten nicht nur Schönheit, Alter und Gesundheit dem Wandel unterworfen sind, sondern auch Zuneigung und Treue schwinden können. Nur die Liebe vermag im Vertrauen auf Gottes Gnade das Wagnis auf sich zu nehmen.

2. Drei Wesenszüge der Ehe, die in jedem Ehevertrag, wenn er gültig sein soll, durch das Jawort anerkannt werden müssen, treten deutlich hervor: die Hinordnung auf die Weckung neuen Lebens, die Einpaarigkeit und die Unauflöslichkeit. Falls staatliche Gesetze etwas anderes bestimmen, gilt für den Christen das Wort des heiligen Johannes Chrysostomus: „Führe mir nicht die Gesetze an, die von denen erlassen sind, die draußen sind ... Gott wird dich an jenem Tage nicht nach diesen Gesetzen richten, sondern nach denen, die er selbst erlassen hat."[23]

In der industriellen Gesellschaft suchen zahlreiche Menschen ihr individuell-subjektives Glücksverlangen über die gottgesetzten Ordnungen zu stellen. Vor allem die Unauflöslichkeit der Ehe ist für viele zum Ärgernis geworden. Aber die Ehescheidung, von der man sich „eine Linderung der ehelichen Leiden" erhofft hatte, hat sich „im Gegenteil als eine Vermehrung dieser Leiden entpuppt"; denn jede Scheidung ist ein „schmerzlicher Bankrott eines ganzen

---

[21] *Pius XI.,* Enzyklika „Casti connubii", AAS 22 (1930) 541.
[22] In: *J. Viollet,* Vom Wesen und Geheimnis der Familie, a. a. O., 52.
[23] Erklärung zu 1 Kor 7,39 f.

Kapitals von leidenschaftlich geliebten Träumen" (René Savatier)[24]. Der Rückzug hinterläßt „die Beteiligten nicht als vollbürtige Menschen mehr, sondern als gebrauchte Besitztümer"[25]. Die Ehescheidung ist kein kummerloses Auseinandergehen, sondern eine schwere Lebenskatastrophe. An der Ehe zu scheitern, ist personal tragischer, als im Beruf zu versagen. Nachdem die durch die Kriegsverhältnisse überhöhte Ehescheidungkurve der ersten Nachkriegsjahre [...] zu Beginn der fünfziger Jahre in der Bundesrepublik beträchtlich gesunken war, steigt sie seit 1962 wieder an. [...] Das bestürzende Ansteigen der Ehescheidungen ist ein Gradmesser für ein verunsichertes Normverhalten. Die Verwirrung der sittlichen Normen läßt einen richtungsändernden Rückgang der Ehescheidungen nicht erwarten. Dazu kommt der vielfältige Schaden, der den Scheidungskindern von ihren Eltern zugefügt wird. Insgesamt brach das Unglück der Ehescheidung in einem Generationenalter über zwei Millionen Kinder herein. Damit soll nicht gesagt sein, daß früher alles ideal gewesen und heute alles schlecht sei. Im 17. und 18. Jahrhundert hatten viele Fürsten in aller Öffentlichkeit ihre Mätressen mit eigenem Hofstaat. Man kann fragen, was sittlich schlimmer sei: das damalige Nebeneinander eheähnlicher Verhältnisse oder das heute durch die Zäsur der Ehescheidung bedingte Nacheinander der standesamtlichen Trauungen. Auch muß man bedenken, daß die Ehe heute – bei einer durchschnittlichen Lebenserwartung von 72 Jahren – einer längeren Bewährung ausgesetzt ist als vor 150 Jahren, da die Menschen durchschnittlich nur 35 Jahre alt wurden. Die Ehedauer, die zur Zeit im Durchschnitt 34 Jahre beträgt, entspricht der gesamten damaligen Lebenserwartung.

Es wäre verhängnisvoll, wenn man vor dem Verhalten eines großen Teiles der Bevölkerung kapitulieren und den Wandel der Anschauungen und Verhältnisse – in soziologistischem Kurzschluß – zur letzten Norm erheben würde. Der Bundesgerichtshof bezeichnete eine richterliche Entscheidung als falsch, der „die soziale Wirklichkeit ohne jede Bewertung zur Richtschnur dient. Sie läuft

[24] In: J. *Viollet*, Vom Wesen und Geheimnis der Familie, a. a. O., 56 f.
[25] J. *Bernhart*, De Profundis. Leipzig 1935, 99.

darauf hinaus, daß sich das Tun des Menschen nicht nach der Norm zu richten habe, sondern das Tun den Inhalt der Norm bestimme. Im Ergebnis bedeutet das die Verneinung der Norm." Die Gebote, „die das Zusammenleben der Geschlechter und ihre geschlechtlichen Beziehungen grundlegend ordnen und die dadurch zugleich die gesollte Ordnung der Ehe und Familie (in einem entfernteren Sinne auch die des Volkes) festlegen und verbürgen", seien „Normen des Sittengesetzes" und nicht „bloße dem wechselnden Belieben gesellschaftlicher Gruppen ausgelieferte Konventionalregeln".[26] Seit einigen Jahren werden diese Grundsätze freilich als überholt abgelehnt und die „Liberalisierung" als Fortschritt gepriesen. Aber der Zerfall der Ehe und Familie ist weit verhängnisvoller als der Zusammenbruch der Energieversorgung.

In den Vereinigten Staaten, in zunehmendem Ausmaß auch in Europa, pflegt man heute aufwendige Befragungen in der „Intimsphäre" zu veranstalten, nicht nur um die Meinungen und das tatsächliche Verhalten im geschlechtlichen Bereich kennenzulernen, sondern um durch die Popularisierung der Befragungsergebnisse gleichsam eine – im soziologistischen Relativismus gründende – neue sittliche Norm des „man denkt", „man tut" aufzustellen. Der christliche Glaube lehrt, daß es die Sünde, d. h. den Abfall von den sittlichen Ordnungen, gibt und daß derjenige sich selbst betrügt, der sagt, er sei ohne Sünde (1 Joh 1,8). Aus dieser Sicht wirkt es grotesk, wenn es als eine erstaunliche Neuigkeit verkündet wird, daß viele Menschen – besonders im Geschlechtlichen – sich nicht an die sittlichen Normen halten, und noch grotesker ist der Versuch, den durch Befragung gefundenen Querschnitt des sündigen Verhaltens zu einer neuen Norm der Sittlichkeit erheben zu wollen.

§ 9 Die Ehe als Institution

1. Es wäre eine Überforderung, die eheliche Lebens- und Liebesgemeinschaft nur auf die persönliche Zuneigung gründen zu wol-

---

[26] BGHSt 6, 51, 53.

len. Sie muß, wenn sie nicht zerbrechen soll, in jene beständige und sichere Geordnetheit aufgenommen werden, die wir die *Institution* der Ehe nennen. Gegen die bei allen Völkern und zu allen Zeiten lebendige Überzeugung, daß die Ehe eine Institution mit vorgegebener Wesensgestalt ist, begann der liberalistische Individualismus seit dem Ende des 18. Jahrhunderts heftig aufzubegehren. Das von Voltaire begründete aufklärerische „Dictionnaire philosophique" nannte 1783 die Ehe „einen einfachen bürgerlichen Vertrag", der jederzeit aufgelöst werden könne, „ohne daß es eines weiteren Motivs bedürfe als des beharrlichen Willens der beiden Gatten".[27]

Auch das französische Revolutionsdekret vom 20. September 1792 deutet die Ehe individualistisch: Eine „unauflösliche Bindung" vernichte die „individuelle Freiheit"; deshalb stehe es jedem Gatten zu, mit dem bloßen Hinweis auf die fehlende charakterliche Harmonie die Ehescheidung aussprechen zu lassen. Man hat das französische Revolutionsrecht der Jahre 1789 bis 1804 lange Zeit als kurzlebiges „Übergangsrecht" leichthin abtun wollen; aber seine Auswirkungen sind, nicht zuletzt im Eherecht, bis in die Gegenwart deutlich spürbar. So fand zum Beispiel der Zerrüttungsgrundsatz des Jahres 1792 noch 1938 Eingang in das deutsche (nationalsozialistische) Ehegesetz.

Obwohl der liberalistische Individualismus – wenigstens in seiner folgerichtigen Ideologie – die Institution der Ehe ausgehöhlt hatte, mußte er doch bald eingestehen, daß man die Beziehungen zwischen Mann und Frau nicht der Willkür überantworten kann. So erklärt es sich, daß der Staat, den die individualistische Gesellschaftsauffassung dem einzelnen als unbeschränkte Macht gegenüberstellte, die Gestaltung des Eherechts für sich in Anspruch nahm und die Institution der Ehe seinen Gesetzen unterwarf. Es ist bezeichnend, daß Joseph II. unter dem Einfluß der Aufklärung im Ehepatent vom 16. Januar 1783 erklärte, die Ehe empfange „ihre Wesenheit, Kraft und Bestimmung ganz und allein von un-

---

[27] Vgl. *H. Conrad*, Die Grundlegung der modernen Zivilehe durch die französische Revolution, in: Zeitschrift der Savigny-Stiftung für Rechtsgeschichte 67 (1950) 339.

seren landesfürstlichen Gesetzen", eine Auffassung, die im 19. und 20. Jahrhundert immer größere Verbreitung gefunden hat.[28]

2. Heute wird von vielen jede Institution, auch die Ehe, als Erstarrung, Systemzwang und Fessel verdächtigt und abgelehnt. Die Institutionsfeindschaft hängt mit der Ideologie einer maßlosen Emanzipation zusammen. Wer jedoch die Institution zerstört, liefert Ehe und Familie dem administrativen „Apparat" aus. Es tritt dann an die Stelle der persönlichen Liebe und Autorität der Eltern die Herrschaft der Funktionäre, in deren Händen der Apparat ein gefügiges Werkzeug ist. Die übertriebene Emanzipation führt zur Manipulation.

Allen Versuchen gegenüber, die Ehe zu relativieren und der Willkür zu überantworten, hält der christliche Glaube an der Wesensgestalt dieser Institution fest. „Kein menschliches Gesetz", so heißt es in der Enzyklika „Rerum novarum", „kann den hauptsächlichen Sinn der Ehe, der von Gottes Autorität zu Beginn der Menschengeschichte festgelegt wurde, irgendwie begrenzen"; die Ehe ist „älter als der Staat; deshalb kommen ihr gewisse, ihr eigentümliche Rechte und Pflichten zu, die in keiner Weise vom Staate abhängen" (RN 9).

§ 10 Die Ehe als Sakrament

1. In der Ehe leuchtet ein Geheimnis des göttlichen Heilswirkens auf. Gott hat die Menschen „nicht einzeln, unabhängig von aller wechselseitigen Verbundenheit", gerettet und geheiligt, sondern mit den Menschen einen Bund geschlossen und sie „zu einem Volk" gemacht (LG 9). Diesen Bund nennt Gott, um seine äußerste Liebe zu uns auszudrücken, einen *Ehebund:* „An jenem Tag – Spruch des Herrn – wirst du zu mir sagen: mein Mann! ... Ich traue dich mir an auf ewig" (Hos 2,18.21). „Ich leistete dir den Eid und ging mit dir einen Bund ein – Spruch Gottes, des Herrn –, und du wurdest mein" (Ez 16,8). „Denn dein Schöpfer ist dein Gemahl" (Jes 54,5).

---

[28] *H. Conrad,* Die Grundlegung der modernen Zivilehe durch die französische Revolution, a. a. O., 348 f.

Die Ehe war schon im Alten Bund Symbol der Liebe Gottes zu dem mit ihm vermählten Volk. Jesus Christus hat die Ehe zu einem Sakrament des Neuen Bundes erhoben, d. h. zu einem wirksamen Zeichen der Gnade gemacht, so daß es unter Getauften keine wahre Ehe geben kann, die nicht sakramental ist. Braut und Bräutigam spenden einander das Sakrament, indem sie miteinander die Ehe schließen. Im Sakrament der Ehe wird das österliche Geheimnis der Liebe des Herrn zu seiner Braut, der Kirche, offenbar: „Dies ist ein tiefes Geheimnis", schreibt der hl. Paulus, „ich beziehe es auf Christus und die Kirche" (Eph 5,32). Der Mann soll in der Liebe zu seiner Frau Christus nacheifern. Die Frau aber stellt in der Liebe zu ihrem Mann die den Herrn liebende Kirche dar. Mann und Frau begegnen in ihrer Ehe Christus, dem Bräutigam der Kirche, der im Sakrament der Ehe bei ihnen bleibt, „damit die Gatten sich in gegenseitiger Hingabe und ständiger Treue lieben, so wie er selbst die Kirche geliebt und sich für sie hingegeben hat" (GS 48). Die Kirche steht als Braut Christi unter dem Symbol der Frau.[29]

Zutiefst gründet die christliche Ehe und Familie im trinitarischen Gott; denn Gott ist, wie Papst Johannes Paul II. in Mexiko sagte, „in seinem innersten Geheimnis nicht Einsamkeit, sondern Familie"[30]. Die Trinität ist als Einheit und Verschiedenheit in analogem Sinn die Quelle der Ehe und Familie, für die ja auch Einheit und Verschiedenheit charakteristisch sind.

2. Die Vereinigung des Logos mit der Menschheit in der Inkarnation, die Selbsthingabe Christi am Kreuz und in der Eucharistie, der Bund Christi mit seiner Braut, der Kirche, haben in der Ehe nicht nur ihr Abbild. Die christliche Ehe ist vielmehr die Teilnahme an dieser göttlichen Liebe und ihr Gegenwärtigwerden in

---

[29] Bei der Gegenwärtigsetzung des Kreuzesopfers, bei der heiligen Messe, handelt der Priester in der Person Christi. Wenn wir die geheimnisvolle Beziehung „Christus – Braut Christi" ekklesiologisch ernst nehmen, werden wir erkennen, daß der priesterliche Dienst als das „In-der-Person-Christi-Handeln" ein Dienst des Mannes ist. Der Frau steht der weite Bereich des marianischen Dienstes der Kirche als der Braut Christi offen.

[30] *Johannes Paul II.*, Homilie in Puebla am 28.1.1979, AAS 71 (1979) 184.

unserer Welt. In der Ehe geschieht nicht nur die Prüfung, Bewährung und Selbstdeutung der Gatten, sondern ihre Heiligung.

Das Sakrament hebt die natürliche Gestalt der Ehe nicht auf, sondern nimmt sie in das sakramentale Geheimnis hinein. Das ist bei anderen Sakramenten nicht so. Geburt ist nicht Taufe. Mahl ist nicht Herrenmahl. Aber die Hochzeit der Christen *ist* das Sakrament der Ehe. Die eheliche Liebe wird „durch die erlösende Kraft Christi" bereichert und geheiligt (GS 48). Wer heiratet, läßt sich auf Christus ein. Er heiratet „im Herrn" (1 Kor 7,39).

Die der Ehe von Natur aus eigenen Wesensmerkmale der Einpaarigkeit und Unauflöslichkeit empfangen durch das Sakrament neuen Inhalt und Glanz. Als Abbild der nie endenden Liebe zwischen dem einen Christus und der einen Kirche kann die sakramentale, vollzogene Ehe nur als unauflöslicher Bund zwischen einem Mann und einer Frau bestehen. Die Ehe kann, weil sie „Darstellung der vollkommenen Vereinigung Christi mit der Kirche" ist, „nicht anders sein ... als unauflöslich und dauerhaft". Die Gnade erfüllt das Sehnen der Natur und gibt ihr die Kraft, „das zu sein, wonach ihr besseres Wissen und Wollen strebt". „So ist denn die Unauflöslichkeit der Ehe nur die Erfüllung dessen, wozu das reine und unverdorbene Herz, ... die von Natur aus christliche Seele drängt, und die nur mit dem Tode ihr Ende findet" (Pius XII.).[31] Liebe ohne Treue ist Betrug. „Ehe auf Probe", „Ehe auf Zeit" sind keine Ehen, sondern Lebenslügen.

Die christliche Ehe lebt aus der Erwartung des ewigen Hochzeitsmahles, dessen Vorentwurf sie ist. Sie trägt eschatologischen Charakter. Denn „in der Auferstehung nehmen sie nicht mehr zur Ehe, noch werden sie zur Ehe genommen, sondern sie werden sein wie die Engel Gottes im Himmel" (Mt 22,30). „In jenem stärkeren Band der Liebe, das die Herzen mit Gott und untereinander verbindet", wird nach einem Wort Pius' XII. die Liebe der Ehegatten „auch im andern Leben" fortbestehen, „wie ja auch die Seelen selbst bleiben, in denen sie hienieden gewohnt hatte".[32]

---

[31] *Pius XII.,* 29.4.1942 (UG 916, 917, 919).
[32] *Pius XII.,* 29.4.1942 (UG 920).

ZWEITES KAPITEL
Die Familie

Die Familie ist die aus der Ehe, über die Gott seinen Fruchtbarkeitssegen ausgegossen hat, sich entfaltende natürliche Lebensgemeinschaft der Eltern mit ihren Kindern (societas naturalis paren-
talis) und zugleich die Zelle der menschlichen Gesellschaft. Während die Theologie der Ehe in den letzten Jahrzehnten in erfreuli-
cher Weise vertieft worden ist, steht die Theologie der Familie
erst in den Anfängen, was sich zum Teil daraus erklärt, daß nur
die Ehe, nicht die Familie Sakrament ist. Dennoch ist der Ausbau
einer Theologie der Familie dringend geboten; es wäre nämlich
eine nicht unbedenkliche Verengung, wenn man nur, wie es nicht
selten geschieht, das eheliche Gattenverhältnis mit seinen Sexual-
problemen sehen, die Familie jedoch, die gerade für den von den
unpersönlichen Organisationsformen des industriellen Zeitalters
bedrohten Menschen überaus bedeutsam ist, fast unbeachtet lassen würde. Dabei ist zu berücksichtigen, daß sich die zeitlos gültige Struktur der Familie in den jeweiligen gesellschaftlichen und
wirtschaftlichen Verhältnissen verwirklicht. Die äußere Erschei-
nungsform der Familie ist deshalb dem geschichtlichen Wandel
unterworfen, und ohne Zweifel hat dieser Wandel seit dem Beginn des industriellen Zeitalters gewaltige Ausmaße angenommen.

§ 1 Die Familie als Lebensgemeinschaft
der Eltern mit ihren Kindern

Das Zusammenleben der Eltern mit ihren Kindern gehört so sehr
zum Wesen der Familie, daß alle Versuche, die Familie zu zerstö-
ren, hier anzusetzen pflegen. Deutlich zeigt sich dieser Zug in den
kommunistischen Sozialutopien, die mit ihrem seltsamen Ineinander von Phantastik und Ratio, von säkularisierter Eschatologie
und kollektivistischer Wirklichkeit hintergründiger sind, als es auf
den ersten Blick scheinen möchte.

Platon hat im fünften Buch der Politeia jenen Idealstaat entworfen, in dem für den Wehrstand jegliches Mein und Dein verpönt

sein soll, so daß „keiner etwas Eigenes hat außer seinem Leibe".
„Weder Häuser noch Land noch sonstiges Gut" dürfen die
Wächter besitzen. Selbst die Frauen und Kinder sind gemeinsam,
„so daß weder ein Vater sein Kind kennt, noch auch ein Kind
seinen Vater". Sofort nach der Geburt werden die Kinder in das
Säugehaus gebracht, das die Mütter nur für kurze Zeit zum Stillen
betreten dürfen, wobei die Wärterinnen „auf alle ersinnliche Weise verhüten sollen, daß irgendeine das ihrige erkennt"[1]. Unter
dem Einfluß Platons stehend, hat auch Thomas Campanella zu
Beginn des 17. Jahrhunderts in seinem „Sonnenstaat" eine famili-
enlose Gesellschaftsordnung entworfen. Männer und Frauen sind
in dieser kommunistischen Diktatur kaserniert und schlafen in
getrennten Hallen. Auf Grund medizinischer und astrologischer
Erwägungen werden die Paare behördlich zur Zeugung zusam-
mengeführt. Die Kinder wachsen in staatlichen Kinderhäusern
auf, so daß sich Eltern und Kinder nicht kennen.[2] Sehr drastisch
hat George Orwell im Jahre 1949 das Schreckgespenst der famili-
enlosen kommunistischen Zukunftsgesellschaft geschildert: „Eine
Welt der Angst, des Verrats und der Qualen, eine Welt des Tre-
tens und Getretenwerdens, eine Welt, die nicht weniger un-
erbittlich, sondern immer unerbittlicher werden wird, je weiter sie
sich entwickelt ... Wir haben die Bande zwischen Kind und Eltern, zwischen Mensch und Mensch und zwischen Mann und
Frau durchschnitten. Niemand wagt es mehr, einer Gattin, einem
Kind oder einem Freund zu trauen. Aber in Zukunft wird es keine Gattinnen und keine Freunde mehr geben. Die Kinder werden
ihren Müttern gleich nach der Geburt weggenommen werden, so
wie man einer Henne die Eier wegnimmt. Der Geschlechtstrieb
wird ausgerottet. Die Zeugung wird eine alljährlich vorgenomme-
ne Formalität wie die Erneuerung einer Lebensmittelkarte werden
... Wenn Sie sich ein Bild von der Zukunft ausmalen wollen, dann
stellen Sie sich einen Stiefel vor, der in ein Menschenantlitz tritt –
immer und immer wieder."[3]

---

[1] Politeia, 457 d–464 d.
[2] Civitas Solis. Deutsche Übersetzung v. J. E. Wessely, München 1900.
[3] *G. Orwell*, 1984. Stuttgart 1950, 310 f.

Nach dem epigonenhaften Wiederaufleben sozialistischer Utopien in den letzten Jahren greifen auch die alten familienfeindlichen Ideologien wieder um sich. Die Familie habe jenes „spezifisch autoritäre Verhalten" erzeugt, „von dem der Bestand der bürgerlichen Ordnung weitgehend abhängt" (M. Horkheimer). Sie sei die „Untertanenfabrik autoritärer Gesellschaften" und eine Voraussetzung des Kapitalismus. An die Stelle der Familie müsse das Kollektiv der „Kommunen" und „Wahlsippen" treten.[4] Erst dann sei der Mensch „emanzipiert".

Es ist eine unerhörte Zumutung, daß diese neomarxistischen Phrasen in den [1975] von der Bundesregierung vorgelegten „Bericht über die Lage der Familie"[5] aufgenommen worden sind. Die totalitäre Erziehungspraxis der Familie, die in den spätkapitalistischen Produktionsverhältnissen und Herrschaftsbedingungen gründe, müsse, so heißt es in diesem Bericht, durch eine „sozialisationsorientierte" Familienpolitik überwunden werden. Die Erziehung der Kinder sei nämlich eine „gesamtgesellschaftliche Aufgabe", deren Wahrnehmung die Gesellschaft „Familien und außerfamilialen pädagogischen Einrichtungen" übertrage. Diese ungeheuerliche These, die dem Art. 6 Abs. 2 des Grundgesetzes widerspricht, übersieht, daß die Gesellschaft nicht übertragen kann, was sie nicht besitzt. Der Erziehungsauftrag steht ursprünglich und unveräußerlich der Familie zu. Er ist nicht staatlicher oder gesellschaftlicher Herkunft. Diesen familienfeindlichen Utopien stellt die Christliche Soziallehre die Familie als unverzichtbare Lebensgemeinschaft gegenüber, die zwei Aufgaben zu erfüllen hat: die Sorge für die leiblichen Bedürfnisse und die Pflege der geistigen, sittlichen und religiösen Werte. Beide Aufgaben lassen sich im täglichen Familienleben kaum voneinander trennen, da die Gestaltung des Haushaltes sich zugleich erzieherisch auswirkt.

---

[4] Vgl. *M. Horkheimer,* Traditionelle und kritische Theorie. Frankfurt a. M. 1970. – *E. Fromm,* Autorität und Familie, in: Marxismus, Psychoanalyse, Sexpol I. Frankfurt a. M. 1970. – *W. Reich,* Die sexuelle Revolution. Frankfurt a. M. 1971. – *D. Cooper,* Der Tod der Familie. Reinbek 1972.

[5] Deutscher Bundestag, Drucksache 7/3502, vom 15. April 1975.

1. Die Sorge der Familie für die leiblichen Bedürfnisse

Die Familie gewährt dem Kind in selbstverständlicher Weise Daseinskredit und Geborgenheit; sie bewahrt es vor der Angst und gibt ihm Spielraum, so daß es sorgenfrei heranwachsen kann. Die bergende, schützende, sorgende und vorsorgende Funktion der Familie ist dreifacher Art:

a) Die Familie schenkt dem Menschen das Zuhause, die Wohnung, *das Heim.* Gerade heute, da die meisten Menschen ihre Berufsarbeit in den Fabriken, Verwaltungen, Büros und Geschäften verrichten, brauchen sie das Heim, das auf sie wartet und ihnen Traulichkeit gewährt (Heim hängt mit Heimat und Geheimnis zusammen). Die bauliche Struktur der Wohnung sollte den Sinngehalt des Heimes echt zum Ausdruck bringen, was leider häufig nicht der Fall ist. In vielen Wohnungen sind die Zimmer an einem meist häßlichen Flur aufgereiht, der damit zum Mittelpunkt der Wohnung wird, so daß die Familie soziologisch in Einzelwesen aufgelöst wird, von denen jedes sein Eigenleben führt. Statt dessen muß die „kernbildende Bedeutung" der Wohnung wieder erkannt und bei der Bauplanung berücksichtigt werden, was zur Bildung von Raumgruppen führen wird, „die in horizontaler und vertikaler Ausdehnung um einen zentralen, gemeinschaftlichen Raum geordnet sind". Auf diese Weise wird die Familie als Ganzheit verstanden, die im Wohnraum „den sinnvollen Ort ihrer Sammlung und Entfaltung" besitzt, „ohne die Entwicklung des Einzelnen zu hindern" (R. Gieselmann)[6].
Die Wohnung vermag ihre Funktion als Heim sowohl in der Form des Eigenheims als auch in der Form der Mietwohnung zu erfüllen. Während es für den wohlhabenden Bürger des 19. Jahrhunderts fast ehrenrührig war, eine Familie zu gründen, bevor er sein Heim besaß, ist heute ein bestimmter Wohnrhythmus weithin üblich. Junge Eheleute pflegen zunächst eine Kleinstwohnung zu beziehen; waren sie bereit, mehreren Kindern das Leben zu schenken, suchen sie – oft in mehreren Stationen – eine größere

---

[6] In: Werk 41 (1954) 8 ff.

Wohnung; im Alter, wenn die Kinder verheiratet sind, ziehen sich die Eltern wieder in eine kleinere Wohnung zurück, so daß fünf Haushaltsformen aufeinander folgen: Ehegattenhaushalt – Kleinkinderhaushalt – reifer Haushalt – alter Haushalt – Rumpfhaushalt. Jedoch darf die Bedeutung des eigenen Heimes für die Verwurzelung und den inneren Zusammenhalt der Familie nicht unterschätzt werden. Durch das eigene Heim wird der Mensch tiefer in Landschaft, Heimat, Gemeinde und Nachbarschaft eingegliedert als durch die Mietwohnung. Pius XII. hat betont, daß „von allen Gütern, die privates Eigentum sein können", keines mehr der Natur entspricht „als der Boden, das Stück Land, auf dem die Familie wohnt und von dessen Früchten sie ganz oder wenigstens zum Teile lebt". Der Wille zum Eigenheim ist in allen Bevölkerungsschichten, auch in der Arbeitnehmerschaft, erfreulich stark, so daß man von einer sich ständig ausbreitenden Eigenheimbewegung sprechen kann, die nichts mit Sozialromantik zu tun hat, sondern mit dem Wandel im Lebensgefühl der Arbeitnehmerschaft zusammenhängt und eine wichtige Stufe im gesellschaftlichen und wirtschaftlichen Integrationsprozeß der Lohnarbeiter darstellt.

b) Besonders innigen Ausdruck findet die Lebensgemeinschaft der Eltern mit ihren Kindern *im gemeinsamen Tisch*. In selbstloser Weise wird am Familientisch jedem nach seinen Bedürfnissen zugeteilt. Das kleine Kind, das noch nichts „einbringt" und „verdient", empfängt alles, was es zum gesunden Wachsen nötig hat. Auf diese Weise wird in der Seele des Kindes das Verständnis dafür geweckt, was es heißt, von Gott unverdient geliebt zu werden. Wer nie die selbstlose Liebe des Vaters und der Mutter erlebt hat, für den wird es schwer, in der Härte des Lebens an die ewige Liebe Gottes zu glauben. Über dem Familientisch schwebt gleichsam der Geist der Urgemeinde von Jerusalem: Sie waren „ein Herz und eine Seele ...; alles hatten sie miteinander gemeinsam ... Jedem wurde nach seinem Bedarf zugeteilt" (Apg 4,32–35). Der tiefe und heilige Sinn, der dem gemeinsamen Mahl schon von Natur aus innewohnt, leuchtet in der Heilsordnung in neuem Lichte auf. Wir feiern die Eucharistie als das „Mahl des Herrn" (1 Kor 11,20), das Sinnbild der Liebe untereinander und zugleich Vorbedeutung und Gewähr der himmlischen Seligkeit ist, da wir „im Reiche Gottes zu Tische sitzen" werden (Lk 13,29).

Das selbstverständliche Teilen der Speisen am Familientisch geschieht in der Hoffnung auf Gottes Güte; deshalb gehört zum Familienmahl das Tischgebet, wobei sich die Familie bewußt ist, daß die Brotbitte nicht deshalb in der Mitte der sieben Bitten des Vaterunsers steht, weil sie der Mittelpunkt und die Hauptsache wäre, sondern weil man das in die Mitte nimmt, was leicht verletzlich ist. Gottes heiliger Name, Gottes Reich, Gottes Wille stehen über der Brotbitte. Die Heilige Schrift nennt die irdischen Güter eine Dreingabe Gottes: „Suchet zuerst das Reich Gottes und seine Gerechtigkeit, und das alles wird euch dreingegeben werden" (Mt 6,33). Wenn dieser Charakter der Dreingabe fehlt, gerät die Familie in Gefahr, dem Konsumegoismus zu verfallen und in den materiellen Gütern etwas Bannendes zu sehen.

In der modernen Familie ist der Tisch nicht nur die Stätte des gemeinsamen Mahles, sondern zugleich der Ort des Gesprächs, des Spiels, der Unterhaltung. Früher saß man zum Gespräch um das Herdfeuer. In den modernen Heimen ist an die Stelle des Herdes, der als Gas- oder Elektroherd „versachlicht" in der Kochnische steht und nicht mehr Stätte des Gesprächs sein kann, der Familientisch getreten. Leider ist jedoch über viele Familien ein fragwürdiges Schweigen gekommen, das nicht mehr das herzliche, persönlich-nahe Wort wie in der Zeit der Verlobung oder in den ersten Jahren der Ehe aufkommen läßt. Wochenlang redet man nur noch nüchtern-geschäftlich miteinander, etwa über die Kosten des Haushalts. Es ist ein spannungsgeladenes Stummsein, nicht jenes Schweigen, von dem Romano Guardini sagt: „Nichts führt so sehr zusammen wie gemeinsam stille sein." Man ist stumm nebeneinander und gegeneinander, mag die Spannung nun zwischen Vater und Mutter oder zwischen Eltern und erwachsenen Kindern oder zwischen den Kindern selber bestehen.

c) Gemeinsames Heim und gemeinsamer Tisch bedingen *das gemeinsame Haushalten,* womit eine dritte bedeutsame Funktion der Familie in ihrer Sorge für den leiblichen Unterhalt genannt ist. In der modernen Familie beschränkt sich die Gemeinschaft des

Haushaltens im allgemeinen auf die Pflege der Wohnung und Kleidung sowie auf das Zubereiten der Mahlzeiten. Der Familienhaushalt ist keine Produktionsstätte mehr, da das arbeitsteilige und hochindustrialisierte Wirtschaftsleben dazu geführt hat, daß die meisten Familien fast alles, was sie brauchen, einkaufen und daß der Vater, oft auch die Mutter und die erwachsenen Kinder, durch außerhäusliche Berufsarbeit ein Geldeinkommen zum Unterhalt der Familie verdienen. Familienheim und Berufsstätte sind heute meistens getrennt, oft über viele Kilometer, so daß Mutter und Kinder die Arbeitsstätte des Vaters nicht kennen. Was ehedem das Vermögen für die Existenzsicherung der Familie bedeutete, ist heute für die Arbeiter, Angestellten und Beamten die berufliche Stellung im Gesellschafts- und Wirtschaftsleben und das auf Grund der Berufstätigkeit gesicherte regelmäßige Lohn- oder Gehaltseinkommen geworden. Die fachlich gute Berufsausbildung ersetzt gleichsam das im vorindustriellen Zeitalter für die Existenz der Familie notwendige Vermögen. Diese Entwicklung ist an sich kein Widerspruch zum Wesensbild der Familie, da die Familie im wirtschaftlichen Bereich nicht notwendig autarke Produktionseinheit sein muß.

Da der Mann meistens außerhalb des Heimes berufstätig ist, steht der Familienhaushalt, auch wenn immer mehr Männer zur Mitarbeit bereit sind, unter der Herrschaft der Frau, so daß man von einem neuen „großstädtischen Matriarchat", von einem „Frauenregiment" als Teil der „modernen großstädtischen Lebensform" zu sprechen pflegt.[7] Die Führung des Familienhaushalts stellt hohe Anforderungen an die Frau, so daß man scherzhaft gemeint hat, ein Mann, dessen Frau plötzlich abhanden gekommen sei, müsse wohl folgendes Inserat veröffentlichen: „Ich suche eine Frau für meinen Haushalt. Arbeitszeit 15 bis 17 Stunden täglich, auch an Sonn- und Feiertagen. Nachtruhe nicht garantiert. Ausbildung oder gute Kenntnisse in Kochen, Nähen und sämtlichen Hausarbeiten sowie Buchführung, Gesundheits- und Kinderpflege, Gartenarbeit. Gesund, heiter, selbständig, nachgiebig und ar-

---

[7] *W. Brepohl,* Der Aufbau des Ruhrvolkes im Zuge der Ost-West-Wanderung. Recklinghausen 1948, 220.

beitswillig. Kein Anspruch auf Lohn oder Ferien" (Ruth Dirx)[8]. Das Oberlandesgericht in Oldenburg hat die unbezahlte Arbeitsleistung einer Hausfrau (bei einer wöchentlichen Arbeitszeit von 46 Stunden) mit monatlich 1 425,- DM berechnet.[9] Der Bundesgerichtshof hat [...] 1982 festgestellt, daß als Zeitaufwand für die Arbeit einer Hausfrau 60 Wochenstunden angemessen sind.[10]

Wenn es einer Familie gelingt, im Laufe der Jahre ein Eigenheim zusammenzusparen, so ist das zu einem wesentlichen Teil der tüchtigen und vorsorglichen Haushaltführung der Frau zu verdanken. Wenn die Frau jedoch im Haushalt versagt, kommt – trotz guten Einkommens des Mannes – die sogenannte „sekundäre Armut" über die Familie, d. h. jene Armut, die nicht im zu geringen Einkommen des Mannes, sondern in seiner schlechten Verwaltung begründet ist. „Sekundäre Armut" tritt vor allem dann auf, wenn die Hausfrau nach dem Grundsatz wirtschaftet: „Unser standesgemäßer Lebensunterhalt beträgt 20 Prozent mehr als das Einkommen meines Mannes."

2. Der Dienst der Familie an den geistigen, sittlichen und religiösen Werten

Die Familie ist die für die menschliche Gesellschaft wichtigste Erziehungs- und Bildungsgemeinschaft. Weil Liebe und Zuneigung das Lebensprinzip der Familie sind, geht eine erzieherische und persönlichkeitsbildende Kraft von ihr aus, die ohne ihresgleichen ist. Dabei lassen sich die jeweils verschiedenen Funktionen der Eltern, der Geschwister und der Großeltern unterscheiden.

[„Der erste und grundlegende Faktor zur Entfaltung der ‚Humanökologie' ist die *Familie,* in deren Schoß der Mensch die entscheidenden Anfangsgründe über die Wahrheit und das Gute empfängt, wo er lernt, was lieben und geliebt werden heißt, und was es konkret besagt, Person zu sein." In ihr werden die Kinder sich „ihrer Würde bewußt und können sich auf ihre einmalige und unwiederholbare Bestimmung vorbereiten" (CA 39).]

---

[8] Welt der Arbeit, 15.11.1957.

[9] KNA 15. 2. 1977, Nr. 7–8.

[10] BGH v. 8.6.1982, VI ZR 314/80.

a) Nach Thomas von Aquin verdanken wir *den Eltern* dreierlei: Sie haben uns das Leben geschenkt, sie haben uns großgezogen, sie haben uns erzogen.[11] Ziel der Erziehung ist, wie Thomas hinzufügt, das Hinführen zur menschlichen Vollkommenheit. Die Familie ist gleichsam der zweite, geistige Schoß, in dem das von der Mutter geborene Kind zur sittlichen Persönlichkeit heranreifen soll.[12] Ohne das liebende „Angesprochensein" droht das Kind trotz bester leiblicher Pflege seelisch zu verkümmern, wie man es nicht selten bei Anstaltskindern erlebt (Gefahr des „Hospitalismus"). Mithin stellt die außerhäusliche Erwerbsarbeit der Mütter eine schwere Schädigung gerade des Kleinkindes dar, dessen seelische Anlagen durch das liebende Du der Mutter geweckt werden müssen: „Wenn die Mutter ihrem Säugling zulächelt, so liegt darin die heimliche Aufforderung, sie wiederum anzulächeln. Von dem Tage an, da dies erstmals geschieht, weiß sich die Mutter von ihrem Kind emotional verstanden" (August Vetter).

Die Erziehung verlangt die Gemeinsamkeit von Vater und Mutter. Allerdings ist gerade der Mann in der modernen Gesellschaft von der Gefahr bedroht, dem Väterlichen entfremdet zu werden und in der eigenen Familie die „Rolle des Außenseiters" zu spielen, teils weil er beruflich den größten Teil des Tages außerhalb der Familie verbringen muß, teils weil er sich selbst der Familie entzieht, teils weil seine Gestalt und Autorität durch eine allzu mechanische Deutung und Anwendung des Grundsatzes der Gleichberechtigung verdunkelt wird, als ob es eine Gesellschaft nur aus gleichen Brüdern, ohne Väter, geben könne. Es sollte uns nachdenklich stimmen, daß die Heilige Schrift das „Zuhausesein" als ein „beim Vater sein" bezeichnet, z.B. im Gleichnis vom verlorenen Sohn, wo die Mutter nicht ausdrücklich genannt, aber in selbstverständlicher Weise mit dabei gedacht ist. Es ist schlimmer, wenn der Vater „keine Zeit" für die Familie hat, als wenn er „kein Geld" für sie hat.

---

[11] *Thomas von Aquin*, S. th. II-II 102,1.

[12] „continetur sub parentum cura, sicut sub quodam spirituali utero", *Thomas von Aquin*, S. th. II-II 10,12.

Die den Eltern von Gott verliehene Ursprungsautorität und der darin enthaltene Erziehungsauftrag stoßen in der modernen Gesellschaft auf erhebliche Schwierigkeiten, da die Kinder und Jugendlichen sehr früh in den Einflußbereich außerfamilialer Mächte geraten. Erschwerend kommt hinzu, daß das außerfamiliale Milieu der industriellen Gesellschaft – sowohl das Berufsmilieu als auch das Freizeitmilieu, aber immer mehr auch das Schulmilieu – weltanschaulich zerrissen ist, so daß sich der junge Mensch vor schier unlösbare Schwierigkeiten gestellt sieht. Angesichts dieser Lage haben die Eltern ein doppeltes Recht und eine doppelte Pflicht: Es ist nicht nur ihr „natürliches Recht" und ihre vordringliche Pflicht (Art. 6 Abs. 2 GG), die Kinder zu erziehen und der Erziehung eine religiöse Ausrichtung zu geben, sondern die Eltern sind darüber hinaus berechtigt, im außerfamilialen Raum der pluralistischen Gesellschaft jene Einrichtungen zu bestimmen, in denen ihre Kinder die außerfamiliale Erziehung und Ausbildung erhalten sollen. Die Eltern werden dabei naturgemäß jene Einrichtungen bevorzugen, die ihrem Glauben entsprechen und die Gewähr bieten, daß die im Elternhaus begonnene Erziehung in demselben Geiste weitergeführt wird. Es wäre ein grober Verstoß gegen das Gesetz, nach dem die pluralistische Gesellschaft angetreten ist, wenn man im Bereich der Erziehung Zwangs-Einheitsinstitutionen für alle Kinder und Jugendlichen errichten wollte; denn es gibt keine religiös neutrale Erziehung. Im übrigen wird es für die von der Öffentlichen Hand getragenen außerfamilialen pädagogischen Einrichtungen angesichts des breiten Zerfalls der sittlichen Wertvorstellungen immer schwieriger, einen erzieherischen Auftrag zu erfüllen. So erklärt es sich, daß der Zudrang zu freien Schulen in katholischer Trägerschaft von Jahr zu Jahr ansteigt.

Wenn man von den Eltern als Erziehern spricht, darf man nicht übersehen, daß verjüngende und erzieherische Wirkungen auch von den Kindern auf die Eltern ausgehen. Zugleich schlingt sich um die Gatten ein neues Band; ihre Bezogenheit ist nicht nur die des Mannes zur Frau, sondern auch die des Vaters zur Mutter. Ausdruck dieses neuen Verhältnisses ist nicht selten der neue Name, mit dem der Mann seine Frau anredet; er pflegt sie „Mutter" zu nennen, ohne daß dieser Name eine unreife Bindung an die Frau bedeuten müßte. Die Kinder sehnen sich nach der Liebe der Eltern zu ihnen; aber sie haben auch Anspruch darauf, daß Vater und Mutter einander lieben.

Die beste Erziehung ist ein frohes und harmonisches Familienleben; in der gemeinsamen Freude am Schönen, in liebevoller Rücksichtnahme, im treuen Zusammenstehen, im gemeinsamen Tragen von Freude und Leid, in inniger und lebendiger Religiosität. „Wenn ihr heimkommt", sagte Johannes Chrysostomus gegen Ende des 4. Jahrhunderts in einer Predigt, „so deckt nicht nur den irdischen Tisch, sondern auch den geistigen ..., und so werde euer Haus zu einer Kirche!" Tags darauf kam Chrysostomus auf sein Anliegen zurück: „Als ich gestern sagte, jeder solle sein Haus zu einer Kirche machen, habt ihr mir mit lauter Stimme zugerufen und eure Freude über dieses Wort mir kundgetan. Wer aber eine Anregung so froh aufnimmt, zeigt damit, daß er bereit ist, sie durchzuführen. Deshalb bin ich heute noch viel lieber zur Predigt gekommen."[13]

b) *Auch die Geschwister* erziehen einander. Trotz ihrer Verschiedenheit nach Alter, Geschlecht und Temperament bilden die Geschwister eine lebendige, einander auf das nachhaltigste formende Gemeinschaft. Wertvolle Bereicherung vermag das Verhältnis des Bruders zum Bruder, der Schwester zur Schwester und vor allem des Bruders zur Schwester zu schenken. „Das Beste, das einem jungen Mann zuteil werden kann, ist, eine Schwester zu haben, die ihm in Alter und Mentalität nahe steht ... Man kann sich sogar fragen, ob das Nebeneinander von Brüdern und Schwestern im Familienkreis nicht die vollkommenste Schule für die eheliche Liebe ist. Es ist nicht natürlich, zum andern Geschlecht nur erotische Beziehungen zu pflegen. Im Kreise der Familie, wo die Femininität in der Form der Schwesterlichkeit auftritt, stellt sie sich in einer innigen, konstanten und reinen Art dar."[14]

---

[13] In Gen., sermo 6,2; 7,1. Vgl. *J. Höffner,* Die Familie als Hauskirche. Köln 1977. – *Ders.,* Familie – Chance für Kirche und Gesellschaft, in: Zivilisation der Liebe – Perspektiven der Moral. Köln 1981 (Sinn und Sendung 12), 55–98.

[14] *J. Guitton,* Die Familienbeziehungen, in: *J. Viollet,* Vom Wesen und Geheimnis der Familie, a. a. O., 188.

c) Wenn auch das Zusammenleben mit den *Großeltern* nicht wesentlich zur Gestalt der Familie gehört, bedeutet es doch eine einzigartige Bereicherung des Familienlebens. Nach christlichem Verständnis ist das Alter nicht der Zusammenbruch des Lebens, sondern seine Höhe und Erfüllung. Der alte Mensch wurzelt gleichsam in der Geschichte der Familie, der Gemeinde und des Volkes. Er ist gelassener und besinnlicher und wohl auch dem Religiösen und Ewigen innerlich näher als der Jugendliche und der in der Vollkraft der Jahre Stehende. Gewiß, es gibt auch die Scheinweisheit und die Torheit des Alters, und viele stehen dem Altwerden unehrlich, feige, verbittert, vereinsamt und innerlich arm gegenüber. Auch droht zuweilen die Gefahr, daß die Großeltern – besonders bei außerhäuslicher Erwerbsarbeit der Mutter – die Enkelkinder verwöhnen und nach „weichen Leitbildern" erziehen, die im Widerspruch zur Erziehungsmethode der Eltern stehen. Die Aufnahme der alten Eltern in den Haushalt der erwachsenen und verheirateten Kinder hat also ohne Zweifel ihre Probleme. Aber meistens werden die alten Eltern ihren eigenen Haushalt erst dann auflösen und zu den Kindern ziehen, wenn die junge Ehe, die gerade in den ersten Jahren das Fürsichsein braucht, schon jahrelang besteht und sich gefestigt hat.[15]

§ 2 Die Familie als „Zelle" der menschlichen Gesellschaft

1. Eine uralte Tradition sieht in der Familie den Ursprung aller Vergesellschaftung. Häufig ist das so verstanden worden, daß die größeren und umfassenderen Sozialgebilde „in der Familie im Keim gegeben" seien, „wie der Eichbaum in der Eichel steckt"[16], so daß es einen mit der Familie beginnenden und geradlinig über Sippe und Stamm bis zu Volk und Staat aufsteigenden Stufenbau der gesellschaftlichen Entwicklung gäbe. Die christliche Soziallehre lehnt diese Ansicht als irrig ab. Das reichgegliederte Gesell-

---

[15] Vgl. *J. Höffner*, Die christliche Botschaft vom Sinn des Alters. Köln ⁶1975 (Sonderdrucke 29).

[16] *W. H. Riehl*, Die Naturgeschichte des Volkes. III. Stuttgart ⁹1882, 121.

schaftsleben ist keineswegs „en miniature" in der Familie enthalten. Dörfer, Städte, Betriebe, Vereine, Universitäten, Staaten usw. lassen sich nicht in eine Sinnlinie bringen und sind weder Entfaltungen der Familie noch Gebilde familienhafter Struktur. Nach christlichem Verständnis ist die Familie vielmehr in *biologischer und sittlicher Hinsicht die „Zelle" der Gesellschaft,* wobei der Ausdruck „Zelle" im Sinne der Organismus-Analogie selbstverständlich nur bildhaft gemeint ist. „In der Familie", so erklärte Pius XII., „findet das Volk die naturgegebene, fruchtbare Wurzel für seine Größe und Macht"; denn sie ist *biologisch* die „Urzelle" und „Mutterzelle" der Gesellschaft. Deshalb ist ein Volk, „in dem Ehe und Familie zerfallen, ... früher oder später dem Untergang geweiht"[17]. Auch in *sittlicher* Hinsicht wird die Familie mit Recht eine Zelle der Gesellschaft genannt. Wenn die Familie nicht mehr „die Grundlage der Gesellschaft, der erste Raum jeder Erziehung und Kultur" ist, werden Entpersönlichung und Vermassung die Folge sein (Pius XII.).[18] Jene sozialen Tugenden, ohne die eine Gesellschaft nicht bestehen kann, eignet sich der Mensch in der Familie an: Liebe zum Nächsten, Rücksichtnahme, Verträglichkeit, Gerechtigkeit, Solidarität, Pietät, Gehorchen- und Befehlenkönnen.

[Die Enzyklika „Laborem exercens" beschreibt darüber hinaus die Familie als eine „durch die Arbeit ermöglichte Gemeinschaft und für jeden Menschen die erste häusliche Schule der Arbeit". Sie bilde deshalb einen „der wichtigsten Bezugpunkte für die sozial-ethische Ordnung der menschlichen Arbeit" (LE 10). Hier steht offensichtlich nicht das Bild einer in verschiedene Individuen zerfallenen, lediglich noch durch äußere Zwecke zusammengehaltenen Familie vor Augen, sondern die gerade bei einfachen Menschen fast selbstverständlich anzutreffende Vorstellung, daß alle Familienmitglieder gemeinsam füreinander einstehen und sich miteinander eine Lebensexistenz erbauen.]

2. Als Zelle der menschlichen Gesellschaft steht die Familie unter dem *Gesetz der Aussendung.* Auf der Freude, das eigene Kind zur Reife, zur Selbständigkeit und zur Lebenstüchtigkeit führen zu

---

[17] *Pius XII.,* 1.6.1941 (UG 517), 24.12.1942 (UG 253), 18.9.1951 (UG 1253), [27.9.1953 (UG 3318)], 24.7.1949 (UG 1027).
[18] *Pius XII.,* 19.3.1953 (UG 1775).

dürfen, liegt das leidvolle Wissen um das baldige Abschiednehmen der Kinder, das sich aus der Eigenart der Familie ergibt. Die Unauflöslichkeit gilt nur für die Ehe, nicht für die Familie. Besonders die moderne Arbeitnehmerfamilie hat etwas sehr Vergängliches an sich. Während Bauernfamilien oft jahrhundertelang auf demselben Hof sitzen, so daß der Familienhaushalt ohne Unterbrechung von Generation zu Generation fortbesteht, wird die moderne städtische Familie gegründet, um nach einigen Jahrzehnten wieder zu vergehen. Die Sippe hat keine bleibende Heimstätte mehr – ohne Zweifel ein Verlust.

Das allmähliche Entwachsen der Kinder darf nicht zu seelischer Entfremdung führen. Auch soll es kein kummerloses Auseinandergleiten sein, sondern ein uneigennütziges und eifersuchtsloses Aussenden. Der heilige Augustinus nennt die Familie deshalb eine „Pflanzstätte der Gesellschaft"[19]; Gott habe der Familie die Fruchtbarkeit nicht nur geschenkt, damit die Toten Nachfolger, sondern damit die Lebenden Gefährten hätten. Es geschieht begreiflicherweise nicht selten, daß sowohl der Vater als auch die Mutter sich dem Selbständigwerden der Kinder widersetzen. Beim Vater mögen dabei hin und wieder auch heute noch patriarchalische Motive mitspielen. Auf seiten der Mutter ist die Gefahr, ihr Kind übertrieben an sich binden zu wollen, dann besonders groß, wenn es das einzige Kind ist und wenn der Vater fehlt, wie es bei der unehelichen Mutter und bei der geschiedenen oder verwitweten Frau der Fall ist. Solche überstarken Bindungen wirken sich nicht selten in der späteren Ehe dieser Kinder ungünstig aus, da der seelischen Hingabe an den Gatten unbewußte Hemmnisse im Wege stehen. In anderen Fällen suchen die Eltern ihre erwachsenen Kinder aus wirtschaftlichen Gründen, z. B. als billige Arbeitskräfte, bei sich zurückzubehalten. Bei Befragungen meinten Bauerntöchter resigniert: Ich mußte „daheim helfen", war „unabkömmlich im Elternbetrieb" und liege nun beruflich „auf der Fehl-Halde". Es ist falsch, in den Bauernfamilien den weichenden Erben, auch den Töchtern, eine gediegene Berufsausbil-

---

[19] *Augustinus,* De Civitate Dei, Lib. 15, c. 16 (II, 95).

dung zu verwehren. Erst recht darf das Gewissen der Kinder nicht bedrängt werden, wenn es sich um die Gattenwahl oder um den Priester- und Ordensberuf handelt. Ein arabisches Sprichwort sagt: „Du bist der Bogen, von dem deine Kinder als lebendige Pfeile ausgeschickt werden."

§ 3 *Funktionsschwund und Funktionswandel der Familie*
in der industriellen Gesellschaft

1. *Der Funktionsschwund.* Es ist üblich geworden, über die Krise und den Zerfall der Familie in der industriellen Gesellschaft bewegte Klage zu führen: Die Zahl der Ehescheidungen habe sich in den letzten fünfzig Jahren mehr als verfünffacht. Die Geburten seien in derselben Zeit auf ein Drittel abgesunken. Ein erschreckender Funktionsverlust habe die Familien ausgehöhlt. Kein Wunder, daß Mann, Frau und Kinder stumm und unfroh nebeneinander her lebten und am liebsten davonlaufen möchten. Dieses verallgemeinernde Urteil ist falsch. Inmitten aller Bedrohungen und bei aller notwendigen Anpassung an die neuen Verhältnisse sind die meisten Familien – wie aus einer geheimnisvollen inneren Kraft – ihrer Wesensgestalt treu geblieben. Bei einer sachlichen Würdigung des Funktionsschwundes sind nämlich zwei Dinge zu unterscheiden:

a) In primitiven Sozialverhältnissen, etwa bei den Viehzüchternomaden, besaß die Großfamilie, zu der – unter der patriarchalischen Leitung des Vaters – die verheirateten Söhne mit ihren Frauen und Kindern sowie die Knechte und Mägde gehörten, viele Funktionen, die der modernen Familie fremd sind. Der Hausvater sprach Recht, feierte den religiösen Kult und führte Krieg. Es gab noch keinen Staatsverband, keine Gerichtshöfe, keine Schulen, keine organisierten Religionsgemeinschaften. Das Bild änderte sich, sobald Staat, Recht, Wirtschaft, Religion, Wissenschaft und Kunst sich als besondere Kulturbereiche spezialisierten und ihre Eigenständigkeit errangen. Dieser Prozeß stellte keinen eigentlichen familialen Funktionsverlust dar, da die Familie

Aufgaben abgeben mußte, die sie bis dahin vertretungsweise durchgeführt hatte.

Im übrigen blieb die Familie im vorindustriellen Zeitalter nach wie vor sehr funktionsreich. Sie war wirtschaftlich weithin autark, da sie produzierte, was sie brauchte, und konsumierte, was sie produzierte. Auch die Unterweisung und Berufsausbildung der Kinder geschahen im wesentlichen in der Familie. Es ist unverkennbar, daß die industrielle Entwicklung viele dieser Funktionen eingeschränkt oder auf außerfamiliale Institutionen verlagert hat. Die Familie hat längst aufgehört, Produktionsstätte zu sein, da die moderne Wirtschaft in vollendeter Arbeitsteilung diese Funktion fast restlos übernommen hat. Auch die meisten Reparaturen werden heute von spezialisierten Handwerkern ausgeführt. Die Schul- und Berufsausbildung stellt so hohe Anforderungen, daß nur außerfamiliale Einrichtungen ihnen gerecht werden können. Während es im vorindustriellen Zeitalter als selbstverständlich galt, daß der kranke, arbeitsunfähige und alte Mensch in der Sorge- und Vorsorgegemeinschaft der Familie und aus den Mitteln der Familie – wenn auch oft, z. B. bei „Pest, Hunger und Krieg", in sehr mangelhafter Weise – Unterhalt und Pflege fand, haben heute die Großorganisationen der Sozialen Sicherheit diese Aufgaben übernommen. Aber auch dieser Funktionsschwund darf in seinen Folgen nicht übertrieben werden. Es ist für die Familie nicht wesentlich, daß gesponnen oder gewebt wird, eine Hausschlachtung stattfindet oder (statt des Gas- oder Elektroherdes) ein flackerndes Herdfeuer brennt. Die Befreiung von der Mithilfe bei der Produktionsarbeit sowie technische Erleichterungen geben im Gegenteil der Mutter die Möglichkeit, sich intensiver der Erziehung der Kinder und der Pflege des Heimes und Tisches zu widmen.

b) Funktionsschwund liegt im eigentlichen Sinne erst dann vor, wenn die Kernfunktionen der Familie – Heim, Tisch, Haushalt, Pflege der geistigen, sittlichen und religiösen Werte – angetastet werden. In manchen Familien ist in der Tat die Tischgemeinschaft fast aufgelöst, da der Vater und die berufstätige Mutter in der Werkskantine, die Kinder im Kindergarten oder im Hort essen.

Vielfach ist auch der letzte Rest der Kultgemeinschaft verschwunden, da nicht mehr gemeinsam gebetet wird und die christlichen Hochfeste im Familienleben kaum noch in Erscheinung treten. Viele Familien kennen keine häusliche Geselligkeit mehr, da Eltern und Kinder den Schwerpunkt ihres Lebens nach außen verlegt haben und die Familie nur noch als Schlafstelle betrachten. Natürlich ist damit auch die Erziehungsfunktion fast lahmgelegt.

2. *Der Funktionswandel.* Die Verhältnisse der industriellen Gesellschaft haben zwar weithin einen Funktionsverlust der Familie verursacht, in anderen Bereichen jedoch nur einen Funktionswandel herbeigeführt. Es wird zwar nicht mehr in der Familie produziert, aber desto mehr Sorgfalt – auch in der Arbeiterfamilie – auf die Ausstattung des Heimes, auf die Zubereitung der Mahlzeiten und auf die Erziehung und Unterweisung der Kinder, besonders auch in der Form der Mitarbeit mit der Schule, verwandt. Was William F. Ogburn von den Vereinigten Staaten schreibt, gilt auch für Deutschland: Trotz der Einbrüche, die der Technik in den Haushalt gelungen sind, verbringt die moderne Familie „einen beträchtlichen Teil ihrer Zeit mit dem Kochen der Mahlzeiten, mit der Pflege der Wohnung, mit Waschen, Nähen und Ausbessern"[20]. In partnerschaftlich-kameradschaftlicher Weise wird gemeinsam geplant, gespart und angeschafft.
Besonders deutlich zeigt sich der Funktionswandel der modernen Familie in den neuartigen Mußefunktionen, die ständig an Bedeutung gewinnen und in vielen Fällen Ausdruck einer verfeinerten Familienkultur sind. Es sei an das Arbeiten im Garten oder an das Basteln, an Musik und Geselligkeit sowie an das Feiern der Familienfeste erinnert.

3. Mit dem Funktionsschwund und Funktionswandel der Familie hängt – teils als seine Folge, teils ihn bedingend – *die außerhäusliche Erwerbsarbeit verheirateter Frauen zusammen.* Auch im vorindustriellen Zeitalter stand die Frau keineswegs nur unter dem Leitbild der Gattin und Mutter. Sie arbeitete vielmehr im landwirtschaftlichen,

---

[20] *W. F. Ogburn,* The Family and its Functions. New York 1934, 671.

handwerklichen und kaufmännischen Familienbetrieb mit (vgl. Spr 31,10–31). Heute haben die Gleichberechtigung der beiden Geschlechter im Schul- und Ausbildungswesen, die durch den technischen Fortschritt bedingte Befreiung des Menschen von schwerer körperlicher Arbeitsfron sowie die ständige Zunahme gerade für die Frau geeigneter Arbeitsplätze im „tertiären Bereich" der Dienstleistungen dazu geführt, daß die Eingliederung der Frauen und Mädchen in das Berufs- und Erwerbsleben fast selbstverständlich geworden ist. Wenn auch manches darauf hindeutet, daß sich in der außerhäuslichen Berufsarbeit der Frauen zwei Schwerpunkte zu entwickeln scheinen – der eine vor der Heirat, der andere nach dem 45. Lebensjahr –, so sind doch zahlreiche verheiratete Frauen auch in den eigentlichen Jahren der Mutterschaft (vom 22. bis zum 40. Lebensjahr) erwerbstätig. [...] Die Frau ist sehr überfordert, wenn ihr Arbeitsplatz vom Familiensitz weit entfernt ist und sie wegen ihrer Pflichten als Hausfrau und Mutter in einen gedrängten Zeitablauf gestellt wird. In zahlreichen Fällen erbringt die verheiratete erwerbstätige Frau, insbesondere wenn sie Kinder zu versorgen hat, Arbeitsleistungen, die den Einsatz der Männer für Beruf und Familie weit übertreffen. Untersuchungen aus jüngster Zeit lassen erkennen, daß auch heute noch viele verheiratete Frauen, besonders jüngere, die zur Beschaffung (Baukostenzuschuß) und Einrichtung der Wohnung „mitverdienen" müssen, aus wirtschaftlicher Not zur Arbeit gehen. Andere tun es, weil sie die Aussteuer ergänzen und die Wohnung komfortabler gestalten wollen, weil das Auto erhebliche Kosten verursacht, weil sie sich in den gemeinsamen Ferien mehr leisten wollen, weil die Kameradschaft in Fabrik und Büro sie anzieht, weil sie der Langeweile daheim entfliehen wollen, weil sie sich aus der Zeit vor der Heirat an den Rhythmus des selbstverdienten Geldes gewöhnt haben und weil jene Frauen, die nicht berufstätig sind, sondern als Hausmütter Kinder großziehen, sich dadurch die eigene Altersversorgung verderben. Papst Pius XII. meinte am 21. Oktober 1945 warnend, wenn die Mutter zur Arbeit gehe, werde das Heim, „vielleicht (an sich) schon düster und eng ..., durch den Mangel an Pflege noch elender". Die Familie sei weder bei den Mahlzeiten noch zum gemeinsamen Gebet zusammen. „Was bleibt da vom Familienleben noch übrig? Und welche Reize kann es noch für die Kinder haben?" Wie könne da in der heranwachsenden Tochter der Wunsch lebendig werden, selber einmal „eine wirkliche Herrin zu werden, d. h. eine Hausfrau in einer glücklichen, blühenden und würdigen Familie?"[21]

Papst Johannes Paul II. erklärte: Die „wirkliche Förderung der Frau" verlangt, „daß der Wert ihrer mütterlichen und familiären Aufgabe im Vergleich mit allen öffentlichen Aufgaben und allen anderen Berufen klare Anerkennung findet". Die Kirche wird deshalb unermüdlich fordern, „daß die Arbeit der Frau im Haus in ihrem unersetzlichen Wert von allen anerkannt und geschätzt wird". Nicht richtig ist die weit verbreitete Meinung, „das Ansehen der Frau (ergebe) sich eher aus der Arbeit draußen als aus der Tätigkeit in der Familie". „Wenn man – wie den Männern – auch den Frauen das Recht zur Übernahme der verschiedenen öffentlichen Aufgaben zugesteht, muß aber die Struktur der Gesellschaft so sein, daß die Ehefrauen und die Mütter nicht praktisch gezwungen sind, außer Haus zu arbeiten, und daß ihre Familien angemessen leben und gedeihen können, auch wenn sie sich ganz der eigenen Familie widmen."[22]

§ 4 Aufgaben der Familienpolitik in der modernen Gesellschaft

1. Der Gesellschaft des vorindustriellen Zeitalters gaben die bäuerlichen und handwerklichen Familienbetriebe als wichtigste Einheiten der Produktion und des Verbrauchs das Gepräge. Die Familie, das „Haus", war eine wirtschaftliche, sittliche und religiöse Burg, eine Stätte, wo die Menschen gemeinsam lebten und sorgten, beteten und arbeiteten und bei Krankheit und im Alter Pflege und Unterhalt fanden. Die Stellung der Familie innerhalb der feudalen Gesellschaft war stark und geachtet, und jeder Hausvater nahm gleichsam an der Würde und Autorität des Monarchen teil. Eine große Kinderzahl galt als Ehre und mag wohl auch zuweilen

---

[21] *Pius XII.,* 21.10.1945 (UG 1358, 1360).
[22] Apostolisches Schreiben „Familiaris Consortio" 23.

für die Familienwirtschaft eine willkommene Hilfe gewesen sein, obwohl man mit solchen Aussagen vorsichtig sein sollte. Albrecht Dürer stellt, da er von der schweren Lebenslast seiner Mutter spricht, die große Kinderzahl neben die Pestilenz. Häufig reichte der Ertrag der Höfe für kinderreiche, von Krieg und Pest verschonte Generationen nicht aus, so daß man, um der Not zu steuern, in Rodung und Ostsiedlung Abhilfe suchen mußte.

Auch im industriellen Zeitalter ist die Familie als „Zelle der Gesellschaft" von unersetzbarem Wert; aber ihre wirtschaftliche Lage ist sehr *labil* geworden. Die Familie ist keine Produktionsstätte mehr; auch tritt sie als solche, da in der kommerzialisierten Gesellschaft nur der einzelne „verdient", nicht als Einkommensbezieher, sondern nur als Konsument auf. Die Folge ist, daß eine größere Kinderzahl wirtschaftlich nur eine Belastung bedeutet. Während in der vorindustriellen Gesellschaft eine eigentliche Familienpolitik unbekannt war, ist sie heute eine gesellschaftspolitische Forderung. „Die Lasten für das Aufbringen der jungen Generation, ohne die kein Volk und keine Kultur ihre Werte erhalten und tradieren können, müssen gerecht verteilt werden, so daß das Volk nicht durch falsche Verteilung dieser Lasten seinen Bestand gefährdet."[23]

2. Bis zum Beginn des industriellen Zeitalters war die abendländische Bevölkerung infolge der hohen Sterblichkeit, besonders der Säuglings- und Kindersterblichkeit, trotz vieler Geburten mehr oder weniger konstant geblieben. Dann aber begannen Medizin und Hygiene die Säuglingssterblichkeit und die Seuchen zu überwinden. Die Geburtenkontrolle war fast noch unbekannt, so daß die Bevölkerung Europas in der ersten Hälfte des 19. Jahrhunderts von 187 Millionen auf 266 Millionen und in der zweiten Hälfte von 266 auf 400 Millionen anstieg. Gegen Ende des 19. Jahrhunderts setzte eine neue Phase ein, die für die erste Hälfte des 20. Jahrhunderts typisch genannt werden muß. Während die Sterbezahlen niedrig blieben und weiter sanken, begannen die

---

[23] *G. Mackenroth,* Die Reform der Sozialpolitik durch einen deutschen Sozialplan. Berlin 1952, 57.

Geburten abzunehmen. Es lassen sich zahlreiche Ursachen wirtschaftlicher, sozialer, kultureller, geistiger, sittlicher und religiöser Art für diese Erscheinung aufzählen: das auf den einzelnen, nicht auf die Familie abgestellte Lohnsystem, die Zunahme der Frauenarbeit, die Wohnungsnot, der soziale Geltungsverlust der kinderreichen Familie, der Einbruch der Ratio in die Ehe, das Lebensstandarddenken, die religiöse Entwurzelung, das Bestreben, den Kindern den sozialen Aufstieg zu ermöglichen. Eine gerechte Würdigung des Geburtenschwundes wird auch den Frauenüberschuß, die Überalterung und die häufigen Fehlgeburten berücksichtigen müssen. Jedoch darf bei alledem nicht übersehen werden, daß auch der Mensch in der sogenannten Wohlstandsgesellschaft auf die Ursprünglichkeit und Unversehrtheit des Kindes nicht verzichten kann. In der reichlichen Freizeit bedeutet die Gesellschaft der Kinder den Eheleuten Glück und Freude.

Auch ist das Großziehen der Kinder durch die moderne Fertigwarenindustrie erheblich erleichtert worden. Um so bedenklicher ist es, daß immer mehr Menschen ein gestörtes Verhältnis zum Leben zu haben scheinen, was zu mehr Särgen als Wiegen führt. Die Anzahl der Lebendgeborenen je 1000 Einwohner, die in Deutschland im Jahre 1900 35,6 betragen hatte, sank bis zum Jahre 1953 auf 15,5 und 1980 auf 10,1 Lebendgeborene je 1000 Einwohner.

Die Zeit des natürlichen Bevölkerungswachstums ist 1972 zu Ende gegangen. Der Sterbeüberschuß wird – und es sind keine Anzeichen einer Änderung in Sicht – noch lange Zeit die Szene beherrschen. Bereits im Jahre 1975 erreichte der Sterbeüberschuß mit 12,1 Gestorbenen je 1000 Einwohner bei 9,7 Lebendgeborenen den höchsten Nachkriegsstand bei einem Sterbeüberschuß von 148 748. Im Jahre 1981 sind in der Bundesrepublik Deutschland 97 635 Menschen mehr gestorben als lebend geboren wurden. Zu dieser Zeit ist im Bundesgebiet 87 535 Mal ungeborenes Leben durch Schwangerschaftsabbrüche getötet worden. In 65 466 Fällen, das sind 74,8 % aller gemeldeten Schwangerschaftsabbrüche, haben die schwangeren Frauen den straffreien Abbruch wegen schwerer sozialer Notlage bewilligt bekommen.

3. Zwei Folgerungen:

a) Die heutige Lage führt zur *sozialen Deklassierung* der kinderreichen Familie. Der soziale Lebensstandard, wie er unter gleichgestellten Bevölkerungsschichten üblich ist, wird von den Haushalten und Familien bestimmt, die entweder keine oder höchstens ein bis zwei Kinder unter 18 Jahren haben. Es sind das 85,3 Prozent aller Haushalte in der Bundesrepublik. Die Folgen für die Familien mit mehreren Kindern sind offensichtlich: schlechtere Wohnverhältnisse, obwohl gerade die kinderreiche Familie eine größere und gut ausgestattete Wohnung (mit Bad usw.) nötig hätte, schlechtere Kleidung, schlechtere Ernährung, schlechtere Ausbildungsmöglichkeiten usw. Man kann nicht einwenden, die Kinder bedeuteten zwar in den ersten Jahren eine wirtschaftliche Belastung für die Eltern; mit zunehmendem Alter machten sie sich jedoch wirtschaftlich nützlich. Das trifft kaum noch für den Bauernhof und für die Handwerker- und Kaufmannsfamilien zu. Für die Arbeiter- und Angestelltenfamilie sind die Kinder jedoch zu „reinen Kostenelementen" geworden, da die Fabrikarbeit der Kinder mit Recht verboten ist und da die Kinder, sobald sie in nennenswertem Ausmaß selber verdienen, ihren eigenen Hausstand zu gründen pflegen. Da die Kinder heute meistens in den zehn ersten Ehejahren geboren werden, wird besonders die jüngere Familie vom Absinken des Lebensniveaus betroffen. In der Bundesrepublik Deutschland sind heute 36,9 % der Frauen in kinderlosen Ehen erwerbstätig, so daß ein doppeltes Einkommen zur Verfügung steht. In Familien jedoch, die zwei oder mehr Kleinkinder haben, müssen die Ehefrauen in den meisten Fällen ihre außerhäusliche Berufsarbeit aufgeben. Obwohl durch die Kinder der Familienbedarf steigt, sinkt das Familieneinkommen. Bedarf und Einkommen sind gegenläufig.

b) Wenn der Schrumpfungsprozeß der Familie anhält, droht die Gefahr, daß in einigen Jahrzehnten *das erforderliche Sozialprodukt nicht mehr aufgebracht* werden kann. Die Familien mit drei und mehr Kindern stellen schon heute mehr als zwei Drittel der nächsten Generation, die Familien mit zwei und mehr Kindern sogar 90 Prozent der nächsten Generation. Manche wenden ein, die sinkende Geburtenzahl finde durch höhere Investitionen und fortschreitende Automation ihren Ausgleich. Richtig ist, daß Rationalisierung und Automation – bei relativer Abnahme der Zahl der Beschäftigten – eine wachsende Versorgung mit industriellen Massengütern ermöglichen können, was jedoch für die Dienstleistungen nicht zutrifft.

Wenn auch die Familienpolitik nicht auf wirtschaftliche Maßnahmen beschränkt ist und z. B. in behutsamer Weise familienfeindliche äußere Einflüsse abwehren sollte, wird sie doch in der *wirtschaftlichen* Sicherung der Familie ihre Hauptaufgabe sehen müssen. Dann darf man hoffen, daß der Familie die Integration innerhalb der industriellen Gesellschaft mehr und mehr gelingen wird. Selbstverständlich wird der Familienlastenausgleich als solcher für Eltern, die um den Sinn der Ehe und Familie wissen, kein Beweggrund sein, auch nur einem einzigen Kind das Leben zu schenken. Das Ja oder Nein zum Kinde wird nicht – wenn man von den sogenannten „Asozialen" absieht – durch Geldzuwendungen, sondern letztlich durch das Bild bestimmt, das die Gatten von Ehe und Familie haben. Der Familienlastenausgleich kann und soll nur den Sinn haben, die soziale Gerechtigkeit in der industriellen Gesellschaft zu verwirklichen.

Die wirtschaftliche Familienhilfe ist heute in fast allen Staaten gesetzlich eingeführt. Während das Kindergeld in einigen Ländern, z. B. in Frankreich, Belgien und Luxemburg, recht hoch ist, hält es sich in der Bundesrepublik in sehr mäßigen Grenzen. Dazu kommt, daß es zum Teil durch die Umsatzsteuer wieder aufgehoben wird. Angesichts des bedrohlichen Rückgangs der Geburtenzahlen sind zusätzliche Hilfen zugunsten der Familie dringend geboten, etwa der gesetzliche Kündigungsschutz für Arbeitnehmer mit mehr als zwei Kindern oder die Senkung der Beiträge zur Sozialversicherung je nach der Zahl der Kinder.

§ 5 Heirat und Jungfräulichkeit

1. Wie es für den Christen bedenklich ist, von den Vorzügen des Privateigentums zu reden, ohne die christliche Armut zu nennen,

so wäre es noch verdächtiger, Ehe und Familie zu rühmen, ohne die *Jungfräulichkeit* um Christi willen zu erwähnen. Hier sind zwei einander widersprechende Irrtümer zurückzuweisen, die vor allem den Lebenssinn der Frau betreffen. Bald sagt man, die verheiratete Frau könne in der „eintönigen und geistlosen Hausarbeit" nicht ihre Erfüllung finden und bedürfe zur Entfaltung ihrer Persönlichkeit der außerhäuslichen Berufstätigkeit. Dann wieder heißt es, die unverheiratete Frau sei nutzlos und ein „halber Mensch".

2. Wer um das Ideal der christlichen Ehe und Familie weiß, wird den ersten Einwand nicht ernst nehmen. Die Gemeinsamkeit des Heimes, des Tisches und des Haushalts sowie vor allem die Pflege der geistigen, sittlichen und religiösen Werte in der Familie stellen die Gattin und Mutter vor so große und edle Aufgaben, daß sie darin in der schönsten Weise die Erfüllung ihres Lebens finden kann.

3. Ebenso irrig ist die zweite These. Denn Ehe und leibliche Mutterschaft sind nicht der einzige Weg zur Persönlichkeitserfüllung der Frau. Pius XII. beklagte sich am 15. September 1952 über „all die Priester und Laien, Prediger, Redner und Schriftsteller", die „kein Wort der Billigung und des Lobes mehr für die Christus geweihte Jungfräulichkeit haben; die seit Jahren trotz der Mahnungen der Kirche und entgegen ihrer Auffassung die Ehe prinzipiell höher stellen als die Jungfräulichkeit; die selbst so weit gehen, die Ehe als das einzige Mittel zur vollen Entfaltung der menschlichen Persönlichkeit und zu ihrer natürlichen Vollendung darzustellen".[24]
Die Jungfräulichkeit um Christi willen ist keine individualistische Triebbeherrschung, sondern Teilnahme an der Jungfräulichkeit der Kirche, für die Christus sich dahingegeben hat (Eph 5,25–27). Der Jungfräuliche steht der endgültigen Gestalt des Menschen näher als der Verheiratete; denn die Institution der Ehe gehört nur diesem Äon an, und nach der Wiederkunft des Herrn werden

---

[24] *Pius XII.*, 15.9.1952 (UG 3115).

sie „weder heiraten noch verheiratet werden", sondern „den Engeln gleich und Kinder Gottes sein, da sie Kinder der Auferstehung sind" (Lk 20,35–36). Es liegt in der Personalität des Menschen begründet, daß er sich *endgültig,* nicht widerrufbar, zu entscheiden vermag: in der Ehe, aber auch in der Ehelosigkeit auf Christus hin.

Allerdings sind nicht alle, die ledig bleiben, zur Jungfräulichkeit um Christi willen berufen; denn „von jenem freiwilligen Verzicht aus Liebe zum Reich Gottes hat der Herr gesagt: ... ,Nicht alle erfassen dieses Wort, sondern nur die, denen es gegeben ist'"[25]. Viele leben jahrelang in der Hoffnung auf die Ehe, bis sie einsehen müssen, daß ihnen die Liebe des Mannes und das Glück der eigenen Familie versagt bleiben wird. Oft setzt dann ein „grausames, ängstliches, unerbittliches Forschen" ein, „ob man im eigenen Antlitz den Zug entdeckt, der Menschen befremdet, fernhält, vielleicht enttäuscht, abwehrt".[26] In schweren Kämpfen werden diese Frauen sich zu dem Vertrauen durchringen müssen, daß auch hinter ihrem Geschick Gottes Güte und Liebe steht.

„Die junge Christin", sagte Pius XII. am 21. Oktober 1945, „die gegen ihre Absicht unverheiratet bleibt, die aber fest an die Vorsehung des himmlischen Vaters glaubt, erkennt inmitten der Wechselfälle des Lebens die Stimme ihres Meisters: ... ,Der Meister ist da und ruft dich!'" Statt sich einzureden, zu einem „unnützen, ziellosen Leben" verurteilt zu sein, tritt sie mutig in das öffentliche Leben und übernimmt „vielfältige, kämpferische" Aufgaben, die jene Frauen, „die durch die Angelegenheiten ihrer Familie und der Erziehung ihrer Kinder in Anspruch genommen oder dem heiligen Joch der Ordensregel unterworfen sind", nicht imstande wären zu erfüllen.[27]

In früheren Jahrhunderten glaubte man, die Frau bedürfe des Schutzes von „Mann oder Mauer" (aut maritus, aut murus), so daß sie nur zwischen zwei Lebensformen, der vom Mann geleiteten Familie oder dem von der Mauer umgebenen Kloster, wählen

---

[25] *Pius XII.,* 29.10.1951 (UG 1089).
[26] *I. Görres,* Von Ehe und Einsamkeit. Donauwörth 1949, 41.
[27] *Pius XII.,* 21.10.1945 (UG 1351, 1368).

könne. Heute hat die immer bewußter erwachte Selbständigkeit die Frau in die Welt hinausgeführt. Sie läßt sich nicht mehr in die ihr früher zugewiesenen Bereiche der Küche, der Kinder, des Klosters und der Kirche (die vier „K") einzwängen. Das Zeitalter des Industrialismus bedarf in der Tat zu seiner Gesundung nicht nur des familialen und klösterlichen, sondern auch des öffentlichen Wirkens der Frau. Bei einer Weltbevölkerung im Jahre 1980 von 4336 Millionen Menschen standen 2515 Millionen Personen im erwerbsfähigen Alter zwischen 15 und 65 Jahren. Nach Mitteilung der FAO in Rom gab es 1815 Millionen Erwerbstätige. Wenngleich es sich bei diesen Angaben um sehr grobe Schätzungen handelt, dürfte dennoch die sich hieraus errechenbare Welterwerbsquote von 72 % einen gewissen Überblick über die Beteiligung am Erwerbsleben geben.

Das menschliche Zusammenleben wird durch die jeweiligen Arbeits- und Berufsverhältnisse entscheidend bestimmt. Lehrt doch die Sozialgeschichte, daß die Herrschafts- und Gesellschaftssysteme, z. B. die Sklaverei in der Antike, die herrschaftsständische Ordnung des Mittelalters (mit Hörigkeit und Leibeigenschaft) sowie das Lohnsystem des industriellen Zeitalters, im wesentlichen Organisationsformen der menschlichen Arbeit darstellen, womit zugleich die Verteilung des wirtschaftlichen Ergebnisses der Arbeit entschieden ist. Kein Wunder, daß sich soziale Revolutionen meistens an den als ausbeuterisch empfundenen Arbeitsverhältnissen zu entzünden pflegen.

Aufgabe dieses Abschnittes ist es, zunächst den christlichen Sinn der Arbeit und des Berufes zu deuten, dann die gewonnenen Erkenntnisse auf die Arbeits- und Berufsverhältnisse des industriellen Zeitalters anzuwenden.

ERSTES KAPITEL
Christliche Sinndeutung der Arbeit und des Berufes

§ 1 Begriff und Abgrenzung

1. *Arbeit* ist die bewußte, ernsthafte, objektbezogene Betätigung geistiger oder körperlicher Fähigkeiten des Menschen zur zweckmäßigen Verwirklichung von Werten, die der gottgewollten Sinnerfüllung des Menschen selber (seiner „Selbstdarstellung") sowie der menschlichen Gesellschaft und letztlich der Ehre Gottes dienen. Die Arbeit ist als *bewußtes* Tätigwerden ein Vorrecht des Menschen, während das Tun der Tiere Instinkthandlung ist und vom „Arbeiten" der Tiere und Maschinen nur im übertragen

Sinne gesprochen werden kann, insofern der Mensch Tier und Maschine in seinen Dienst nimmt. Die Ausrichtung auf einen ernst genommenen Wert, der nicht im Erlebnis des Tuns selber liegt, sondern transitiv-objektiv erreicht oder verwirklicht werden soll, also über das Tun hinausführt, trennt die Arbeit von Spiel, Sport und „Zeitvertreib". Die Werkbezogenheit der Arbeit ist im griechischen érgon und im lateinischen opus ausgedrückt, während pónos, kópos und labor – ähnlich wie das französische travailler, das russische robotat und das deutsche arbeiten (ahd. arabeit, mhd. arebeit) – den Beigeschmack des Mühsamen und Beschwerlichen (Lästigen) haben. Dennoch gehört das Mühsam-Lästige nicht zum Begriff der Arbeit, da selbst für den gefallenen Menschen nicht jede Arbeit sauer und lästig sein muß, wenn auch die meiste Arbeit unter dem Gesetz des Mühsamen steht. Die übliche Unterscheidung zwischen geistiger und körperlicher Arbeit darf nicht überspitzt werden, da der Mensch als Leib-Seele-Wesen bei allem, was er tut, stets geistig und körperlich tätig ist; gemeint ist also eine vorwiegend geistige oder vorwiegend körperliche Arbeit.

Papst Johannes Paul II. versteht die Arbeit in umfassender Weise: als Arbeit in der Landwirtschaft, in den Bergwerken, an den Hochöfen, im Baugewerbe, aber auch als Tätigsein „in der Werkstatt intellektueller Arbeit", als Wirken der Ärzte und Krankenpfleger, als Dienst der Frau und Mutter, auch als „Forschung" und „Führung" (LE 9, 14, 19).

2. Mit einer Tätigkeit, die das Leben des Menschen mehr oder weniger ausfüllt, ist eine Lebensaufgabe oder Lebensstellung gegeben, die wir *Beruf* zu nennen pflegen, womit normalerweise der Erwerb des Lebensunterhalts (Erwerbsberuf) verbunden ist. Seinem ursprünglichen Sinn nach ist der Beruf keine rein private Angelegenheit, sondern gesellschaftlicher Dienst, der natürlich vom Menschen als persönliche Lebensaufgabe gesehen werden muß.

1. *Die Arbeit als Notwendigkeit.* Durch seinen Leib gehört der Mensch zum Haushalt der Natur. Das eigenartige Hineingestelltsein in die Umwelt der Dinge, Pflanzen und Tiere zwingt den Menschen zur Arbeit. „Sinnesarm, waffenlos, nackt, in seinem ganzen Habitus embryonisch, in seinen Instinkten verunsichert, ist er das existenziell auf die *Handlung* angewiesene Wesen."[1] Ohne Arbeit ist die Selbsterhaltung, die Arterhaltung und die Entfaltung eines kulturellen Lebens nicht möglich. Die Schrift sagt: „Setzt eure Ehre darein, ... eurer Hände Arbeit zu obliegen, wie wir euch angewiesen haben. Dann wandelt ihr in Ehren vor den Außenstehenden und braucht niemand in Anspruch zu nehmen" (1 Thess 4,11).

2. *Die Arbeit als Weg zur Selbstentfaltung des Menschen.* Obwohl die Arbeit objektorientiert ist, tritt sie doch als Lebensäußerung des Menschen in Erscheinung. In der Arbeit entfaltet sich der Mensch zu sich selbst. Er wird „mehr Mensch" (LE 9). Gott ist die Fülle des Lebens, unendliche Aktivität. Als Gottes Ebenbild ist auch der Mensch zum Sich-Betätigen bestimmt. Gott schafft nicht alles allein; er läßt auch den Zweit-Ursachen, vor allem den Menschen, denen er die Fähigkeiten des Erkennens, Wollens und schöpferischen Gestaltens verliehen hat, Raum. Thomas von Aquin weist die Ansicht, daß die den Geschöpfen verliehenen Kräfte nichts zu wirken vermöchten, „daß z.B. nicht das Feuer wärme, sondern Gott im Feuer", als „unmöglich" zurück; denn dann wären nicht nur die geschöpflichen Wirkkräfte, sondern die Geschöpfe selber im Grunde „überflüssig".[2] Die träge Schlaffheit, die sich vor jedem Tun ekelt, zählt Thomas zu den sieben Hauptsünden.[3] Der Mensch „webt seine Geschichte" (Paul VI.). „Nur wenig unter die Himmelswesen hast du ihn gestellt. Du hast ihn mit Glanz und

---

[1] *A. Gehlen,* Die Seele im technischen Zeitalter. Hamburg 1957, 8.
[2] *Thomas von Aquin,* S. th. I 105,5.
[3] Vgl. *Thomas von Aquin,* S. th. II-II 35,1.

Hoheit gekrönt und zum Herrscher über das Werk deiner Hände gesetzt. Alles hast du ihm zu Füßen gelegt" (Ps 8,6–7).

3. Die Arbeit als Gestaltung und Bewältigung der Welt. Gott hat dem Menschen nicht nur vielfache Fähigkeiten des Sich-Betätigens geschenkt, sondern ihm auch im Kosmos Raum zum Wirken gelassen: „Erfüllt die Erde und macht sie euch untertan" (Gen 1,28). Indem der Mensch den Dingen „die Ordnung auferlegt", übt er gleichsam eine „niedere Vorsehung" aus und wird zum „Partner Gottes".[4] Nach christlichem Verständnis besitzt der Mensch ein „dominium naturale" über die gesamte materielle Schöpfung, und zwar – nach einer treffenden Formulierung des Domingo de Soto aus dem Jahre 1556 – nicht nur über die Gaben der Erde („fructus terrae"), sondern auch über den Mikrokosmos der „elementa" und über den Makrokosmos des Weltraumes („orbes caelestes").[5] Man sagt zwar nicht selten, die Gottesvorstellung des Christentums habe den naturwissenschaftlichen und technischen Fortschritt gehemmt. Die ideengeschichtlichen Zusammenhänge weisen in eine andere Richtung. Ist es nicht auffallend, daß gewisse naturwissenschaftliche und technische Ansätze in der Antike, z.B. in der vorsokratischen Naturphilosophie oder in der Baukunst Babylons, Ägyptens und Roms, nicht zum Durchbruch und zur naturwissenschaftlich-technischen Bewältigung der Welt geführt haben? Die Gründe dürften in vier Auffassungen vorchristlichen Denkens liegen: Sublime, stoffeindliche Spekulationen verdächtigten die materielle Welt als böse und widergöttlich. Man sah ferner den Kosmos als „fertig" an, so daß der Mensch nur versuchen konnte, ihn in passiver Beschauung zu betrachten; schöpferisches Eingreifen galt als Zerstörung, nicht als Vollendung des Kosmos. Hemmend mußte sich drittens auch jene Anschauung auswirken, die den Kosmos mit Dämonen und eifersüchtigen, jedes Eindringen in seine Geheimnisse verwehrenden Göttern bevölkerte. Prometheus wurde wegen seiner eigenschöpferischen Tat von Zeus an den Felsen geschmiedet, und Ikaros stürzte beim Ver-

---

[4] *Thomas von Aquin,* C. Gent. III, 21, 64, 113.
[5] *Domingo de Soto,* De Justitia et Jure. Venetiis 1608, Lib. IV. qu. 2. art. 1.

such, die Luft zu erobern, durch den Neid der Götter ab. Dazu kam schließlich, daß die körperliche Arbeit in der Antike weithin als Sklavenwerk verachtet wurde.

Diese Anschauungen hat das Christentum überwunden. Die Welt ist kein Reservat der Dämonen, sondern das Werk des göttlichen Vaters, der den Menschen Wirkraum in der Welt gegeben hat. Henri de Lubac sagt mit Recht: „Unser Gott ist ein eifersüchtiger Gott; aber seine Eifersucht unterscheidet sich sehr von der Eifersucht der Götter der Mythologie. Gott neidet seinen Geschöpfen weder das Feuer noch irgend eine spätere Erfindung. ... Der Mensch handelt recht, wenn er aus den kosmischen und gesellschaftlichen Servituten aller Art herauskommen will ... Es kann also – wagen wir dieses Paradox – einen christlichen Prometheus geben."[6] Bei der Arbeit an den Dingen begegnen wir Gott, der die Dinge durch die Schöpfung ins Dasein gerufen hat und durch die creatio continua im Sein erhält. „Am Anfang der menschlichen Arbeit", so schreibt Papst Johannes Paul II., „steht das Geheimnis der Schöpfung" (LE 12).

Die methodische Abgrenzung von Naturwissenschaft und Theologie hat Kardinal Robert Bellarmin, der in den Diskussionen um Galilei eine dem Gelehrten wohlwollende Haltung einnahm, richtig angegeben, indem er schrieb: „Wenn wirklich nachgewiesen wird, daß ... die Sonne sich nicht um die Erde dreht, sondern die Erde um die Sonne, muß man bei der Auslegung der Schrifttexte, die dem zu widersprechen scheinen, sehr bedächtig vorgehen und eher bereit sein zu sagen, daß wir sie nicht verstehen, als zu sagen, daß das falsch sei, was bewiesen ist."[7]

4. *Arbeit und Beruf als Dienst.* Nach christlicher Sinndeutung ist die Arbeit ein dienendes Miteinander und Füreinander. Sie ist Dienst am Nächsten, an Familie und Volk und deshalb adelig, auch wenn sie kaum ein Element schöpferischen Gestaltens enthalten würde. Johannes Tauler († 1361) erzählt von einem Bauersmann, den er

---

[6] *H. de Lubac,* Der Mensch in marxistischer und in christlicher Schau. Offenburg 1949, 59.

[7] Zit. in: „Sint unum" (Pont. Univ. Gregoriana). Rom 1930, 72.

den „allerhöchsten Freund Gottes" nennt: „Der ist alle seine Tage ein Ackersmann gewesen, mehr als vierzig Jahre, und ist es noch. Der fragte einst unsern Herrn, ob er wolle, daß er sich dessen begebe und in die Kirche sitzen gehe. Da sprach er: Nein, er solle es nicht tun; er solle sein Brot mit seinem Schweiß gewinnen, seinem edlen, teuren Blut zu Ehren." Tauler fügt hinzu: „Eines kann spinnen, das andere kann Schuhe machen ... Wäre ich nicht Priester und wäre in einer Gemeinde, ich nähme es für ein großes Ding, daß ich Schuhe machen könnte ... Ein Jegliches soll sein Amt haben."[8]

Die vielfältigen in der Gesellschaft zu erfüllenden Aufgaben erfordern eine große Zahl von Diensten (Berufen), die sich nach den Wertbereichen in vier Gruppen einteilen lassen:

a) *Der geistig tätige Mensch* dient dem Heiligen (Priester, Ordensleute), dem Wahren (Gelehrte, Forscher), dem Guten (Erzieher, Lehrer) und dem Schönen (Künstler), wobei mehrere dieser Dienste häufig in demselben Menschen und in demselben Beruf vereinigt sind, wenn auch ein bestimmter Schwerpunkt erkennbar ist.

b) *Der helfende Mensch* steht im Dienst der leiblichen und seelischen Gesundheit des Menschen (Ärzte, Krankenschwestern, Pfleger und Pflegerinnen). In der modernen Gesellschaft sind jene Dienstberufe, die sich pflegerisch-sorgend um den Menschen mühen, z. B. der Dienst im Haushalt und an den Kranken, wenig beliebt. Das mag zum Teil durch die den jungen Menschen beeinflussende öffentliche Meinung mitbedingt sein, die den Dienst in Haushalt und Krankenhaus mit den Begriffen „Arbeitsüberlastung", „Mangel an Freizeit", „ständige Sozialkontrolle" und dergl. zu verbinden pflegt. Aber hier bergen sich auch hintergründige Zusammenhänge. Während – insbesondere bei der Jugend – ein großes Interesse für jene Dienstleistungsberufe gegeben ist, die mehr sachlich-objektiv ausgerichtet und in ihren Funktionen klar umgrenzt sind, z. B. im Büro, steht das selbstlose, persönliche Dienen

---

[8] Text: *F. Vetter,* Die Predigten Taulers. Berlin 1910, 179.

nicht hoch im Rang. Und das ist eine bedenkliche Erscheinung. Es wäre verhängnisvoll, wenn die Krankenhäuser zwar medizinisch und technisch mit den besten und modernsten Einrichtungen ausgestattet wären, die Menschen jedoch, denen die Sorge für die Kranken obliegt, fehlen oder in ihrer Tätigkeit nur einen Erwerbsberuf – wie in sonstigen Dienstgewerben – sehen würden.

c) *Der ordnende Mensch* wirkt beruflich im Bereich des Politischen im klassischen Sinne. Er dient der gesellschaftlichen Ordnung in Regierung, Verwaltung, Rechtspflege, Heerwesen, Polizei, Selbstverwaltung usw.

d) *Der wirtschaftende Mensch* stellt die materiellen Bedarfsgüter zur Verfügung. Obwohl die Wirtschaft in der Rangordnung der Werte gleichsam das unterste Stockwerk bildet, üben doch die meisten Menschen in diesem Bereich ihren Erwerbsberuf aus, wobei sich drei Sektoren unterscheiden lassen. Als *primären Sektor* pflegt man die arbeitsintensive landwirtschaftliche und bergbauliche Urproduktion zu bezeichnen. Während im vorindustriellen Zeitalter mehr als vier Fünftel der Bevölkerung im primären Sektor ihren Unterhalt fanden, bildet das Bauerntum in der entwickelten Industriegesellschaft eine Minderheit. Die Zahl der im Bergbau Beschäftigten stieg zwar mit dem Beginn der industriellen Entwicklung beträchtlich an, macht jedoch in den modernen Industriestaaten nur wenige Prozent der Erwerbstätigen aus. Kennzeichnend für den *sekundären Sektor* – als den Bereich der eigentlichen handwerklichen und industriellen Fertigung – ist die durch Maschinisierung, Rationalisierung und Automation bewirkte erstaunliche Produktivitätssteigerung. Obwohl fast die Hälfte der Erwerbstätigen im sekundären Sektor beschäftigt ist, verlagert sich der Schwerpunkt der Wirtschaft in der entwickelten Industriegesellschaft mehr und mehr in den *tertiären Sektor* der Dienstleistungen. Es handelt sich hier um jene Dienste, die sich auf die Planung, die Konstruktion und den Vertrieb produzierter materieller Güter des primären und sekundären Sektors beziehen und die in den Konstruktionsbüros, in den Werbeabteilungen, in den Läden und Kaufhäusern, im Gütertransport, in den Banken und Versicherungen usw. geleistet werden. Von diesen wirtschaftlichen Dienstleistungen sind jene zu unterscheiden, die nicht zum Bereich des „wirtschaftenden", sondern des „geistig tätigen", des „helfenden" und des „ordnenden" Menschen gehören.

5. *Die Arbeit als Buße.* Alle Völker und Zeiten haben um die Mühsal der Arbeit, die der geistig und körperlich Tätige, der Arbeitgeber und der Arbeitnehmer spüren, gewußt. Ein altrussisches Sprichwort sagt: „Arbeit macht nicht reich, aber buckelig." Der Christ wird sich deshalb keinen Utopien hingeben, wie etwa Lenin, der am 11. Mai 1920 prophezeite, daß in der kommunistischen Zukunftsgesellschaft glückliche Menschen „ohne Norm, ohne auf Entlohnung zu rechnen, ohne eine Vereinbarung über Entlohnung, völlig selbstlos und aus Liebe zur Gesellschaft", aus dem „Bedürfnis eines gesunden Organismus" ihre Arbeit verrichten würden.[9] Diesem säkularisierten Messianismus gegenüber betonte Leo XIII. schon 1891: „Auch im Stande der Unschuld wäre der Mensch nicht untätig gewesen"; aber „die Arbeit, nach welcher er damals wie nach einem Genusse freiwillig verlangt hätte, sie wurde ihm nach dem Sündenfalle als eine notwendige Buße auferlegt, deren Last er spüren muß". Wer dem Volk ein Leben „in satter Ruhe und stetem Genuß vorspiegelt, vermehrt die Qual des Volkes und treibt es in einen Trug, der nur noch größere Übel als die gegenwärtigen entfesseln wird" (RN 14).

6. *Die Arbeit als Sühne.* Die christliche Lehre von der Arbeit als Buße spricht keinen Fluch über die Arbeit aus. Ein Fluch ist es gewesen, wenn die Zwangsarbeit der Sklaverei und der Konzentrationslager die Menschen geschändet und geknechtet hat. Aber diese Mißstände hatten Menschen, nicht Gott zum Urheber. Es ist mißverständlich, aus dem dritten Kapitel der Genesis einen Fluch über die Arbeit herauszulesen, „in so hohem Grade mißverständlich", daß man „diese Redeweise meiden sollte"[10]; denn

---

[9] *W. I. Lenin,* Ausgewählte Werke. II. Moskau 1947, 667.
[10] *O. v. Nell-Breuning,* Zur Sozialen Frage. Freiburg i. B. 1949 (Wörterbuch der Politik III), 121.

der Fluch traf nicht die menschliche Arbeit, sondern den Erdboden. Die Mühsal der Arbeit ist nicht Fluch, sondern Sühne. Wer die Beschwernisse christlich trägt, darf das Pauluswort nachsprechen: „Ich freue mich der Leiden, die ich für euch erdulde, und ergänze an meinem Fleische, was von Christi Leiden noch aussteht, zugunsten seines Leibes, der Kirche" (Kol 1,24).

Papst Johannes Paul II. rückt „Schweiß und Mühsal, welche die Arbeit in der gegenwärtigen Heilssituation der Menschheit notwendigerweise mit sich bringt", in das Licht des Passahgeheimnisses: „Indem der Mensch die Mühsal der Arbeit in Einheit mit dem für uns gekreuzigten Herrn erträgt, wirkt er mit dem Gottessohn an der Erlösung der Menschheit auf seine Weise mit." Die Arbeit hat nämlich ihren Platz „nicht nur im irdischen Fortschritt, sondern auch bei der Entfaltung des Reiches Gottes" (LE 27).

7. Die Arbeit als Verherrlichung Gottes und Vorbereitung der einstigen „Freiheit der Kinder Gottes". Die Arbeit ist Gottes Auftrag und Teilnahme an seinem Schöpfungswerk. Zugleich ist sie heilsbezogen; denn mit dem Menschen ist auch seine Arbeit erlöst. Indem der Mensch die durch seine Sünde „der Vergänglichkeit unterworfene" Welt gestaltet, setzt er ein Zeichen des Kommenden. Er hört das Seufzen der Kreatur, die mit ihm leidet, weiß aber auch, daß die Schöpfung bei der Wiederkunft des Herrn „von der Knechtschaft der Vernichtung zur herrlichen Freiheit der Kinder Gottes befreit wird" (Röm 8,21). Wer in dieser Gesinnung arbeitet, verherrlicht den Herrn, mag seine Arbeit noch so schwer sein. Die Härte und Unerbittlichkeit der gesellschaftlichen und wirtschaftlichen Verhältnisse bringen es mit sich, daß nicht jeder einen Beruf finden wird, der seinen Neigungen und Fähigkeiten allseits entspricht. Nicht wenige werden mit einem sogenannten Zwangsberuf vorliebnehmen müssen. Für den Christen jedoch, der an Gottes liebevolle Vorsehung glaubt, ist jeder Beruf ein Ruf Gottes, mag er bedeutsam oder untergeordnet sein, mag er unseren Neigungen entsprechen oder wie ein Kreuz auf uns liegen. Gott ruft den Menschen nicht nur durch das, was er ihm *gibt* (Anlagen, Tauglichkeiten, Fähigkeiten, Neigungen), sondern auch durch das, was er ihm *schickt* (Krankheit, Kriegsfolgen, widrige wirtschaftliche und soziale Verhältnisse usw.). „Was immer ihr tut in Wort oder Werk, tut alles im Namen des Herrn Jesus, und saget durch ihn Gott dem Vater Dank" (Kol 3,17).

§ 3 Arbeit und Muße

1. *Die Problematik der Freizeit.* Die industrielle Entwicklung hat die Menschen nicht nur immer reichlicher mit Gütern und Diensten versorgt, sondern zugleich die Arbeitszeit ständig verkürzt, so daß man vom „kommenden Zeitalter der Freizeit" zu sprechen pflegt. Sowohl die tägliche oder wöchentliche Arbeitszeit als auch die Dauer des Gesamtarbeitslebens sind kürzer geworden. Dennoch ist die Freizeit nicht unproblematisch.

a) Vor das Dilemma „*Mehr Freizeit oder mehr Konsum?*" gestellt, werden viele beides zugleich wünschen. Die Produktivitätssteigerung der modernen Wirtschaft ermöglicht es in der Tat, daß beides in einem gewissen Ausmaß zugleich erreicht werden kann. Andere werden sich entschließen, auf die Freizeitmehrung zu verzichten, um auf diese Weise den Lebensstandard noch mehr, nämlich überproportional steigern zu können, – eine bedenkliche Einstellung, die der Überbewertung des Lebensstandards entspringt. Selten in der Geschichte ist so viel und so verbissen gearbeitet worden wie im Zeitalter des Industrialismus, eine Haltung, die in anderen Epochen als Verrücktheit gegolten hätte. Im vorindustriellen Abendland hat es jahrhundertelang außer den Sonntagen rund fünfzig Feiertage gegeben, so daß, da durchschnittlich in fast jede Woche ein Feiertag fiel, die „Fünf-Tage-Woche" verwirklicht war, bekanntlich einer der schwersten Vorwürfe, die im arbeitsbesessenen 19. Jahrhundert gegen die Kirche erhoben worden sind, wobei noch anzufügen ist, daß der religiöse Charakter der Feiertage die Menschen anleitete, ihre Muße sinnvoll zu verwenden. Heute versperrt die Überbetonung des Lebensstandards vielen Menschen den Zugang zu einer sinnerfüllten Freizeit. Die weitverbreitete Bereitschaft, Mehrarbeit und Sonntagsarbeit zu leisten, weist in dieselbe Richtung. Nicht wenige suchen den Schwerpunkt ihres

Lebens in eine stets zu mehrende und unter dem Zeichen des Zeitvertreibs stehende Freizeit zu verlegen, führen jedoch zugleich Klage darüber, daß der Vergnügungsrummel auf die Dauer nicht zur Freude, sondern zum Ekel werde – gemäß dem zynischen und erschütternden Wort Charles Baudelaires: „Man muß arbeiten, wenn schon nicht aus Geschmack daran, so aus Verzweiflung. Denn, alles auf eine letzte Wahrheit gebracht: die Arbeit ist weniger langweilig als das Vergnügen."[11] Ethos der Arbeit und Ethos der Freizeit bedingen einander.

b) Problematisch ist ferner der wachsende Einfluß der sogenannten „*Freizeitmächte*", zu denen vor allem die Vergnügungsindustrie und die „Kultur-Konsumindustrie" gehören. Ihre Vertreter weisen darauf hin, daß sie vom Geschmack und Willen des neuen Mäzens „Masse" abhängig seien und daß sie – schon aus Gründen der Rentabilität – beim Massengeschmack „ankommen" müßten. Der Kinobesucher z. B. wolle kein hohes Kunstwerk sehen, sondern vom Alltag in den Traum, in die Magie der weißen Wand fliehen, wo er lachen und weinen, lieben und hassen und zugleich seine Schaulust befriedigen könne. Das Freizeitmilieu ist zu einem bedeutsamen neuen Absatzmarkt geworden. Nicht wenige sind für die Suggestivmethoden der modernen Freizeitmächte anfällig, so daß die innere Freiheit der Freizeit bedroht ist. Wenn es auch falsch ist, das am meisten im Straßenbild Auffallende zu verallgemeinern und als die Lebensform der Gesamtheit hinzustellen, ist die Freizeit doch zu einem wichtigen Sozialproblem der entwickelten Industriegesellschaft geworden.

2. *Freizeit als Aufgabe.* Wenn auch alle Zeit des Menschen, seine Arbeitszeit und seine Freizeit, unter dem Zeichen der Freiheit stehen muß, ist doch die Muße in besonderer Weise auf die Freiheit bezogen. In der Muße liegt nämlich eine doppelte Freiheit: Zunächst die Freiheit von der Arbeit im engeren Sinn. Der Mensch braucht die Pause, den Feierabend, den Sonntag, die Fe-

---

[11] Baudelaires intime Tagebücher, Bildnisse und Zeichnungen. München 1920, 42.

rien, den Urlaub. Dazu kommt ein Zweites: Das Ausruhen soll dem Menschen die Spannkraft geben, die übrige freie Zeit zu lebenerhöhender Muße, d. h. zur Muße im eigentlichen Sinn, zu gebrauchen. Für die meisten Menschen ist die Erwerbsarbeit nicht schöpferische Tat und ungetrübte Freude, sondern viel Plage und Beschwernis. Gerade diesen Menschen soll die Muße die Freiheit schenken, *alle* ihre Persönlichkeitswerte zu entfalten, auch jene, die im Berufsleben mehr oder weniger brach liegen. Der Mensch ist mehr als Arbeit, Gelderwerb und Konsum. Zum Menschen gehört auch die gelöste Freiheit, das Fest und die Feier, das Spiel und der Sport. Das Spiel ist schöpferische Daseinsfreude. Im Spiel vermag der Mensch sich selber zu finden.

In welcher Fülle die Muße den Menschen zu bereichern vermag, wird offenbar, wenn wir sie in die vier Beziehungsbereiche des Menschen stellen: in seine Inwelt, Umwelt, Mitwelt und Überwelt.

a) Die Muße soll dem Menschen die Zeit schenken, *innerlich reich zu werden.* Dazu bedarf der Mensch freilich der Stille und Sammlung. Leider halten es viele Menschen nicht mehr aus, bei sich selbst zu sein; sie fliehen in die Betäubung, in den Lärm, in den Vergnügungsrummel. Hier kann die Muße heilend wirken, indem sie dem Menschen dazu verhilft, zu sich selber zurückzufinden, etwa durch die Beschäftigung mit weltanschaulichen Fragen, mit Dichtung, Kunst, Musik. Geistiges Tätigsein kennt keine Arbeitslosigkeit.

b) Des weiteren sollte der Mensch seine freie Zeit zum *Erlebnis der Umwelt* verwenden. Das Verhältnis vieler Menschen zur Natur ist leer, flach und oberflächlich geworden. Trotz aller naturwissenschaftlichen Fortschritte bleiben die Geheimnisse der Natur vielen verschlossen. Die Mußestunden geben dem Menschen die Möglichkeit, die Umwelt der Natur schauend und schöpferisch zu erleben. *Schauend:* Wandern und Reisen vermögen den freien Tagen reichen Gewinn zu schenken. Nur darf es nicht jenes Durchdas-Land-Rasen mancher Ausflüge sein, die im Grunde nur die Fortsetzung des maschinellen Arbeitsstiles der Fabriken in der Freizeit sind. Es gilt vielmehr, Auge und Herz für die Schönheit der Natur zu öffnen und den geschichtlichen Reichtum der Landschaft zu erschließen. In den Mußestunden kann der Mensch ferner die Umwelt *schöpferisch* zu gestalten versuchen (Basteln, Gartenarbeit, Schreinern usw.). Es verschlägt wenig, wenn der Mensch darin Dilettant bleibt; denn Dilettant ist vom italienischen dilettare (liebhaben) abgeleitet, und solche Liebhabereien schenken Freude und heben das Selbstgefühl.

c) In den Mußestunden soll der Mensch sich seiner *Mitwelt*, vor allem seiner Familie widmen. Das Erlebnis der Muße muß, soweit nur möglich, in die Familie gebettet werden, vor allem heute, da Arbeitsstätte und Heim meistens getrennt sind. Der Vater hat nicht nur seinen Erwerbsberuf, sondern auch seinen väterlichen Beruf in der Familie zu erfüllen. Schon aus diesem Grunde braucht der moderne Mensch mehr freie Zeit als etwa der Bauersmann des 18. Jahrhunderts, bei dem die Identität von Heim und Arbeit noch gegeben war, so daß er seine Kinder bei der gemeinsamen Arbeit erziehen konnte. Von der Familie aus wird der Mensch seine Muße auch in weiteren Kreisen seiner Mitwelt sinnvoll erleben können, vor allem in der Verwandtschaft, in der Nachbarschaft und im Kreise Gleichgesinnter.

Einen breiten Raum nimmt hier auch der *Sport* ein. Beim Sport erleben viele Gemeinschaft und Kameradschaft. Sie lernen, sich einzuordnen und zusammenzuspielen, bescheiden im Sieg und gefaßt beim Mißerfolg zu sein. Der Sport kennt keine Schranken zwischen arm und reich, hoch und niedrig. Er überwindet das Gegeneinander der Klassen und Staaten. Deshalb darf er nicht zwischen die politischen Machtblöcke geraten.

d) Es wäre freilich ein eitles Unterfangen, der Muße von der bloßen Humanitätsidee aus Inhalt und Sinn geben zu wollen. Ohne die Verankerung im *Religiösen* ist echte Persönlichkeitsentfaltung und wahre Geisteskultur nicht möglich. So findet denn die Muße ihre schönste Erfüllung in der Verherrlichung Gottes durch den Menschen. Die Religionsgeschichte lehrt, daß die Arbeitsruhe ursprünglich religiösen Charakters gewesen ist. Die Menschen haben zu allen Zeiten aus dem *Raum*, in dem sie lebten, einen heiligen Bezirk – als Tempel oder Gotteshaus – ausgesondert, damit vom Hause Gottes Segen über die Wohnungen, Felder und Werkstätten fließe. In ähnlicher Weise haben die Menschen auch aus der ihnen geschenkten *Zeit* bestimmte Tage herausgenommen und Gott gleichsam zurückgegeben, indem sie an diesen Kulttagen Gott ehrten und um seinen Segen für die übrige Zeit mit ihrer Arbeit und Plage baten. Im alten Babylon wurde der 7., 14. und 21. Tag des Mondmonats kultisch gefeiert. Die Römer kannten 132 heilige Tage.

Sowohl im Alten Bund als auch im neuen Gottesvolk wird der Rhythmus der Woche durch den *Tag des Herrn* bestimmt. Die werktägliche Arbeit, das Familienleben und das Leben in der Gesellschaft überhaupt erhalten vom Tag des Herrn gleichsam ihren ordnenden Pulsschlag. Die sonntägliche Arbeitsruhe rückt die werktägliche Arbeit in die vertikale Richtung und stellt sie vor das Angesicht Gottes. Erst von der Ruhe und Stille vor Gott empfängt die Arbeit ihre letzte Deutung. „Ora et labora" bedeutet: Arbeite aus der betenden Stille vor Gott.

Aus diesen Erwägungen folgt, daß im Rhythmus der Woche ein bestimmter Tag als arbeitsfreier Tag für die Gesamtgesellschaft festgelegt werden muß. Ausdruck individualistischen Denkens wäre es, wollte man es dem einzelnen anheimstellen, sich irgendeinen Tag der Woche als seinen privaten Mußetag auszuwählen. Ohne den Sonntag ist die gemeinsame Gottesverehrung mit dem feierlichen Gottesdienst und der Verkündigung des Wortes Gottes an die Gemeinde nicht möglich. Auch für das Familienleben, für die Pflege der Beziehungen zu Verwandten und Freunden sowie für die Teilnahme am kulturellen Leben des Volkes ist der gemeinsame freie Sonntag unentbehrlich.

Beherrschende Mitte des christlichen Sonntags ist das eucharistische Opfer. Von Kreuz und Altar fließt die Gnade Christi in unser Leben und in die Welt. Kreuz und Altar sind Unterpfand der Auferstehung und des ewigen Lebens; von hier aus empfängt der Sonntag seinen eschatologischen Charakter.[12]

---

[12] Vgl. *J. Höffner*, Der Tag des Herrn. Köln 1974 (Sonderdrucke 19).

Die sonntägliche Arbeitsruhe ist nicht Selbstzweck, sondern auf höhere Werte dienend hingeordnet. Die beiden sonntäglichen Gebote der Mitfeier des heiligen Opfers und der Arbeitsruhe stehen mithin nicht gleichrangig nebeneinander. Als kultische Ruhe soll die Arbeitsruhe vielmehr die rechte Atmosphäre für die kultische Gottesverehrung schaffen. So wird es verständlich, daß die ersten staatlichen und kirchlichen Gesetze, die bald nach dem Ende der Christenverfolgung zum Schutz des Sonntags erlassen worden sind, mit besonderem Nachdruck die spektakulösen, lärmenden und öffentlich störenden Veranstaltungen verboten haben: Zirkusspiele, Tierkämpfe und lärmende Märkte. Außerdem ist das „opus servile", die sogenannte „knechtliche Arbeit", am Sonntag verboten. Man hat darauf hingewiesen, daß der aus der alttestamentlichen Festtags- (nicht Sabbat-)gesetzgebung stammende Ausdruck „knechtliche Arbeit" heute mißverständlich und schwer deutbar sei. Gemeint ist die mühevolle Berufsarbeit des Alltags, wie sie sich in Fabrik, Geschäft, Büro und Verwaltung abspielt. Dabei ist freilich zu beachten, daß im Sinne der Freiheit der Kinder Gottes dem christlichen Sonntagsgebot jeder Formalismus und Rigorismus fernliegt, was sich heute in besonderer Weise bei der Beurteilung der sogenannten „Kontrasterholung" auswirken dürfte. Früher war man hier wohl zu streng. Heute wird mit Recht erklärt, daß z. B. eine leichtere „Gartenarbeit am Sonntag (nach erfüllter Meßpflicht) einem Beamten oder Grubenarbeiter als Kontrasterholung ... erlaubt sei, nicht aber einem Berufsgärtner", sofern es ohne Ärgernis geschehen kann.[13] Zu allen Zeiten galten gewisse *Befreiungen* vom Sonntagsruhegebot, die sich meistens gewohnheitsrechtlich herausgebildet hatten. Es versteht sich, daß diese Ausnahmen heute andere sind als im Mittelalter. Die moderne Wirtschaft ist ein komplizierter technischer und organisatorischer Apparat, den man nicht – ohne schwere Schäden – am Sonntag völlig stillstehen lassen kann. Neue Befreiungen sind hinzugekommen. Vielleicht können aber auch überlieferte Befreiungen wegfallen, z. B. die Öffnung der Geschäfte am Sonntag, die

---

[13] *F. Pettirsch,* Das Verbot der opera servilia in der Heiligen Schrift und in der altkirchlichen Exegese, in: ZKTh 69 (1947) 257–327, 417–444.

auf dem Lande vielfach üblich war, weil der Weg zum Kirchdorf viel Zeit beanspruchte, heute jedoch mit Auto oder Fahrrad in kurzer Zeit zu bewältigen ist.

Heute sind fünf Arten von Befreiungen von Bedeutung: Nicht unter das Sonntagsruhegebot fallen die üblichen Haus- und Stallarbeiten, womit ein Befreiungsgrund genannt ist, der im vorindustriellen Zeitalter wohl der wichtigste gewesen sein dürfte. Die Sonntagsarbeit ist zweitens erlaubt, wenn ein bestehender Notstand (Feuersbrunst, Überschwemmung, Straßenunfall usw.) behoben werden muß. Drittens darf zur Verhütung eines sonst eintretenden Notstandes sonntags gearbeitet werden, z. B. in lebenswichtigen Versorgungsbetrieben, wo der Verzicht auf die Sonntagsruhe von der Liebe zum Nächsten geboten sein kann, den der Ausfall von Wasser, Gas und Strom in Not bringen würde. Der einzelne darf viertens im Einzelfall zur Abwendung eines schweren materiellen Schadens (Erntearbeit bei dauernd ungünstigem Wetter) sonntags arbeiten. Gestattet ist die Sonntagsarbeit fünftens, wenn sie in eindeutiger Weise durch die technischen Notwendigkeiten des Produktionsprozesses bedingt ist, – wenn z. B. durch die sonntägliche Unterbrechung der Arbeit die im Herstellungsprozeß befindlichen Stoffe verderben würden. Jedoch liegt kein ausreichender Grund zur Sonntagsarbeit vor, wenn ein höheres Einkommen oder eine bessere Ausnutzung des investierten Kapitals als Grund angegeben wird. Aus dieser Sicht sind die Bestrebungen zur Einführung der sogenannten „gleitenden Arbeitswoche" zu beurteilen. Durch die gleitende Arbeitswoche würde der Sonntag für die davon Betroffenen seinen den Rhythmus des Arbeits-, Familien- und Gesellschaftslebens bestimmenden Charakter verlieren und zum regelmäßigen, dem Werktag gleichgestellten Arbeitstag werden, was in verhängnisvoller Weise jener Tendenz entgegenkäme, die den Tag des Herrn durch irgendeine „Freizeit" verdrängen möchte.

Die Arbeits- und Berufsverhältnisse in der industriellen Gesellschaft und die christliche Ethik

§ 1 Die Eigenart der modernen Arbeits- und Berufswelt

1. Als Kolumbus 1492 Amerika entdeckte, traf er auf den Großen Antillen ein sorglos im üppig-tropischen Klima lebendes Völkchen an, das nicht einmal ein Wort für „arbeiten" kannte. Erst als die Indianer von den Spaniern in die Plantagen gezwungen wurden, bildeten sie den Begriff „arbeiten", indem sie die Silbe „fast" vor das Wort „sterben" setzten. Den Menschen des industriellen Zeitalters ist diese Haltung unbegreiflich, da es heute für jeden, auch für das heranwachsende Mädchen, selbstverständlich ist, einen Erwerbsberuf zu ergreifen. Die berufliche Stellung bestimmt nicht nur die soziale Geltung eines Menschen, sondern im allgemeinen auch die Höhe seines Einkommens. Lebenserfolg und Berufserfolg sind fast identisch. Dem ist so, obwohl die Berufsarbeit infolge der Arbeitszeitverkürzung nur noch etwa den vierten Teil der Zeit des Menschen beansprucht, und obwohl viele kein inneres Verhältnis zu ihrem Beruf haben, sondern ihre Tätigkeit je nach Gelegenheit und Lohnangebot zu wechseln pflegen. [...]

2. Die nüchterne Selbstverständlichkeit, mit der die modernen Menschen Arbeit und Beruf betrachten, darf nicht darüber hinwegtäuschen, daß die Arbeits- und Berufswelt des industriellen Zeitalters von *starken Spannungen* erfüllt ist, wofür sich drei Gründe anführen lassen.

a) In der fortgeschrittenen Industriegesellschaft üben mehr als 80 Prozent der Erwerbstätigen in abhängiger Stellung – als Lohn- und Gehaltsempfänger – ihren Beruf aus. Die Enzyklika „Quadragesimo anno" nennt dieses System die „kapitalistische Wirtschaftsweise", d. h. es seien „im allgemeinen andere ..., die die Produktionsmittel, und andere, die die Arbeit zum gemeinsamen Wirtschaftsvollzuge beisteuern" (QA 100). Wenn auch das *Lohnsystem* den Menschen nicht total erfaßt und seine Gewissensfreiheit, seine politische Freiheit, seine wirtschaftliche Freiheit, d. h. die freie Wahl des Berufes und des Arbeitsplatzes sowie die freie Einkommensverwendung, nicht antastet, drohen hier doch, wie die Erfahrung lehrt, gewisse Krisen. Wird den Arbeitnehmer nicht das Mißtrauen befallen, daß der gezahlte Lohn seiner Leistung nicht entspreche? Wird die Wirtschaft nicht immer wieder von schweren Lohnkämpfen erschüttert werden? Kann das Lohnsystem vor dem christlichen Gewissen bestehen? Es ist bemerkenswert, daß die christliche Sozialbewegung diese Fragen seit mehr als hundert Jahren gestellt hat. Der Arbeiter, so erklärte z. B. Bischof Ketteler (1811–1877), setze „sein Fleisch und Blut" ein und verarbeite „täglich gleichsam ein Stück seines Lebens"; da sei es billig, ihn zum „Teilhaber" und „Miteigentümer" zu machen und auf diese Weise das Lohnsystem zu überwinden.[1] Auch Baron von Vogelsang (1818–1890) trat dafür ein, den Arbeitern „eine ganze Skala von Anteilsrechten" zu übertragen, so daß man schließlich „kaum unterscheiden könne, wer Eigentümer des Etablissements sei, ob der Unternehmer oder der Arbeiter".[2] In Frankreich rechnete der Dominikaner Antonin Gilbert Sertillanges noch 1945 das Lohnverhältnis – freilich in weitem Abstand – „zum System der Leibeigenschaft und Sklaverei"; denn, was sie gemeinsam haben, ist, daß man in allen Fällen „seinen Mann mehr oder weniger kauft", im Lohnsystem „zwar mit seiner mehr oder weniger freien Zustimmung ..., aber ohne jede Teilnahme an der Leitung und dem Gewinn".[3] Bekannt ist Marxens These von der „Selbstentfremdung" des Arbeiters: „Der Arbeiter fühlt sich daher erst außer der Arbeit bei sich und in der Arbeit außer sich. Zu Hause ist er, wenn er nicht arbeitet, und wenn er arbeitet, ist er nicht zu Hause. Seine Arbeit ist daher nicht freiwillig, sondern

---

[1] Kettelers Schriften. Hg. v. J. Mumbauer. III. 1911, 56 ff. – Vgl. *J. Höffner,* Die deutschen Katholiken und die soziale Frage im 19. Jahrhundert, in: *ders.,* Gesellschaftspolitik aus christlicher Weltverantwortung. Münster 1966, 159–182.

[2] *W. v. Klopp,* Die sozialen Lehren des Frh. v. Vogelsang. St. Pölten 1894, 463, 469.

[3] In: Economie et Humanisme, Sept.–Okt. 1945, deutsch in: Dokumente Heft 10 (1946) Nr. 54.

gezwungen, Zwangsarbeit … Ihre Fremdheit tritt darin hervor, daß, sobald kein physischer oder sonstiger Zwang existiert, die Arbeit als eine Pest geflohen wird … Sie gehört einem anderen, sie ist der Verlust seiner selbst" (Marx, 1845)[4].

b) Den Arbeitsablauf des modernen Betriebes bestimmen vielartige, rationell aufeinander abgestimmte Kraft- und Werkzeugmaschinen. Die Häufung dieser Maschinen und der aufs äußerste rationalisierte Produktionsprozeß führen einerseits zu weitgehender Zerstückelung der menschlichen Arbeitsleistung in Einzelhandgriffe, andererseits zur Zusammenfassung und Einordnung dieser Einzelhandlungen in den einheitlichen Herstellungsablauf. Gegen diese *Technisierung der Arbeit* werden schwere Bedenken erhoben. Der Mensch gelte im unpersönlichen Rahmen der technischen Apparatur nur als Funktion und Produktionsfaktor. Man suche ihn durch Drill und Disziplin „betriebshart" zu machen, um möglichst viel aus ihm herauszuholen. Die Technisierung habe den Menschen zu geistloser, eintöniger, nervenzehrender, mechanischer Arbeit verdammt und in den automatischen Zwangstakt des Fließbandes eingeschaltet. Das Handwerk sei durch den Handgriff ersetzt worden, der die Sinne so sehr ermüde, daß sie am Abend nur noch auf grobe Reize reagierten. Friedrich Georg Jünger nennt die Technik „dämonischen und titanischen Charakters", da sie das Gesetz der starren Mechanik auf den Menschen übertragen und damit zur „Verödung des Geistes" und zum „Stumpfsinn des Arbeits- und Erwerbslebens" geführt habe.[5] Ähnlich Hans Sedlmayr: Die Technik habe den Schwerpunkt menschlicher Arbeit „in das enorme Reich des Anorganischen" verlagert und damit den Menschen selber „anorganisch und amorph" gemacht, zum Diener seines Geschöpfes, der Maschine, „die aber selbst wieder nur als Schöpfung eines mit allen Fasern dem Anorganischen zugewandten Geistes zu verstehen sei".[6] Constantin Virgil Gheorghiu hat die Vorwürfe gegen die Technik in der An-

---

[4] K. Marx, Die Frühschriften. Stuttgart 1953, 289.
[5] F. G. Jünger, Die Perfektion der Technik. Frankfurt a. M. ²1949, 19, 23, 122.
[6] Verlust der Mitte. Salzburg 1948, 139 ff.

klage gipfeln lassen, daß der moderne Mensch zum Sklaven seiner technischen Sklaven geworden sei: „Jeder Patron lernt etwas aus der Sprache und Art seiner Dienerschaft ... Wir lernen Gesetz und Sprache unserer Sklaven – also unserer technischen Hörigen –, um ihnen befehlen zu können ... Wir entmenschlichen uns, indem wir uns die Lebensform der technischen Sklaven zu eigen machen ... Der Zusammenstoß zweier Wirklichkeiten – Technik und Menschentum – hat stattgefunden. Die technischen Sklaven sind die kommenden Sieger ... Ich glaube, wir sind in die finsterste Epoche unserer Geschichte eingetreten."[7] Des weiteren wird der technisch-industriellen Entwicklung vorgeworfen, sie habe durch Raubbau, Vergeudung und Verschmutzung die Biosphäre verdorben und damit die physischen Grundlagen des Lebens auf der Erde schwer geschädigt. Der technische Fortschritt um jeden Preis habe die Zukunft der Gegenwart geopfert. Besonders die Entwicklungsländer sind empört darüber, daß sie nach Erringung ihrer Unabhängigkeit eine Umwelt vorfinden, die durch Verpestung der Meere, der Ströme und der Luft kaum noch wiedergutzumachende Schäden erlitten habe.

Geradezu katastrophal wird sich eine hemmungslose Entwicklung im Bereich der *Kernenergie* auswirken, wobei nicht nur an einen Atomkrieg, sondern auch an die Gefahren zu denken ist, die mit der Errichtung von Kernkraftwerken zur Energieversorgung verbunden sind. Man nimmt z. B. an, daß die „Entsorgung" des Atommülls 20 000 Jahre dauern wird. Papst Pius XII. hat immer wieder vor den „unermeßlichen unmittelbaren Schäden" und vor den „biologischen Folgen, vor allem erbmäßiger Art" gewarnt.[8] [...]

c) Der mechanisierte Herstellungsablauf kann nur beim feinsten Zusammenspiel aller Beteiligten funktionieren. Daraus folgt, daß der moderne Betrieb (ähnliches gilt von Büro, Geschäft und Verwaltung) aus innerem Sachzwang eine *herrschaftliche Grundstruktur* – mit funktionaler Autorität der Betriebshierarchie und entspre-

---

[7] 25 Uhr. Stuttgart ³1951, 62 ff.
[8] Vgl. die Ansprachen Pius' XII. vom 21.2.1943, 8.2.1948, 10.4.1955, 24.4.1955, 1.4.1956, 14.4.1957 (UG 6408).

chender Unterordnung der Arbeitnehmer – haben muß. Arnold Gehlen meint zwar, „daß eine solche Hierarchie praktisch auf keine Ressentiments bei den Untergeordneten stößt", da es allen einsichtig sei, „daß ein Betrieb ohne solche aufgestufte Lenkungsstellen nicht funktioniert". Dennoch liegen hier beträchtliche Konfliktstoffe, da keineswegs alle Vorgesetzten den an sie gestellten Anforderungen gewachsen sind. Vor allem den unteren Instanzen der Betriebshierarchie wird nicht selten vorgeworfen, sie übten in schikanöser und zudringlicher Weise ihre Macht aus.

§ 2 Folgerungen aus der Sicht der christlichen Arbeits- und Berufsethik

Zu den drei eben genannten Spannungen und Konfliktstoffen, die in der Eigenart der modernen Arbeits- und Berufswelt begründet sind, ist aus der Sicht der christlichen Soziallehre folgendes zu bemerken:

1. Nach christlichem Verständnis kann *das Lohnsystem* nicht als unsittlich und der Menschenwürde widersprechend bezeichnet werden. Die Behauptung, der Lohnvertrag sei „in sich ungerecht", ist nach „Quadragesimo anno" nicht nur „völlig unhaltbar", sondern zugleich „schwer ehrenrührig" für Leo XIII., der in der Enzyklika „Rerum novarum" den Lohnvertrag „nicht nur gelten läßt, sondern sich eingehend mit seiner gerechten Ausgestaltung befaßt" (QA 64; [vgl.] RN 34). „Man bliebe ... nicht bei der Wahrheit", erklärte Pius XII. [...], „wenn man behaupten wollte, daß jede private Unternehmung ihrer Natur nach eine Gesellschaft sei".[9] „Unbestreitbar" sei der Lohnarbeiter „in gleicher Weise wie der Arbeitgeber Subjekt und nicht Objekt" der Volkswirtschaft; der Lohnvertrag enthalte nichts, „was dieser grundlegenden Gleichheit widersprechen würde".[10] Im Lohnvertrag stellt der Mensch seine Arbeitskraft gegen gerechtes Entgelt zur Verfügung, was

---

[9] *Pius XII.*, 7.5.1949 (UG 3348).
[10] *Pius XII.*, 3.6.1950 (UG 3266).

kein Widerspruch zum christlichen Menschenbild ist. Leo XIII. wies allerdings die damals (1891) weitverbreitete Auffassung zurück, daß der Arbeitgeber seinen „Verpflichtungen" nachgekommen sei, wenn er den „vereinbarten Lohn" zahle. Über jeder Lohnvereinbarung stehe das natürliche Gesetz, daß der Lohn „ein vernünftiges Maß von Lebensbedürfnissen des Arbeiters" decken müsse. Wenn ein Arbeiter – von der Not getrieben – einem Hungerlohn zustimme, weiche er nur der Gewalt, und das Ganze sei nichts weiter als eine „schreiende Ungerechtigkeit" (RN 34). Auch Johannes Paul II. erklärt, daß das Lohnsystem mit der Menschenwürde des Arbeitnehmers vereinbar sei, wenn man die Produktionsmittel „nicht gegen die Arbeit" und „nicht um des Besitzes willen" besitzt (LE 14).

Zur Wahrung ihrer Rechte werden die Arbeitnehmer sich solidarisch zusammenschließen und, wie das Zweite Vatikanum darlegt, „in voller Freiheit" Organisationen (Gewerkschaften) gründen, „die sie echt vertreten und imstande sind, zur rechten Gestaltung des Wirtschaftslebens einen wirksamen Beitrag zu leisten", womit eines „der grundlegenden Rechte der menschlichen Person" genannt ist. Als „letzter Behelf", die „Rechte der Arbeiter zu verteidigen oder berechtigte Forderungen durchzusetzen", wird auch „unter den heutigen Verhältnissen" der Streik unentbehrlich bleiben, wenn auch „so schnell als möglich" Wege „zur Wiederaufnahme von Verhandlungen und gemeinsamen Überlegungen über eine Verständigung" gesucht werden müssen (GS 68). Aufgabe der Gewerkschaften, so sagt Papst Johannes Paul II., ist es, sich für das Wohl der Mitglieder einzusetzen, was jedoch „kein Kampf gegen andere", kein „Gruppen- oder Klassenegoismus" sein darf. Auch sollten die Gewerkschaften weder selbst zu politischen Parteien werden noch „in zu enger Verbindung mit ihnen stehen", weil sie sonst „leicht den Kontakt mit ihrem eigentlichen Auftrag, der Sicherung der berechtigten Ansprüche der Arbeitnehmer im Rahmen des Gemeinwohls des ganzen Landes", verlieren (LE 20). In harten und langwierigen Auseinandersetzungen hat die Arbeitnehmerschaft ihre Stellung in Wirtschaft und Gesellschaft auszubauen und zu sichern vermocht.

Es läßt sich nicht leugnen, daß trotz dieser Erfolge ein gewisses Unbehagen dem Lohnverhältnis gegenüber in der katholischen Soziallehre und Sozialbewegung geblieben ist.

Wenn auch keine „innere Notwendigkeit" besteht, den Lohnvertrag in einen Gesellschaftsvertrag umzubilden, sind doch alle Maßnahmen zu begrüßen, die nach dieser Richtung hin „auf verschiedene Art und Weise" bisher schon ergriffen wurden zum beiderseitigen „Vorteil der Arbeiter und der Eigentümer".[11] Johannes XXIII. hat das von der christlichen Sozialbewegung seit mehr als hundert Jahren vertretene Anliegen der Wiedervereinigung von Kapital und Arbeit in der Enzyklika „Mater et Magistra" erneut aufgegriffen und verlangt, daß es den Arbeitern ermöglicht werde, „in geeigneter Weise in Mitbesitz an ihrem Unternehmen" (MM 77) hineinzuwachsen. Die wirtschaftlichen Verhältnisse vieler Länder gestatten „den Mittel- und Großbetrieben ein besonders schnelles Wachstum im Wege der Selbstfinanzierung". Wo dies zutreffe, „könnte den Arbeitern ein rechtmäßiger Anspruch an diese Unternehmen zuzuerkennen sein" (MM 75). – Die Annäherung des Lohnverhältnisses an das Gesellschaftsverhältnis wird es dem modernen Menschen leichter möglich machen, den christlichen Sinngehalt der Arbeit zu erleben und sich in Arbeit und Beruf persönlich zu entfalten.

Man hat gesagt, Papst Johannes Paul II. huldige in seiner Enzyklika „Laborem exercens" dem *Laborismus,* d. h. jenem System, in dem nicht das Kapital Arbeiter durch den Lohnvertrag einstellt, sondern umgekehrt die Arbeitnehmer das Unternehmen von den Eigentümern pachten und es in eigener Verantwortung leiten. Diese These wird der Enzyklika, die das Privateigentum an den Produktionsmitteln sowie Gewerkschaften und Arbeitgeberverbände voraussetzt, nicht gerecht. Im übrigen ist bis heute noch kein Weg gefunden worden, wie sich der Laborismus erfolgreich verwirklichen läßt.

2. Den sehr massiven Vorwürfen gegenüber, die gegen die *Technisierung des modernen Arbeitslebens erhoben* werden, weist die Christli-

---

[11] *Pius XII.,* 3.6.1950 (UG 3266).

che Soziallehre zunächst darauf hin, daß es unhaltbar ist, die Technik als solche dämonisch zu nennen. Im Befehl Gottes an die Menschen, sich die Erde untertan zu machen, ist vielmehr der Auftrag zur Technik miteinbeschlossen. Der Mensch darf und soll – mit der überlegenen Kraft seines Geistes – die verborgenen Gesetze der Natur erforschen und die Kräfte der Materie in seinen Dienst nehmen, also auch durch Technik und technische Zivilisation über die Erde und das Weltall, über die Gegenwart und die Zukunft (durch Wahrscheinlichkeitsrechnung und vorausschauende Planung) herrschen. Jede Eroberung im Reich der Materie ist ein Sieg des Geistes über den Stoff. Papst Johannes Paul II. nennt die Technik „eine Verbündete der menschlichen Arbeit". Er weist hin auf „Maschinen und Mechanismen", „Elektronik" und „Mikroprozessoren", „Miniaturisierung", „Informatik", „Telematik", warnt aber auch vor den Gefahren einer unkontrollierten technischen Entwicklung, die die Technik „in manchen Fällen aus einer Verbündeten fast in eine Gegnerin des Menschen" verwandle (LE 5).

In der modernen Wirtschaft sind Rationalisierung und technischer Fortschritt ohne Zweifel im Interesse der Konkurrenzfähigkeit – und damit auch im Interesse der Arbeitnehmer – erforderlich. Dabei darf jedoch nicht übersehen werden, daß die Betriebe, Büros und Verwaltungen Stätten sind, wo Menschen ihr Tagewerk verrichten. Der Mensch ist auch für die technische Rationalisierung „Gottes Augapfel" mit einer unantastbaren „fremden Würde", und nicht ein teurer und dazu noch störrischer Produktionsfaktor. Eine auf den Menschen Rücksicht nehmende Gestaltung der Arbeitsplätze wird sich deshalb mühen, den *Arbeitsraum,* die *Arbeitszeit* und die *Arbeitsdinge* (Maschinen, Geräte, Rohstoffe usw.) in geeigneter Weise an den Menschen anzupassen. Papst Paul VI. warnt: „Die Technokratie von morgen kann genau so schwere Fehler begehen wie der Liberalismus von gestern" (PP 34). Diese Mahnung gilt auch im Hinblick auf den Umweltschutz. Mit Recht nannte es deshalb die Römische Bischofsynode 1971 eine Anmaßung reicher Nationen, „die materiellen Güter so zu mehren, ... daß die physischen Grundlagen des Lebens in der

Welt zerstört werden".[12] Nach christlichem Verständnis soll sich der Mensch die Erde zwar untertan machen, aber mit Weisheit, Zucht und Maß und unter Wahrung der Rangordnung der Werte. Das technisch-industrielle Zeitalter hat den wirtschaftlichen Fortschritt rücksichtslos vorangetrieben und wie ein Krebsgeschwür wuchern lassen. Mit einer ganz anderen Einstellung haben die Orden der Benediktiner und Zisterzienser im Mittelalter das Land kultiviert. „Macht euch die Erde untertan" heißt: „Macht euch die Erde zu einem menschenwürdigen Lebensraum." Der Vorwurf, das Christentum habe die Menschen gelehrt, sich die Erde untertan zu machen und damit der modernen Technik, die zur Verpestung der Umwelt geführt habe, das Tor geöffnet, ist unhaltbar.

Der Mensch darf nicht alles, was er „machen" kann.[13] Das zeigt sich besonders im Bereich der Kernenergie. *Papst Pius XII.* hat die in Wissenschaft, Wirtschaft und Politik Verantwortlichen beschworen, „mit all ihrer Macht die Bemühungen (zu) unterstützen, die auf eine Nutzbarmachung dieser Energien auf eine für menschliche Bedürfnisse angepaßte Größenstufe hinzielen"[14]. Ohne den Mut zum Verzicht läßt sich dieses Ziel nicht erreichen.

In besonderer Weise sind bei der *Automation,* die sowohl im Produktionsprozeß als auch in den Büros und Verwaltungen an Bedeutung gewinnt, die Auswirkungen auf die arbeitenden Menschen zu beachten. Naturgemäß eignen sich für die Automation nur jene Arbeitsvorgänge, die in steter Gleichförmigkeit wiederholbar sind und durch Tabellen und Formeln erfaßt werden können. Man bedient sich dabei vor allem der elektronischen Steuerungen und Kontrollen, die selbsttätig sowohl die einzelnen Arbeitsvorgänge als auch Menge und Güte der Produktion überwachen. Auf diese Weise sind in manchen Industriewerken automa-

---

[12] Synoden-Dokument „Gerechtigkeit in der Welt", III, 5.

[13] Vgl. *J. Höffner,* Der technische Fortschritt und das Heil des Menschen, in: *ders.,* Gesellschaftspolitik aus christlicher Weltverantwortung, a. a. O., 139–158; *ders.,* Sittliche Probleme der Automation, ebd., 193–200. – *Ders.,* Mensch und Natur im technischen Zeitalter, in: Zukunft der Schöpfung – Zukunft der Menschheit. Hg. v. der Deutschen Bischofskonferenz. Bonn 1980.

[14] *Pius XII.,* 14.4.1957 (UG 6408).

tische Produktionsinseln entstanden, d.h. sich selbst steuernde, nicht mehr mit Menschen, sondern mit Apparaten besetzte und von Apparaten bediente Fließbänder. Gerade durch die Automation scheint sich ein Umschwung anzubahnen, wie man ihn noch vor wenigen Jahrzehnten nicht voraussehen konnte. Die Automation vermag nämlich gewisse Voraussetzungen zu schaffen, die es dem arbeitenden Menschen erleichtern, sich in der fortgeschrittenen industriellen Gesellschaft zu einem Arbeits- und Berufsethos emporzuringen. Durch die Automation wird die Arbeit beseelter, so daß man von ihrer „Requalifizierung" spricht, können doch die monotonen Handgriffe nunmehr von den Automaten selber vollzogen werden. Marxens Prophezeiung, daß die automatische Fabrik den Facharbeiter völlig beseitigen werde, hat sich als falsch erwiesen. Wir brauchen im Gegenteil Facharbeiter für die Herstellung der komplizierten Automaten, für die Einrichtung der Produktion, für den Vorrichtungsbau, für die Beaufsichtigung und Instandhaltung der Automaten und nicht zuletzt für ihre Reparatur. Die menschliche Arbeit wird mehr und mehr aus dem Bereich der Fertigung in den der Fertigungsvorbereitung und Kontrolle verlagert.

Dazu kommt, daß der moderne Mensch in den Maschinen und Apparaten nicht mehr – wie es vor hundert Jahren vielfach der Fall war – seinen Feind sieht. Er hat sich an das Umgehen mit der Technik von Kind an gewöhnt und tritt ihr mit einer gewissen Lässigkeit, was nicht Nachlässigkeit bedeutet, gegenüber. Die Technik kommt ihm weder unheimlich noch lästig vor, insbesondere wenn die Maschinen und Automaten in ihrer Art vollendet und wirklich modern sind.

Jedoch sollten die Verantwortlichen in Staat und Wirtschaft Entwicklungen im Bereich der Mikroelektronik beobachten und steuern, die, wie der „Club of Rome" in seinem Bericht [...] befürchtet, nicht nur zur Übernahme schmutziger und körperlich schwerer Arbeit durch die mikroelektronischen Apparate führen, sondern mit der Zeit mehr und mehr *jede* menschliche Tätigkeit verdrängen würden, so daß ein Zeitalter der „totalen" Freizeit und mithin eines unausgefüllten, langweiligen Lebens kommen werde.

165

3. In den Wirtschaftsunternehmen steht, wie das Zweite Vatikanische Konzil lehrt, nicht das investierte Kapital, sondern der Mensch im Vordergrund: „In den wirtschaftlichen Unternehmen stehen Personen miteinander in Verbund, d. h. freie, selbstverantwortliche, nach Gottes Bild geschaffene Menschen" (GS 68). Hier gilt der Grundsatz, daß „die Ordnung der Dinge ... der Ordnung der Personen dienstbar werden" muß „und nicht umgekehrt" (GS 26). Daraus folgt, daß „unbeschadet der erforderlichen einheitlichen Werkleitung die aktive Beteiligung aller an der Unternehmensgestaltung" gefördert werden muß, wobei die konkreten Formen der *Mitbestimmung* „in geeigneter Weise" umschrieben werden müssen (GS 68). Während die Enzyklika „Quadragesimo anno" das Mitbestimmungsrecht sehr vorsichtig andeutete (QA 65) und Pius XII. sich zurückhaltend verhielt,[15] haben sich die Konzilspäpste Johannes XXIII. (MM 91–92) und Paul VI.[16] sowie das Konzil selber eindeutig für das Mitbestimmungsrecht der Arbeitnehmer in den einzelnen Unternehmen und auf der überbetrieblichen Ebene ausgesprochen. Es fällt auf, daß im authentischen lateinischen Text für die „tätige Teilnahme" der Arbeitnehmer an der Mitverwaltung derselbe Ausdruck (actuosa participatio) gebraucht wird, der in der Liturgiekonstitution die „tätige Teilnahme" der Gläubigen am Gottesdienst bezeichnet.[17] Auch Papst Johannes Paul II. erklärt, daß eine auf dem Primat des Menschen vor dem Kapital beruhende Arbeitsordnung „schon in ihren Grundlagen" den „Gegensatz zwischen Arbeit und Kapital" überwinden muß. Der Papst nennt nicht nur den gerechten Lohn, sondern auch die Mitbestimmung, die Gewinnbeteiligung und das Miteigentum. Auf diese Weise werde sich der Arbeiter bewußt, „im eigenen Betrieb zu arbeiten" (LE 13–15).

Institutionelle und organisatorische Maßnahmen vermögen für sich allein ein Unternehmen nicht zu einem Verbund freier Menschen zu machen. Entscheidend ist vielmehr das persönliche Verhältnis zwischen den Leitern des Unternehmens und den Arbeit-

---

[15] Vgl. *Pius XII.,* 7.5.1949 und 3.6.1950.
[16] *Paul VI.,* Ansprache vom 8. Juni 1964, AAS 56 (1964) 574 ff.
[17] Konstitution über die heilige Liturgie „Sacrosanctum Concilium" 27.

nehmern. Die Bedeutung der richtigen Menschenführung kann im Arbeits- und Berufsleben der industriellen Gesellschaft kaum überschätzt werden. Menschenführung – als Führung von Menschen, die in irgendeiner Form Vorgesetzten unterstellt sind – und Erziehung – als Weckung und Entfaltung der wertvollen Anlagen des Menschen – sind keine Widersprüche, sondern einander zugeordnet. Beide dienen, richtig verstanden, der großen Aufgabe, den Menschen zu bilden, d. h. ihm zu helfen, die Gestalt seines Menschseins zu finden. Jede Menschenführung, die diesen Namen verdient, muß auf zwei geistigen Grundlagen beruhen: dem Bekenntnis zur Menschenwürde und zur Autorität.

a) In der *Menschenwürde* besitzt die Menschenführung ihr Leitbild, eine Erkenntnis, die erhebliche Konsequenzen nach sich zieht. Bekanntlich haben zunächst Erwägungen der Rentabilität und der Kostenersparnis dazu geführt, sich um die Menschen in den modernen Betrieben zu kümmern. Bezeichnend ist die Mahnung, die der englische Fabrikant und Sozialpolitiker Robert Owen in der ersten Hälfte des 19. Jahrhunderts den Unternehmern gegeben hat: „Die Erfahrung hat Ihnen sicherlich den Unterschied gezeigt, der zwischen einer rein geputzten, glänzenden maschinellen Einrichtung ... und einer anderen besteht, die schmutzig und in Unordnung ist, unnötige Reibungen aufweist und nach und nach unbrauchbar wird. Wenn also die auf unbeseelte Maschinen verwendete Mühe so vorteilhafte Ergebnisse zeitigt, warum sollte man nicht das gleiche von der Sorgfalt erwarten, die man auf lebendige Menschen verwendet, deren Struktur noch viel bewunderungswürdiger ist? ... Ist es nicht natürlich, wenn man zu dem Schluß kommt, daß auch diese viel komplizierteren und feineren Maschinen an Kraft und Wirksamkeit gewinnen ..., wenn man sie reinlich hält, sie mit Freundlichkeit behandelt, wenn man ihrer geistigen Tätigkeit unnötige Reibungen erspart und wenn man ihnen eine ausreichende Menge Nahrungsmittel gibt?"[18]

---

[18] Zit.: *Gide-Rist,* Geschichte der volkswirtschaftlichen Lehrmeinungen. Jena 1921, 257.

Seit dem Beginn des 20. Jahrhunderts haben Arbeitsphysiologie, Arbeitspsychologie und Betriebspsychologie wissenschaftlich nachgewiesen, daß es sich lohnt, sich um die Menschenführung zu kümmern und in Betrieb und Büro auf die physische und psychische Eigenart des Menschen Rücksicht zu nehmen. Heute scheint sich jedoch eine Wende anzubahnen, die man „wahrhaft kopernikanisch" genannt hat (O. von Nell-Breuning). Wie man in den Laboratorien der Großunternehmen der Chemie von der begrenzten Zweckforschung zur zweckfreien Grundlagenforschung übergegangen ist, so beginnen auch führende Männer in den Betrieben und Verwaltungen sich zur zweckfreien Menschenführung zu bekennen, d.h. in jedem Mitarbeiter von vornherein den Mitmenschen und Nächsten zu sehen und alle Maßnahmen aus dieser lauteren Sicht zu treffen. Der die Menschenführung bestimmende Leitgedanke ist also nicht – im Sinne eines intelligenten Egoismus – die Rentabilität, sondern die Menschenwürde, wobei sich übrigens ergeben wird, daß auf die Dauer nur durch diese Haltung die gedeihliche Entwicklung der Unternehmungen gesichert werden kann.

[In „Centesimus annus" postuliert Johannes Paul II. das Leitbild einer *„Gesellschaftsordnung der freien Arbeit, der Unternehmen und der Beteiligung"* (CA 35) und stellt in diesem Zusammenhang fest: „Die Kirche anerkennt die berechtigte *Funktion des Gewinnes* als Indikator für den guten Zustand und Betrieb des Unternehmens ... Doch der Gewinn ist nicht der einzige Indikator für den Zustand des Unternehmens. Es ist durchaus möglich, daß die Wirtschaftsbilanz in Ordnung ist, aber zugleich die Menschen, die das kostbarste Vermögen des Unternehmens darstellen, gedemütigt und in ihrer Würde verletzt werden. Das ist nicht nur moralisch unzulässig, sondern muß auf weite Sicht gesehen auch negative Auswirkungen auf die wirtschaftliche Leistungsfähigkeit des Unternehmens haben. Denn Zweck des Unternehmens ist nicht bloß die Gewinnerzielung, sondern auch die Verwirklichung einer *Gemeinschaft von Menschen"* (CA 35).]

Die Anerkennung der Menschenwürde setzt nicht Gleichmacherei, sondern Gleichwertigkeit voraus. Der Vorgesetzte wird deshalb seine Mitarbeiter nicht in einem patriarchalischen Gönnertum von oben herab behandeln, sondern edel und gerecht zu allen sein. Hier besitzen Arbeiter und Arbeiterinnen ein feines Gespür. Ein

Beispiel: Eine Arbeiterin bittet den Direktor um eine Unterredung. Während der Unterhaltung dreht der Direktor eine kleine Metallplatte in das Blickfeld der Besucherin: „Fasse dich kurz!" Die Arbeiterin meinte nachher: „Ich habe Verständnis dafür, daß der Direktor wenig Zeit hat. Aber das sollte der Mann *sagen,* weil ein Mensch vor ihm sitzt. Dazu sollte er keine Metallplatte benutzen."

b) Zweckfreie Menschenführung ist weder Sentimentalität noch Schwäche; sie setzt vielmehr das Bekenntnis zur *Autorität* voraus. Das besagt nicht, daß der Arbeiter als „bloßer Untertan" zu betrachten sei, „dazu bestimmt, stummer Befehlsempfänger zu sein, ohne das Recht, eigene Wünsche und Erfahrungen anzubringen" (MM 92). Eine Betriebsordnung, die das Verantwortungsgefühl des Arbeiters „abstumpfen oder seine schöpferischen Kräfte lahmlegen" würde, widerspräche der Gerechtigkeit „selbst dann, wenn der Güterausstoß sehr hoch liegt und die Verteilung nach Recht und Billigkeit erfolgt" (MM 83). Der Arbeiter soll nicht bloß physisch – als auf den Leistungslohn ausgerichtete Arbeitskraft – im Betrieb anwesend sein; entscheidend ist vielmehr seine personale Präsenz. Es gilt deshalb, „das Unternehmen zu einer echten menschlichen Gemeinschaft zu machen" (MM 91), was „Zusammenarbeit, Achtung voreinander und Wohlwollen" voraussetzt (MM 92).

Der Autorität des Vorgesetzten entspricht auf der anderen Seite der Gehorsam der Untergebenen. Sich in freier Entscheidung ein- und unterzuordnen ist kein Widerspruch zum christlichen Menschenbild und berührt nicht die Subjektstellung des Menschen im Betrieb. In einem Betrieb, dessen menschliches und sittliches Klima gesund ist, vermögen Arbeiter oder Arbeiterinnen, die vielleicht persönlich in tiefer Lebensunordnung stecken, die Notwendigkeit und den Halt einer gerechten und beständigen Geordnetheit zu erleben. Man kann in der Tat beobachten, „daß der Eintritt in einen klar, sinnvoll und gerecht geordneten Betrieb oft den Anfang einer Entwicklung bedeutet, durch die dem Menschen schrittweise die Befreiung aus der Vermassung gelingt"[19].

---

[19] *K. Abraham,* Der Betrieb als Erziehungsfaktor. Köln 1953, 95.

Allerdings ist das nur möglich, wenn es eine kluge, entschiedene und am rechten Menschenbild orientierte Menschenführung versteht, ein sauberes Betriebsklima zu schaffen. In diesem Falle wird die intentionale, d. h. die bewußt gewollte, persönliche Menschenführung, durch die funktionale Menschenführung, die von einem guten Betriebsklima ausgeht, ergänzt.

Dabei ist zu beachten, daß für das Betriebsklima nicht nur die von der Betriebsleitung geschaffene formale Organisation des Betriebes mit ihren Abteilungen und Arbeitsteams bedeutsam ist, sondern vor allem das informelle Gruppengefüge, das häufig von außerbetrieblichen, schwer kontrollierbaren Kräften, z. B. von politischen oder weltanschaulichen Bewegungen, inspiriert und gesteuert wird und das „man meint", „man denkt", „man tut" innerhalb der Belegschaft oft fast despotisch bestimmt. Dabei sind es nicht selten nur wenige Menschen, die das Betriebsmilieu in ihrem Sinne zu prägen vermögen, Menschen, von denen ein geheimnisvolles Fluidum ausgeht, so daß sie gleichsam „geborene Führer" sind. Wenn diese Menschen negativ eingestellt sind, wirken sie zersetzend und bilden die gefährlichsten Gegenspieler jener Männer, die sich als Vorgesetzte – vielleicht mit bestem Willen – um die Menschenführung mühen.

Die sich aus den Sachnotwendigkeiten des Betriebs ergebende funktionale Autorität ist keineswegs mit der personalen Autorität identisch, die im Vorgesetzten selber lebendige Gestalt annehmen muß. Jeder, der eine leitende Stellung im Betrieb innehat, muß nicht nur in fachlichen Fragen ein Könner sein, sondern die nicht häufige Gabe besitzen, Menschen zu verstehen, in der rechten Weise befehlen zu können und anderen Vorbild zu sein. Solche Autorität setzt inneren Persönlichkeitswert voraus; dann braucht sie sich nicht durch Schreien vorzutäuschen.

In der modernen Industriegesellschaft ist die Menschenführung weithin den *leitenden Angestellten* anvertraut, deren soziologische Ortsbestimmung umstritten ist. Die einen heben die Selbstherrlichkeit der leitenden Angestellten, besonders ihrer Spitzengruppe, hervor, indem sie abschätzig von den „Managern" sprechen, die sich, ohne selbst Eigentümer zu sein, die Herrschaft über ganze Unternehmenskomplexe angemaßt hätten. Andere meinen dem-

gegenüber, die leitenden Angestellten stünden in dem unbefriedigenden und hemmenden Dilemma, weder selbständig noch unabhängig zu sein und doch leiten und Menschen führen zu müssen. Besonders dem deutschen Großbetrieb wird nicht selten vorgeworfen, er habe „sein Vorbild der innerbetrieblichen personellen Ordnung vom Staat, von der Bürokratie und von der Armee her bezogen"; so sei es zu erklären, daß lange Zeit das Verständnis für die „Auflockerung der betrieblichen Ordnung" gefehlt habe, „die jedem einzelnen soviel an Selbstverantwortung für das Ganze" gebe, „als irgendwie von der Leitung aus verantwortet werden" könne. Auch heute noch sähen manche Unternehmer in den leitenden Angestellten eine Gruppe, die sowieso erbötig und ergeben sei.[20]
Dieser überholten Auffassung gegenüber ist zu betonen, daß in den modernen Betrieben das Gesetz der einheitlichen Leitung durch das Gesetz der sinnvollen Aufgliederung der Verantwortungsbereiche (Subsidiarität) ergänzt werden muß. Die Großunternehmen tragen nicht nur eigentumsmäßig anonyme Züge; sie sind auch in den zwischenmenschlichen Beziehungen weithin entpersönlicht. Deshalb ist es gerade den leitenden Angestellten, die den Arbeitnehmern häufig als die unmittelbaren Vorgesetzten begegnen, aufgetragen, die menschlichen und persönlichen Werte und Kontakte zu pflegen.

c) In den Kapitalgesellschaften üben leitende Angestellte als Direktoren und Generaldirektoren *unternehmerische Funktionen* aus. Es ist erstaunlich, daß die sozialen Auseinandersetzungen in Deutschland lange Zeit so geführt worden sind, als gäbe es nur die beiden Funktionen des Kapitals und der Arbeit. Die Vernachlässigung der Unternehmerfunktion, die schöpferische Kombinationsgabe, reale Phantasie, Witterung für zukunftsträchtige Entwicklungen, Talent im Koordinieren und eigenständige Tatkraft beinhaltet, liegt zu einem guten Teil darin begründet, daß der marxistische Klassenkampf beim Dualismus zwischen Kapital

---

[20] F. *Hellwig*, Die soziale Funktion des Unternehmers, in: Industrie-Anzeiger. Essen, Nr. 16/17 (26.2.1954).

und Arbeit ansetzte und die Unternehmerfunktion ausklammerte. Aber auch die klassische Nationalökonomie, die den „freien Markt" in den Mittelpunkt stellte, hat die Unternehmerfunktion verkannt. Kein Wunder, daß auch die katholische Soziallehre sich verhältnismäßig selten mit dem typisch Unternehmerischen befaßte. Wo das Unternehmerische angesprochen wurde, geschah es häufig mit einem unverhohlenen Mißtrauen. Inzwischen hat sich ein Wandel vollzogen, den das Zweite Vatikanum ausdrücklich anerkannt hat (vgl. GS 64). Die Sozialfunktion des Unternehmers besteht nicht nur darin, „mehr und besser" (PP 48), „mehr und rationeller" (MM 168) zu produzieren; ihm obliegt auch die Pflege der zwischenmenschlichen Beziehungen, damit die Betriebe nicht zu Stätten von Autoritätskonflikten werden.

4. *Sicherung des Arbeitsplatzes*

Johannes Paul II. bemerkt in seiner Enzyklika „über die menschliche Arbeit", „sehr wahrscheinlich" werde sich der materielle Wohlstand in den entwickelten Industriestaaten verringern oder doch langsamer wachsen, während Millionen von verelendeten Menschen in der Dritten Welt auf Erleichterung hoffen könnten (LE 1).

Manches deutet in der Tat darauf hin, daß sich in den Industriestaaten seit 1975 eine geschichtliche Wende vollzieht. Der Wohlstandsstaat, der mehr und mehr zum verschuldeten Steuerstaat wird, stößt an seine Grenzen. Die *Arbeitslosigkeit* droht zu einem Dauerzustand, zum Schicksal der achtziger Jahre, zu werden.

Arbeitslos zu sein, ist eine doppelte Not. Einmal spüren die Arbeitslosen sehr drastisch die Minderung ihres Einkommens. Sie müssen sich nach allen Seiten einschränken. Dazu kommt eine zweite Not: der Mangel an Beschäftigung. Dadurch leidet das Selbstwertgefühl, besonders wenn die Arbeitslosigkeit längere Zeit anhält. Kein Wunder, daß manche Arbeitslose mürrisch und unzufrieden werden.

Die Arbeitslosigkeit, die Papst Johannes Paul II. eine „Plage" nennt, trifft besonders hart die Jugendlichen, die „ihren ehrlichen Arbeitswillen und ihre Bereitschaft, die ihnen zukommende Verantwortung für die wirtschaftliche und soziale Entwicklung der

Gesellschaft zu übernehmen, schmerzlich frustriert sehen". Ein schweres Problem stellt für den Papst auch die „Arbeitslosigkeit der Intellektuellen" und der behinderten Menschen dar, die nicht „am Rande der Arbeitswelt" stehen dürfen (LE 8, 18, 22).

a) Die Überwindung der Arbeitslosigkeit setzt die Kenntnis ihrer Ursachen voraus. Es sei an die Abhängigkeit der exportintensiven deutschen Wirtschaft von den ausländischen Märkten erinnert. Hier haben sich folgenschwere Änderungen vollzogen: Rohstoffpreise und Energiekosten sind beträchtlich gestiegen. Dynamisch sich entwickelnde neue Industriestaaten bereiten dem deutschen Außenhandel in zahlreichen Wirtschaftszweigen große Schwierigkeiten: auf dem Markt der Kraftfahrzeuge, der Textilien, der optischen Geräte, der Fotoapparate, der Elektronik, des Schiffsbaus usw. Auch bauen die Länder der Dritten Welt mehr und mehr ihre eigene Industrie auf. [...]
Auch innergesellschaftlich lassen sich Gründe aufzeigen, die sich ungünstig auf die Beschäftigungslage auswirken: die hohen Zinsen, die Gleichgewichtsstörungen zwischen Lohnsystem und Sozialleistungssystem, das vielen Unternehmern fehlende Vertrauen auf eine günstige wirtschaftliche Entwicklung, die Spannungen zwischen einer aus Wettbewerbsgründen notwendigen Rationalisierung und der dadurch bedingten Verringerung der Arbeitsplätze und dergleichen mehr.

b) Die Untersuchung der Ursachen der Arbeitslosigkeit und das Ergreifen wirtschaftspolitischer, konjunkturpolitischer und währungspolitischer Maßnahmen zur Behebung der Arbeitslosigkeit ist Sache der Verantwortlichen, d. h. der Tarifpartner, der Parlamente, der Regierungen, der politischen Parteien und der zuständigen Wissenschaften. Die Kirche appelliert an das Gewissen der Verantwortlichen. Seit dem Beginn des industriellen Zeitalters brachen immer wieder Konjunkturkrisen herein, die Millionen von Arbeitern und ihre Familien in Not stürzten, obwohl der Bedarf an Gütern groß war und obwohl es nicht an arbeitswilligen Menschen fehlte. Zu konkreten Vorschlägen Stellung zu nehmen – etwa zu dem Vorschlag, die Schulzeit zu verlängern, die Ar-

beitszeit zu verkürzen, die Altersgrenze vorzuverlegen, die Über-
stunden abzuschaffen, Steuern zu erhöhen oder zu senken, eine
Konjunkturabgabe zu erheben – ist nicht Auftrag der Kirche. Das
geht die Sachverständigen und die Verantwortlichen an.

c) Von großer Bedeutung für die Erhaltung der Arbeitsplätze ist
der sogenannte „indirekte Arbeitgeber", also „das Gefüge der na-
tionalen und internationalen Stellen, die für die ganze Ausrichtung
der Arbeitspolitik verantwortlich sind". Papst Johannes Paul II.
fordert eine die Grenzen der Staaten überschreitende „Gesamt-
planung", damit die Arbeitslosigkeit überwunden werden kann.
Die sogenannte soziale Frage scheint sich immer mehr von der
Spannung zwischen Kapital und Arbeit auf die Spannung zwischen denen, die Arbeit haben, und jenen, die arbeitslos sind, zu
verlagern (LE 18).

d) Der Kirche obliegen – kraft des ihr eigenen Auftrages – angesichts der Arbeitslosigkeit vor allem folgende Aufgaben: Sie wird
dafür eintreten, daß weder offen noch versteckt den Arbeitslosen
der Stempel der Leistungsunwilligkeit aufgedrückt wird. Die Arbeitslosen bedürfen nicht des Mitleids, wohl aber der verständnis-
vollen Zuwendung. Manche ziehen sich zurück und scheuen den
Kontakt, so daß sich der ganze Ärger und alle Enttäuschungen in
den Familien der Arbeitslosen ansammeln, was oftmals zu gefährlichen Krisen führen kann. Die Pfarreien und die katholischen Sozialverbände sollen die Zahl der Arbeitslosen in der Gemeinde feststellen, die Lage analysieren und Notfälle ausfindig
machen. Sie sollen den Arbeitslosen im Umgang mit Behörden
behilflich sein, Auskünfte über den örtlichen und regionalen Ar-
beitsmarkt geben, auf Maßnahmen der beruflichen Weiterbildung
hinweisen und Verbindungen zwischen Arbeitslosen und Betrieben herstellen, in denen sich vielleicht noch Arbeitsplätze finden.
Einige Gruppen von Arbeitslosen bedürfen besonderer Zuwendung und Hilfe: jugendliche Arbeitslose, ausländische Arbeitslose,
behinderte Arbeitslose, gesundheitlich beeinträchtigte Arbeitslose,
ältere Arbeitslose, ungelernte Arbeitslose, schon längere Zeit Ar-

beitslose und ähnliche Gruppen. Pfarreien und Verbände sollten in den Jugend- und Pfarrheimen Angebote für eine sinnvolle Gestaltung der erzwungenen Freizeit machen.

Es ist nicht leicht, die vier großen Ziele einer gesunden Volkswirtschaft gleichzeitig zu erreichen und dauernd zu sichern: Vollbeschäftigung, stabile Preise, Wirtschaftswachstum und außenwirtschaftliches Gleichgewicht. Alle sind zu gemeinsamer Verantwortung und zu einem dem allgemeinen Wohl verpflichteten Handeln aufgerufen.

5. *Ausländische Arbeitnehmer*

a) In den vergangenen 20 Jahren sind Millionen von Ausländern angeworben und in die Bundesrepublik Deutschland gerufen worden, weil die deutsche Wirtschaft Arbeitskräfte brauchte. Die ausländischen Arbeitnehmer haben dazu beigetragen, unseren Wohlstand zu mehren. Heute (1982) leben etwa 4 700 000 Ausländer unter uns, davon rund 2 Millionen Beschäftigte und 240 000 Arbeitslose. 1 096 000 sind Kinder und Jugendliche unter 15 Jahren.

Die hohe Zahl der deutschen und ausländischen Arbeitslosen zeigt, daß sich die wirtschaftliche Lage verschlechtert hat. Es hängt wohl damit zusammen, daß in manchen Kreisen der deutschen Bevölkerung ein gewisser Stimmungswandel gegenüber den ausländischen Arbeitnehmern und ihren Familien erkennbar ist, der sich in Fremdenangst und zuweilen sogar in Ausländerfeindlichkeit äußert. Die Sorgen um die wirtschaftliche Zukunft werden auf die „Fremden" übertragen.

Man sollte sich freilich vor Übertreibungen hüten. Die Mehrzahl des deutschen Volkes will friedlich mit den Ausländern zusammenleben. Insbesondere in den Betrieben gibt es kaum Ausländerfeindlichkeit.

Die Liebe zum deutschen Volk und zur deutschen Kultur kann nur durch das Aufeinanderzugehen, nicht durch Abgrenzung von den Ausländern gefördert werden. Auch würde es sich ungünstig auf den deutschen Export auswirken, wenn im Ausland der Eindruck entstünde, in Deutschland greife eine ablehnende Haltung gegenüber den Ausländern um sich.

b) Nach den Grundsätzen der katholischen Soziallehre ergeben sich zwei Aufgaben:

Zwischen Deutschen und Ausländern muß erstens eine *Gesinnung* des beiderseitigen Verstehens, des Aufeinanderzugehens geweckt und gefördert werden.

Zweitens sind geeignete Einrichtungen im Bereich des *Schul- und Bildungswesens* zu schaffen. Die unter uns lebenden Ausländer dürfen nicht zu einem Vierten Stand derer werden, die auf der untersten Stufe der Gesellschaftspyramide stehen und deren Kinder weder Ärzte noch Lehrer noch Juristen noch Ingenieure oder Priester werden können. Das mit allen Kräften zu verhindern ist christliche Pflicht.

Man spricht von der „Integration" der Ausländer. Dieser schillernde Begriff kann ein Dreifaches bedeuten:

Erstens: Man kann einen Ausländer „integriert" nennen, wenn er die deutsche Sprache beherrscht, Beschäftigung und Wohnung gefunden hat und sich bei uns zurechtfindet, im übrigen jedoch die Absicht hat, in seine Heimat zurückzukehren.

Zweitens: Eine andere Form von „Integration" ist gegeben, wenn ein Ausländer, der unsere Sprache beherrscht und bei uns sein Einkommen gefunden hat, die deutsche Staatsangehörigkeit erworben hat, im übrigen jedoch an der Kultur und den Gebräuchen seiner Nation festhält. In Brasilien haben sich viele deutsche Einwanderer so verhalten.

Drittens: Am weitesten ist die „Integration" fortgeschritten, wenn ein Ausländer nicht nur die Staatsangehörigkeit erwirbt, sondern auch die Sprache und Kultur seines neuen Heimatlandes annimmt. Das trifft für die meisten deutschen Einwanderer zu, die im vorigen Jahrhundert nach den Vereinigten Staaten ausgewandert sind.

Die Ausländer, die in Deutschland leben, sind durch die Grundrechte unserer Verfassung geschützt. Es widerspricht diesem Recht – um ein Beispiel zu nennen –, wenn einem ausländischen Arbeiter, der während seines Urlaubs in seiner Heimat geheiratet hat, erst nach ein oder drei Jahren gestattet wird, seine Frau nach Deutschland kommen zu lassen. Auch haben Eltern das Recht, ihre Kinder zu erziehen, und die Kinder haben einen Anspruch, in der Familie ihrer Eltern zu leben. Das gilt nicht nur für Kinder unter 6 Jahren, sondern auch für heranwachsende Kinder. Diese Rechte dürfen aus wirtschaftlichen oder politischen Gründen nicht eingeschränkt werden.

6. Gesamtmenschliche Integration

Im Schicksal und Lebensgefühl der Arbeiterschaft des industriellen Zeitalters lassen sich drei Epochen unterscheiden: die Epoche der duldenden Verproletarisierung (erste Hälfte des 19. Jahrhunderts), die Epoche der klassenkämpferischen Solidarität (seit der Mitte des 19. Jahrhunderts) und die Epoche der beginnenden Integration in eine wesentlich vom arbeitenden Menschen geprägte Gesellschaft. Die Integration ist nicht abgeschlossen. Sie läßt sich nur als gesamtgesellschaftlichen, alle Lebensbereiche umfassenden Prozeß verstehen: Integration im gesellschaftlichen, politischen, kulturellen, beruflichen und wirtschaftlichen Bereich, Integration im Bereich der Ehe und Familie, im Bereich der Freizeit und nicht zuletzt im religiösen Bereich.[21]

---

[21] Vgl. *J. Höffner,* Die Entwicklungen im Schicksal und Lebensgefühl der Arbeiterschaft und der Wandel der sozialpolitischen Leitbilder, in: *ders.,* Gesellschaftspolitik aus christlicher Weltverantwortung, a. a. O., 273–289. – *Ders.,* Die Verantwortung der Kirche für die Arbeitswelt. Köln 1983.

DRITTER ABSCHNITT
DIE WIRTSCHAFT

Vorbemerkung

Unter *Wirtschaft* verstehen wir das Insgesamt der Einrichtungen und Verfahren zur planmäßigen, dauernden und gesicherten Dekkung des menschlichen Bedarfs an jenen Sachgütern und Diensten, die den einzelnen und den Sozialgebilden die gottgewollte Entfaltung ermöglichen. Die Christliche Gesellschaftslehre befaßt sich mit der Wirtschaft, in der die meisten Menschen ihren Beruf ausüben, sowohl in seinswissenschaftlicher als auch in sollenswissenschaftlicher (normativer) Hinsicht. Von den *seinswissenschaftlichen* Disziplinen, die nach den seinsmäßigen Sachverhalten im Bereich der Wirtschaft fragen, gehören weder die Wirtschaftsgeographie (Produktionsgeographie, Handelsgeographie, Verkehrsgeographie usw.), die von der Erd- und Raumgebundenheit der Wirtschaft handelt, noch die Wirtschaftsstatistik, die den Umfang der Produktion, des Konsums, des Handels, des Verkehrs, des Geldwesens usw. zahlenmäßig erfaßt und auswertet, noch die Wirtschaftsgeschichte, die den geschichtlichen Wandel der Wirtschaftsformen und Wirtschaftssysteme untersucht, noch die Wirtschaftspsychologie, die die Erkenntnisse der Psychologie auf gewisse Erscheinungen des Wirtschaftslebens anwendet (Konsumpsychologie, Werbungspsychologie usw.), noch die Theoretische Volkswirtschaftslehre, die als reine Theorie die wesentlichen Beziehungen und Zusammenhänge des volkswirtschaftlichen Prozesses erforscht, zum eigentlichen Aufgabenbereich der Christlichen Soziallehre. Die Christliche Soziallehre wird zwar die gesicherten Erkenntnisse all dieser Disziplinen zu Rate ziehen, rückt jedoch die wirtschaftsphilosophische und auch -theologische Anliegen berührende Frage in den Vordergrund, welcher Sinn der Wirtschaft als solcher letztlich innewohnt.

Von den *sollenswissenschaftlichen* (normativen) Disziplinen gehört die Wirtschaftsethik als Wissenschaft vom sittlichen Verhalten des wirtschaftenden Menschen zur Christlichen Soziallehre im engeren Sinn, während Wirtschaftspolitik und Wirtschaftspädagogik an sich außerhalb ihres Bereiches liegen. Man hat versucht, Wirtschaft und Sittlichkeit beziehungslos nebeneinander zu stellen. Der „ökonomische Fortschritt", so meinte z. B. *Werner Sombart,* habe den Vorrang vor dem „Sittlicheinsollen". Alle „sittlichen Regungen" und alle „Gerechtigkeitsgefühle" müßten sich mit dem Fortschritt der Ökonomie abfinden. Entscheidend sei die Leistungsfähigkeit der Wirtschaft; dann möge man „sittlich oder was sonst sein", – eine in ihren Auswirkungen verhängnisvolle These. Wenn auch Wirtschaft und Sittlichkeit, wie „Quadragesimo anno" lehrt, „jede in ihrem Bereich eigenständig sind", und wenn auch die Kirche nicht über die „sogenannten Wirtschaftsgesetze" urteilt, die „nur etwas über das Verhältnis von Mittel und Zweck" aussagen und so anzeigen, „welche Zielsetzungen auf wirtschaftlichem Gebiet möglich, welche nicht möglich sind", so geht es doch fehl, „die Bereiche des Wirtschaftlichen und des Sittlichen derart auseinanderzureißen, daß jener außer alle Abhängigkeit von diesem tritt" (QA 42). Es gibt keine abstrakte, vom Menschen und seinem Gewissen losgelöste Wirtschaft. Alles Wirtschaften ist menschliche Entscheidung und damit dem Sittengesetz unterstellt. Die christliche Ethik ist zwar nicht das Gebiet, aber doch das Gebot der Wirtschaft.

Drei Problemkreise berühren in besonderer Weise seins- und sollenswissenschaftlich das Anliegen der Christlichen Gesellschaftslehre: das Sachziel der Wirtschaft, die Ordnung der Wirtschaft, der Verteilungsprozeß in der Wirtschaft.

ERSTES KAPITEL
Das Sachziel der Wirtschaft

§ 1 Bestimmungsgründe des Sachziels der Wirtschaft

Die dem Kulturbereich „Wirtschaft" immanente Sinnhaftigkeit (das „Sachziel" der Wirtschaft) ergibt sich aus dem Verhältnis des Menschen zur Sachgüterwelt, das durch vier Eigentümlichkeiten gekennzeichnet ist.

1. *Die herrscherliche Stellung des Menschen zur Sachgüterwelt.* Als „Horizont und Grenzwesen zwischen geistiger und körperlicher Welt" steht der Mensch in der Mitte der Schöpfung.[1] Gott hat ihm „das Dasein mit den Steinen, das vegetative Leben mit den Bäumen, das Sinnesleben mit den Tieren und das geistige Leben mit den Engeln gegeben"[2]. Weil der Mensch als Geist-Wesen metaphysisch auf höherer Stufe steht als die Dinge, Pflanzen und Tiere, besitzt er das dominium naturale über die gesamte materielle Schöpfung, ein herrscherliches Recht, das Gott ausdrücklich bestätigt hat: „Erfüllt die Erde und macht sie euch untertan" (Gen 1,28). Als Gottes Ebenbild ist der Mensch berechtigt, der Schöpfung zu gebieten und sich die Erde zum menschenwürdigen Lebensraum zu machen. Dabei darf er freilich nicht den drei versucherischen Grundstrebungen des Genießenwollens, Habenwollens und Herrschenwollens verfallen, vor denen die Schrift warnt: „Alles, was in der Welt ist: Fleischeslust, Augenlust und Hoffart des Lebens, stammt nicht vom Vater" (1 Joh 2,16). Heute ist der Mensch nicht nur vom praktischen Materialismus, sondern von der Gefahr bedroht, die ihm von der perfektionierten Technik in die Hand gegebene Macht über die Kräfte des Kosmos – und damit auch über den Menschen – selbstherrlich zu mißbrauchen. Vor allem jene unheimliche, die Unmittelbarkeit der menschlichen Verantwortung verhüllende Zäsur, die vielfach (z. B. bei Atombomben und Interkontinentalraketen) zwischen der harmlos aus-

---

[1] *Thomas von Aquin,* In 3. Sent., Prol.
[2] *Augustinus,* De Civitate Dei, V, 11.

sehenden Ingangsetzung der Apparatur und den entsetzlichen Folgen liegt, die vielleicht in einem anderen Erdteil eintreten, könnte die Versuchung zum verantwortungslosen Handeln vergrößern. Es tut not, daß der Mensch, der über die Natur Macht ausübt, auch Gewalt über sich selbst gewinnt, damit er jene gefährlichen Kräfte, die aus den dunklen Gründen der Natur aufgeschreckt worden sind, gottesfürchtig und gewissenhaft gebraucht. Der Christ wird in den irdischen Dingen ein Geschenk Gottes – und zwar, verglichen mit Erlösung und Gnade, nur eine geringe „Zugabe" (Mt 6,33) – sehen und den hier drohenden Versuchungen jene dreifache Abwehr entgegenstellen, die im Buche Tobias empfohlen wird: „Gebet mit Fasten und Almosen" (Tob 12,8): Gebet gegen das „Herrschen- und Geltenwollen", Fasten gegen das „Genießenwollen", Almosen gegen das „Habenwollen" (vgl. GS 37).

[In diesen Zusammenhang gehört auch das von Johannes Paul II. eindrücklich beschriebene *„Phänomen des Konsumismus"*. Um ihm zu entgehen, „muß man sich von einem Menschenbild leiten lassen, das alle Dimensionen seines Seins berücksichtigt und die materiellen und triebhaften den inneren und geistigen unterordnet" (CA 36). Deshalb richtet sich die Kritik „nicht so sehr gegen ein Wirtschaftssystem als gegen ein ethisch-kulturelles System". Wird das Sachziel der Wirtschaft konsumistisch verabsolutiert mit der Folge, daß „Produktion und Konsum von Waren schließlich die Mitte des gesellschaftlichen Lebens einnehmen", dann „ist die Ursache dafür nicht allein und nicht so sehr im Wirtschaftssystem selbst als in der Tatsache zu suchen, daß das ganze sozio-kulturelle System mit der Vernachlässigung der sittlichen und religiösen Dimension versagt hat" (CA 39). „Es braucht daher dringend ein *groß angelegtes erzieherisches und kulturelles Bemühen,* das die Erziehung der Konsumenten zu einem verantwortlichen Verbraucherverhalten, die Weckung eines hohen Verantwortungsbewußtseins bei den Produzenten und vor allem bei den Trägern der Kommunikationsmittel sowie das notwendige Eingreifen der staatlichen Behörden umfaßt" (CA 36).]

Gott hat die Erdengüter ursprünglich „der ganzen Menschheitsfamilie" gewidmet (QA 45), also nicht bestimmten Menschen zugewiesen, wie jedem seinen Leib. Deshalb muß der Mensch, wenn er seine Herrschaft über die materielle Welt verwirklichen will, bestimmte Güter sich aneignen, sich gleichsam „auf sie setzen", sie

„in Besitz nehmen". Andererseits darf keine Privateigentumsordnung „von jenem ursprünglichen Nutzungsrecht aller losgelöst
werden", da der Anspruch des Menschen auf die zur eigenen Entfaltung und Erhaltung notwendigen Güter ein unabdingbares Naturrecht ist, das „in innigster Beziehung zur Personwürde und zu
den Personrechten des Menschen" steht (Pius XII.), und dem
„alle anderen Rechte, ganz gleich welche, auch das des Eigentums
und des freien Tausches", untergeordnet sind (PP 22). Ist ein
Mensch in äußerster Not, so setzt sich jener übergeordnete naturrechtliche Anspruch gegen jede entgegenstehende positive Eigentumsordnung durch: „In äußerster Not ist alles gemeinsam"[3] –
ein gewagter Satz, der hohe Anforderungen an die Reinheit der
Gesinnung stellt, aber in Katastrophenzeiten auch befreiend zu
wirken vermag. Pius XII. hat diese Überlegungen auch auf die
Völkergemeinschaft angewandt, indem er erklärte, es sei ein Unrecht, wenn reiche Länder „auf eine derartige Aneignung der gemeinnützigen wirtschaftlichen Hilfsquellen und Rohstoffe abzielen, daß die von der Natur weniger begünstigten Nationen davon
ausgeschlossen blieben" (vgl. auch GS 69). Als Papst Paul VI. in
der Enzyklika „Populorum progressio" (22–23) die überlieferte
Eigentumslehre erneut und nachdrücklich hervorhob, wirkte das
fast wie eine Sensation, ein Zeichen dafür, wie wenig die Christliche Gesellschaftslehre bekannt ist.

2. *Das Angewiesensein des Menschen auf die materiellen Güter.* Um leben
zu können, müssen wir unser Ich gleichsam in die stoffliche Welt
ausdehnen. Wir sind als leibhafte Wesen auf materielle Güter und
Dienste angewiesen, und zwar nicht nur zur elementaren Erhaltung unseres Daseins oder unserer Art (Nahrung, Kleidung, Wohnung), sondern auch zur Entfaltung eines veredelten Kulturlebens. Jede Kultur setzt in beträchtlichem Ausmaß die Versorgung
mit materiellen Gütern voraus: im Bereich der Gesundheitspflege,
der Erziehung, der Forschung und Wissenschaft, der Kunst und
des religiösen Kultes. Mithin ist die Bestimmung der Wirtschaft
als „Kulturfunktion der Unterhaltsfürsorge" (Werner Sombart) zu

---

[3] *Thomas von Aquin,* S. th. II-II 66,7.

eng; sie dient nicht nur dem Unterhalt, sondern allen Wertbereichen des menschlichen Lebens, so daß sie an sich nicht als „materialistisch" geschmäht werden darf. Ihr Ziel ist die Entfaltung eines „Humanismus im Vollsinn des Wortes", der „die Augen vor den Werten des Geistes und vor Gott, ihrer Quelle und ihrem Ursprung", nicht verschließt, sondern „sich zum Absoluten hin öffnet" und die „umfassende Entwicklung des ganzen Menschen und der ganzen Menschheit" erstrebt (PP 42).

Je mehr Zivilisation und Kultur sich entfalten, desto höher steigen die Ansprüche des Menschen und der Sozialgebilde an die Güterwelt. Der urgeschichtliche Mensch ist bei der Befriedigung seiner sehr primitiven und elementaren Bedürfnisse geplagter und gefährdeter gewesen als der moderne, durch Naturwissenschaft und Technik der Natur gegenüber mächtig gewordene Mensch. „Der frühe Mensch muß Furchtbares an Entbehrung und Beschwerden durchgemacht haben. Auch Ängste unvorstellbarer Art vor den Mächten der Natur, die er nicht verstand und die infolge seiner großen, aber ungeklärten religiösen Erlebniskraft eine dämonische Schrecklichkeit hatte. Manches Bedrohliche in der Tiefe unseres Unbewußten stammt aus jener dunklen Zeit."[4]

In der Versorgung mit materiellen Gütern nehmen die fortgeschrittenen Industriestaaten heute eine Vorzugsstellung ein. Ein Drittel der Erdbevölkerung verfügt über 80 Prozent der auf der Welt erzeugten Güter, während zwei Drittel der Menschheit mit den restlichen 20 Prozent vorliebnehmen müssen.

3. *Knappheit und Haushaltenmüssen.* Die Erfahrung lehrt, daß die meisten Bedarfsgüter nicht in unbeschränkter Fülle, wie etwa die Luft, sondern nur begrenzt vorhanden sind; sie sind, verglichen mit den menschlichen Bedürfnissen, knapp. Auch unterliegen sie der Abnutzung und dem Verbrauch, so daß sich der Mensch immer wieder um ihre Beschaffung mühen muß. Dazu kommt, daß die Ansprüche des Menschen an die materielle Welt nicht wie beim Tier physiologisch gebunden sind, sondern – wegen seiner Geistigkeit – als unbegrenzt und unbegrenzbar bezeichnet werden

---

[4] R. *Guardini,* Der unvollständige Mensch. Düsseldorf 1955, 1.

müssen. In den Vereinigten Staaten sind 50 Prozent der Erwerbstätigen mit der Herstellung und dem Vertrieb von Gütern beschäftigt, die man 1914 nicht einmal dem Namen nach kannte.

Ein Goldenes Zeitalter, wie es Don Quichote in seiner berühmten Rede an die Ziegenhirten schildert, hat es nie gegeben: „Glückliches Zeitalter, glückliche Jahrhunderte, denen die Alten den Beinamen des Goldes zulegten ..., weil die Kinder jener seligen Tage die zwei Worte dein und mein noch nicht kannten. Alles Ding war in jener heiligen Zeit Gemeingut, und niemand brauchte um seines natürlichen Lebensunterhaltes willen mehr Arbeit zu leisten, als daß er die Hand erhob und ihn von den stämmigen Eichen herunterholte, die ihn freigebig gastlich in ihren süßen reifen Früchten darboten."[5]

Aus der Spannung zwischen den Bedürfnissen und den knapp vorhandenen Gütern ergibt sich normalerweise ein bestimmtes Verhalten des Menschen: er sucht sparsam und wirtschaftlich mit den knappen Gütern umzugehen, d. h. „hauszuhalten", um mit den verfügbaren Gütern den größtmöglichen Nutzen zu erzielen.

Im industriellen Zeitalter sind die Menschen ohne Zweifel mit vielen wirtschaftlichen Gütern geradezu verschwenderisch umgegangen, zum Beispiel mit den Quellen der Energie. In Zukunft werden die Energiequellen (Kohle, Erdöl, Erdgas, Holz, Wasserkraft, Kernbrennstoff) sparsam und überlegt gebraucht werden müssen. Das Wirtschaftswachstum muß sich geordnet und kontrolliert vollziehen.

4. *Zusammenarbeit und Arbeitsteilung.* Da der Mensch auf sich allein gestellt den Mächten der Natur gegenüber ohnmächtig wäre und kaum in der primitivsten Weise seinen elementaren Bedarf an lebensnotwendigen Gütern decken könnte, hat er sich von Anfang an zu diesem Zweck mit anderen Menschen zusammengeschlossen. Die wesenhafte Hinordnung des Menschen auf das Du und die Gesellschaft prägt sich nicht zuletzt im Bereich der Wirtschaft aus. Heute umspannt die Gemeinsamkeit des Wirtschaftens die ganze Erde. Durch ein staunenerregendes arbeitsteiliges Zusam-

---

[5] *M. de Cervantes Saavedra,* Don Quichote. I. Madrid 1927, 326 ff.

menwirken der verschiedenen Wirtschaftszweige, Völker und Erdteile suchen die Menschen die Schätze und Kräfte der Erde immer vollkommener auszuwerten, so daß der materielle Lebensstandard in einer für frühere Zeiten unvorstellbaren Weise gehoben werden konnte. Wie sehr die Gütererzeugung durch die Arbeitsteilung gesteigert wird, hat Adam Smith zu Beginn der industriellen Entwicklung (1776) anschaulich geschildert: Ein ungelernter Arbeiter könnte für sich allein „mit dem äußersten Fleiße täglich kaum eine, gewiß aber keine zwanzig Nadeln herstellen". Jetzt aber „zieht der eine den Draht, ein anderer streckt ihn, ein dritter schneidet ihn ab, ein vierter spitzt ihn zu, ein fünfter schleift ihn am oberen Ende, wo der Kopf angesetzt wird" usw. „Ich habe eine kleine Fabrik dieser Art gesehen, wo nur zehn Menschen beschäftigt waren": sie konnten, „wenn sie sich tüchtig daran hielten ..., täglich über 48 000 Nadeln herstellen".[6] Arbeitsteilung und Warenaustausch setzen als unentbehrliches Mittel des Kaufs und Verkaufs, der Wertmessung und des Kreditgeschäfts das Geldwesen voraus, das durch eine am Gemeinwohl ausgerichtete Geldpolitik so geordnet werden muß, daß die Stabilität der Preise, der Einkommen und der Beschäftigung gewährleistet bleibt.

§ 2 Folgerungen für das Sachziel der Wirtschaft

Aus den bisherigen Überlegungen ergeben sich zwei Folgerungen:

1. „Urheber, Mittelpunkt und Ziel aller Wirtschaft" ist der Mensch (GS 63). Der Sinn der Wirtschaft liegt weder – rein formalistisch – im bloßen Handeln nach dem ökonomischen Rationalprinzip, noch in der Technokratie, noch in der bloßen Rentabilität, noch im größtmöglichen materiellen „Glück" einer größtmöglichen Menschenzahl. Auch wäre es irrig, die Wirtschaft als Befriedigung von Nachfrage durch Bereitstellung eines entsprechenden Angebots zu definieren; dann entspräche nämlich der

---

[6] *A. Smith,* Der Reichtum der Nationen. I. Leipzig 1924, 5 f.

Bau von KZ-Marteranstalten, weil eine entsprechende Nachfrage von seiten eines Menschenschinders vorliegt, dem Sachziel der Wirtschaft. Das Sachziel der Wirtschaft besteht vielmehr in der dauernden und gesicherten Schaffung jener materiellen Voraussetzungen, die dem einzelnen und den Sozialgebilden die menschenwürdige Entfaltung ermöglichen. Die Enzyklika „Quadragesimo anno" bemerkt dazu: „So reichlich sollten sie (die materiellen Güter) bemessen sein, daß sie nicht bloß zur lebensnotwendigen und sonstigen ehrbaren Bedarfsbefriedigung ausreichen, sondern den Menschen die Entfaltung eines veredelten Kulturlebens ermöglichen, das, im rechte Maß genossen, dem tugendlichen Leben nicht nur nicht abträglich, sondern im Gegenteil förderlich ist" (QA 75). Dieses „der Wirtschaft als Ganzem vorgesteckte Ziel" vermag die menschliche Vernunft, wie die Enzyklika hinzufügt, „mit voller Bestimmtheit" der „Sachgüterwelt sowie der Individual- und Sozial-Natur des Menschen" zu entnehmen (QA 42). Hier steht die Christliche Soziallehre in schroffem Gegensatz zu vielen modernen Wissenschaftlern, die – wie z. B. Max Weber – erklären, bei der Frage nach „gut oder schlecht" könnten wir „den Verstand nicht um Rat fragen", da er „in dieser Beziehung vor einem Rätsel", und noch dazu „vor einem für ihn unlösbaren" stehe.[7]

2. Die Wirtschaft ist weder das einzige noch das höchste Ziel; sie muß sich vielmehr in die „rechte Stufenordnung der Ziele" an der ihr zukommenden Stelle einordnen (QA 43). Höher stehen Würde und Freiheit des Menschen, Ehe und Familie, Religion und Sittlichkeit, die kulturellen Werte und das „letzte Ziel und Ende aller Dinge", Gott selber (QA 43). Der Versuch, diese Harmonie umzustürzen und die höheren Werte zu Objekten wirtschaftlicher Prozesse zu machen, wäre Technokratie und Erniedrigung des Menschen (vgl. GS 64). Ziel ist nicht die unaufhörlich wachsende Güterversorgung, sondern der Dienst an den gesamtmenschlichen, vor allem auch an den sozialen Werten. In den vergangenen

---

[7] *M. Weber,* Jugendbriefe. o. J., 260 ff., zit.: H. Schoeck, Soziologie. Freiburg i. Br./München 1952, 262.

Jahrzehnten wurden den Menschen immer neue Güter angeboten, die sie nicht verlangt hatten, weil sie nicht wissen konnten, daß ihre Herstellung möglich wäre. Allmählich bahnt sich eine neue Entwicklung an: Mensch und Gesellschaft stellen Forderungen an die Wirtschaft, zum Beispiel im Hinblick auf den Umweltschutz (Bau umweltfreundlicher Autos und Maschinen und dergleichen).

„Mit tiefem Bedauern" wendet sich Johannes XXIII. gegen eine „große Zahl von Menschen, ... die geistige Werte allzusehr vernachlässigen, völlig übersehen oder sie überhaupt leugnen" und statt dessen den materiellen Wohlstand derart überschätzen, „daß sie ihn vielfach als den höchsten Wert des Lebens ansehen". Wenn auch eine blühende Wissenschaft, Technik und Wirtschaft „einen großen zivilisatorischen und kulturellen Fortschritt" bedeuten, bleibt doch zu bedenken, „daß dies nicht die höchsten Werte sind", sondern „nur Mittel, die dem Streben nach höheren Werten dienlich sein können" (MM 175 f.).

ZWEITES KAPITEL
Die Ordnung der Wirtschaft

Die Erkenntnis, daß die Wirtschaft ein ihr immanentes Sachziel besitzt, führt zu der Frage, welche *Ordnung* der Wirtschaft zu geben ist, damit dieses Ziel erreicht werden kann. Es empfiehlt sich, zunächst die vom Liberalismus und vom Marxismus aufgestellten Ordnungsmodelle der Wirtschaft kurz zu kennzeichnen; erst dann sollen die Gedanken der Christlichen Gesellschaftslehre zur Wirtschaftsordnung dargelegt werden.

§ 1 Die Wirtschaftsordnung nach den Vorstellungen des Liberalismus

1. Der von *Adam Smith* (1723–1790) begründete *ökonomische Liberalismus (Paläoliberalismus)* faßte seine Vorstellungen über die Ordnung der Wirtschaft in fünf Thesen zusammen:

a) *Es gibt eine „natürliche" Ordnung der Wirtschaft.* Unter dem Einfluß der deistischen Philosophie der Aufklärung glaubte der Paläoliberalismus an den „natürlichen" Menschen, an die „natürlichen" Kräfte und an eine „natürliche" Ordnung der Gesellschaft und Wirtschaft. Wie der Kosmos von Ordnung und Harmonie durchwaltet sei, so besitze auch die Wirtschaft eine ihr vorgegebene natürliche Ordnung, eine „prästabilierte Harmonie", in der alles von selber richtig laufe, wenn man die natürlichen Kräfte sich entfalten lasse. Der Mensch dürfe in dieses System nicht planwirtschaftlich eingreifen; sonst gerate alles in Unordnung. Die Sorge „für die allgemeine Glückseligkeit aller vernünftigen und fühlenden Wesen" ist nämlich nach Adam Smith „das Geschäft Gottes und nicht das des Menschen".[1] *Jean-Baptiste Say* (1767–1832), der Smiths Lehre in Frankreich auszubreiten suchte, behauptete, daß die Gesetze der Wirtschaft „nicht Menschenwerk" seien, sondern sich „aus der Natur der Dinge genau so sicher ergäben wie die Gesetze der physischen Welt"; man ersinne sie nicht, man finde

---

[1] *A. Smith,* a. a. O., Buch 2, Kap. 3 und Buch 4, Kap. 9, 281.

sie.[2] *Frédéric Bastiat* (1801–1850) huldigte demselben Optimismus. Er verglich die „mécanique céleste" des gestirnten Himmels mit der „mécanique sociale" der natürlichen Wirtschaftsordnung, die von der Weisheit Gottes künde.[3]

b) *Die „natürliche"Ordnung der Wirtschaft ist aus unserer Vernunft ablesbar.* Der Glaube an die naturgegebene Ordnung der Wirtschaft wurde durch das Vertrauen auf die Vernunft, die jene Ordnung richtig zu erkennen vermöge, ergänzt. Schon der Physiokrat *Paul-Pierre Le Mercier de La Revière* († 1801) hatte gelehrt, daß die Erkenntnis der natürlichen Gesetze dem Menschen leicht sei, weil die Natur jedem „einen ausreichenden Teil von Vernunftlicht" gegeben habe.[4]

c) *Das Grundprinzip der natürlichen Wirtschaftsordnung ist die individualistische Idee der Freiheit.* Die Bindungen der Zunftordnung und der Grundherrschaft wurden gesprengt. Die Freiheit des Menschen und seines Eigentums, des Vertrages und des Wettbewerbs, des Handels und des Gewerbes wurde verkündigt. Der Staat, so forderte *Adam Smith* 1776, solle „alle Begünstigungs- und Beschränkungssysteme" aus dem Wege räumen. Dann stelle sich „das klare und einfache System der natürlichen Freiheit" von selber ein. Die Aufgaben des Staates seien auf den Schutz des Landes vor äußeren Feinden, die Schaffung der Rechtssicherheit im Innern und die Errichtung unrentabler, aber unentbehrlicher öffentlicher Institutionen (z. B. der Schulen und Straßen) beschränkt. In der Wirtschaft jedoch wirke sich jede staatliche Lenkung und Planung schädlich aus; es gebe nämlich keine zwei Charaktere, die sich weniger miteinander vertrügen als der Charakter eines Kaufmanns und eines Fürsten; seien doch die Regierungen „immer und ohne Ausnahme die größten Verschwender", da sie das Geld anderer Leute ausgäben. Ausdruck der Forderung nach vollständiger wirtschaftlicher Freiheit war die Parole: „Laissez faire, laissez passer"[5].

---

[2] *J.-B. Say,* Traité d'Economie politique, 12 f.

[3] *Fr. Bastiat,* Oeuvres complètes. VI. Paris 1855, 10 f.

[4] L'Ordre naturel et essentiel des sociétés politiques. Paris 1767, 81.

[5] *A. Smith,* a. a. O., Buch 3, Kap. 2.

d) *Die natürliche Antriebskraft in der Wirtschaft ist der Eigennutz.* Man habe noch niemals erlebt, meinte Adam Smith, „daß diejenigen viel Gutes bewirkt hätten, welche die Miene annahmen, für das allgemeine Beste Handel zu treiben". Verfolge jedoch jeder „sein eigenes Interesse", so fördere er „das der Nation weit wirksamer, als wenn er dieses wirklich zu befördern die Absicht hätte". Nur die Leistung freier, selbstinteressierter Menschen bringe Wohlstand. Die „Erfahrung aller Zeiten und Völker" stimme nämlich darin überein, daß die durch Sklaven geleistete Arbeit, obwohl sie nur die Lebenshaltungskosten beanspruche, „letzten Endes die teuerste von allen ist"; denn „wer nichts für sich selbst erwerben darf, kann kein anderes Interesse haben als möglichst viel zu essen und möglichst wenig zu arbeiten".[6]

Die Lehre des Adam Smith vom „Altruismus des Egoismus" wirkte auf viele Zeitgenossen wie eine Offenbarung. *Frédéric Bastiat* pries dieses Gesetz als die „erhabenste Offenbarung der unparteiischen Vorsehung Gottes allen seinen Geschöpfen gegenüber"[7]. Der geniale *Hermann Heinrich Gossen* (1810–1858) aber meinte, wie Gott durch die Schwerkraft „Ordnung in seine Welten" gebracht habe, so schaffe er durch den Eigennutz „Ordnung unter seinen Menschen". Der Eigennutz halte die menschliche Gesellschaft zusammen. Er sei „das Band, welches alle Menschen umschlingt und sie zwingt, im gegenseitigen Austausch mit dem eigenen Wohl zugleich das Wohl des Nebenmenschen zu fördern". Leider sei der Eigennutz so sehr verkannt worden, daß man ihn als „Genußsucht" verketzert habe: „So weit kann der Mensch sich verirren, wenn er die Offenbarungen des Schöpfers, wie dieser sie ewig und unveränderlich und ununterbrochen in seiner Schöpfung kundgibt, unbeachtet läßt und an ihrer Stelle Menschensatzungen zur Richtschnur nimmt."[8]

Die Vorstellung, daß „die natürlichen Interessen und Neigungen des Menschen auf das genaueste mit den Interessen der Allge-

---

[6] *A. Smith,* a. a. O., Buch 3, Kap. 2.

[7] *Fr. Bastiat,* a. a. O., 327.

[8] Entwicklung der Gesetze des menschlichen Verkehrs. Berlin 1889, 3 f., 277.

190

meinheit übereinstimmen" (Adam Smith), ist der aufklärerischen Theologie des Deismus entsprungen. Der einzelne, so schrieb Adam Smith, „erstrebt immer nur seinen eigenen Gewinn; aber er wird dabei ... von einer unsichtbaren Hand geführt (he is led by an invisible hand), so daß er einen Zweck fördert, den er in keiner Weise beabsichtigt hatte"; man könne mithin von uns sagen, „daß wir Mitarbeiter der Gottheit sind und daß wir, soweit es in unserer Macht steht, die Pläne der Vorsehung ihrer Verwirklichung näher bringen".[9] Im selben Sinne meint *Johann Heinrich von Thünen* (1783–1850) im 19. Jahrhundert, der Mensch sei, während er „nur seinen eigenen Vorteil zu verfolgen" wähne, „das Werkzeug in der Hand einer höheren Macht", und er arbeite, „ihm selbst oft unbewußt, an dem großen und künstlichen Bau".[10]

e) *Das Ordnungssteuer der Wirtschaft ist der Wettbewerb.* Bei der Umwandlung des Egoismus in den Altruismus bedient sich die numinose „unsichtbare Hand Gottes" eines einfachen Mittels, des Wettbewerbs. Wie das Eigeninteresse der vorantreibende Motor der Wirtschaft ist, so ist der Wettbewerb das Ordnungssteuer, das die vielfältigen Sonderinteressen zur Harmonie und zum Gemeinwohl hinlenkt. Jedermann, so lesen wir bei *Adam Smith,* hat völlige Freiheit, solange er nicht die Gerechtigkeit verletzt, „sein Eigeninteresse auf seine eigene Weise zu verfolgen" und sein Gewerbe und Kapital mit dem anderer Leute „in Wettbewerb zu bringen". Da der Wettbewerb Garant des Gemeinwohls sei, müsse die Subventionsgier vieler Kaufleute, die dem Staat nachliefen, um monopolistische Vorrechte zu erlangen, bekämpft werden. Die Ausschaltung des Wettbewerbs bringe zwar den Interessenten Vorteile, sei jedoch „stets gegen die Interessen der Allgemeinheit"[11].

2. *Die kapitalistische Wirklichkeit.* Die geistigen Väter des ökonomischen Liberalismus sind alles andere als gewissenlose Ausbeuter gewesen. Selten sind auf die Wirtschaft so große, geradezu pseudo-

---

[9] *A. Smith,* a. a. O., Buch 4, Kap. 2.
[10] *J. H. v. Thünen,* Der isolierte Staat, I, 327.
[11] *A. Smith,* a. a. O., Buch 4, Kap. 7.

theologische Hoffnungen gesetzt worden wie zu Beginn des industriellen Zeitalters. In einem rührenden Optimismus glaubten die alten Liberalen, nunmehr werde – nach Entfesselung der freien Konkurrenz – ein glückliches, unter dem Zeichen allgemeinen Wohlstandes und der Brüderlichkeit stehendes Zeitalter für alle Schichten des Volkes beginnen. Die prästabilierte Harmonie des Marktes führe automatisch zur Verwirklichung der sozialen Gerechtigkeit.

Das industrielle Zeitalter hat in der Tat gewaltige wirtschaftliche Leistungen vollbracht. Markt und Wettbewerb haben ihre Dynamik. Gestützt auf die Naturwissenschaften und angelockt durch die neuen Möglichkeiten der freien Konkurrenz bemächtigte sich der Mensch systematisch der bisher verborgenen Kräfte der Natur. Er bannte sie in die physikalische, chemische und biologische Technik, die in stürmischer Entwicklung zur Grundlage der modernen Wirtschaft und zum Skelett unserer Zivilisation geworden ist. Eine Erfindung und Entdeckung jagte die andere. Das Durchschnittsalter der Menschen stieg von 35 auf 70 Jahre. Der Lebensstandard auch der unteren Schichten hob sich beträchtlich.

Dennoch hat die Ära des ökonomischen Liberalismus zu einem gefährlichen *sozialen Unbehagen* geführt und die „Soziale Frage" heraufbeschworen. Die besitzlosen und zunächst noch nicht gewerkschaftlich zusammengeschlossenen Arbeiter konnten im Wettbewerb kein Eigentum, sondern nur ihre Arbeitskraft einsetzen. „Sei im Besitz, und du bist im Recht", sagt das Sprichwort. Es überrascht, daß Adam Smith selber an einer aufregenden Stelle seines Hauptwerkes auf die Startungleichheit deutlich hingewiesen hat. Er schreibt vom Ringen zwischen Arbeitern und Unternehmern: „Es ist indes nicht schwer vorauszusehen, welche der beiden Parteien unter den gewöhnlichen Umständen in diesem Streite die Oberhand behalten und die andere zur Einwilligung in ihre Bedingungen zwingen wird ... In allen solchen Streitigkeiten können die Herren viel länger aushalten ..., sie können, auch wenn sie keinen einzigen Arbeiter beschäftigen, doch im allgemeinen ein oder zwei Jahre von den Kapitalien leben ... Viele Ar-

beiter dagegen können nicht eine Woche, wenige nur einen Monat und kaum einer ein Jahr ohne Beschäftigung bestehen."[12]
Allen optimistischen Erwartungen zum Hohn ist gerade in der ersten Hälfte des 19. Jahrhunderts unsagbares Elend über die Arbeiterschaft gekommen. „Der alten Titanen einer", so schreiben die Historisch-politischen Blätter 1847, ist „insgeheim aufgestanden und leisen Schrittes an den Wirrwarr dieser Gegenwart herangetreten ..., der Proletarier."[13] Ein „primitiver Kapitalismus", der den Menschen „dem Gesamt der materiellen Produktionsmittel" gleichschaltet und ihn „wie ein Instrument" behandelt, widerspricht, wie Papst Johannes Paul II. sagt, der Würde des Menschen. Deshalb war der „Sturm der Solidarität", der sich im 19. Jahrhundert gegen die „Erniedrigung des Menschen" und gegen die „unerhörte Ausbeutung auf dem Gebiet der Löhne, der Arbeitsbedingungen und der Vorsorge für die Person des Arbeiters" erhob, „sozialmoralisch gerechtfertigt" (LE 7–8).
Eine gerechte Beurteilung des damaligen Proletarierschicksals wird allerdings nicht allein dem freien Wettbewerb die Schuld zuschieben dürfen, sondern beachten müssen, daß angesichts der unaufhörlich steigenden Bevölkerungszahl das Sozialprodukt nicht ausreichte, um allen eine menschenwürdige Bedarfsdeckung zu gewähren. *Louis Auguste Blanqui* meinte damals: „Obwohl die Erde gar groß und noch vielfach unbebaut ist, so eilen wir dennoch allzu zahlreich zum Bankett des Lebens."[14]
Aber gerade hier wird ein bedenkliches Versagen des alten ökonomischen Liberalismus offenbar: Obwohl der Bedarf an Gütern aller Art überaus groß war und obwohl es nicht an arbeitswilligen Händen fehlte, brachen immer wieder – mit fast fataler Regelmäßigkeit – nicht exogen, sondern endogen bedingte *Konjunkturkrisen* herein, die Millionen von Arbeitern mit ihren Familien in Not stürzten. Seit dem Beginn des industriellen Zeitalters lassen sich drei große Konjunkturwellen unterscheiden. Der erste Langwel-

---

[12] *A. Smith,* a. a. O., Buch 1, Kap. 8.
[13] Jg. 19 (1847) 522 f.
[14] *A. Blanqui,* Histoire de l'Economie Polit. en Europe (1837), zit. P. F. Reichensperger, Die Agrarfrage. Trier 1847, 257.

lenzyklus, der von 1787 bis 1842 dauerte und den Aufbruch der industriellen Entwicklung erlebte, wurde sechsmal von Konjunkturkrisen erschüttert. Der zweite Langwellenzyklus, der durch den Eisenbahnbau und durch die stark um sich greifende industrielle Expansion bestimmt wurde, dauerte – wiederum im Abstand von acht bis zehn Jahren von Krisen unterbrochen – von 1843 bis 1897. Der dritte Langwellenzyklus, für den nach Schumpeter die Elektrizität, der Motor und die Chemie kennzeichnend sind, erstreckte sich – immer wieder von Krisen gestört – von 1898 bis zur großen Weltwirtschaftskrise der Jahre 1929/31. Gegen Ende der zwanziger Jahre hatten die Konzentration und die Vermachtung der Wirtschaft sowie die ruinöse Konkurrenz ein solches Ausmaß angenommen, daß der Automatismus des Wettbewerbs kein neues Gleichgewicht mehr zu schaffen vermochte. Fast überall herrschte eine chronische Massenarbeitslosigkeit, und zwar nicht aus politisch exogenen, sondern aus liberalwirtschaftlich-endogenen Gründen. Es begann die Ära der aktiven staatlichen Konjunkturpolitik. Zugleich war die Weltwirtschaftskrise der Jahre 1929/31 ideengeschichtlich die Geburtsstunde des *Neoliberalismus,* wenn auch der Aufbau des neoliberalen Systems erst in späteren Jahren erfolgte.

3. *Der Neoliberalismus* erkennt offen die Fehlentwicklung des alten Liberalismus an und sucht sich von ihm mehr oder weniger zu distanzieren. So spricht z. B. *Alexander Rüstow* von der „schweren pathologischen Degenerationsform" der Marktwirtschaft des 19. und 20. Jahrhunderts, die durch das „Überwuchern marktwirtschaftsfremder und -feindlicher herrschaftlich-monopolistischer Tendenzen" von innen her zerstört worden sei.[15] Um diese Mängel abzustellen, müsse man bei der Neuordnung des Wirtschaftslebens von vier wesentlichen Voraussetzungen ausgehen:

a) *Marktwirtschaft und freie Konkurrenz sind nicht dasselbe.* Der alte Liberalismus habe Vertragsfreiheit und Wettbewerbsfreiheit gefor-

---

[15] *A. Rüstow,* Zwischen Kapitalismus und Kommunismus, in: Ordo 2 (1949) 103, 154.

dert, dabei jedoch übersehen, daß durch Monopolbildungen die Wettbewerbsfreiheit mit Hilfe der Vertragsfreiheit aufgehoben werden kann. Nur im Falle des beiderseitigen vollständigen Leistungswettbewerbs werde das Eigeninteresse dem Gemeinwohl dienen. Mithin müsse die Vermachtung der Märkte durch Monopole, Teilmonopole, Oligopole, Kartelle, Syndikate, Konzerne und dgl. unterbunden werden. Unvermeidbare Monopole jedoch müßten unter öffentliche Kontrolle gestellt werden.

b) *Der Leistungswettbewerb ergibt sich nicht von selbst; er muß vielmehr vom Staat veranstaltet werden.* Nach neoliberalem Verständnis ist der Staat kein bloßer Nachtwächter; er muß vielmehr der Wirtschaft eine Verfassung geben, die der freien Konkurrenz Entfaltungsmöglichkeiten gewährt: durch Anerkennung des Privateigentums und der freien Preisbildung, durch Öffnung der Märkte, durch Kontrolle oder Verbot der Monopole. Dieses konstituierende und regulierende Eingreifen des Staates in die Wirtschaft müsse marktkonform sein, d. h. es dürfe die Preismechanik und die dadurch bewirkte Selbststeuerung des Marktes nicht aufheben. Als nicht marktkonforme Maßnahmen werden deshalb abgelehnt: Subventionen, Devisenzwangswirtschaft, Preisstopp, Investitionsverbote und dgl. Nach neoliberaler Auffassung ist der durch konstituierende und regulierende Wirtschaftspolitik zu sichernde freie Leistungswettbewerb das regulative Prinzip der Wirtschaft, der „dritte Weg" zwischen Kapitalismus und Kollektivismus. Auch das Christentum, „selbst das so gut organisierte katholische", wisse, was die Wirtschaftsordnung betrifft, keine bessere Lösung; komme doch die „berühmte, aber vielverkannte" Enzyklika „Quadragesimo anno" im Grunde zum „selben Ergebnis".[16] Zwischen Neoliberalismus und Christlicher Soziallehre gebe es „keinen echten Gegensatz"[17].

---

[16] *W. Röpke,* Gedanken eines Neoliberalen zur Enzyklika „Quadragesimo anno", in: Dokumente, Heft 7 (1947) 427 f.

[17] *A. Müller-Armack,* Soziale Irenik. Köln 1948, 7.

c) *Es gibt „eine große Reihe von Dingen, die dem Marktmechanismus unzugänglich, die aber von größter Wichtigkeit für die menschlichen Belange sind".* Man könne z. B. die „Marktpassiven" nicht „auf den Markt verweisen", weil sie nicht fähig seien, „aus welchen Gründen auch immer, auf eine marktgerechte Weise für sich selbst zu sorgen, weil sie krank, weil sie schwach, weil sie alt" seien.[18] Der Paläoliberalismus der „politischen Rechten" nehme an, „daß der marktwirtschaftliche Magen auf jedes politische Faktum mit Krämpfen und Übelkeit reagiere, während die Linke diesen marktwirtschaftlichen Magen für schlechthin unverwüstlich halte und glaube, daß er jede Mißhandlung verkrafte und jeden Fremdkörper verdaue" (Franz Böhm).

d) Der Neoliberalismus weist den Vorwurf, daß er die menschlichen Belange dem Marktmechanismus unterordne, als kränkend zurück. Der Markt habe „lediglich eine dienende Funktion"; er sei „kein Selbstzweck", sondern solle „zu einer möglichst günstigen Versorgung der Menschen" führen.[19] Auch könne man den Neoliberalismus nicht dafür verantwortlich machen, daß sich manche Anhänger des alten Liberalismus heute „Neoliberale" zu nennen pflegten.

Verglichen mit dem Paläoliberalismus bedeutet die neoliberale Theorie ohne Zweifel eine gewisse Annäherung an die Grundsätze der Christlichen Soziallehre. Dennoch lassen Deutung und Wertung des Marktmechanismus nach wie vor tiefe Gegensätze erkennen. Nach neoliberaler Vorstellung ist die „supraempirische Gesetzmäßigkeit des Marktes", der „mit seiner zwingenden Gewalt einem metaphysischen Ordnungsbild" näher stehe als das, „was Menschen für gut befinden", das regulative Prinzip der Wirtschaft (Otto Veit).[20] Demgegenüber hält die Christliche Soziallehre daran fest, daß weder die atomare Marktverfassung noch die monopolistische Vermachtung das Sachziel der Wirtschaft zu verwirklichen vermögen. Die Theorie, daß die Wirtschaft „im

---

[18] *A. Rüstow,* in: Junge Wirtschaft, 1960, Nr. 2, 5.
[19] Ebd., 5.
[20] Ordo 11 (1959) 363.

Markte, d.h. im freien Wettbewerb ... ihr regulatives Prinzip in sich (besitze), durch das sie sich vollkommener selbst reguliere, als das Eingreifen irgendeines geschaffenen Geistes dies je vermöchte", verkennt „die gesellschaftliche wie die sittliche Natur der Wirtschaft" (QA 88). Die Wirtschaft ist kein Automat, sondern ein vom geordneten und ordnenden Willen des Menschen, nicht zuletzt vom Staat, zu gestaltender Kulturprozeß. Dringende Aufgaben, die heute im Hinblick auf das Sachziel der Wirtschaft und auf das Gemeinwohl gestellt sind, lassen sich mit der bloßen Gesetzmäßigkeit des Marktes nicht meistern: die breite Vermögensstreuung, das kontinuierliche, nicht durch Konjunkturkrisen gestörte Wachstum der Wirtschaft, die Verhütung von Massenarbeitslosigkeit und dergleichen. Wo „die gebotene wirtschaftspolitische Tätigkeit des Staates", die „fördert, anregt, regelt, Lücken schließt und Vollständigkeit gewährleistet", fehlt oder unzureichend ist, „kommt es schnell zu heilloser Verwirrung, da herrscht die freche Ausbeutung fremder Not durch von Skrupel wenig gehemmte Stärkere, die sich – leider – allzeit und allenthalben breitmachen wie Unkraut im Weizen" (MM 58). Andererseits ist der Wettbewerb in einer auf das Gemeinwohl ausgerichteten Wirtschaft „berechtigt und von zweifellosem Nutzen" (QA 88). Denn „wo die Privatinitiative der einzelnen fehlt, herrscht politisch die Tyrannei; da geraten aber auch manche Wirtschaftszweige ins Stocken; da fehlt es an tausenderlei Verbrauchsgütern und Diensten, auf die Leib und Seele angewiesen sind ..., die zu erlangen in besonderer Weise die Schaffensfreude und den Fleiß der einzelnen auslöst und anstachelt" (MM 57). Auch wenn die Wirtschaft lenkungsfähig und lenkungsbedürftig ist, ist sie doch keine Funktion des Staates; sie gehört vielmehr als Kultursachgebiet dem gesellschaftlichen Raum zwischen Einzelmensch und Staat an. Daher verlangt die Subsidiarität, „daß die leistungsgemeinschaftlichen Gebilde sowie die vielfachen Unternehmungen, in denen der Vergesellschaftungsprozeß sich vorzugsweise abspielt, sich wirklich kraft eigenen Rechts entwickeln können", wobei natürlich stets der „Einklang mit dem Gemeinwohl" gewahrt werden muß (MM 65).

[Eine bedeutende Weiterführung der bisherigen kirchlichen Lehre über die Ordnung der Wirtschaft bietet die Enzyklika „Centesimus annus". Sie überwindet endgültig das Vorurteil von Karl Marx, als ob es nur eine „sozialistische" oder eine „kapitalistische" Gesellschaft geben könne. Sie tut dies im Zusammenhang mit zwei zeitgeschichtlichen Zäsuren, die sie den Jahren 1945 und 1989 zuordnet: Der Papst zeigt sich zunächst erfreut darüber, daß man „in einigen Ländern ... nach den Zerstörungen des Krieges auf verschiedenen Gebieten ein positives Bemühen zum Aufbau einer demokratischen Gesellschaft, die sich von sozialer Gerechtigkeit leiten läßt und dem Kommunismus sein revolutionäres Potential entzieht", sehen könne. Dieses Bemühen werde „im allgemeinen durch freie Marktwirtschaft gefördert" (CA 19). Der Kenner hätte den Terminus „Soziale Marktwirtschaft" erwartet. Der Papst vermeidet aber diese spezifisch deutsche Wortschöpfung, beschreibt jedoch der Sache nach bis in die Einzelheiten die ordnungsethischen Grundlagen und wirtschaftspolitischen Konsequenzen einer Sozialen Marktwirtschaft: Mit den Begriffen „Freiheit" und „soziale Gerechtigkeit" sind die ethischen Grundlagen markiert, mit den Begriffen „Marktmechanismus" und „öffentliche Kontrolle" die beiden grundlegenden Ordnungselemente. Mit einem „verhältnismäßig reichen Angebot von Arbeitsmöglichkeiten" und einem „soliden System der sozialen und beruflichen Sicherheit" sowie der Überwindung des „Warencharakters" der Arbeit durch die arbeitsrechtliche Sicherung ihrer „Würde" werden die Hauptziele einer Sozialen Marktwirtschaft formuliert.

Die zweite zeitgeschichtliche Zäsur ist das Jahr 1989. Der Papst fragt: „Kann man sagen, daß nach dem Scheitern des Kommunismus der Kapitalismus das siegreiche Gesellschaftssystem sei und daß er das Ziel der Bemühungen jener Länder ist, die ihre Wirtschaft und Gesellschaft neu aufzubauen versuchen? Ist vielleicht er das Modell, das den Ländern der Dritten Welt, die nach einem Weg für den wirtschaftlichen und gesellschaftlichen Fortschritt suchen, vorgeschlagen werden soll?" (42) Die Enzyklika antwortet: „Wird mit ‚Kapitalismus' ein Wirtschaftssystem bezeichnet, das die grundlegende und positive Rolle des Unternehmens, des Marktes, des Privateigentums und der daraus folgenden Verantwortung für die Produktionsmittel sowie die freie Kreativität des Menschen im Bereich der Wirtschaft anerkennt, ist die Antwort sicher positiv" (42). Damit hat der Papst nicht nur eine gute Definition einer freiheitlichen Wirtschaft gegeben, sondern in dem darauffolgenden Satz zugleich deutlich gemacht, daß er es für nicht ganz unproblematisch hält, dafür die Bezeichnung „Kapitalismus" zu wählen: „Vielleicht wäre es passender, von ‚Unternehmenswirtschaft' oder ‚Marktwirtschaft' oder einfach ‚freier Wirtschaft' zu sprechen". Der zweite Teil der Antwort aber macht deutlich, daß man unter „Kapitalismus" auch etwas ganz anderes verstehen kann: „Wird aber unter ‚Kapitalismus' ein System verstanden, in dem die wirtschaftliche Freiheit nicht in eine feste

Rechtsordnung eingebunden ist, die sie in den Dienst der vollen menschlichen Freiheit stellt und sie als eine besondere Dimension dieser Freiheit mit ihrem ethischen und religiösen Mittelpunkt ansieht, dann ist die Antwort ebenso entschieden negativ" (42).

Eine rechtlich nicht geordnete, sozusagen wilde und wertfreie Marktwirtschaft wird also abgelehnt. Differenziert wird darüber hinaus die *„Aufgabe des Staates im Bereich der Wirtschaft"* dargestellt. Wichtig ist zunächst die prinzipielle Feststellung: „Die Wirtschaft, insbesondere die Marktwirtschaft, kann sich nicht in einem institutionellen, rechtlichen und politischen Leerraum abspielen. Im Gegenteil, sie setzt die Sicherheit der individuellen Freiheit und des Eigentums sowie eine stabile Währung und leistungsfähige öffentliche Dienste voraus." Hier liege die „Hauptaufgabe des Staates" (48).

Neben den gerade erwähnten klassischen Zielen einer Sozialen Marktwirtschaft fordert der Papst als zusätzliche Aufgaben die ökologische Verträglichkeit aller wirtschaftlichen Handlungen und die ethische Zumutbarkeit des weltwirtschaftlichen Güteraustauschs für alle Völker: „Es ist Aufgabe des Staates, für die Verteidigung und den Schutz jener gemeinsamen Güter, wie die natürliche und die menschliche Umwelt, zu sorgen, deren Bewahrung von den Marktmechanismen allein nicht gewährleistet werden kann. Wie der Staat zu Zeiten des alten Kapitalismus die Pflicht hatte, die fundamentalen Rechte der arbeitenden Menschen zu verteidigen, so haben Staat und Gesellschaft angesichts des neuen Kapitalismus die Pflicht, *die gemeinsamen Güter zu verteidigen,* die unter anderen den Rahmen bilden, in dem allein es jedem einzelnen möglich ist, seine persönlichen Ziele auf gerechte Weise zu verwirklichen" (40).

Gerade hier stoße man auf „eine neue Grenze des Marktes: Es gibt gemeinsame und qualitative Bedürfnisse, die mit Hilfe seiner Mechanismen nicht befriedigt werden können. Es gibt wesentliche menschliche Bedürfnisse, die sich seiner Logik entziehen, Güter, die aufgrund ihrer Natur nicht verkauft oder gekauft werden können und dürfen. Gewiß bieten die Marktmechanismen sichere Vorteile. Sie helfen unter anderem dabei, besseren Gebrauch von den Ressourcen zu machen; sie fördern den Austausch der Produkte und stellen den Willen und die Präferenzen des Menschen in den Mittelpunkt, die sich im Vertrag mit denen eines anderen Menschen treffen. Diese Mechanismen schließen jedoch die Gefahr einer ‚Vergötzung' des Marktes ein, der die Existenz von Gütern ignoriert, die ihrer Natur nach weder bloße Waren sind noch sein können" (40). Mit diesen wichtigen Unterscheidungen wird die Theorie einer sozial orientierten Marktwirtschaft hinsichtlich ihrer anthropologischen Begründung und des Umfangs ihrer Anwendung erheblich vertieft. Dies ist die bedeutendste Klarstellung des „Sozialen Lehramts" der Kirche zur Wirtschaftsordnung seit den diesbezüglichen Darlegungen Pius' XI. in „Quadragesimo anno" (1931).]

Wie der Paläoliberalismus anders über die Wirtschaftsordnung urteilt als der Neoliberalismus, so unterscheiden sich auch die Vorstellungen, die der kommunistisch-kollektivistische Sozialismus der östlichen Welt über Sinn und Funktion der Wirtschaftsordnung hat, wesentlich von denen des freiheitlich-demokratischen Neosozialismus der westlichen Welt.

1. In der Lehre von der Wirtschaftsordnung, wie sie vom *kommunistisch-kollektivistischen Sozialismus* vorgetragen wird, lassen sich zwei Schwerpunkte unterscheiden:

a) Im Banne des von Karl Marx begründeten *historisch-soziologischen Materialismus* stellt der kommunistisch-kollektivistische Sozialismus die These auf, daß jede Wirtschaftsordnung einerseits durch die jeweilige Stufe der technischen Bewältigung der Naturkräfte bestimmt werde und daß sie andererseits den „ideologischen Überbau" (Recht, Philosophie, Kunst, Religion usw.) bedinge. Berühmt ist die als „klassisch" bezeichnete Stelle im Vorwort des Marx'schen Werkes „Zur Kritik der politischen Ökonomie" (1859): „In der gesellschaftlichen Produktion ihres Lebens gehen die Menschen bestimmte, notwendige, von ihrem Willen unabhängige Verhältnisse ein, Produktionsverhältnisse, die einer bestimmten Entwicklungsstufe ihrer materiellen Produktivkräfte entsprechen. Die Gesamtheit dieser Produktionsverhältnisse bildet die ökonomische Struktur der Gesellschaft, die reale Basis, worauf sich ein juristischer und politischer Überbau erhebt, und welcher bestimmte gesellschaftliche Bewußtseinsformen entsprechen. Die Produktionsweise des materiellen Lebens bedingt den sozialen, politischen und geistigen Lebensprozeß überhaupt."[21] Marx behauptet also, daß die jeweiligen technischen Produktionsverfahren (die „Produktivkräfte") sich die ihnen gemäße Wirtschafts- und Gesellschaftsordnung (die „Produktionsverhältnisse") schaffen. Er wagt den Satz: „Mit der Erwerbung neuer Pro-

---

[21] *K. Marx,* Zur Kritik der politischen Ökonomie. Berlin 1947, 13 f.

duktionskräfte verändern die Menschen ihre Produktionsweise und mit der Veränderung der Produktionsweise, der Art, ihren Lebensunterhalt zu gewinnen, verändern sie alle ihre gesellschaftlichen Verhältnisse. Die Handmühle ergibt eine Gesellschaft mit Feudalherren, die Dampfmühle eine Gesellschaft mit industriellen Kapitalisten."[22] Noch mehr ist man erstaunt, wenn Marx dann fortfährt: „Aber dieselben Menschen, welche die sozialen Verhältnisse gemäß ihrer materiellen Produktionsweise gestalten, gestalten auch die Prinzipien, die Ideen, die Kategorien gemäß ihren gesellschaftlichen Verhältnissen."[23] Damit wird der jeweiligen Gesellschafts- und Wirtschaftsordnung vom dialektischen Materialismus eine Bedeutung beigelegt wie in keinem anderen System; behauptet Marx doch, daß die „juristischen, politischen, religiösen, künstlerischen oder philosophischen" Inhalte des sogenannten „ideologischen Überbaus" von den ökonomischen Verhältnissen „bedingt", „bestimmt", „in letzter Instanz bestimmt", „in die Welt gesetzt", „umgesetzt", „übersetzt", „umgewälzt" und „produziert" würden; das Geistige „entquillt" nach Marx und Engels dem Ökonomischen, es ist die „verhimmelte Form" der gesellschaftlichen Verhältnisse, die seine „Ursache" sind.

Alle diese Formulierungen sind – wie die Thesen des dialektischen Materialismus überhaupt – unklare, einseitige und höchst anfechtbare Simplifikationen. Haben Handmühle und Feudalsystem des Mittelalters die Summa Theologica des heiligen Thomas von Aquin „in die Welt gesetzt"? Sind Christus, Paulus, Augustinus, Benedikt, Franz von Assisi, Luther usw. nur vom Ökonomischen her zu verstehen?[24] Von der Kritik gezwungen, mußten Marx und Engels ihre These mehrmals umformulieren und einschränken: Das Geistige werde zwar durch ökonomische Tatsachen „in die Welt gesetzt", wirke dann jedoch „auf seine Umgebung und selbst seine eigenen Ursachen" zurück, so daß sich eine

[22] K. Marx, La Misère de la philosophie, in: Frühschriften. Stuttgart 1953, 497 f.

[23] Ebd., 498.

[24] Vgl. J. Höffner, Die Religion im dialektischen Materialismus. Köln ⁴1973 (Sonderdrucke 4).

„Wechselwirkung auf Grundlage der in letzter Instanz stets sich durchsetzenden ökonomischen Notwendigkeit" ergebe (Friedrich Engels).[25] Wird schon in diesem Satz dem „ideologischen Überbau" eine gewisse, wenn auch relative Bedeutung zuerkannt, so wendet erst recht der Bolschewismus dem Ideologischen größte Beachtung zu. Anknüpfend an Iwan Pawlows Hunde-Experimente, die durch Wirrsignale Angstzustände bei den Hunden hervorzurufen vermochten, wird heute eine permanente Gehirnwäsche durchgeführt, wobei die Methode der Wirrsignale seit einigen Jahren auch auf die dem Sowjet-Imperialismus nicht unterworfene Welt ausgedehnt wird. Durch den raschen Wechsel brutaler Drohung und „weicher" Anbiederung soll ein Zustand von Perplexität und Unsicherheit unter den Völkern der freien Welt geschaffen werden.

Wie in jedem Irrtum liegt auch in der marxistischen Pars-pro-toto-These ein gewisser richtiger Kern. Weil der Mensch seinem Wesen nach auf das Du und die Gemeinschaft hingeordnet ist, ist er vom Gesellschaftlichen her – im Guten und im Bösen – ansprechbar, was in der überlieferten Theologie unter den Stichworten „gutes Beispiel", „schlechtes Beispiel", „gute Gesellschaft", „schlechte Gesellschaft", „diese Welt" (1 Joh 2,15) usw. seit Jahrhunderten erörtert worden ist. Aber das letztlich in der Weltgeschichte Bestimmende sind nicht die ökonomischen Prozesse, sondern die geistigen Entscheidungen.

b) Noch anfechtbarer als die Lehre von den die gesamte Menschheitsgeschichte bestimmenden Produktionsverhältnissen ist die marxistische These von der *Wirtschaftsordnung der kommunistischen Zukunftsgesellschaft*. In der marxistischen Pseudo-Eschatologie bildet die Weltgeschichte bis zum Sieg des Kommunismus die Epoche der duldenden, unerlösten Menschheit. Der in der Einführung des Privateigentums liegende „Sündenfall" hat nach Marx zur Ausbeutung des Menschen durch den Menschen in den drei geschichtlich aufeinander folgenden Formen der Sklaverei, der Leibeigenschaft und des kapitalistischen Lohnsystems geführt.

---

[25] Zit.: G. A. Wetter, Der dialektische Materialismus. Freiburg i. Br. 1952, 55.

Die gesamte bisherige Weltgeschichte sei eine Geschichte von Klassenkämpfen. Aber die Erlösung stehe unmittelbar bevor, da der Kapitalismus das „letzte antagonistische" Ausbeutungssystem sei: „Mit dieser Gesellschaftsform schließt daher die Vorgeschichte der menschlichen Gesellschaft ab."[26] Je mehr sich Technik und Industrie in einem Land entfalteten, desto mehr wachse zwangsläufig „die Masse des Elends, des Druckes, der Knechtschaft, der Entartung, der Ausbeutung, aber auch die Empörung der ... Arbeiterklasse". Die „kapitalistische Hülle" werde „gesprengt". Nach dieser Marx'schen Prophezeiung hätte der dialektische Sprung vom Kapitalismus zum marxistischen Sozialismus zuerst in den hochentwickelten Industriestaaten England, USA und Deutschland erfolgen müssen. In Wirklichkeit kam der Marxismus jedoch in den Agrarländern Rußland und China zur Macht, und zwar nicht durch Dialektik, sondern durch Waffengewalt.

Der „Erlöser", der die Menschheit in das sozialistische Paradies führen wird, ist das *Proletariat,* dem Karl Marx einen pseudo-christlichen Heilsauftrag zuweist. Er stellt das Proletariat als säkularisierten „Gottesknecht" (Jes 53,1–12) und Ecce-Homo vor uns hin: eine Klasse mit „radikalen Ketten", die „einen universellen Charakter durch ihre universellen Leiden besitzt", an der „kein besonderes Unrecht, sondern das Unrecht schlechthin" verübt wird, eine Klasse, die sich „nicht emanzipieren kann", ohne alle übrigen Schichten der Gesellschaft zu „emanzipieren", eine Klasse, die „der völlige Verlust des Menschen ist, also nur durch die völlige Wiedergewinnung des Menschen sich selbst gewinnen kann".[27]

Nach der Niederwerfung des Kapitalismus beginnt freilich noch nicht sofort das kommunistische Paradies. Die Entwicklung vollzieht sich vielmehr in zwei Stufen.

Zunächst folgt eine Epoche, die in einem sonderbaren Zwielicht steht: „Zwischen der kapitalistischen und der kommunistischen Gesellschaft liegt die Periode der revolutionären Umwandlung der einen in die andere. Der entspricht auch eine politische Über-

---

[26] *K. Marx,* Zur Kritik der politischen Ökonomie, a. a. O., 14.
[27] Zur Kritik der Hegelschen Rechtsphilosophie, in: Frühschriften, a. a. O., 222 f.

gangsperiode, deren Staat nichts anderes sein kann als die revolutionäre Diktatur des Proletariats."[28] Diese dem paradiesischen Kommunismus vorausgehende „sozialistische Zwischenstufe" weist zwei Eigentümlichkeiten auf:

Auffallend ist erstens, daß die Abschaffung des Privateigentums an den Produktionsmitteln zu einem totalen bürokratischen Wirtschaftsdirigismus (Zentralverwaltungswirtschaft) geführt hat: „Die Umwandlung des ganzen staatlichen Wirtschaftsmechanismus in eine einzige große Maschine, in einen Wirtschaftsorganismus, der so arbeitet, daß sich hunderte Millionen Menschen von einem einzigen Plan leiten lassen – das ist die gigantische organisatorische Aufgabe, die uns zugefallen ist."[29] Jedoch erhält – wie im „kapitalistischen" System – jeder seinen Lohn nach seinen Leistungen, so daß „der eine faktisch mehr als der andere" empfängt, ein Mißstand, der von Marx in der „ersten Phase" als „unvermeidbar" hingestellt wird. Sehr drastisch hat Lenin das Gesetz der sozialistischen Zwischenstufe umschrieben: „An einem Ort wird man ... ein halbes Dutzend Arbeiter, die sich vor der Arbeit drükken ..., ins Gefängnis stecken. An einem anderen Ort wird man sie die Klosetts reinigen lassen. An einem dritten Ort wird man ihnen nach Abbüßung ihrer Freiheitsstrafe gelbe Pässe aushändigen, damit das ganze Volk sie bis zu ihrer Besserung als schädliche Elemente überwache. An einem vierten Ort wird man einen von zehn, die sich des Müßiggangs schuldig machen, auf der Stelle erschießen. An einem fünften Ort wird man eine Kombination verschiedener Mittel ersinnen."[30] Eine typische Gestalt der zwielichtigen, gegen ihre eigenen Anhänger bösartigen „sozialistischen Zwischenstufe" ist *Stalin* gewesen, von dem es in der amtlichen, vom Marx-Engels-Lenin-Institut herausgegebenen Biographie heißt: „Mit eiserner Hand" verjagte Stalin die „bankrotten Kreaturen Trotzkis". Er „entlarvte restlos die Feinde des Leninismus" und „liquidierte" diese „Scheusale", diesen „Abschaum

---

[28] *K. Marx,* Kritik des Gothaer Programms (1875). Neudruck Berlin 1946, 29.

[29] *W.I. Lenin,* Ausgewählte Werke II. a. a. O., 333.

[30] Ebd., 297.

der Menschheit". Das „Sowjetgericht deckte ihre Verbrechen auf und verurteilte die trotzkistischen Scheusale zur Erschießung". Das ganze Volk aber „lauschte der Rede seines weisen und genialen Führers ..., billigte die Vernichtung der trotzkistischen Bande und ging zur Tagesordnung über"[31]. Als Chruschtschow auf dem XX. Parteitag der KPdSU im Februar 1956 die Verbrechen Stalins aufdeckte und u. a. darauf hinwies, „daß Stalin von den beim 17. Parteitag 1934 gewählten 139 Mitgliedern des Zentralkomitees 98 habe umbringen lassen", entstand unter den Delegierten „Bewegung", „Unruhe", „Bestürzung".[32] Der Protest zahlreicher Wissenschaftler und Dichter der Sowjetunion ist ein Aufschrei des Gewissens gegen die „Herrschaft der Gewalt", die – wie Alexander Solschenizyn schreibt – „die Masse als Dung für das Wohlergehen kleiner Minderheiten, und erst noch des letzten Abschaumes, mißbraucht"[33] und zu einer neuen Leibeigenschaft ganzer Völker geführt hat. Unter dem Eindruck der Enthüllungen Solschenizyns und anderer Augenzeugen greifen seit einigen Jahren in Frankreich zahlreiche junge Intellektuelle, von der radikalen Linken kommend, die marxistische Ideologie leidenschaftlich an, vor allem André Glucksmann, Bernard-Henri Levy, Jean-Marie Benoist, Philippe Nemo, Christian Jambet, Guy Landreau, Michel Guérin, Edgar Morin (die „neuen Philosophen").

André Glucksmann nennt die Sowjetunion „kapitalistisch und faschistisch"; Lenin habe „die unglaubliche Apologie einer mit einer unfehlbaren Doktrin ausgestatteten Partei" geschaffen.[34] Karl Marx, so schreibt *Bernard-Henri Levy*, sei „der Machiavelli dieses Jahrhunderts" und sein System „ein Opium des Volkes".[35]
Für die „sozialistische Zwischenstufe" ist es zweitens charakteristisch, daß sich die Diktatur des Proletariats gegen die nichtbolschewistischen Länder zum Kriege rüstet. Auf der Zweiten Uni-

---

[31] J. Stalin. Berlin 1945, passim.
[32] *M. Spieker,* Neomarxismus und Christentum. München/Paderborn/Wien 1974, 48.
[33] NZZ 4.6.1974.
[34] Köchin und Menschenfresser. Über die Beziehung zwischen Staat, Marxismus und Konzentrationslager. Edition Grasset, Paris 1975.
[35] *B.-H. Levy,* La barbarie à visage humain. Paris 1977.

onskonferenz der Friedensanhänger in Moskau wurde erklärt: „Wir dürfen nie müde werden, diese Kriegsbrandstifter, diese Prediger des Todes, diese Werwölfe zu entlarven ... Fluch den amerikanischen Atomkannibalen! Fluch über diese Unholde!" Lenin aber hat dem Sowjet-Imperialismus das Vermächtnis hinterlassen: „Der in einem Lande siegreiche Sozialismus" schließt „keineswegs mit einem Male alle Kriege überhaupt aus. Im Gegenteil, er setzt solche voraus." „Erst nachdem wir die Bourgeoisie in der ganzen Welt, und nicht nur in einem Lande niedergeworfen, vollständig besiegt und expropriiert haben, werden die Kriege unmöglich werden."[36] Weder Marx noch Lenin haben sich wohl träumen lassen, daß sich die sozialistischen Staaten gegenseitig mit Krieg bedrohen könnten. Die Volksrepublik China wirft der Sowjetunion einen „diabolischen Sozialimperialismus" vor und nennt die Besetzung der CSSR (20.–21.8.1968) die „dreisteste Entschleierung" der Machtpolitik der „sowjetischen revisionistischen Sozialimperialisten".[37] „Die politische Macht kommt aus den Gewehrläufen", sagte Mao. Inzwischen nimmt eine weitere Spaltung im Lager des Kommunismus Gestalt an: der *Eurokommunismus,* der angibt, er strebe nach der Macht nicht durch Unterdrückung der Mehrheit, sondern durch „Überzeugung der Mehrheit"[38].

Erst nach dem totalen Sieg über die kapitalistischen Staaten beginnt in der marxistischen Pseudo-Zeitalterlehre die letzte Phase, *der paradiesische Kommunismus.* Marx selber ist in der näheren Ausmalung der Endstufe sehr zurückhaltend gewesen. Er nennt diesen Zustand „das wahre Reich der Freiheit". Die „Kooperation" und der „Gemeinbesitz der Erde" werde die Menschheit zu einem „Verein freier Menschen" machen. Dann könne die Gesellschaft „auf ihre Fahnen schreiben: Jeder nach seinen Fähigkeiten, jedem nach seinen Bedürfnissen"[39]. Der Staat wird dann absterben oder – wie Engels meinte – „ins Museum der Altertümer, ne-

---

[36] *W. I. Lenin,* Ausgewählte Werke. I. Moskau 1946, 878.
[37] NZZ 22.8.1973.
[38] Vgl. *Santiago Carrillo,* Eurocomunismo y Estado, Critica. Barcelona 1977; *Annie Kriegel,* Un autre Communisme? Paris 1977.
[39] *K. Marx,* Kritik des Gothaer Programms, a. a. O., 19 ff.

ben das Spinnrad und die bronzene Axt", versetzt werden. Ein neuer Äon hat begonnen. Jedem Menschen ist es dann möglich, so prophezeite Marx, „heute dies, morgen jenes zu tun, morgens zu jagen, nachmittags zu fischen, abends Viehzucht zu treiben, auch das Essen zu kritisieren, ... wie ich gerade Lust habe"[40]. Zu diesem säkularisierten Messianismus bekannte sich auch Lenin: „Dann wird das Tor zum Übergang von der ersten Phase ... zur höheren Phase ... sperrangelweit geöffnet sein"; die bürgerlichen Gelehrten hätten für diese Lehre nur ein „Grinsen" übrig und stellten es als „reine Utopie" hin, daß jeder Bürger „ohne jegliche Kontrolle über die Arbeitsleistung ... eine beliebige Menge Trüffeln, Automobile, Klaviere u.a.m." erhalten werde.[41] In der Tat wirkt sich dieser utopische Messianismus immer mehr als gefährliche Belastung des Marxismus aus, wie die lebhaften Diskussionen über die kommunistische Endphase in der Sowjetunion heute zeigen. Chruschtschow wagte am 18. Oktober 1961 die Prophezeiung, daß die kommunistische Gesellschaft mit ihrer „immer randvollen Schale des Überflusses" in den nächsten zwanzig Jahren „in ihren Grundzügen" aufgebaut werde. Der slowenische Schriftsteller *Zarko Petan* schreibt: „Alle sozialistischen Märchen fangen so an: Es wird einmal ...". Aber die Menschen lassen sich nicht endlos hinhalten und dem Moloch eines nie kommenden irdischen Paradieses opfern, – ganz abgesehen davon, daß es erschütternd naiv ist, daß Glück des Menschen in Trüffeln, Automobilen, Klavieren und der immer randvollen Schale des Überflusses zu sehen. Das kommunistische Paradies ist wie ein Horizont: Er entfernt sich, wenn man sich nähert.

Die marxistische Endzeitalterlehre ist eine innerweltliche Heilsverheißung. Karl Marx hat das Schicksal des jüdischen Volkes – die Knechtung in Ägypten und den Aufbruch in das gelobte Land – sowie die alttestamentliche Erwartung des messianischen Heils säkularisiert und in unsere Zeit, in die Zeit nach Jesus Christus, verlagert, – eine bestürzende Verkürzung und Nachäffung des der ganzen Menschheit in Jesus Christus geschenkten Heils. Der

---

[40] *K. Marx,* Frühschriften, a.a.O., 361.
[41] *W.I. Lenin,* Ausgewählte Werke. II, a.a.O., 232.

Marxismus ist ein Anti-Evangelium. „Dem westlichen Menschen grinst von der anderen Seite des Eisernen Vorhangs sein eigener böser Schatten entgegen", schreibt *C. G. Jung.* Die Verheißungen des Marxismus sind dort, wo er die Macht errang, nicht bestätigt, sondern immer nur widerlegt worden.

Scharf verurteilt Papst Johannes Paul II. den *marxistischen Kollektivismus,* der zum „proklamierten Klassenkampf" aufruft, die „Diktatur des Proletariats" errichten und das kommunistische System „in der ganzen Welt" einführen will, jedoch nicht in der Lage ist, den „Vorrang des Menschen vor dem Instrument ‚Kapital'" zu verwirklichen. Denn „im dialektischen Materialismus ist der Mensch nicht in erster Linie Subjekt der Arbeit", sondern „eine Art ‚Ergebnis' der die betreffende Zeit prägenden Wirtschafts- und Produktionsverhältnisse". Das Kapital gerät in die „direkte Kontrolle einer anderen Personengruppe", die durch ihre „Machtposition" über die gesamte Wirtschaft verfügt (LE 13–14).

2. Von wesentlich anderer Art ist die – im übrigen sehr differenzierte – Vorstellung des westlichen *freiheitlich-demokratischen Neosozialismus* von der Wirtschaftsordnung. Der Neosozialismus geht zwar auch auf Marx zurück, weicht jedoch in wichtigen Stücken, nicht zuletzt in der Lehre von den wirtschaftlichen und gesellschaftlichen Entwicklungsprozessen von ihm ab, ohne sich freilich bisher zu einer einheitlichen Grundanschauung durchgerungen zu haben. Die eigentliche Schwäche des Neosozialismus liegt in seiner liberalistischen Gesellschaftsauffassung, die immer wieder in der Kultur-, Bildungs- und Schulpolitik zum Durchbruch kommt.[42] In der Wirtschaftspolitik sind zwei Auffassungen für den Neosozialismus charakteristisch:

a) Das *Privateigentum,* auch an Produktionsmitteln, wird anerkannt und dabei nachdrücklich betont, daß der freiheitliche Sozialismus weder „halber noch gemäßigter Kollektivismus" sei noch die „Zwangswirtschaft" anstrebe, sondern auch jenen Schichten zu

---

[42] Vgl. *W. Weber,* Christlicher Sozialismus? Köln 1974 (KuG 7).

Eigentum verhelfen wolle, „denen die Gesellschaftsordnung den Erwerb von Eigentum bisher nahezu unmöglich gemacht habe".[43]

b) Der Überführung bestimmter Wirtschaftszweige, besonders der Grundstoffindustrien, in *„Gemeineigentum",* der wirtschaftlichen Mitbestimmung der Arbeitnehmer, lenkenden Eingriffen des Staates in den Wirtschaftsprozeß sowie der Ausweitung des „Versorgungsstaates" steht der Neosozialismus, obwohl auch hier die Anschauungen keineswegs einheitlich sind, im allgemeinen wohlwollend gegenüber, so daß Gegensätze zur Christlichen Soziallehre auftreten können, etwa im Sinne der Mahnung Pius' XII. vom 7.5.1949, die Sozialisierung nicht „zum Normalfall für die öffentliche Organisation der Wirtschaft" zu machen, wenn auch im übrigen gerade im Bereich der Wirtschaft (weniger der Kulturpolitik) „gelegentlich eine bemerkenswerte Annäherung sozialistischer Programmforderungen an die Postulate einer christlichen Sozialreform zu beobachten" ist (QA 113).

3. Seit einigen Jahren vollzieht sich in der westlichen Welt ein erstaunlicher *Rückfall in die Heilslehre des utopischen Kommunismus.* Die Neue Linke, eine sehr heterogene Gruppe, ist sich wohl nur in der Negation des Bestehenden einig. Gestützt auf ein Gemisch von Pseudowissenschaft und Emotion sieht sie im Marxismus eine neue Heils-Kirche. Das „herrschende System" – vom Kindergarten bis zur Universität, von der Theologie bis zum Theater – soll durch Unterwanderung überwunden werden. Wie die neue Gesellschafts- und Wirtschaftsordnung, die den Zukunfts-Menschen von jeder „Entfremdung" erlösen soll, aussehen wird, bleibt verborgen. Die Zukunft ist utopisch.[44] Auch der *Euro-Kommunismus,* der weltanschaulich in einer atheistischen und antireligiösen Philosophie marxistischer Prägung gründet, wie sie etwa für den ita-

---

[43] *G. Weisser,* in: Handbuch sozialdemokratischer Politik. Mannheim 1953, 64.

[44] Vgl. *W. Fikentscher,* Zur politischen Kritik an Marxismus und Neomarxismus als ideologischen Grundlagen der Studentenunruhen 1965–1969. Tübingen 1971. – *H. Schimmelbusch,* Kritik am Commutopia. Tübingen 1971.

lienischen Kommunismus Antonio Gramsci ausgearbeitet hat, hört nicht auf, Kommunismus zu sein. Solange er noch nicht zur Herrschaft gelangt ist, gebärdet er sich „sozial" und „demokratisch". Erst nach der Machtübernahme wird er sein wahres Gesicht zeigen und die Diktatur des Kollektivs verwirklichen.

§ 3 Das Privateigentum als Grundlage der Wirtschaftsordnung im Sinne der Christlichen Soziallehre

1. Auf die marxistisch-bolschewistische Utopie, daß das „wahre Reich der Freiheit" erst beginnen werde, wenn nach Abschaffung des Privateigentums der gesamte Wirtschaftsprozeß, d.h. der Standort der Produktion, die Investitionen, der Umfang und die Art der Konsumgüterproduktion sowie die Verteilung durch eine zentrale Planstelle bestimmt würden, antwortet die Christliche Soziallehre mit drei Überlegungen:

a) Nicht wenige Kirchenväter und Theologen, z.B. Gregor von Nyssa, Basilius, Johannes Chrysostomus, Ambrosius, Thomas von Aquin, haben es für möglich gehalten, *daß ohne den Sündenfall eine paradiesisch-kommunistische Gütergemeinschaft verwirklicht worden wäre,* da im Paradies der verneinende Ungeist der Zwietracht und Habsucht gefehlt hätte. Die paradiesischen Menschen hätten sich nicht mit der sogenannten „negativen Gütergemeinschaft", d.h. mit Heuschrecken und wildem Honig begnügt, sondern sich die Erde in gemeinsamer Planung in einem Ausmaß untertan gemacht, wie wir es uns kaum vorstellen können. Diese Meinung, der andere, z.B. Franz Suarez, widersprochen haben, kann nicht als utopisch abgetan werden, da das Wesen der Utopie im Ersinnen von Gesellschafts- und Wirtschaftsordnungen liegt, die im gefallenen Äon unmöglich sind; jene Theologen setzten jedoch den Paradieseszustand voraus. Immerhin dürften sie die Gütergemeinschaft – verglichen mit der Privateigentumsordnung, in der jeder nach eigenen Plänen wirtschaftet, – für die in sich vollkommenere Ordnung gehalten haben.

b) *Nach dem Sündenfall läßt sich die Gütergemeinschaft ohne verderbliche Folgen nur in den Familien und in den zönobitischen Gemeinschaften der Klöster, die ein „Abbild der heiligen Gemeinde" von Jerusalem sind und deren Besitz ein heiliges „Commune" darstellt* (Basilius d. Gr.), *verwirklichen.* In der Mönchsregel des hl. Benedikt heißt es: „Allen sei alles gemeinsam ..., und keiner nenne etwas sein eigen ... Man soll es halten, wie geschrieben steht: Einem jeden wurde zugeteilt nach Bedarf ... Wer weniger braucht, danke Gott, ... wem aber mehr vonnöten ist, der verdemütige sich wegen seiner Schwäche ... So bleiben alle Glieder im Frieden." Familien und Klöster sind überschaubare, durch die Bande des Blutes, der Pietät und der Christushingabe zusammengehaltene Gemeinschaften, die durch väterliche oder mütterliche Autorität geleitet werden, so daß Machtmißbrauch und Ausbeutung weniger zu fürchten sind. Hin und wieder ist die Frage aufgeworfen worden, ob auch größere Gemeinschaften, z. B. christliche Gemeinden, nach der Ordnung der Gütergemeinschaft leben könnten. So meinte z. B. Johannes Chrysostomus in einer Predigt zu Konstantinopel: „Wenn alle Männer und alle Frauen all ihr Geld abgäben und all ihre Felder, Besitzungen und Häuser übertrügen, so schätze ich, daß wohl eine Million Pfund Gold aufgebracht würde, ja sogar zwei- bis dreimal soviel ... Würde uns Gottes Gnade nicht tausendfachen Überfluß schenken? Würden wir nicht die Erde zu einem Himmel machen?"[45] Im allgemeinen wurden solche Pläne abgelehnt oder doch mit Vorsicht und Vorbehalten erörtert, auch von Chrysostomus, der in seiner Predigt bemerkte: „Ich meine das nur rhetorisch; es braucht sich also keiner aufzuregen, weder der Reiche noch der Arme."

c) *Im gegenwärtigen Äon – nach dem Sündenfall – kommt für die Gesamtwirtschaft nur die Privateigentumsordnung in Frage.* Dabei versteht man unter Privateigentum nicht nur die rechtlich anerkannte, fremde Einwirkung ausschließende Verfügungsmacht einer natürlichen oder juristischen Person oder Personenmehrheit (Miteigentum, Gesamthandseigentum) über *Sachen* (Liegenschaften und Fahrnis),

---

[45] *Johannes Chrysostomus,* in: Act Ap. hom. 11,3.

sondern auch die in der modernen Wirtschaft immer mehr an Bedeutung gewinnenden *obligatorischen Rechte* (Obligationen, Mitgliedschaftsrechte, z. B. Aktien usw.) und die beschränkt dinglichen Rechte sowie die Urheberrechte, d. h. alles, was „*Vermögen*" ist. Des weiteren ist zu beachten, daß in der Privateigentumsordnung auch die Körperschaften, Anstalten und Stiftungen des Öffentlichen Rechts in beträchtlichem Umfang Vermögen besitzen. Man schätzt, daß in der Bundesrepublik etwa ein Drittel des Volksvermögens der Öffentlichen Hand gehört: als Sachen in Gemeingebrauch (Straßen, Parks usw.), als Verwaltungsvermögen (Dienstgebäude, Schulen usw.) und als Finanzvermögen, das dazu dienen soll, Einnahmen zu erzielen (Bundesbahn, Bundespost, Domänen, Industriebetriebe in der Hand des Bundes oder der Länder, Eigenbetriebe der Gemeinden usw.). Dagegen ist das „Gemeingut" (Luft, Sonnenwärme und dgl.) überhaupt kein Eigentum, weil die Besonderung fehlt, während der schillernde Begriff „Gemeineigentum" entweder öffentlich-rechtliches Eigentum oder – etwa in den Sozialutopien – Gütergemeinschaft beinhaltet.

2. *Die Gründe,* die von der Christlichen Soziallehre für die Privateigentumsordnung vorgebracht werden, gehen zum Teil auf Aristoteles und Thomas von Aquin zurück und stammen in ihrem wesentlichen Gehalt keineswegs, wie behauptet worden ist,[46] aus der Aufklärung. Sie sind von den Päpsten der jüngeren Zeit, vor allem von Leo XIII., Pius XI. und Pius XII., ausgelegt und ausgebaut worden und lassen sich in zwei Gruppen einteilen. Während die fünf Beweise der ersten Gruppe die *Vorzüge* des Privateigentums hervorheben, setzen die fünf Beweise der zweiten Gruppe bei den *verderblichen Folgen* der Abschaffung des Privateigentums an.

a) *Die fünf „positiven" Gründe*
Erstens: Das Privateigentum entspricht der geordneten Selbstliebe. Es gewährt dem Menschen Unabhängigkeit, Verfügungsfreiheit und Selbständigkeit, steht also „in engster Beziehung zur Persön-

---

[46] L. *de Sousberghe*, Propriété „de droit naturel". Thèse néo-scolastique et tradition scolastique, in: Nouvelle Revue Théologique 82 (1950) 580 ff.

lichkeitswürde und zu den Persönlichkeitsrechten des Menschen"[47]. „Privateigentum und ein gewisses Maß an Verfügungsmacht über äußere Güter" tragen bei „zur Selbstdarstellung der Person" und „vermitteln den unbedingt nötigen Raum für eigenverantwortliche Gestaltung des persönlichen Lebens jedes einzelnen und seiner Familie; sie müssen als eine Art Verlängerung der menschlichen Freiheit betrachtet werden; auch spornen sie an zur Übernahme von Aufgaben und Verantwortung; damit zählen sie zu den Voraussetzungen staatsbürgerlicher Freiheit" (GS 71).

Zweitens: Das Privateigentum dient der klaren Aufgliederung und Abgrenzung der Zuständigkeiten und Verantwortungsbereiche innerhalb der Wirtschaft. Es befähigt den Menschen, „in rechtmäßiger Freiheit jenen Bereich dauernder Obliegenheiten und Entscheidungen auszufüllen, für den er unmittelbar vor dem Schöpfer verantwortlich ist"[48].

Drittens: Das Privateigentum kommt dem Sicherheits- und Vorsorgebedürfnis des Menschen entgegen, was vor allem für die Familie bedeutsam ist. Ein „heiliges Gesetz der Natur" verpflichtet den Familienvater, in verantwortungsbewußter Vorsorge den Unterhalt der Seinen zu sichern (RN 10), so daß man das Privateigentum die „Grundlage für den Bestand der Familie"[49] nennen kann.

Viertens: Der Privateigentumsordnung ist ein reger wirtschaftlicher Austausch eigen, der die Wirtschaftszweige und die Völker friedlich und freiwillig – nicht amtlich durch Funktionäre – miteinander verbindet. Die christliche Tradition hat immer wieder darauf hingewiesen, daß Gottes Vorsehung Reichtum und Naturschätze ungleich auf die Völker verteilt hat, um durch den Warenaustausch ein Band der Liebe um die Menschen fremder Länder und Rassen zu schlingen (Theodoret von Cyrus, Heinrich von

---

[47] *Pius XII.,* 1.6.1941 (UG 507).
[48] *Pius XII.,* 1.6.1941 (UG 507); vgl. auch GS 71.
[49] *Pius XII.,* 13.6.1943 (UG 687).

Langenstein, Johannes Mayor). Die Kaufleute sollen nicht Boten der Habgier, sondern der Völkerverständigung sein.

Fünftens: Das Privateigentum gibt den Menschen die Möglichkeit, anderen in selbstlosem Helfen Gutes zu tun. „Wo bliebe denn, wenn keiner mehr etwas besäße, die Möglichkeit, anderen etwas mitzuteilen? ... Wie kann denn einer bitten und empfangen und entleihen, wenn keiner ist, der hat und gibt und entleiht?" (Klemens von Alexandrien). Staatliche Fürsorge wirkt kalt und unpersönlich.

b) *Die fünf „negativen" Gründe*

Verglichen mit dem bei den Vorzügen der Privateigentumsordnung ansetzenden Beweisgang dürften die fünf „negativen" Gründe, die auf die bedenklichen Folgen der Abschaffung des Privateigentums hinweisen, noch durchschlagender sein. Im übrigen ist zu beachten, daß alle zehn Gründe innerlich zusammenhängen und sich erst in ihrer Gesamtheit voll auswirken.

Erstens: Die Gütergemeinschaft führt zu Trägheit und Arbeitsunlust, da ein jeder die Arbeit auf die anderen abzuwälzen sucht.[50] „Die Quellen des Wohlstandes müßten notwendig versiegen, wenn man das Können des einzelnen und jeden Antrieb zum Fleiß ausschaltete" (RN 12). Das Kollektiv muß deshalb zum Arbeitszwang greifen oder Elemente der Privateigentumsordnung, z.B. Löhne, Prämien, Akkordzuschläge und dgl., einführen. Lenin mußte eingestehen, daß die bolschewistischen Menschen „noch sehr, sehr weit entfernt" seien von jenem bolschewistischen Arbeitsethos, das „der Gewohnheit, für das Gemeinwohl zu arbeiten", entspringe und die Menschen bewege, „ohne Norm, ohne auf Entlohnung zu rechnen, ohne eine Vereinbarung über Entlohnung" selbstlos für die Allgemeinheit tätig zu sein. Deshalb müsse man die Menschen zur Arbeit zwingen: „Nieder ... mit demjenigen, der daran denkt, sich vor der Arbeit zu drücken ...!

---

[50] *Thomas von Aquin,* S. th. II-II 66,2.

Es lebe die Arbeitsdisziplin, der Arbeitseifer! ... Ewiger Ruhm denen, die jetzt Millionen Werktätiger mit sich reißen!"[51]

Zweitens: Während das Privateigentum der klaren Aufgliederung und Abgrenzung der Zuständigkeiten und Verantwortungsbereiche innerhalb der Wirtschaft dient, führt die Gütergemeinschaft zu Unordnung und Unklarheit, da jeder sich wahllos um alle möglichen der Allgemeinheit gehörigen Dinge kümmern würde und nach eigenem Belieben damit umgehen wollte. Um dieses Durcheinander – Thomas von Aquin spricht von „confusio" – zu vermeiden, muß eine Zentralverwaltung, die einen ungeheuren bürokratischen Apparat benötigt, eingeführt werden. Ein solches System, so meinte Thomas von Aquin,[52] lasse sich am ehesten durchführen, wenn man die Arbeiter zu Sklaven mache, die man nach Belieben einer zentralen Lenkung unterordnen könne.

Drittens: Die Gütergemeinschaft ist die Wurzel sozialen Unfriedens. Thomas von Aquin weist im Anschluß an Aristoteles darauf hin, daß in der Kollektivwirtschaft die arbeitenden Menschen murrend gegen die Funktionäre aufbegehren würden:[53] sie, die Arbeiter, müßten gegen karge Zuteilung schwer schuften, während die Funktionäre sich einen guten Tag machten und den Löwenanteil am Ertrag sicherten. Über dieses Murren des Kollektivmenschen gegen die Funktionäre hat uns der ehemalige Vorsitzende des Präsidiums des Obersten Sowjets, Michail Iwanowitsch Kalinin, ungewollt ein Beispiel berichtet. Während eines Besuches in seinem Heimatdorf, einer Kolchose, ging Kalinin „in Begleitung von sechs oder sieben leitenden Dorffunktionären" aufs Feld hinaus. „Als wir näher herankamen, rief eine der arbeitenden Frauen, indem sie auf meine Begleiter wies: Michail Iwanowitsch, schau nur, wieviel Mannsleute du zum Rumspazieren aufs Feld gebracht hast, und wir Frauen können arbeiten! ... Ja, warum holt ihr sie denn nicht zum Arbeiten ran? fragte ich. Die sind nicht so leicht

---

[51] *W. I. Lenin,* Ausgewählte Werke II, a. a. O., 646, 666 f.
[52] *Thomas von Aquin,* Pol. II, 4.
[53] „murmurarent de maioribus", *Thomas von Aquin,* Pol. II, 4.

ranzukriegen, erklärten die Frauen. Da wandte ich mich an meine Begleiter (den Vorsitzenden und Sekretär des Dorfsowjets, den Vorsitzenden der Kollektivwirtschaft, die Komsomol- und Bildungsfunktionäre usw.) und sagte ihnen, sie könnten getrost zwei Hektar Flachs schneiden, da die Leute ohnehin alle auf dem Felde seien und es daher für sie im Dorf nichts zu tun gäbe. Diese Entscheidung rief bei den Frauen stürmische Begeisterung hervor."[54]

Viertens: Die Gütergemeinschaft bedeutet – vor allem bei dem gewaltigen Produktionsapparat der modernen Wirtschaft – eine ungeheure Machtballung, die, da der Mensch im argen liegt, schier unwiderstehliche Versuchungen des Machtmißbrauchs hervorrufen muß. Wer die totale wirtschaftliche Macht besitzt, verfügt über die politische, militärische, propagandistische, sozialpolitische und polizeiliche Macht.

Fünftens: Die zentralverwaltete Gütergemeinschaft bedroht die Freiheit und Würde des Menschen, ein Argument, das besonders von Pius XII. nachdrücklich hervorgehoben worden ist. Das Privateigentum ist nicht nur „ein Element der Gesellschaftsordnung, eine notwendige Voraussetzung für die menschliche Unternehmungslust", sondern eine der stärksten Garantien „für die Freiheit und Würde des nach Gottes Ebenbild geschaffenen Menschen", so daß „für jede richtige Wirtschafts- und Gesellschaftsordnung ‚das Recht auf Privateigentum als unerschütterliches Fundament feststehen muß'".[55] In dieser sozialen Ordnungsfunktion liegt die mächtige gesellschaftspolitische Bedeutung des Privateigentums. Die wirtschaftliche Abhängigkeit vom Kollektiv bringt die politische, kulturelle und religiöse Unfreiheit mit sich. Wenn der Staat zum einzigen Brotherrn wird, ist die „Unversehrtheit und berechtigte Freiheit" des Menschen bedroht, so daß man „das staatliche Zusammenleben eher verabscheuen als herbeiwünschen" müßte (RN 10). Die unredliche Phrase jedoch, daß sämtliche Produktionsmittel dem ganzen Volk gehörten, nennt

---

[54] *M. I. Kalinin,* Die Macht des Sowjetstaates. Berlin 1946, 15.
[55] *Pius XII.,* 1.9.1944 (UG 734, 731).

Alexander Rüstow „der Kinderfibel zweites Heft". Alexander Solschenizyn bemerkt, das russische Volk habe sich zwar von der Herrschaft der Zaren befreit, sei jedoch in eine neue „Herrschaft der Gewalt", in eine neue Leibeigenschaft zurückgekehrt.[56] Bei einem Besuch in einem kommunistischen Staat sagte man mir: „Kommunismus ist die miserable Zentralverwaltung des selbstgemachten Elends."

§ 4 Der naturrechtliche Charakter des Privateigentums

1. *Die Fragestellung.* Der naturrechtliche Charakter des Privateigentums steht seit einigen Jahrzehnten im Mittelpunkt lebhafter Erörterungen. *Alexander Horváth O. P.* meinte 1929, nicht das Naturrecht, das „das Subjekt des Eigentumsrechtes unbestimmt" lasse, sondern das jus gentium erteile dem Menschen die Befugnis, „irdische Güter durch Arbeit zu beschlagnahmen und zur persönlichen Verwaltung zu erwerben".[57] *Léon de Sousberghe SJ* aber stellt 1950 die These auf, daß die katholische Lehre vom naturrechtlichen Charakter des Privateigentums erst „in der Mitte des 19. Jahrhunderts" entstanden sei.[58] Die scholastische Überlieferung sei durch die Aufklärung des 17. und 18. Jahrhunderts unterbrochen und von der Neuscholastik des 19. Jahrhunderts allmählich „wiederentdeckt und zum Leben erweckt" worden, wobei die überlieferte Eigentumslehre in wichtigen Punkten umgestaltet worden sei. Während nämlich das Privateigentum von der alten Scholastik im jus gentium, nicht im jus naturae begründet worden sei, habe *Luigi Taparelli d'Azeglio* (1793–1862) im Jahre 1840 als erster gelehrt, das Privateigentum stamme „aus dem Naturrecht". Daraufhin habe die These vom naturrechtlichen Charakter des Privateigentums „ihren feierlichen und endgültigen Einzug in das neuscholastische Schrifttum und in die Soziallehre der Kirche ge-

---

[56] NZZ 4.6.1974.
[57] *A. Horváth,* Das Eigentumsrecht nach dem hl. Thomas von Aquin. Graz 1929, 135 f.
[58] *L. de Sousberghe,* Propriété „de droit naturel", a. a. O., 580 ff.

halten". Auch *Hans Lutz* behauptete 1955, die „moderne katholische Soziallehre" habe „in der Eigentumsfrage Wege eingeschlagen, die der Lehre des Thomas nicht gerecht werden".[59] Die Enzyklika „Rerum novarum", die das Privateigentum „als ein Naturrecht" bezeichne, könne sich „nicht auf Thomas berufen". Warum scheue man sich, „die naturrechtliche Begründung Leos aufzugeben?"

2. Die richtige Deutung der überlieferten Lehre

Der naturrechtliche Charakter der Privateigentumsordnung ergibt sich letztlich aus dem Gewicht der Gründe, die von der Christlichen Soziallehre vorgelegt werden [...]. Zur Diskussion, ob es sich dabei um jus naturae oder jus gentium handle, ist folgendes zu bemerken:

a) Luigi Taparelli hat keine Neuerung eingeführt, als er 1840 das Privateigentum im Naturrecht begründete. Mitten im Aufklärungszeitalter schrieb *Alfons Maria di Liguori* (1696–1787) kurz und bündig, das Eigentum werde „auf Grund des Naturrechts oder des jus gentium" erworben, wobei die Gleichsetzung von jus naturae und jus gentium zu beachten ist.[60] Im 17. Jahrhundert lehrte *Johannes de Lugo* (1583–1660), daß in diesem Äon – nach dem Sündenfall – „das Naturrecht selber, unabhängig von jedem menschlichen Gesetz" zur Einführung des Privateigentums verpflichte.[61] In demselben Sinn hatte ein Menschenalter vorher auch *Ludwig Molina* (1535–1600) erklärt, daß die „Verpflichtung", die Privateigentumsordnung einzuführen, „naturrechtlich sein könne", freilich „nicht immer, sondern nur dann, wenn sich aus der Nichteinführung schwere Übel ergeben, und nur bei jenen, bei denen diese Übel eintreten würden".[62] Hier dürfte Molina auf die in der überlieferten Soziallehre übliche Unterscheidung zwischen dem Paradieseszustand, in dem die Gütergemeinschaft möglich gewesen

---

[59] In: Gewerkschaftliche Monatshefte, 1955, 413 ff.
[60] Theologia moralis, Lib. IV., Tr. 5, n. 493.
[61] Disp. de Justitia et Jure I. disp. 6, sect. 1, n. 4.
[62] L. *Molina,* De Justitia et Jure, Tr. II, disp. 20, n. 7.

wäre, und dem Zustand der gefallenen Menschheit, in dem – wenn man von der Familie und dem Kloster absieht – die Privateigentumsordnung geboten ist, anspielen. Zum Nachweis der naturrechtlichen, vor allem den Staatslenker (den „rector multitudinis") bindenden Verpflichtung, die Privateigentumsordnung zu verwirklichen, führt Molina die schon von Thomas genannten und von der späteren Soziallehre allgemein übernommenen Gründe an: Die Einführung der Gütergemeinschaft würde beim erbsündigen Menschen zu Trägheit, Arbeitsunlust, Unordnung, Zwietracht, Unterdrückung und allgemeiner wirtschaftlicher Verelendung führen. Während Molina auf diese Weise die *Verpflichtung* zur Einführung der Privateigentumsordnung naturrechtlich verankert, weist er die *„tatsächliche Güterverteilung"* dem positiven Recht zu, womit Molina eine für die Eigentumslehre wichtige Erkenntnis ausgesprochen hat. Begreift man nämlich die „tatsächliche Güterverteilung" („actualis rerum divisio") als die jeweilige, geschichtlich bedingte und geschichtlich wandelbare Eigentumsstruktur einer bestimmten Gesellschaft, so wird man Molina zustimmen müssen, daß die konkrete Eigentumsverteilung keineswegs die Sanktion des Naturrechts besitzt.[63] Von hier aus dürfte auch die zunächst befremdende, schon von dem Dominikanertheologen *Dominicus Bañez* (1528–1604) vertretene und von Molina übernommene Meinung verständlich sein, daß die völlige Aufhebung der Güterverteilung als „Tatsache" gültig wäre, wenn auch eine solche Maßnahme wegen der schlimmen Folgen für das Gemeinwohl schwer sündhaft wäre, und wenn auch – so dürfen wir sinngemäß hinzufügen – in diesem Falle die naturrechtliche Verpflichtung bestünde, die Privateigentumsordnung – unter Umständen mit einer anderen Verteilungsstruktur – wieder einzuführen.[64] Längst vor Molina hatte auch *Johannes de Medina* (1490–1546) sich zu der Ansicht bekannt, „daß die Güterverteilung im Naturrecht begründet ist", wenn man das Naturrecht im weiten Sinn verstehe.[65]

---

[63] *L. Molina,* De Justitia et Jure, disp. 20, n. 5.
[64] Ebd., n. 9.
[65] De Poenitentia, Restitutione et Contractibus, Tom. II., qu. 1. II.

All diese Zeugnisse beweisen, daß die naturrechtliche Begründung des Privateigentums – einschließlich der Verwendung des Ausdrucks „jus naturae" – keineswegs von Taparelli stammt. Auch war die scholastische Tradition im 19. Jahrhundert nicht abgebrochen. Als z. B. *Wilhelm Emmanuel von Ketteler* am 19. November 1848 im Mainzer Dom seine berühmte Predigt über das Eigentum hielt, berief er sich weder auf Taparelli noch auf die Aufklärungsphilosophie, sondern interpretierte ausführlich die einschlägigen Texte der Summa Theologica des hl. Thomas von Aquin.[66]

b) Mit den bisherigen Ausführungen soll nicht bestritten werden, daß die scholastische Tradition das Privateigentum im allgemeinen nicht im jus naturae, sondern im *jus gentium* begründet. Geschichtlich ist das jus gentium aus dem römischen Fremdenrecht entstanden, das für die Ausländer galt, während sich die römischen Bürger untereinander an das nationale jus proprium hielten. Rechtsphilosophisch hat die Stoa, vor allem *Cicero,* die Jus-gentium-Lehre ausgebaut. Für *Cicero* ist das jus gentium gleichsam das gestaltgewordene jus naturale. Weil nämlich das Naturrecht allen Menschen eingeboren ist, muß es sich *bei* allen Völkern als jus gentium finden. Das jus gentium ist also nicht mit dem Völkerrecht identisch, das den Rechtsverkehr *zwischen* gleichgeordneten Staaten regelt; man kann es vielmehr „Allvölkerrecht" (J. Kleinhappl), „völkergemeinsames Kulturrecht" (A. Mitterer), „gemeinmenschliches Recht" (R. Sohm) oder „Gefäß eines wachsenden Erbes angewandter Naturrechtsprinzipien" (J. Messner) nennen. Es war ein Rückschritt, als *Domitius Ulpianus* (†228) und die späteren römischen Rechtslehrer das jus naturale auf den natürlichen Instinkt zurückführen wollten und es auf jene Lebensbereiche einschränkten, die Menschen und Tieren gemeinsam seien, während das jus gentium als vernünftiges, menschliches Naturrecht jene Grundsätze umfassen sollte, „welche die natürliche Vernunft bei allen Menschen entstehen ließ". Man nannte es jus gentium, „weil sich alle Völker dieses Rechtes bedienten"[67].

---

[66] II-II. 66, 1–2; Kettelers Schriften II. Kempten/München 1911, 215 ff.
[67] Dig. I, 1,1 § 3 CJCiv., ed. Krueger I, 29.

Die von Ambrosius und Augustinus, vor allem aber von Thomas von Aquin ausgestaltete christliche Rechtslehre knüpfte zwar bei der Stoa an, führte aber darüber hinaus. Das Naturrecht enthält die grundlegenden Normen des menschlichen Gemeinschaftslebens, die in der natürlichen Seinsordnung und damit letztlich in Gott, dem Schöpfer, begründet sind und von der menschlichen Vernunft erkannt werden können. Wendet man die naturrechtlichen Prinzipien auf die erbsündige Befindlichkeit des Menschen in diesem Äon an, so ergeben sich bestimmte Rechtssätze, die das scholastische jus gentium bilden. Das jus gentium ist also eine von der menschlichen Vernunft – im Hinblick auf die Befindlichkeit der menschlichen Natur im gefallenen Äon – vollzogene Ableitung aus den naturrechtlichen Prinzipien, – eine Ableitung, die „von jenen Prinzipien nicht weit entfernt ist", so daß sie selber naturrechtlichen Charakter trägt und „irgendwie natürlich" genannt werden kann.[68]

c) Ein typischer Fall einer solchen „Ableitung" ist das *Eigentumsrecht,* das mithin nach Thomas von Aquin im jus gentium gründet. Dabei unterscheidet Thomas den Gebrauch oder Verbrauch der Güter, also den Konsumbereich („usus"), vom Bereich der Bewirtschaftung und Verwaltung der Güter („potestas procurandi et dispensandi"). Was den *Konsumbereich* angeht, soll der Mensch die irdischen Güter „nicht als sein eigen betrachten, sondern als gemeinsam, indem er sie leicht, wenn andere in Not sind, mitteilt". Für den Bereich der *Bewirtschaftung und Verwaltung* stellt Thomas zwei Aussagen auf: Der Mensch ist erstens *berechtigt,* irdische Güter in sein Eigentum zu nehmen, um sie zu bewirtschaften und zu verwalten, – eine Befugnis, die der Mensch auch im Paradieseszustand besessen hätte. Zweitens: Im gefallenen Äon wird jene Befugnis zur *Notwendigkeit* und zur *Verpflichtung,* weil sonst Arbeitsunlust, Unordnung und Unfriede die Erreichung des Sachziels der Wirtschaft vereiteln würden.[69]

---

68 *Thomas von Aquin,* S. th. I-II 95,4.
69 *Thomas von Aquin,* S. th. II-II 66,2.

d) Sachlich deckt sich der Inhalt des scholastischen jus gentium mit dem Inhalt des „sekundären Naturrechts", wie es in der katholischen Sozialphilosophie des 19. und 20. Jahrhunderts verstanden wird. Es handelt sich mithin nicht um einen Bruch in der katholischen Eigentumslehre, sondern um einen Wechsel in der Benennung desselben Sachverhalts. Allerdings haben einige der großen Theologen des 16. Jahrhunderts die innere Bindung des jus gentium an die Naturrechtsprinzipien gelockert, was damit zusammenhängen dürfte, daß der Begriff des jus gentium gegen Ende des 16. Jahrhunderts – vor allem durch Franz Suarez – zum Begriff des Völkerrechts im modernen Sinn eingeengt worden ist, woraus sich wiederum erklärt, daß man späterhin – zur Bezeichnung dessen, was jus gentium ehedem inhaltlich bedeutet hatte – den Ausdruck „sekundäres Naturrecht" oder Naturrecht wählte. So wird es verständlich, daß die Enzyklika „Rerum novarum", ohne die überlieferte Jus-Gentium-Lehre zu erwähnen, das „Recht auf Sondereigentum" schlechthin als „ein dem Menschen von Natur aus zustehendes Recht" bezeichnet (RN 5). Das Sondereigentumsrecht, so heißt es auch in der Enzyklika „Quadragesimo anno", ist „von der Natur, ja vom Schöpfer selbst dem Menschen verliehen" (QA 45). Pius XII. aber erklärte, die Kirche habe „allzeit das naturgegebene Recht auf Eigentum" anerkannt.[70] Die Enzyklika „Mater et Magistra" faßt die überlieferte Lehre zusammen, indem sie schreibt: „Das Recht auf Privateigentum, auch an Produktionsmitteln, gilt für jede Zeit. Es ist in der Natur der Dinge selbst grundgelegt" (MM 109).

§ 5 Die Doppelseitigkeit des Eigentums
(Individual- und Sozialfunktion)

1. Im 19. Jahrhundert gewann die liberalistische These von der „prinzipiellen Unbeschränktheit" des Eigentums großen Einfluß.[71] Man sah im „unverletzlichen und heiligen Recht" des Eigentums die Manife-

---

[70] Pius XII., 1.9.1944 (UG 732).
[71] Vgl. Art. 544 Code Civil, § 903 BGB.

station absoluter, schrankenloser Privatautonomie. Das Eigentum als solches sei „schrankenlos", die „Negation der Beschränkung" (Bernhard Windscheid)[72]. Es sei eine „egoistisch ausgerichtete, zum Absolutismus tendierende Macht" (Georges Ripert)[73]. Da das Eigentum aus größerer oder geringerer Sparsamkeit und Leistung entstehe, bewege es sich im Wettbewerbsprozeß gleichsam automatisch zum „besten Wirt" hin. Beschränkungen seien dem Eigentumsrecht nicht immanent, sondern von außen hinzukommende Vorschriften der Moral oder des positiven Gesetzes.

Diese Thesen wurden selbst im liberalen 19. Jahrhundert von zahlreichen Kritikern als Ausdruck des „schnödesten, frevelhaftesten Egoismus" (Rudolf v. Ihering)[74], einer „einseitigen romanistischen Jurisprudenz wie einer individualistischen Philosophie" (Gustav Schmoller)[75], als „individualistische, kapitalistische, gemeinschaftswidrige Grundanschauung" (Otto v. Gierke)[76] mit dem Bemerken abgelehnt, daß die soziale Bindung „dem Eigentum immanent" sei und „zur Bestimmung des Eigentumsinhalts" gehöre (Martin Wolff)[77].

2. *Nach christlichem Verständnis* ergibt sich die *Doppelseitigkeit des Eigentums*, d. h. seine Individual- und Sozialfunktion, aus den für die Privateigentumsordnung vorgebrachten Gründen [...]. „Sozialfunktion" („Quadragesimo anno": „ratio socialis", „indoles socialis") bedeutet nicht „soziale Hypothek" auf dem an sich individualistischen Eigentum, sondern innere soziale Bezogenheit des Eigentums als solchen. Während die Individualfunktion der Verbrauchsgüter in der Deckung des täglichen Bedarfs, die der Dauergüter in der Entfaltung der Eigeninitiative sowie in der Vorsorge für die Zukunft des Menschen und seiner Familie besteht, fordert die Sozialfunktion, daß *alle* Schichten einen menschenwür-

---

[72] Pandekten I, 857 f.
[73] Vgl. *H. Peter*, Wandlung der Eigentumsordnung und der Eigentumslehre seit dem 19. Jh. Aarau 1949, 103.
[74] Ebd., 40.
[75] Ebd., 49.
[76] Ebd., 51.
[77] Ebd., 12.

digen Lebensunterhalt und die „konkrete Möglichkeit" haben, auch Eigentum an bleibenden Gütern (Eigenheim, Produktionsmittel und dgl.) zu erwerben (Pius XII.). Im Dienst dieser Ziele kann der Staat nicht nur den Eigentumsgebrauch, z.B. durch Anordnung der „gebundenen Nutzung", regeln (Pius XII.), sondern auch das Eigentumsrecht näher umschreiben (QA 49). Wie „die übrigen grundlegenden Bestandstücke des gesellschaftlichen Lebens", so ist „auch das Eigentum nicht unwandelbar": „angefangen von seiner urzeitlichen Gestalt bei den wilden Völkern ... bis zum Eigentum in der patriarchalischen Zeit ... und schrittweise weiter in den verschiedenen Formen der Tyrannis ...; dann durch die feudalen Gestaltungen hindurch, endlich unter den Abwandlungen der monarchischen Verfassung und zuletzt in allen einander ablösenden Erscheinungsformen der jüngsten Zeit" (QA 49). Zusammenfassend erklärt Papst Paul VI. in der Enzyklika „Populorum progressio": „Das Privateigentum ist also für niemand ein unbedingtes und unumschränktes Recht. Niemand ist befugt, seinen Überfluß ausschließlich sich selbst vorzubehalten, wo andern das Notwendigste fehlt. [...] ‚Das Eigentumsrecht darf nach der herkömmlichen Lehre der Kirchenväter und der großen Theologen niemals zum Schaden des Gemeinwohls genutzt werden.' Sollte ein Konflikt zwischen den ‚wohlerworbenen Rechten des einzelnen und den Grundbedürfnissen der Gemeinschaft' entstehen, dann ist es an der staatlichen Gewalt, ‚unter aktiver Beteiligung der einzelnen und der sozialen Gruppen eine Lösung zu suchen' " (PP 23).

§ 6 *Krise der wirtschaftlichen Ordnungsfunktion des Privateigentums in der modernen Gesellschaft*

1. *Vierfache Krise der Ordnungsfunktion des Privateigentums.* Es ist der Christlichen Soziallehre eigen, keine unverbindliche Theorie zu sein, sondern ihre Grundsätze auf die jeweiligen Verhältnisse anzuwenden. Im Lichte der naturrechtlichen Begründung des Privateigentums lassen sich vier Funktionskrisen des Eigentums in der modernen Gesellschaft erkennen:

a) In der fortgeschrittenen industriellen Gesellschaft gehören etwa 80 Prozent der Berufstätigen als Arbeiter, Angestellte und Beamte zu den unselbständig Erwerbstätigen. Da diese Schichten kaum Vermögen besitzen, hat das Eigentum *die Funktion der Weckung und Stärkung der Eigeninitiative und Selbstverantwortung* in bedenklicher Weise eingebüßt. Um diesen Mißstand zu beseitigen, sind führende Männer der katholischen Sozialbewegung schon seit mehr als hundert Jahren dafür eingetreten, die breiten Schichten der Arbeitnehmer an der volkswirtschaftlichen Kapitalbildung zu beteiligen. Auf diese Weise, so meinte Peter Franz Reichensperger 1847, werde der Fabrikarbeiter sich bewußt werden, „nicht lediglich für einen Dritten, sondern auch für sich selber gut oder schlecht zu arbeiten"; auch werde ihm die Kapitalbeteiligung „alle jene Tugenden und Gewohnheiten wiedergeben, welche den Besitzenden überhaupt dem Besitzlosen gegenüber auszeichnen".[78]

b) In der modernen Gesellschaft beruht *die wirtschaftliche Sicherheit* der mehr oder weniger besitzlosen Arbeitnehmer nicht auf dem Privateigentum. Die Klage der Enzyklika „Quadragesimo anno", daß die „überwältigende Massenerscheinung des Proletariats gegenüber einem kleinen Kreise von Überreichen ein unwidersprechlicher Beweis" dafür sei, „daß die Erdengüter ... nicht richtig verteilt" seien (QA 60), wird von Alexander Rüstow, einem Anhänger des Neoliberalismus, noch verschärft, wenn er schreibt: „Daß die Verteilung von Vermögen und Einkommen in unserer plutokratischen Wirtschaftsordnung irgend etwas mit sozialer Gerechtigkeit zu tun hätte, wird wohl heute niemand mehr im Ernst behaupten wollen." In Deutschland wird vor allem beklagt, daß die beträchtliche Vermögensvermehrung seit dem Zweiten Weltkrieg den unselbständig Erwerbstätigen – trotz der „Sozialen Marktwirtschaft" – nur in beschränktem Ausmaße zugute gekommen ist, sich vielmehr im wesentlichen beim Staat und bei einer verhältnismäßig kleinen Schicht der Selbständigen angesammelt hat. Die Folge ist, daß der vermögenslose Arbeitnehmer seine

---

[78] *P. F. Reichensperger,* Die Agrarfrage, a. a. O., 253 ff.

wirtschaftliche Sicherung nicht vom Privateigentum, sondern vom Einkommen und vom System der Sozialen Sicherheit erwartet.

c) In weiten Bereichen der modernen Wirtschaft bedeutet das Eigentum an den Produktionsmitteln für die Eigentümer selber kaum noch *Verfügungsgewalt und Verantwortlichkeit.* Oswald von Nell-Breuning meint überspitzt: „Der heutige große und einflußreiche Unternehmer ist nicht mehr der Mann, der ein großes Vermögen, einen ansehnlichen Produktionsmittelbesitz einbringt und unternehmerisch nutzt, sondern ein Mann, der die Herrschaft über einen Produktionsmittelapparat, über Betriebe und ganze Unternehmenskomplexe, die nicht sein eigen sind, okkupiert, in manchen Fällen geradezu usurpiert." Verstehe man unter Eigentum „die rechtliche Befugnis des Eigentümers, über das, was er sein eigen nennt, zu verfügen", so müsse man sagen: „Das so verstandene Eigentum ist weitestgehend entfunktionalisiert."[79]

d) Gegen die These, daß das Privateigentum Bürge der Freiheit des Menschen sei, wird eingewandt, das Eigentum an den Produktionsmitteln verleihe in der industriellen Gesellschaft *gesellschaftliche Macht* und zwinge damit die Arbeitnehmer in die Abhängigkeit des Kapitals.

2. *Sechs Formen des Eigentums in der modernen Gesellschaft.* Ein Vergleich der großen ordnungspolitischen Bedeutung, die dem Privateigentum zukommt, mit den tatsächlichen Eigentumsverhältnissen führt zu der Frage, auf welche Weise Idee und Wirklichkeit einander angenähert werden können. Die Vermögensverteilung ist nur dann gesund, wenn die breiten Schichten des Volkes so viel besitzen, daß sie weder in die wirtschaftliche Abhängigkeit anderer Schichten noch des Staates geraten. Das besagt keineswegs Gleichmacherei und Besitznivellierung, da größere oder geringere Eigeninitiative und Sparsamkeit – neben vielen anderen Gründen – immer wieder zu Vermögensunterschieden führen

---

[79] O. v. Nell-Breuning, Eigentum und Verfügungsgewalt in der modernen Gesellschaft, in: Gesellschaftspolitische Kommentare 3 (1956), Nr. 17, 4 ff.

werden. Dabei ist zu beachten, daß das Eigentum in der industriellen Gesellschaft keineswegs mit dem Kapitalvermögen identisch ist, sondern in sechsfacher Gestalt auftritt:

a) Was „zu eigen haben" heißt, erlebt der Arbeitnehmer am anschaulichsten bei *Lohn und Gehalt*. Obwohl dieses Eigentum, da es größtenteils in kurzer Zeit für den täglichen Lebensunterhalt ausgegeben wird, nur wenig beständig ist, bildet es doch für den Arbeitnehmer die wichtigste Quelle, aus der die übrigen Formen des Eigentums entspringen müssen.

b) Beständiger ist eine zweite Art des Eigentums: all das, was die Menschen in ihren Wohnungen an *Möbeln, Hausrat und dgl.* besitzen. Zur Anschaffung dieser Güter ist heute ein reger Sparwille erkennbar, und dieses Zwecksparen ist immerhin zu begrüßen gegenüber der sofortigen Ausgabe des gesamten Einkommens in den unmittelbaren Konsum des Essens und Trinkens. Seit der Währungsreform sind erhebliche Vermögenswerte dieser Art in den deutschen Haushalten angesammelt worden.

c) Nach wie vor ist auch das *Sparen im engeren Sinn,* mag es sich nun um Kontensparen, Bausparen oder um den Abschluß einer Lebensversicherung handeln, von Bedeutung. Allerdings ist das Geldsparen beim Bürgertum verbreiteter als bei den Arbeitnehmern. So beträgt z. B. in der Bundesrepublik die Sparquote bei den Empfängern durchschnittlicher Masseneinkommen nur 3 Prozent gegenüber einer Sparquote sämtlicher Haushalte von 8,5 Prozent. Auch ist in der industriellen Gesellschaft das Geldsparen meist kein Notsparen mehr, sondern ein freiwilliges Zwecksparen für größere Anschaffungen, also eher ein Konsumaufschub als ein Konsumverzicht. Zudem schwächt die Geldentwertung den Sparwillen.

d) Das Sparen für Notzeiten, das eine typische Haltung des Bürgers im 19. Jahrhundert war, ist heute zurückgetreten, weil sich der moderne Mensch bei Krankheit, Arbeitslosigkeit und Erwerbsunfähigkeit sowie im Alter auf das System der *„Sozialen Sicherheit"* verläßt, womit eine vierte Form des Eigentums oder Vermögens in der modernen Gesellschaft genannt ist: der Rechtsanspruch an die Sozialversicherung. Da die Leistungen der Sozialversicherung entscheidend durch die vorgeleisteten Beiträge bestimmt werden, gehören die Ansprüche an die Sozialversicherung, soweit sie durch Vorleistungen bedingt sind, in soziologischer Sicht zum redlich erworbenen Vermögen des modernen Menschen, – eine Auffassung, die das Bundessozialgericht wiederholt vertreten hat.

e) Das mächtige Sekundärsystem der „Sozialen Sicherheit" darf uns allerdings nicht darüber hinwegtäuschen, daß der Mensch nur dann ein persönliches Verhältnis zum Eigentum gewinnen wird, wenn er sich in freiwilliger Entscheidung zum Sparen entschließt. Hier nimmt der Erwerb eines *eigenen Heimes* einen hervorragenden Platz ein, womit eine fünfte gesellschaftspolitisch überaus wichtige Form des Eigentums vor uns steht. Dem eigenen Heim kommt – wegen seiner langen Nutzungsdauer – gleichsam eine Zwischenstellung zwischen den eigentlichen Konsumgütern und den gewerblichen Investitionsgütern zu.

f) Unter den verschiedenen Formen des Eigentums ist schließlich noch die Beteiligung an der volkswirtschaftlichen *Kapitalbildung* zu nennen, wobei man wohl anmerken darf, daß im allgemeinen in der Reihenfolge keine dieser Stufen übersprungen werden sollte. Mit dem Kapitaleigentum könnten die bisher eigentumslosen Bevölkerungsschichten nicht nur größere wirtschaftliche Sicherheit, sondern zugleich gestaltenden Einfluß auf das Wirtschaftsgeschehen gewinnen, so daß Mitbestimmung und Mitverantwortung von selbst gegeben wären. Man sollte allerdings die Auswirkungen einer breiten Vermögensstreuung im Kapitalsektor nicht überschätzen. In der industriellen Gesellschaft werden Lohn und Gehalt nach wie vor die wichtigste Einkommensquelle bilden. Auch wird, selbst bei breiter Vermögensstreuung, das System der „Sozialen Sicherheit" nicht überflüssig werden, wenn es auch in einem gewissen Ausmaß eingeschränkt werden könnte.

Im übrigen sollte man keine der sechs Eigentumsformen einseitig bevorzugen, sondern – den jeweiligen Verhältnissen und Bedürfnissen entsprechend – die Eigentumsbildung in allen Bereichen fördern. In Deutschland steht allerdings seit Jahren die Beteiligung an der volkswirtschaftlichen Kapitalbildung im Mittelpunkt der Erörterungen, vor allem, weil sich seit 1948 in den Unternehmungen eine Vermögensbildung ungewöhnlichen Ausmaßes vollzogen hat. Die Selbstfinanzierung der Unternehmungen war möglich, weil bei dem erheblichen Nachholbedarf der deutschen Haushalte und bei der großen Konsumfreudigkeit die Nachfrage nach Waren aller Art überaus stark war, so daß sich hohe Preise und gute Gewinne ergaben, wozu noch kam, daß dank besonderer steuerlicher Maßnahmen – Sonderabschreibungen, hohe degressive Abschreibungen und sonstige Vergünstigungen – die reinvestierten Gewinne nicht weggesteuert wurden. Die Unternehmen pflegten kurzfristige Bankkredite aufzunehmen, die bei den hohen Gewinnen nach kurzer Zeit zurückgezahlt werden konnten, womit die Unternehmen Eigentümer der Anlagen und Maschinen wurden. An die Stelle des individuellen Sparens ist somit weithin das Sparen der Unternehmungen getreten. Niemand wird leugnen, daß es in den Jahren nach der Währungsreform politisch und volkswirtschaftlich dringend notwendig war, in außergewöhnlichem Ausmaß zu investieren. Nur so konnten wirtschaftliches Wachstum und Vollbeschäftigung erreicht werden. Dennoch wird man fragen müssen, ob es politisch und sozialethisch richtig gewesen ist, daß diese weitgehend gesamtwirtschaftlich bedingte Vermögensbildung der Unternehmen sich bei verhältnismäßig wenigen Eigentümern konzentriert hat, so daß den Unternehmen – neben der Öffentlichen Hand – gleichsam die Treuhänderschaft am Kapitalvermögen zugefallen ist.

3. *Erneuerung und Stärkung der Funktionen des Privateigentums.* Weite Kreise des Bürgertums, besonders aber die sozialistische Arbeiterbewegung, standen lange Zeit einer breiten Streuung des Eigentums, vor allem des Kapitalvermögens, ablehnend gegenüber. Inzwischen dürfte sich ein Wandel der Anschauungen vollzogen haben, wie man ihn vor einigen Jahrzehnten noch nicht vorausahnen konnte. Bei der Frage, *wie* die Beteiligung breiter Schichten an der volkswirtschaftlichen Kapitalbildung durchgeführt werden

könne, stehen allerdings Theorie und Praxis vor nicht geringen Schwierigkeiten, da es sich einerseits um mehr oder weniger anonyme Eigentumsformen handelt, andererseits die verschiedenen Pläne auf ihre volks- und betriebswirtschaftlichen Auswirkungen gründlich überprüft werden müssen. Grundsätzlich lassen sich zwei Methoden der Eigentumsstreuung im Kapitalsektor unterscheiden: die Umverteilung des vorhandenen Vermögens und die Beteiligung breiter Schichten am jährlichen Neuzuwachs.

a) Gegen die Umverteilung des seit der Währungsreform entstandenen Vermögens der Privatunternehmungen wird man mit Recht Bedenken erheben müssen, da eine gefährliche Lähmung der Unternehmerinitiative und damit eine verhängnisvolle Auswirkung auf die Gesamtwirtschaft zu befürchten wäre. Anders ist die Privatisierung des Vermögens der Öffentlichen Hand zu beurteilen. Dieses Vermögen, das 1979 einen Gesamtwert von 835 Milliarden DM (in Preisen von 1970) erreichte, besteht zwar zum größten Teil aus den Anlagen der Bahn und Post, aus Straßen, Schulen, Universitäten und aus den Reservefonds der Sozialversicherung. Nur etwa 4 bis 6 Milliarden Mark des erwerbswirtschaftlichen Vermögens der Öffentlichen Hand eignen sich für die Privatisierung. Im übrigen kann die Beteiligung breiter Schichten an der volkswirtschaftlichen Kapitalbildung nur über die Neuinvestitionen erreicht werden.

b) Bei der Vermögensstreuung über die Neuinvestitionen lassen sich, was die Initialzündung betrifft, drei Möglichkeiten unterscheiden: Die Unternehmungen selber könnten freiwillig geeignete Formen einer investiven Ergebnisbeteiligung für ihre Arbeitnehmer einführen. Ferner könnte die investive Ergebnisbeteiligung durch Tarifvertrag zwischen den Arbeitgeberverbänden und den Gewerkschaften vereinbart werden. Schließlich könnte der Staat durch Gesetz die investive Ergebnisbeteiligung begünstigen oder gar vorschreiben. Alle drei Möglichkeiten werden heute lebhaft erörtert, ohne daß bisher eine bestimmte Lösung allgemein anerkannt wäre. In der Enzyklika „Mater et Magistra" heißt es: „In einer wachsenden Zahl von Ländern wächst der wirtschaftliche Wohlstand rasch. Bei kluger Anwendung bereits erprobter Verfahrensweisen dürfte es nicht schwer sein, die wirtschaftliche und soziale Entwicklung in diesen Ländern so zu lenken, daß sie den Zugang zu privatem Eigentum erleichtert und verbreitert ... In sozial und wirtschaftlich fortgeschrittenen Ländern sind da bereits erfreuliche Ergebnisse erzielt" (MM 115).

Dabei ist von *drei Erwägungen* auszugehen:
Erstens: Nicht selten wird erklärt, daß der Anspruch auf Beteiligung an der volkswirtschaftlichen Kapitalbildung nur den Arbeitnehmern zustehe, weil sie – zusammen mit dem Kapital – die Vermögensvermehrung geschaffen hätten. Hier gilt es, die volkswirtschaftlichen Zusammenhänge zu sehen. Bei der beträchtlichen Selbstfinanzierung in den Jahren nach dem Zweiten Weltkrieg handelte es sich um eine *gesamtwirtschaftlich* bedingte Vermögensbildung, die nicht ausschließlich den besonderen Leistungen der Unternehmer, Kapitalgeber und Arbeitnehmer zu verdanken ist, sondern vor allem durch die Abwälzung auf die Preise sowie durch Steuervergünstigungen ermöglicht wurde. Sofern die höhere Produktivität eines Unternehmens auf *Sonder*leistungen der dort beschäftigten Arbeitnehmer beruht, steht ihnen selbstverständlich auch ein entsprechender Anteil am Ertrag zu. Würden jedoch gesamtwirtschaftlich bedingte höhere Erträge eines Unternehmens nur den Arbeitnehmern zufließen, so würden diese ein Renteneinkommen beziehen, wobei anzumerken ist, daß es sich in der Hauptsache um die Belegschaften der Großunternehmen handeln würde, zu denen in der Bundesrepublik Deutschland in den Großbetrieben der Land- und Forstwirtschaft, Fischerei, des produzierenden Gewerbes und der Verteilungs- und Dienstleistungswirtschaft nur 25,4 % der unselbständigen Erwerbstätigen gehören.

Zweitens: Die gesellschafts- und wirtschaftspolitischen Auswirkungen einer breiten Streuung des Kapitalvermögens würden vereitelt, wenn die Kapitalbildung sich nicht bei den einzelnen Menschen, sondern in der Hand anonymer Institutionen niederschlagen würde. Allerdings wird ein breit gestreutes Eigentum an den Produktionsmitteln nur dann wirtschaftsgestaltenden Einfluß gewinnen, wenn es nicht in kleinsten Teilen bei den einzelnen Eigentümern isoliert und damit wirkungslos bleibt, sondern wenn es in irgendeiner Form, z. B. in Investment-Fonds, zusammengefaßt wird. Entscheidend ist dabei, daß die mit diesem vereinten Kapitalvermögen verbundene Macht nicht skrupellos Sonderinteressen dienstbar gemacht wird, sondern sich dem Gemeinwohl verpflichtet weiß.

Drittens: Die breite Streuung des Eigentums ist an zwei unabdingbare Voraussetzungen geknüpft: die Sparfähigkeit und die Sparwilligkeit. Ein Arbeitnehmer gilt dann als sparfähig, wenn sein Einkommen so hoch ist, daß ihm nach vernünftiger und maßvoller Deckung des Bedarfs seiner Familie noch ein Rest bleibt, den er sparen und der Investition zur Verfügung stellen kann. Mit der Sparfähigkeit muß sich der Wille verbinden, die erübrigten Einkommensteile nicht in zusätzlichen Konsum zu verwandeln, sondern für die Investition zu verwenden. Ohne die Bereitschaft, Eigentümerrechte, Eigentümerpflichten und Eigentümerrisiken auch im Bereich des volkswirtschaftlichen Kapitalvermögens zu übernehmen, kann eine breite Vermögensstreuung im Kapitalsektor nicht erreicht werden. Die Eigentumsvorstellungen breiter Schichten bewegen sich nur im Konsumbereich; es fehlt die Einsicht, daß Kapitalvermögen eine besondere Art von Eigentum ist, das nicht in Konsum verwandelt werden darf, da es den eigenen Arbeitsplatz oder den des Nächsten darstellt.

Je breiter das Eigentum gestreut wird, desto mehr werden die Funktionskrisen des Eigentums in der modernen Gesellschaft überwunden oder gemildert werden können. Die Selbstverantwortung wird gestärkt und der Trend zum Versorgungsstaat gehemmt werden. Auch wird die Zahl der selbständig Erwerbstätigen ansteigen. Man darf im Interesse breiter Streuung der wirtschaftlichen Verantwortlichkeiten die Forderung vertreten, daß für Aufgaben, die in Klein- und Mittelbetrieben in volkswirtschaftlich rentabler Weise gemeistert werden können, keine Großbetriebe geschaffen werden sollten, wobei als selbstverständlich unterstellt wird, daß die moderne Wirtschaft in vielen Bereichen der Großbetriebe nicht entbehren kann. Im übrigen sollte man die Trennung der Eigentumsfunktionen von der Unternehmerfunktion, wie sie in den Großunternehmen üblich ist, nicht ausschließlich negativ beurteilen. Seitdem nämlich die Ausübung unternehmerischer Funktionen kein ausschließliches Recht der Eigentümer mehr ist, steht der Weg zu leitenden Stellungen in der Wirtschaft einem viel größeren Kreis unternehmerisch begabter Menschen offen, wodurch das Durchschnittsniveau der unternehmerischen Leistungen zugunsten der Gesamtwirtschaft gehoben werden kann. Allerdings sind und bleiben die Direktoren und leitenden Angestellten trotz Trennung der Funktionen Beauftragte und Vertreter der Eigentumsbeteiligten. Es wäre gefährlich, einem Unternehmens-Institutionalismus zu huldigen, der im Unternehmen ein von den Eigentümern völlig unabhängiges Gebilde sehen wollte. Der in diesem Zusammenhang häufig erhobene Einwand, daß das Eigentum an den Unternehmungen mit gesellschaftlicher Macht über die Arbeitnehmer verbunden sei, war zu Beginn der industriellen Entwicklung weithin berechtigt. Heute ist in der fortgeschrittenen Industriegesellschaft der sogenannte „freie Arbeitsvertrag" der Vereinbarung des einzelnen Arbeitgebers mit dem einzelnen Arbeitnehmer entzogen und „inhaltlich vorwegbestimmt", z. B. durch den gesetzlichen Schutz der Jugendlichen und Frauen, durch das Verbot der Kinderarbeit, durch die soziale Sicherung bei Krankheit, Invalidität, Arbeitslosigkeit und im Alter, durch die Sicherung der Freizeit und des Urlaubs, durch die Einrichtung der Betriebsräte, durch die Gewährung des Mitbestimmungsrechts, durch die Errichtung der Arbeitsgerichte usw. Papst Johannes Paul II. spricht in diesem Zusammenhang vom „indirekten Arbeitgeber", der „wesentlich den einen oder anderen Aspekt des Arbeitsverhältnisses" bestimmt, und „so das Verhalten des direkten Arbeitgebers" bedingt, „wenn dieser den Arbeitsvertrag und das Arbeitsverhältnis konkret festlegt" (LE 17).

DRITTES KAPITEL
Die Verteilung des Sozialprodukts

Vorbemerkung

1. Wie die Geschichte der Wirtschaftsethik lehrt, hat sich das christliche Gewissen in früheren Jahrhunderten nicht so sehr mit den Fragen nach der Sinnhaftigkeit und dem Ordnungsgefüge der Wirtschaft befaßt, sondern schon seit der Zeit der Kirchenväter in oft leidenschaftlicher Weise gegen Wucher, Betrug, Ausbeutung und Übervorteilung im *wirtschaftlichen Verteilungsprozeß* protestiert. Der Traktat „Über den gerechten Preis" nimmt in den Werken der Wirtschaftsethiker jener Jahrhunderte einen breiten Raum ein.

2. Wie man die wirtschaftlich wägbaren Einkünfte einer natürlichen oder juristischen Person – abzüglich der Unkosten – Einzeleinkommen oder einfach Einkommen nennt, so bezeichnet man den wirtschaftlichen Reinertrag einer Volkswirtschaft, wie er im Laufe eines Jahres in der Form von neuerzeugten Sachgütern (in Landwirtschaft, Handwerk und Industrie), von Dienstleistungen (z.B. in Handel und Verkehr) und von Nutzungen vorhandener dauerhafter Güter (z.B. als Nutzung der Wohnung) anfällt, als *Volkseinkommen.*
Dem Volkseinkommen als der Summe aller Erwerbs- und Vermögenseinkommen steht als gütermäßiger Gegenwert (Produktionsgüter) das Nettosozialprodukt zu Faktorkosten gegenüber. Das Volkseinkommen ist hierbei die Summe aller Bruttoeinkommen aus unselbständiger Arbeit, sowie aus Unternehmertätigkeit und aus Einkommen aus Vermögen, die Inländern zugute kommen. Das Bruttosozialprodukt zu Faktorkosten entspricht dem Volkseinkommen. [...]

3. In der Marktwirtschaft erfolgt die Einkommensbildung, d.h. die Verteilung des Sozialprodukts, im unmittelbaren Austausch von Leistung und Gegenleistung. Nur wer als Eigentümer von

Kapital oder Grundbesitz oder als Unternehmer oder als Arbeitnehmer wirtschaftlich wägbare Leistungen einsetzt, gewinnt als Gegenwert ein marktwirtschaftliches Einkommen. Im marktwirtschaftlichen System werden große Bevölkerungsgruppen gleichsam ausgeklammert, weil sie als „Marktpassive" keine wirtschaftlich wägbaren Leistungen einzusetzen vermögen. Hier wird man zunächst die noch nicht arbeitsfähigen Kinder nennen können, die im Sorge- und Vorsorgeverband der Familie vom Einkommen ihrer Eltern mitunterhalten werden. Die Marktwirtschaft setzt also, wenn sie funktionieren soll, die Familie voraus. Des weiteren gehören zu den „Marktpassiven" die Rentner, Invaliden, Kranken, Arbeitslosen und Kriegsopfer. Damit diese Millionen leben können, muß – über Sozialversicherungsbeiträge und Steuern – eine Wiederumverteilung der ursprünglichen marktwirtschaftlichen Einkommensbildung erfolgen. In der modernen Gesellschaft hat diese Redistribution einen gewaltigen Umfang angenommen.

Nach den Grundsätzen der Christlichen Soziallehre lassen sich die ursprüngliche marktwirtschaftliche Einkommensverteilung und die zur Verwirklichung der „Sozialen Sicherheit" erfolgende Neuverteilung nicht gleichrangig nebeneinander stellen; vielmehr sollte die erste Einkommensverteilung in möglichst weitem Umfang zugleich die sozial befriedigende sein. Damit ist die Aufgabe gestellt, den marktwirtschaftlichen Verteilungsprozeß im Lichte der Christlichen Soziallehre zu würdigen. Vier Faktoren sind zu unterscheiden: Grundrente, Zins, Arbeitseinkommen und Unternehmergewinn.

§ 1 Die Grundrente

1. Die Grundrente ist jener Ertrag von Grund und Boden, der weder auf Kapitalaufwendung noch auf Arbeitsleistung zurückzuführen ist. Während François Quesnay († 1774) und Adam Smith († 1790) die Wurzel der Grundrente in den produktiven Kräften des Bodens, also in einem „Überfluß" sahen, suchte David Ricardo († 1823) die Grundrente aus der *mangelnden* Fruchtbarkeit des Bodens zu erklären: Die Preise für landwirtschaftliche Produkte

würden durch die für die minderwertigen Böden erforderlichen Produktionskosten bestimmt; infolgedessen erzielten die Besitzer besserer Böden einen höheren Reinertrag, der nicht dem Arbeits- und Kapitalaufwand zugerechnet werden könne, sondern sich aus der Ertragsdifferenz zwischen den guten und schlechten Böden ergebe. Zu dieser Theorie ist zu bemerken, daß bei wachsender Bevölkerung die Nachfrage nach Bodenprodukten und Boden und damit auch der Bodenpreis zu steigen pflegt, daß dieser Preissteigerung jedoch die Bebauung schlechterer Böden und die intensivere Bewirtschaftung sämtlicher Böden *entgegenwirken*. Der Kausalzusammenhang ist also umgekehrt wie bei Ricardo. Ursache der Grundrente sind die Knappheit und Verschiedenheit der Böden. Die Grundrente setzt deshalb die Preisbildung nicht voraus, sondern gehört innerlich zu den sie bestimmenden Faktoren. Ihre volkswirtschaftliche Funktion liegt darin, zu sparsamer und wirtschaftlicher Benutzung des Bodens anzuleiten. Bei Besitzwechsel wird die Grundrente im Bodenpreis kapitalisiert, d. h. sie verwandelt sich meist in die Verzinsung der Übernahmehypothek.

2. Heute ist weniger die Fruchtbarkeitsrente, die in der Ertragsdifferenz guter und schlechter Böden besteht, als vielmehr die *Lagerente auf den Baulandmärkten* umstritten. In den Städten und Industriegebieten, mehr und mehr auch in den Dörfern, sind die Baulandpreise seit der Währungsreform unaufhörlich und beträchtlich, zum Teil auf mehr als das Hundertfache des Einheitswertes gestiegen, so daß sich für die Eigentümer günstig gelegener Baugrundstücke häufig ein Vermögenszuwachs ergibt, der als empörend hoch empfunden wird. Da Boden, Kapitalaufwand und Arbeit stets zusammen den Ertrag erbringen, ist zwar die begriffliche Aufgliederung der drei Ertragsfaktoren, aber nicht die ziffernmäßige Berechnung der Ertragsanteile möglich, so daß die Forderung mancher Bodenreformer auf „*restlose* Abschöpfung" der Grundrente undurchführbar ist. Aber auch davon abgesehen läßt sich ein Recht der Allgemeinheit auf *restlose* Abschöpfung der Grundrente nicht begründen, da eine nicht durch Bodenspekulation, Bodenmonopol oder Mängel des Bodenrechts übersteigerte Grundrente eine volkswirtschaftlich wichtige Funktion ausübt.

Das schließt nicht aus, daß die Grundrente bei demjenigen, dem sie tatsächlich zufließt, ein geeignetes Steuerobjekt sein kann. Im übrigen ist es die Aufgabe des Gesetzgebers, eine wucherische Preisbildung auf den Baulandmärkten durch geeignete Maßnahmen zu unterbinden.

§ 2 Der Zins

1. Der Zins ist der Preis für das Sparen, das in der dynamischen, auf Investition und Produktivitätssteigerung angelegten Wirtschaft des industriellen Zeitalters dringend notwendig ist. In den Vereinigten Staaten hat Richard M. McKeon SJ sogar die These aufgestellt, daß 60 Prozent der amerikanischen Erwerbstätigen als Bezieher *mittlerer* Lohn- und Gehaltseinkommen (von mehr als 4 000 Dollar jährlich) heute imstande seien, investiv zu sparen, und daß mithin eine sittliche „Verpflichtung zum Ankauf von Industrieaktien" gegeben sei. Da der Zins – als Anreiz zum Sparen – eine volkswirtschaftlich wichtige Funktion erfüllt, ist er sittlich einwandfrei.[1] Heute ist der Zins in vielen Ländern infolge der Geldentwertung (Inflation) verschwunden. Was von den Banken als sogenannter „Zins" bezahlt wird, ist volkswirtschaftlich kein Zins, sondern – bei einer jährlichen Geldentwertung von sieben und mehr Prozent – eine, oft nur teilweise, Vergütung für den Kaufkraftschwund. Das ganze Geschehen ist eine Enteignung der Sparer zugunsten der Eigentümer von Sachwerten (Unternehmer, Haus- und Grundeigentümer usw.) und des Staates (Steuerprogression).[2] Die Inflation der letzten Jahre ist eine Krisenerscheinung des Spätkapitalismus.

2. Da im vorindustriellen Zeitalter nicht jederzeit und allgemein die Möglichkeit gegeben war, das Geld volkswirtschaftlich fruchtbringend anzulegen, sondern viele Darlehen reine Not- und Konsumdarlehen waren, verboten die Gesetze – seit der Aachener

---

[1] Vgl. can. 1543 CJC/1917.
[2] Vgl. *E. Küng,* Inflation als soziales Unrecht, Köln 1973 (KuG 3).

Reichssynode Karls d. Gr. vom 23. März 789 – das Zinsnehmen auf Grund des bloßen Darlehensvertrages. Das Zinseinkommen galt nur dann als gerechtfertigt, wenn die investive Kapitalanlage, etwa in Form des Sozietätsvertrages oder des Rentenkaufs, nachgewiesen wurde. Die mittelalterliche Wirtschaftsethik hat diese Zusammenhänge zu analysieren versucht und in sehr differenzierter Weise sittliche Forderungen daraus abgeleitet. Für den Kaufmann, so lehrte z. B. Antonin von Florenz († 1459), besitzt das Geld den „Charakter des Kapitals" („rationem capitalis"); bei Barzahlung sind die Preise deshalb niedriger als beim Kreditgeschäft, weil die Kaufleute das Bargeld „sofort reinvestieren" möchten („cito reinvestirent"), indem sie mehrmals im Jahre Textilien herstellen. In diesen Fällen erkannten die Theologen den Zins als berechtigt an.[3]

3. Während die Volkswirtschaftslehre des 19. Jahrhunderts die mittelalterliche Zinslehre völlig verkannt hat, weisen heute führende Nationalökonomen, besonders in England und in den Vereinigten Staaten, nachdrücklich auf die „ehrliche, intellektuelle Bemühung" der scholastischen Wirtschaftsethiker hin, zwischen dem bloßen Gelddarlehen und dem Ertrag aktiver Investitionen zu unterscheiden, d. h. „auseinander zu halten, was die klassische Theorie unauflöslich durcheinander gebracht hat". „Ich wurde in dem Glauben erzogen", schreibt Keynes, „daß die Haltung der mittelalterlichen Kirche gegenüber dem Zinsfuß von Natur aus widersinnig war"; jetzt aber scheint klar zu sein, „daß die Untersuchungen der Scholastiker sich auf die Erläuterung einer Formel richteten, die der Tabelle der Grenzleistungsfähigkeit des Kapitals ermöglichen sollte, hoch zu sein, während sie gleichzeitig Vorschriften, Gewohnheiten und das moralische Gesetz dazu benutzten, um den Zinsfuß niedrig zu halten"[4]. Damit zeigt sich, daß die wirtschaftstheoretischen Fundamente der Scholastiker „gesunder waren als manche nachfolgende Arbeit, in dem Sinne,

---

[3] II. Pars totius Summae Maioris, Tit. I. c. 7, § 15 u. III. Pars, tit. 8.

[4] *J. M. Keynes,* † 1946, Allgemeine Theorie der Beschäftigung, des Zinses und des Geldes. Berlin ²1952, 297.

daß ein beachtenswerter Teil der Wirtschaftswissenschaft des
späten 19. Jahrhunderts von diesen Fundamenten aus schneller
und mit weniger Mühe hätte entwickelt werden können, als tatsächlich zu seiner Entwicklung notwendig war"[5].

§ 3 Das Arbeitseinkommen

1. „Die in der Gütererzeugung, der Güterverteilung und in den
Dienstleistungsgewerben geleistete menschliche Arbeit hat den
Vorrang vor allen anderen Faktoren des wirtschaftlichen Lebens,
denn diese sind nur werkzeuglicher Art", die Arbeit jedoch ist
„unmittelbarer Ausfluß der Person" (GS 67). Diese bedeutsame
Aussage des Zweiten Vatikanischen Konzils gibt der Arbeit den
ihr gebührenden Platz im wirtschaftlichen Verteilungsprozeß.
Auch dem Ausmaß und der Funktion nach ist das Einkommen
aus unselbständiger Arbeit in der modernen Wirtschaft wichtiger
als Grundrente und Zins. In den fortgeschrittenen Industriestaaten sind mehr als 80 Prozent der Berufstätigen unselbständig
erwerbstätig. [...] Bei der Beurteilung des Arbeitseinkommens sind
zunächst *zwei irrige Thesen* zurückzuweisen.

a) Es ist behauptet worden, daß *nur* die Arbeit – also weder Grundrente noch Kapitalzins noch Unternehmergewinn – ein sittlich ge-
rechtfertigter Titel der Einkommens- und Eigentumsbildung sei.
Die Christliche Soziallehre lehnt diese These ab und erkennt neben den eben genannten Titeln auch „die Besitzergreifung einer
dem Zugriff sich darbietenden herrenlosen Sache" als berechtigt
an (QA 52), was auch heute noch, z. B. bei der Aneignung gewaltiger Mengen von Luft zur Stickstoffgewinnung in der chemischen Industrie, eine Rolle spielt und was vielleicht bei der Bewältigung des Weltraumes eine neue Bedeutung erlangen könnte.

b) Irrig ist auch die These, daß der Mensch durch seine Arbeit in
jedem Falle Eigentümer der erzeugten Güter werde. In der Enzy-

---

[5] *J. A. Schumpeter,* † 1950, History of Economic Analysis. London ²1955, 97.

klika „Rerum novarum" heißt es zwar, es sei in der Ordnung, „daß die Frucht der Arbeitsanstrengung denen gehört, die die Arbeit leisteten, genau so, wie Dinge, die hervorgebracht sind, der Ursache zuzuordnen sind, die sie hervorbrachte" (RN 8). Aber dieser Satz gilt nur von der Arbeit, die ein einzelner im eigenen Namen und am eigenen Werkstück verrichtet, also vom „Individualprodukt", nicht jedoch von der Arbeit, die unter Mitwirkung vieler in der modernen arbeitsteiligen Wirtschaft geschieht, also nicht vom „Sozialprodukt". In den modernen Betrieben „müssen der Produktionsfaktor Arbeit des einen und die sachlichen Produktionsmittel des andern eine Verbindung eingehen, da kein Teil ohne den andern etwas ausrichten kann", woraus sich ergibt, daß es den Tatsachen widerstreitet, „einem der beiden, dem Kapital oder der Arbeit, die Alleinursächlichkeit an dem Ertrag ihres Zusammenwirkens zuzuschreiben" (QA 53).

2. Das Lohnproblem muß heute in seiner *Vielschichtigkeit* gesehen werden; dann erkennt man, daß sich die Frage nach dem richtigen oder gerechten Lohn auf *vier verschiedenen Ebenen* stellt:

a) *Auf der betrieblichen Ebene* muß, weil der Betrieb im Wettbewerb steht, an dem Grundsatz festgehalten werden: Gleiche Leistung – gleicher Lohn. Nun sind jedoch die individuellen Leistungen der einzelnen Arbeitnehmer und die Arbeitsanforderungen und Beschwernisse der verschiedenen Arbeitsplätze keineswegs gleich. Auch sind die Beschäftigten nach Ausbildung, Stellung und Verantwortung sehr unterschieden; es gibt ungelernte, angelernte und gelernte Arbeiter, Vorarbeiter und Meister, mittlere und leitende Angestellte usw. Bei der betrieblichen Lohnfindung müssen diese Unterschiede berücksichtigt werden. Die heute üblichen Lohnformen erstreben allerdings nicht nur eine leistungsgerechte Entlohnung, sondern auch eine möglichst betriebsgünstige Arbeitsleistung. Neben dem heute in der Bundesrepublik noch vorherrschenden Zeitlohn, dessen Höhe sich aus der Einstufung in die verschiedenen tariflichen Lohngruppen ergibt, gewinnt der Leistungslohn (Akkordlohn nach dem Refa-System und Prämienlohn) immer mehr an Bedeutung. Wenn man auch vom Standpunkt der Lohngerechtigkeit gegen vernünftige Formen des Lei-stungslohnes keine grundsätzlichen Bedenken vorbringen kann, müssen doch die Gefahren der neuen Entlohnungsmethoden beachtet werden. Untersuchungen haben ergeben, daß vor allem die schwierige Berechenbarkeit der Löhne, die durch den arbeitswissenschaftlich ermittelten Akkord auftretende stärkere Belastung und der im Refa-System liegende Leistungsantrieb häufig zu persönlichem Unbehagen der Arbeiter und vor allem der Arbeiterinnen sowie zu sozialen Spannungen – auch unter den Arbeitnehmern selbst, z. B. gegenüber dem „Überbieter" oder zwischen Zeitlöhnern und Akkordlöhnern – führen.

b) Die innerbetriebliche Lohnfindung setzt die Entscheidung über die *makroökonomische Verteilung zwischen Kapital und Arbeit* schon voraus. Der Versuch, den beiden Faktoren feste Anteile am Sozialprodukt auf Grund ihrer Leistungen *kausal* zuzurechnen, ist zum Scheitern verurteilt, da es unmöglich ist, aus dem gemeinsam erstellten Produkt die Anteile der mitwirkenden Faktoren kausal auszugliedern. Nicht die kausale, sondern die *finale* Betrachtungsweise führt zum Ziel. Dabei ist zu beachten, daß die Löhne einerseits Kaufkraft bedeuten, die den Absatz der von den Unternehmern erzeugten Güter ermöglicht, daß sie andererseits jedoch auch Kosten für die Unternehmer darstellen. In diesem Zusammenhang betonte die Enzyklika „Quadragesimo anno" 1931, daß die Forderung „übertriebener Löhne, die zum Zusammenbruch des Unternehmens mit allen sich daraus ergebenden bösen Folgen für die Belegschaften selber führen müßten", ungerecht wäre (QA 72). Andererseits weist die Enzyklika „Mater et Magistra" darauf hin, daß in jenen Ländern, in denen die wirtschaftlichen Verhältnisse „den Mittel- und Großbetrieben ein besonders schnelles Wachstum im Wege der Selbstfinanzierung" gestatteten, „den Arbeitern ein rechtmäßiger Anspruch an diese Unternehmen zuzuerkennen sein" könnte, „den diese einzulösen hätten, vor allem dann, wenn sie im übrigen nicht mehr als den Mindestlohn zahlen" (MM 75). Trotz steigender Lohnkosten und Sozialabgaben und trotz hoher Steuern sind den Unternehmen in der Bundesrepublik seit der Währungsreform in der Tat erhebliche Gewinne verblieben. [...]

Wenn auch die Lohnquote in den fortgeschrittenen Industriestaaten langsam ansteigt, was sich daraus erklärt, daß die gewaltige Kapitalvermehrung der letzten Jahrzehnte – verglichen mit der nur langsamen Bevölkerungsvermehrung – den Produktionsfaktor Arbeit relativ knapper werden ließ, so kann doch die Verteilung des Sozialprodukts zwischen Kapital und Arbeit nicht als befriedigend gelten. Der den unselbständig Erwerbstätigen zufallende Anteil am Sozialprodukt läßt sich freilich nur dann erheblich steigern, wenn die Arbeitnehmer bereit sind, in ihrem Einkommen nicht nur Konsumgeld, sondern auch eine Quelle volkswirtschaftlicher Kapitalbildung zu sehen [...].

c) Die Verhältnisse in der entwickelten Industriegesellschaft zeigen immer deutlicher, daß die Frage nach dem richtigen Lohn nicht nur Kapital und Arbeit angeht, sondern für die *drei Sektoren der modernen Wirtschaftsgesellschaft* steigende Bedeutung gewinnt [...]. Das Gleichgewicht zwischen dem arbeitsintensiven primären Sektor der landwirtschaftlichen und bergbaulichen Urproduktion, dem sekundären Sektor der handwerklichen und industriellen Fertigung und dem tertiären Sektor der Dienstleistungen ist offensichtlich gestört, so daß die Spannungen „zwischen der Landwirtschaft, der Industrie und den Dienstleistungsgewerben" in einer „zunehmenden Zahl von Staaten" immer problematischer werden (MM 48), was sich auch lohnpolitisch auswirkt. Landwirtschaft und Bergbau sind sehr arbeitsintensiv. Kennzeichnend für Handwerk und Industrie ist die den anderen Wirtschaftsbereichen überlegene Produktivitätsentwicklung, die es – besonders in Zeiten der Vollbeschäftigung – leichter möglich macht, Lohn- und Gehaltserhöhungen vorzunehmen, was freilich nicht ohne Folgen für Landwirtschaft, Bergbau und Dienstleistungsgewerbe bleibt. Die fortgeschrittene Industriegesellschaft hat sich nämlich mehr und mehr zur „nivellierten Wohlstandsgesellschaft" entwickelt, in der alle Bevölkerungsschichten nach einem „gleichgezogenen" Lebensstandard streben. Es muß deshalb von den Verantwortlichen gemeinsam überlegt werden, ob und in welcher Höhe Lohnsteigerungen ohne schädliche Auswirkungen auf das Preisniveau möglich sind und wie eine Benachteiligung anderer Wirtschaftszweige mit geringerem Produktivitätsfortschritt und höherer Lohnintensität vermieden werden kann. Die Enzyklika „Quadragesimo anno" fordert mit Recht, daß die Lohnbemessung „der allgemeinen Wohlfahrt" Rechnung tragen müsse; es sei ein Verstoß gegen die Soziale Gerechtigkeit, „ohne Rücksicht auf das Gemeinwohl nur dem eigenen Vorteil gemäß die Löhne über den zulässigen Spielraum hinaus hinabzudrücken oder hinaufzutreiben" (QA 74).

Die hier genannte Verpflichtung bindet in der Bundesrepublik, die sich – wie zahlreiche andere Industrieländer der westlichen Welt – in weitem Umfang zur Tarifautonomie bekennt, an erster Stelle die Sozialpartner, die bei ihrer Lohnpolitik die Auswirkungen auf den Beschäftigungsstand (Gefahr der Arbeitslosigkeit), auf die Investitionen und auf das Preisgefüge (Gefährdung der Konstanz des Geldwertes) berücksichtigen müssen. Aus dieser Sicht dürfte der Streik, der als äußerstes Mittel des Arbeitskampfes von der Christlichen Soziallehre grundsätzlich als sittlich erlaubt anerkannt wird, in der entwickelten Industriegesellschaft als systemwidrig und überholt gelten. Die zwischen den drei Sektoren der modernen Wirtschaftsgesellschaft bestehenden Lohnprobleme legen es vielmehr nahe, auf eine vielverkannte Lehre der Enzyklika „Quadragesimo anno" zurückzugreifen, die auch in „Mater et Magistra" anklingt: nämlich innerhalb des gesellschaftlichen Raumes „leistungsgemeinschaftliche Gebilde" „eigenen Rechts" zu schaffen (MM 40, 65), in denen das Schwergewicht bei den „gemeinsamen Angelegenheiten" liegen müsse, deren „bedeutsamste" diese ist, „zum allgemeinen Wohl des Gesamtvolkes möglichst fruchtbar" zusammenzuwirken (QA 85). Höhe des Lohnniveaus, Lohn-Preis-Spirale, unterschiedliche Produktivitätsraten, verschiedene Lohnintensität usw. gehen zunächst die Erstbetroffenen selber an, ohne daß man sofort an gesetzliche Maßnahmen des Staates denken müßte.

d) Die Höhe der Löhne hängt – viertens – davon ab, welcher Teil des Volkseinkommens für die „Soziale Sicherheit" abgezweigt wird [...]. In diesem Zusammenhang spielt die Frage nach dem *fa-*

miliengerechten Lohn eine große Rolle. Man könnte die Forderung erheben, daß der Leistungslohn allgemein so hoch sein müsse, daß er zum Unterhalt einer gesunden, also kinderreichen Familie ausreiche. Papst Leo XIII. hat in der Tat in der Enzyklika „Rerum novarum" einen Lohn verlangt, der den Arbeiter sowie „seine Frau und seine Kinder" gut zu „erhalten" vermöge (RN 35). Pius XI. hat in der Ehe-Enzyklika „Casti connubii" (31.12.1930) diesen Gedanken aufgegriffen und gefordert, daß „in der bürgerlichen Gesellschaft die sozialen und wirtschaftlichen Verhältnisse in einer Weise geregelt werden, die es *allen Familienvätern* ermöglicht, das Notwendige zu verdienen und zu erwerben, um sich, Frau und Kinder nach Rang und Stand zu ernähren"[6]. Schließlich hieß es dann 1931 in „Quadragesimo anno", es sei auf alle Weise darauf hinzuarbeiten, „daß der Arbeitsverdienst der Familienväter zur angemessenen Bestreitung des gemeinsamen häuslichen Aufwandes ausreiche"; ein Lohn in dieser Höhe müsse „für *jeden* erwachsenen Arbeiter" sichergestellt werden. Daß „Hausfrauen und Mütter" wegen des unzulänglichen väterlichen Lohnes den Haushalt oder die Kindererziehung vernachlässigen müßten, um einer „außerhäuslichen Erwerbsarbeit" nachzugehen, sei ein „schändlicher Mißbrauch" (QA 71).

Der in den päpstlichen Rundschreiben geforderte *absolute* Familienlohn setzt – abgesehen von der wirtschaftlichen Möglichkeit – voraus, daß entweder der Durchschnitt aller Familien kinderreich ist oder daß die kinderlosen und kinderarmen Ehepaare, wenn sie zahlenmäßig vorherrschen, sich in ihren Konsumgewohnheiten den kinderreichen Familien angleichen. Beides trifft heute nicht zu. Angenommen, daß für alle erwachsenen Arbeitnehmer, auch für die kinderreichen, der Lohn derart erhöht werden könnte, daß er dem üblichen sozial-kulturellen Lebensstandard entspräche, so würde doch nach kurzer Zeit der Lebensstandard der kinderreichen Familie wiederum unter dem *neuen* sozial-kulturellen Standard liegen, der sich durch die höheren Ansprüche und die neuen Konsumgewohnheiten der Unverheirateten und Kinderarmen bilden würde. Mithin ergibt sich, daß sich der bloße Leistungs-

---

[6] *Pius XI.,* Enzyklika „Casti connubii", AAS 22 (1930) 586 f.

lohn familienfeindlich auswirkt. Ein Familienlastenausgleich im Sinne des *relativen*, durch Kinderbeihilfen nach der Familiengröße abgestuften Familienlohnes ist ein Gebot der Stunde. Jedoch darf die Forderung nach Zahlung des relativen Familienlohnes nicht an den einzelnen Betrieb gestellt werden, da in diesem Falle die kinderreichen Väter der Gefahr der Arbeitslosigkeit ausgesetzt wären, weil die Betriebe, um Kosten zu sparen, versucht sein könnten, ledigen oder kinderlos verheirateten Arbeitnehmern den Vorzug zu geben. Es müssen deshalb überbetriebliche Ausgleichsformen gefunden werden. Der Ausgleich zwischen Kinderlosen bzw. Kinderarmen einerseits und Kinderreichen andererseits ist dann am klarsten verwirklicht, wenn er zwischen den beiden Gruppen selber erfolgt, was – trotz heftigen Widerstrebens der Interessentenverbände – innerhalb der einzelnen Wirtschaftszweige und Berufsgruppen durchaus möglich ist.

§ 4 Der Unternehmergewinn

1. Der Unternehmergewinn, der weder auf den Zins für das investierte Kapital noch auf den für die Arbeitsleistung des selbständigen Unternehmens einzukalkulierenden Unternehmerlohn zurückgeführt werden kann, sondern ein *Residualeinkommen* darstellt, ist in der wirtschaftlichen Entwicklung der modernen Industriestaaten von außerordentlicher Bedeutung gewesen. Die großen Industrievermögen sind weder aus der Grundrente noch aus dem Kapitalzins noch aus dem Arbeitseinkommen, sondern aus den Unternehmergewinnen entstanden. Der Unternehmergewinn kann durch *drei Faktoren* bedingt sein:
a) Die schöpferische Initiative überdurchschnittlich begabter Unternehmer kann durch eine „neue Kombination der Produktivkräfte" Kosten- und Ertragsvorteile ermöglichen, die den anderen Unternehmern gegenüber einen *Pioniergewinn* entstehen lassen,[7] was besonders im 19. Jahrhundert nicht selten der Fall gewesen ist.

---

[7] *J. Schumpeter*, Theorie der wirtschaftlichen Entwicklung. München/Leipzig 1926, 287 f.

b) Unternehmergewinne können durch *Monopol- und Kartellbildungen* ermöglicht werden.

c) Durch hohe Wachstumsraten der Wirtschaft können bei geringen Sparquoten der breiten Schichten und bei einer die Selbstfinanzierung begünstigenden Steuerpolitik *Marktlagengewinne* entstehen, wie es in der Bundesrepublik seit der Währungsreform in gewaltigem Ausmaß geschehen ist.

2. Die Christliche Soziallehre stellt zur Beurteilung des Unternehmergewinns fünf *Aussagen* auf:

a) Gegen den sogenannten „Pioniergewinn", der letztlich im Dienste der Verbraucher steht, sind keine Bedenken zu erheben, falls dieser Gewinn in volkswirtschaftlich sinnvoller Weise angelegt wird, wobei auf „Quadragesimo anno" verwiesen werden kann, wo es heißt, daß „die Verwendung sehr großer Einkünfte zur Schaffung von Arbeits- und Verdienst-Gelegenheit" als eine „ausgezeichnete und hervorragend zeitgemäße Übung der Tugend der Großzügigkeit (magnificentia)" gelten könne (QA 51). Viel beachtet wurde das betonte Ja des Zweiten Vatikanums zur dynamischen Wirtschaft und zur unternehmerischen Initiative: Um „den Bedürfnissen der wachsenden Menschenzahl gerecht zu werden und den immer höheren Ansprüchen der Menschen Genüge zu tun", sind zu fördern: „technischer Fortschritt, Aufgeschlossenheit für das Neue, die Bereitschaft, neue Unternehmen ins Leben zu rufen und bestehende zu erweitern, die Entwicklung geeigneter Produktionsverfahren, das ernsthafte Bemühen aller irgendwie am Produktionsprozeß Beteiligten, überhaupt alles, was zu diesem Fortschritt beiträgt" (GS 64).

b) Monopolgewinne werden von der Christlichen Soziallehre seit Jahrhunderten als wucherisch abgelehnt. Im 15., 16. und 17. Jahrhundert dürfte der Ausdruck „Monopol", für den man im deutschen Sprachgebiet hin und wieder die Bezeichnung „Ainshand", „einhendiger handel" oder „miteinander stupfen" gebrauchte, einen ähnlichen, gefühlsbetonten Klang gehabt haben wie in den letzten hundert Jahren das Wort „Kapitalismus". Die Monopolisten seien „Usurpatoren", da sie sich widerrechtlich zu Urhebern der Preise machten (Franz Sylvius, † 1649); sie unternähmen einen „Angriff auf die allgemeine Freiheit", da die Leute „durch das Monopol gezwungen würden, einen höheren Preis zu zahlen", als es ohne Monopol der Fall wäre (Cajetanus, † 1534). Man solle die Monopolisten aus dem Staate vertreiben, da sie schädlicher seien „als Mißernten und Heuschrecken" (Johannes Medina, † 1546).[8]

c) Da die Marktlagengewinne den Unternehmern auf Grund der von der Regierung seit der Währungsreform gesetzten wirtschaftspolitischen Daten zugeflossen sind, wird man den einzelnen Unternehmer wegen dieser Gewinne nicht in seinem Gewissen beunruhigen können. Es ist jedoch, wie oben dargelegt wurde [...], dringend geboten, unverzüglich geeignete Maßnahmen zu ergreifen, die eine breite Vermögensstreuung im Kapitalsektor ermöglichen.

d) Der Unternehmergewinn muß durch die Gesinnung des Dienstes an der Allgemeinheit geläutert und veredelt werden. Läßt man diese Dienstbereitschaft außer acht, so bleibt nach Thomas von Aquin das bloße Gewinnstreben übrig, dem „eine gewisse Häßlichkeit"[9] anhaftet und das, wie Dominikus Soto († 1560) schreibt, einen „unstillbaren Durst" hervorruft und die Unternehmer den „Glücksspielern" ähnlich macht.[10]

e) Zur Absatz- und Gewinnsteigerung bedienen sich die Unternehmer der *Werbung,* die den Käufer sachlich informieren soll, wie es tatsächlich unter den Unternehmungen selber, z. B. beim Einkauf von Werkzeugmaschinen, üblich ist. Die breite Schicht der Letztverbraucher jedoch wird nicht in rechter Weise informiert, sondern – vor allem in den Sex-Illustrierten – durch suggestive Reizüberflutung verwirrt und vernebelt. Die Konsumenten schei-

---

8 Vgl. *J. Höffner,* Wirtschaftsethik und Monopole im 15. und 16. Jahrhundert. Darmstadt ²1969, 135 f.

9 *Thomas von Aquin,* S. th. II-II 77,4.

10 Vgl. *J. Höffner,* Wirtschaftsethik und Monopole, a. a. O., 106.

nen darüber beglückt zu sein; sie haben die Werbung, die sie verdienen und bezahlen. Die Unternehmer sind im Gewissen verpflichtet, sachlich und wahrhaftig zu werben und destruktive Publikationsorgane als Werbeträger auszuschließen.

§ 5 Die Berichtigung der ursprünglichen Einkommensbildung durch das System der Sozialen Sicherheit

1. Das *Ausmaß der Umverteilung:* Die im Wirtschaftsprozeß – in der Form von Grundrente, Kapitalzins, Arbeitseinkommen und Unternehmergewinn – sich vollziehende ursprüngliche Verteilung des Sozialprodukts wird in den modernen Industriestaaten *durch Steuern und Sozialabgaben in erstaunlichem Ausmaß korrigiert.* [...]
Für die *Soziale Sicherheit* wurden 1975 in der Bundesrepublik insgesamt 347,9 Mrd. DM aufgewandt. Für den weiteren Ausbau der Sozialleistungen wurde inzwischen erheblich mehr bezahlt. So nahmen die Aufwendungen für die Soziale Sicherheit bis zum Jahre 1981 um 41,5 % zu und konnten auf 492,4 Mrd. DM beziffert werden. Verschiedene Ursachen dürften diese Entwicklung herbeigeführt oder begünstigt haben: Zwei Inflationen haben die privaten Ersparnisse vernichtet, so daß sich mehr und mehr die Meinung festgesetzt hat, nur gesellschaftliche Institutionen vermöchten die Soziale Sicherheit zu gewährleisten. Auch haben sich die zur Durchführung der gesetzlichen Sozialversicherung in den letzten siebzig Jahren geschaffenen Einrichtungen – kraft der Beharrungstendenz des Institutionellen – verfestigt und damit die Ausweitung des Systems begünstigt. Schließlich ist zu beachten, daß der Erste, besonders aber der Zweite Weltkrieg Millionen von Menschen in eine Not gestürzt haben, die weder durch persönliches Verschulden verursacht ist noch zu den sogenannten Normalrisiken der modernen Gesellschaft gehört. Um die Ansprüche dieser Bevölkerungsgruppen (der Kriegsopfer, Heimatvertriebenen, Ausgebombten, Naziverfolgten usw.) auf Lastenausgleich, Wiedergutmachung und Entschädigung zu befriedigen, mußten neue umfangreiche Einrichtungen der Sozialen Sicherheit geschaffen werden.

Typisch für die Sozialversicherung ist einerseits der Versicherungszwang, der eingeführt worden ist, um den zu schützenden Personenkreis restlos zu erfassen und das Abwandern günstiger Risiken zu verhindern, andererseits der soziale Ausgleich zugunsten der wirtschaftlich Schwächeren.

2. Sowohl gegen den Versicherungszwang als auch gegen den sozialen Ausgleich werden heute *starke Bedenken* erhoben. Die Arbeitnehmer, so wird gesagt, hätten längst ihren gleichberechtigten Standort in der industriellen Gesellschaft erlangt. Die Zwangssozialversicherung behandle den Arbeitnehmer wie einen hilflosen Pauper, der „etwa über ein Drittel seines Arbeitseinkommens nicht frei verfügen" könne. Die Kernfrage sei: „Mehr Sozialleistungen und mehr fremdbestimmte Einkommensverwendung oder mehr eigene Entscheidungsfreiheit" im Sinne der Verbraucherfreiheit?[11] Auch müsse man die Frage stellen, ob der Gesetzgeber befugt sei, die „Hälfte der Pflichtigen ... sozusagen zur Wohltätigkeit gegenüber der anderen Hälfte" anzuhalten. Es sei nicht einzusehen, warum den Minderverdienenden, denen man ja auch zumute, „für Brot, Fleisch, Gemüse, Kleidung und Kino dieselben Preise zu bezahlen wie die Empfänger höherer Einkommen", keine wagnisgerechten Beiträge zugemutet werden könnten.[12] Die deutsche Sozialversicherung sei überhaupt keine Versicherung, sondern eine „modernisierte Form der Armenpflege", da der soziale Ausgleich „immer, welche Form man ihm auch gibt, ein Almosen" sei (Heddy Neumeister).

3. Bei der *kritischen Würdigung des Systems der Sozialen Sicherheit* geht die Christliche Soziallehre von folgenden Grundsätzen aus:

a) Es ist „das Recht und die Pflicht der einzelnen", erstverantwortlich „sich und ihre Angehörigen selbst mit dem Lebensunterhalt zu versorgen" (MM 55).

---

[11] *E. Liefmann-Keil,* Wirtschaftliche Grenzen für Sozialleistungen? In: Betriebskrankenkasse 1958, Nr. 19.

[12] *W. Schreiber,* in: Rheinischer Merkur, 10. Oktober 1956.

b) Die engste Gemeinschaft, die dem Menschen soziale Geborgenheit schenken soll, ist die Familie. Wenn auch die Familie im industriellen Zeitalter viele Funktionen verloren hat, so daß sie die gesamte Soziale Sicherheit nicht mehr zu gewährleisten vermag, bietet der Familienhaushalt doch auch heute noch in hohem Maße Geborgenheit.

c) Von großer Bedeutung für die soziale Sicherung, besonders der Selbständigen, ist die genossenschaftliche Selbsthilfe, die zu solidarischem Denken und Handeln erzieht und mit vereinten Kräften Aufgaben meistert, die der einzelne nicht bewältigen kann.

d) Die Verhältnisse in der industriellen Gesellschaft bringen es mit sich, daß die Soziale Sicherheit von den einzelnen, den Familien und Genossenschaften *allein* – ohne Mithilfe gesamtgesellschaftlicher Institutionen – nicht mehr gewährleistet werden kann. Das System der Sozialen Sicherheit ist nur vor dem Hintergrund der gewaltigen Umwälzungen zu begreifen, die durch die technisch-industrielle Revolution über die Menschen gekommen sind. Es handelt sich weithin um eine Anpassung der Daseinsform und Lebensweise des modernen Menschen an die gewandelten gesellschaftlichen und wirtschaftlichen Verhältnisse der industriellen Gesellschaft. Aus dieser Sicht ist es unhaltbar, das System der Sozialen Sicherheit allgemein als eine Degenerationserscheinung und als ein Zeichen der Vermassung und fehlender Selbstverantwortung hinzustellen. Versicherungszwang und sozialer Ausgleich werden – bei breiter Vermögensstreuung – zwar gelockert, aber nicht völlig beseitigt werden können. Dabei lassen sich nach den drei Lebensstufen des Menschen – Kindheit und Jugend, Volleistungsjahre, Alter – bestimmte *Normalrisiken* unterscheiden:

Kinder und Jugendliche treten in drei Fällen in das Blickfeld der Sozialen Sicherheit: beim Versagen der Familie (Familiendefizit), bei der Erschwerung der Berufsausbildung und Berufseingliederung infolge widriger gesellschaftlicher Verhältnisse (gesellschaftliches Defizit) und angesichts der sozialen Deklassierung, von der die kinderreichen Familien bedroht sind [...].

Für das Volleistungsalter sind vier Normalrisiken typisch: Frühinvalidität, Krankheit, Arbeitslosigkeit und Witwenschaft. Gerade für diese Lebensstufe kommt der Prävention und Rehabilitation (der Heilbehandlung, der beruflichen Umschulung usw.) große Bedeutung zu. Solche „Hilfe zur Selbsthilfe" will an die Stelle der sozialen Redistribution die „soziale Investition" setzen, in der Absicht, die Menschen, soweit es möglich ist, wieder zum eigenverantwortlichen Unterhaltserwerb zu führen.

Der sozialen Sicherung der alten Menschen ist in der modernen Gesellschaft besondere Sorgfalt zuzuwenden. Es muß als ein bedeutsamer Fortschritt bezeichnet werden, daß seit dem Zweiten Weltkrieg in verschiedenen Ländern, vor allem in der Bundesrepublik, bei der Gestaltung der gesetzlichen Altersversicherung die Dynamik der wirtschaftlichen Entwicklung berücksichtigt worden ist. Die Steigerung der Produktivität und das Anwachsen des Sozialprodukts bewirken, daß bei konstanter oder nur wenig wachsender Bevölkerung das Volumen des sozialen Lebensstandards ständig, wenn auch ungleichmäßig in den verschiedenen gesellschaftlichen Schichten zunimmt, woraus wiederum folgt, daß den Altersrentnern eine dem jeweiligen Stand der volkswirtschaftlichen Produktivität entsprechende Lebenshaltung nur gesichert werden kann, wenn die Renten der Produktivitätssteigerung angepaßt werden.

e) Diese Überlegungen sollen allerdings die Gefahr nicht verharmlosen, die im *Trend zum Versorgungsstaat* liegt, der sich für den Erst- und Alleinverantwortlichen für die Soziale Sicherheit aller Bürger hält und deshalb das auf der Entsprechung von Beitrag und Leistung beruhende Versicherungsprinzip durch das Versorgungsprinzip verdrängt, das Rechtsansprüche auf Grund gesetzlicher Bestimmungen gewährt, ohne daß Beiträge gezahlt worden sind. Es kommt diesem Trend entgegen, daß heute weite Kreise in allen Schichten von einem auffallenden Streben nach staatlicher Versorgung erfüllt sind. Die Anwendung des Versorgungsprinzips ist jenen gegenüber berechtigt, die nicht durch die Auswirkungen der industriellen Entwicklung, sondern durch politische Katastrophen in Not geraten sind. Gegen die Anwendung dieses Prinzips

auf die Normalrisiken (Krankheit, Alter usw.) sind jedoch Bedenken zu erheben. Wenn – wie 1895 – erst ein Fünftel der Bevölkerung invalidenversicherungspflichtig war, konnte aus allgemeinen Steuermitteln eine sozialpolitisch damals berechtigte Einkommensumschichtung zugunsten der Rentner und zu Lasten der übrigen vier Fünftel der Bevölkerung stattfinden. Je höher jedoch die Zahl der Anwartschaftsberechtigten gegenüber der Gesamtbevölkerung steigt und je mehr die Versicherungspflicht ausgedehnt wird, desto weniger bedeuten Zuschüsse aus allgemeinen Steuermitteln eine Hilfe der Gesamtheit für eine sozial schwächere Minderheit, desto mehr werden die Mittel – nicht zuletzt über die indirekten Steuern – von den Versicherten selbst aufgebracht. Damit soll nicht bestritten werden, daß auch heute noch durch Staatszuschüsse aus Steuermitteln sowohl ein vertikaler Ausgleich zwischen reich und arm als auch ein horizontaler Ausgleich zwischen den sozial Schwächeren und den sozial Stärkeren innerhalb der Versichertengemeinschaft möglich ist, ein Ausgleich, der berechtigt sein kann, wenn er sich in Grenzen hält und nicht zur allgemeinen Nivellierung führt. Es ist allerdings nicht unbedenklich, daß der gewaltige Umverteilungsprozeß den Staat immer mehr *ökonomisch* bestimmt, was eine Verengung des Staatssinnes bedeutet.
Das gewaltige Ausmaß der Umverteilung des Volkseinkommens in der Bundesrepublik Deutschland wird von den neomarxistischen Systemkritikern kaum beachtet. Wenn im Jahre 1981 vom Bruttosozialprodukt in Höhe von 1 552 Mrd. DM an Steuern und Sozialbeiträgen 631 Mrd. DM wieder eingezogen werden, wenn für die Sozialleistungen 492 Mrd. DM aufzubringen sind und wenn der Lebensstandard der arbeitenden Menschen beträchtlich über dem in den kommunistischen Staaten liegt, kann nur Böswilligkeit behaupten, die soziale Marktwirtschaft der Bundesrepublik sei kapitalistische Ausbeutung.
Es trifft wohl auf die Verhältnisse in der Bundesrepublik Deutschland zu, wenn Papst Johannes Paul II. darauf hinweist, daß „die Solidarität unter den arbeitenden Menschen, verbunden mit einem klareren und einsatzbereiteren Bewußtsein der Gegenseite hinsichtlich der Rechte der Arbeiter, in vielen Fällen tiefgreifende Änderungen" bewirkt habe. So könnten die Arbeiter zum

Beispiel nicht selten „an der Leitung und an der Produktivitätskontrolle der Unternehmen teilnehmen" und Einfluß „auf die Arbeits- und Lohnbedingungen sowie auf die Sozialgesetzgebung" ausüben (LE 8).

4. In den fortgeschrittenen Industriegesellschaften haben sich in allmählicher Entwicklung Strukturänderungen vollzogen, die den Übergang von der Sozialpolitik älteren Stiles zur *Gesellschaftspolitik* erkennen lassen. Vordringliche gesellschaftspolitische Aufgaben sind: die breite Streuung des Vermögens, die Schaffung und Sicherung einer ausreichenden Zahl von Arbeitsplätzen, die Familien- und Gesundheitspolitik, die Förderung des Bildungs-, Ausbildungs- und Fortbildungswesens sowie der Umweltschutz und die moderne Raumordnungspolitik.

VIERTER ABSCHNITT
DER STAAT

Vorbemerkung

Der Religions- und Kulturphilosoph Ernst Troeltsch (1865–1923) berichtet von dem tiefen Eindruck, den einst die Berliner Vorlesungen des temperamentvollen Heinrich von Treitschke (1834–1896) auf ihn und die übrigen Studenten gemacht hätten. Die Politik, so habe Treitschke erklärt, befasse sich nicht mit der Moral, sondern mit den „Geheimnissen der Kunst, *Macht* zu bilden, zu befestigen und auszubreiten". „Wie hat uns als jungen Studenten das Herz geklopft, wenn uns Heinrich von Treitschke mit seiner glühenden Rhetorik *so* den Staat beschrieb und die ethischen und juristischen Doktrinäre mit wenig wählerischem Spott übergoß."[1] Im Jahre 1943 wurden Münchener Studenten, die Geschwister Scholl und ihr Kreis, mit zweien ihrer Lehrer hingerichtet, weil sie aus sittlicher Verantwortung gegen den nationalsozialistischen Machtstaat demonstriert hatten.

Das Verhältnis des Menschen zum Staat als der Verkörperung der Macht ist zu allen Zeiten spannungsgeladen gewesen. So erscheint es verständlich, daß die Frage nach dem Staat und seinem Sinn in der christlichen Gedankenwelt von Anfang an eine bedeutsame Rolle gespielt hat.

Das Wort „Staat" ist zwar erst zu Beginn des 16. Jahrhunderts in den Renaissance-Staaten Oberitaliens zur Bezeichnung politischer Gemeinwesen aufgekommen, in der Folgezeit jedoch in allen europäischen Sprachen heimisch geworden. Älter ist der Name „Nation", der das in den ererbten Überlieferungen verwurzelte Volk als Trägerin einer besonderen Kulturidee meint. Thomas von Aquin nannte im 13. Jahrhundert die abendländische Christenheit eine „grandis natio"[2]. „Vaterland" bedeutet: gemeinsame

---

[1] *E. Troeltsch,* Politische Ethik und Christentum. Berlin 1904, 5 f.
[2] *Thomas von Aquin,* Opusc. 57.

Heimat, Abstammung, Sprache, Kultur und Geschichte. Die Liebe zum Vaterland ist vom Nationalsozialismus schändlich mißbraucht worden und in Verruf geraten. Jahrzehntelang war es fast verpönt, vom Vaterland zu reden. An die Stelle der Vaterlandsliebe war weithin die Vaterlandsschelte getreten. Es dürfte die Zeit gekommen sein, sich wieder auf die christliche Botschaft vom Verhältnis des Menschen zum Vaterland zu besinnen. Das Zweite Vatikanische Konzil ruft zu einer „hochherzigen und treuen Vaterlandsliebe" auf (GS 75). Die Vaterlandsliebe ist kein bloßes Gefühl, erst recht kein Chauvinismus. Sie ist mehr als Gehorsam und Loyalität. Sie ist lebendige Anteilnahme am Wohl und Wehe des Volkes und in die Liebe zu allen Völkern eingebettet, d. h. „ohne geistige Enge", geöffnet zur „ganzen Menschheitsfamilie" (GS 75).

Geleitet von dem Ziel, die sittliche Idee des Staates zu ergründen, erörtert die Christliche Soziallehre die Fragen nach dem Ursprung und den Aufgaben des Staates, nach der Staatsgewalt und den Staatsformen sowie nach dem besonderen Verhältnis des Christen und der Kirche zum Staat.

ERSTES KAPITEL
Ursprung und Sinn des Staates

§ 1 Die Vielzahl der Deutungen

1. *Ursprung und Sinn des Staates nach theokratischer Deutung.* Die erhabene Macht des Staates hat, wie die Geschichte lehrt, immer wieder dazu verleitet, im Staat etwas Göttliches zu sehen, wobei sich zwei Formen theokratischen Staatsdenkens unterscheiden lassen:

a) Der *Herrscherkult* sah im König – als dem Repräsentanten des Staates – den auf Erden leibhaft erschienenen Gott. Seitdem der syrische König Antiochus im zweiten Jahrhundert vor Christus sich als „Heiland" (Soter) und „Gott-Erscheinung" (Epiphanes) verherrlichen ließ, fand der Staats- und Kaiserkult in der antiken Welt weite Verbreitung. In der kleinasiatischen Stadt Priene fand man eine Inschrift aus dem Jahre 9 n. Chr., in der es heißt, der Kaiser Augustus habe das „Evangelium" verkündet und den Menschen das „Heil" gebracht. Seit dem Tode des Augustus wurden die verstorbenen römischen Kaiser durch Senatsbeschluß für göttlich erklärt. Domitian, Aurelian und Diokletian ließen sich schon zu ihren Lebzeiten „Herr und Gott" (dominus et deus) nennen. Auch der Kaiser des Inkareiches war nach den Vorstellungen des Inka-Staatskultes nicht nur der oberste politische und militärische Führer, sondern der menschgewordene, auf Erden erschienene Sonnengott. Sein Sterben bedeutete ein Heimgehen „zur Wohnung seines Vaters, der Sonne".

b) Während der Herrscherkult Gott gleichsam vom Himmel herabholte und im König sichtbare Gestalt annehmen ließ, nahm eine zweite Richtung, die man Theokratie im engeren Sinn zu nennen pflegt, dem Staate gleichsam die Staatsgewalt weg und trug sich zum Himmel empor, was zur Folge hatte, daß nur die Priester als Vertreter Gottes die Staatsgewalt ausüben durften. So lehnte z. B. die Zelotenpartei zur Zeit Christi jede eigenständige politisch-staatliche Macht ab. Gott allein übe – durch die Tempelpriesterschaft Jerusalems – die politisch-theokratische Herrschaft in Israel aus. Wer den Römern den Phoros, die Steuermünze, zahle, also neben Gott sterbliche Herrscher ertrage, verrate den Gott Israels. Eine ähnliche Ideologie wurde im Mittelalter von einigen Juristen und Theologen vertreten. So lehrte z. B. Aegidius Romanus († 1316): „Nach dem Leiden Christi kann es keinen wahren Staat mehr geben, in dem nicht Christus als Begründer und Lenker herrscht."[3] Letztlich ruhe alle politische Gewalt in der Hand des Papstes, der die Regierungsgeschäfte freilich durch Laien ausüben lasse, da sich die Laien sonst „gänzlich zurückgesetzt" fühlen würden. Bei Thomas von Aquin und den anderen führenden Theologen des Mittelalters wird man solche Ansichten vergebens suchen. Im 16. Jahrhundert übergießt Franz von Vitoria die Anhänger der theokratischen Theorie geradezu mit Spott: Das alles seit Sophisterei („omnino est sophisticum"); nicht Gott habe dem Papst die angebliche Weltherrschaft verliehen, sondern die Kurial-Juristen, obwohl diese doch selber „recht arm an Gut und Geist" seien.[4]

2. *Die Ideologie der Macht.* In der Neuzeit ist die theokratische Theorie durch die machtideologische Deutung des Staates verdrängt worden, die davon ausgeht, daß das Recht des Stärkeren das „älteste aller Gesetze" sei.

a) Ideengeschichtlich hat der Florentiner Niccolò Machiavelli (1469–1527) den nachhaltigsten Einfluß ausgeübt. Hinter seiner Theorie steht ein im Grunde pessimistisches Menschenbild: „Von den Menschen läßt sich im allgemeinen soviel sagen, daß sie undankbar, wankelmütig und heuchlerisch sind, voll Angst vor Gefahr, voll Gier nach Gewinn." Nur ein mächtiger Fürst vermag den selbstsüchtigen Menschen zur Ordnung zu zwingen. Der Fürst muß deshalb seine Macht skrupellos ausüben, ohne jedes Bedenken, „ob gerecht oder ungerecht, milde oder grausam, löblich oder schimpflich." Der Grundsatz der „Staatsräson" („ragione di stato") verlangt, daß alles, was der Macht dient, denkfolge-

---

[3] *Aegidius Romanus,* De ecclesiastica potestate. Weimar 1929, 73.
[4] Relectio prior de potestate Ecclesiae, Getino II, Madrid 1934, 66.

richtig durchgeführt wird. Je mehr ein Fürst den schlauen Fuchs zu spielen vermag, d. h. je besser er die Kunst beherrscht, „sich zu stellen als ob und sich zu stellen als ob nicht", desto mehr werden seine Mittel von allen für ehrenvoll und lobenswert gehalten werden; den Pöbel beeindruckt nämlich nur der Schein und Erfolg, – „und in der Welt gibt es nur Pöbel"[5].

b) Die „Ideologie der Macht" ist von modernen Soziologen aufgegriffen worden. So legt z. B. *Franz Oppenheimer* („Der Staat", 1923) dar, daß zu den beiden Urkräften, die alles Leben treiben und emporentwickeln, dem Hunger (Selbsterhaltung) und der Liebe (Arterhaltung), schon in den frühesten Sozialgebilden ein dritter Trieb getreten sei, der Trieb nach Hochgeltung und Macht. Dabei habe der Mensch erkannt, daß Macht Reichtum voraussetze und daß man irdische Güter auf zweierlei Weise erwerben könne: entweder durch eigene Arbeit, also durch das ökonomische Mittel des Erwerbs, oder durch gewaltsame Aneignung fremder Arbeit, d. h. durch das politische Mittel des Erwerbs. Die im fruchtbaren Tiefland wohnenden Ackerbaustämme hätten sich der eigenen Arbeit zum Lebensunterhalt bedient, die kampfgeübten Hirten jedoch, die in den Weidesteppen hausten, hätten mit Vorliebe vom „politischen Mittel" Gebrauch gemacht, indem sie die bodenständigen Bauern überfielen, beraubten und erschlugen. „Triebfeder aller Geschichte" und „Entstehungsgrund aller Staaten" sei der „Gegensatz zwischen Ackerbauern und Hirten, zwischen Arbeitern und Räubern, zwischen Tiefland und Weidesteppe". Die erste Stufe ist Raub und Mord: „Es siegt fast immer die kleinere, aber geschlossene, bewegliche Macht (der Hirten) über die größere, zersplitterte Masse (der Bauern), der Panther über den Büffel." Aber bald beginnt es den wilden Hirten zu dämmern, daß ein totgeschlagener Bauer nicht mehr pflügen und säen kann. Man läßt ihn leben und verteidigt ihn sogar gegen andere Nomadenstämme: „Aus den beiden ursprünglich blutsfremden, oft genug sprach- und rassefremden ethnischen Gruppen" wird „ein Volk mit einer Sprache und Sitte und einem Nationalgefühl". Die beiden Grup-

---

[5] *N. Machiavelli*, Il Principe, c. 18.

pen „durchdringen sich, mischen sich, verschmelzen in Brauch und Sitte, Sprache und Gottesdienst zu einer Einheit". Das ist die Entwicklung „zur Ausbildung des Staates in jedem Sinne".

c) Von ähnlichen Erwägungen geht *Leopold von Wiese* aus. In Anlehnung an Vojtech Tuka unterscheidet er das „karnine" (caro) und „domine" (domus) Sozialsystem. Auf der Frühstufe der „Karninität" sei der Blutzusammenhang der „hinreichende Kitt innerhalb von Sippe und Stamm" gewesen. Die „Möglichkeit für einen längeren Bestand eines dem reinen Typus der karninen Ordnung nahekommenden Systems" seien jedoch nur gering gewesen, da sich dieses System nur „bei räumlicher Abgeschlossenheit und geringer Bevölkerungsvermehrung" behaupten konnte. Als „wichtigsten auflösenden Faktor" müsse man den Krieg bezeichnen: „Raub, Eroberung, Kampf fast allenthalben". Die Sieger hätten die Unterlegenen zunächst ausgerottet, aber bald erkannte, daß es vorteilhafter sei, die Besiegten sich dienstbar zu machen. Aus dem Kriegswesen sei die „Häuptlingsschaft", das Königtum und damit *der Staat* entstanden. Seinem Kampfgefolge habe der Herrscher Landlose geschenkt; auf dieser Weise sei „das festgefügte Haus aus Stein oder Holz" zum Mittelpunkt des „dominen" Sozialsystems geworden.[6]

d) Auf der machtideologischen Deutung, vermischt mit historischem Materialismus, beruht auch *die marxistisch-bolschewistische Staatstheorie*. Der Staat, so wird erklärt, sei nach der Epoche des Urkommunismus zugleich mit dem Privateigentum als Instrument der Niederhaltung und Ausbeutung der unterdrückten Klassen entstanden. Nach dem Sieg des Sozialismus werde der Staat zunächst als „Diktatur des Proletariats" weiterbestehen, die nach Lenin „eine eiserne Macht ist und mit revolutionärer Kühnheit und Schnelligkeit handelt, die schonungslos ist bei der Unterdrückung sowohl der Ausbeuter als auch der Rowdys". Erst mit dem Beginn der kommunistischen Endstufe werde der Staat verschwinden: „An die Stelle der Regierung über Personen tritt die

---

[6] *L. v. Wiese,* Gesellschaftliche Stände und Klassen. München 1950, 12 ff.

Verwaltung von Sachen und die Leitung von Produktionsprozessen. Der Staat wird nicht abgeschafft; er stirbt ab."[7]

3. *Die individualistisch-aufklärerische Deutung des Staates.* Die das autonome Individuum in den Mittelpunkt rückende Aufklärungsphilosophie des 17. und 18. Jahrhunderts sah im Staat – wie in den übrigen Sozialgebilden – eine bloße Zweckveranstaltung. Die Menschen hätten, so lehrt man, aus Nützlichkeitserwägungen dem staatslosen Urzustand durch einen Staatsgründungsvertrag ein Ende gesetzt. Zwei aus dem aufklärerischen Individualismus stammende Deutungsversuche, die sich freilich in ihren Ergebnissen und Folgerungen sehr unterscheiden, sind hervorzuheben:

a) Die Staatslehre des *Thomas Hobbes* (1588–1679) gründet in seiner individualistischen Anthropologie. Der von ihm als „sicherlich falsch" abgelehnten Lehre der abendländischen Sozialphilosophie, daß der Mensch von Natur aus ein „geselliges Wesen" sei, stellt Hobbes den Satz entgegen, daß der „natürliche Zustand" der Menschen der „Krieg aller gegen alle" (bellum omnium in omnes) sei. Hobbes greift das Wort des römischen Komödiendichters Titus Maccius Plautus († 184 v. Chr.) auf und nennt den Menschen „des Menschen Wolf" (homo homini lupus), dem es im Naturzustande erlaubt gewesen sei, „zu tun, was er wollte und gegen wen er es wollte". Jedoch habe die Vernunft verlangt, diesen Zustand, der zum Untergang aller führen mußte, durch einen Einigungsvertrag (pactum unionis), den jeder einzelne mit jedem einzelnen schließen mußte, zu beenden. Zugleich habe jeder jedem gegenüber auf seine Freiheit zugunsten eines Dritten verzichtet, der damit zum absoluten Herrscher geworden sei: „In dieser Vereinigung oder Unterwerfung besteht das Wesen des Staates"; denn „der Staat entsteht, wenn die Menschen freiwillig zusammentreten und die einzelnen miteinander vertragliche Bindungen dahin eingehen, daß, welchem Menschen ... auch immer die Mehrheit durch ihren Beschluß das Recht der Stellvertretung

---

[7] *F. Engels,* Die Entwicklung des Sozialismus von der Utopie zur Wissenschaft. Berlin 1946, 42.

für alle übertragen hat, diesem alle gehorchen sollen" (pactum subiectionis). Hobbes wendet sich folgerichtig gegen den katholischen Glauben, der „Gehorsam noch für andere" (für Papst und Bischöfe) verlange: „Deshalb erteile ich hier der höchsten Staatsgewalt das Recht, zu entscheiden, ob gewisse Lehren unverträglich sind mit dem Gehorsam der Bürger oder nicht, und im bejahenden Falle ihre Verbreitung zu verbieten".

Der „Leviathan", in dem Hobbes seine Staatslehre dargestellt hat, ist zur Magna Charta des fürstlichen Absolutismus geworden. Zur Zeit der nationalsozialistischen Diktatur rief Carl Schmitt „über die Jahrhunderte hinweg" Hobbes zu: „Non jam frusta doces, Thomas Hobbes." Der Leviathan sei „ein großartiges Zeichen der Wiederherstellung natürlicher Lebenskraft und politischer Einheitlichkeit"; er habe „dem mittelalterlichen Pluralismus, den Herrschaftsansprüchen der Kirchen und anderer indirekter Gewalten die rationale Einheit einer eindeutigen, eines wirksamen Schutzes fähigen Macht" entgegengesetzt.[8] Pius XII. aber erklärte am 20. Februar 1946: Ist der Staat nicht soweit gekommen, „auf seine Sendung als Schützer des Rechts zu verzichten, um der Leviathan des Alten Testaments zu werden, der alles beherrscht, weil er fast alles an sich reißen will"?[9]

b) *Jean Jacques Rousseau* (1712–1778), von dem die französische Revolution ihre Leitbilder und Parolen empfangen hat, geht – ähnlich wie Hobbes – von der Vorstellung aus, daß die Menschen, um der allgemeinen Unsicherheit des Urzustandes zu entgehen, den Staatsgründungsvertrag geschlossen hätten: „Da niemand von Natur aus eine Gewalt über seinesgleichen hat und da die Stärke kein Recht begründet, so bleibt nichts übrig als Übereinkunft; es gründet sich also auf diese auch jede rechtmäßige Gewalt." Damit hat sich freilich der Status des Menschen gewandelt, da an die Stelle der natürlichen Freiheit die bürgerliche Freiheit getreten ist. Beim Staatsgründungsvertrag tritt, wie Rousseau meint, ein allge-

---

[8] *C. Schmitt*, Der Leviathan in der Staatslehre des Thomas Hobbes. Hamburg 1938, 132.

[9] *Pius XII.*, 20.2.1946 (UG 4104).

meiner Wille der Menschen („volonté générale") in Erscheinung, der sowohl von den subjektiven Zielsetzungen der einzelnen Menschen als auch von der Summe der Einzelwillen zu unterscheiden ist und als reines sittliches Bewußtsein das „bessere Ich" darstellt, das sich dann zeigt, wenn die Leidenschaften schweigen. Die Wirkung Rousseaus ist gewaltig gewesen. Er hat nicht nur der französischen Revolution den Weg gewiesen, sondern auch entscheidend zur Begründung der freiheitlichen Demokratie westlicher Prägung beigetragen. Obwohl die geschichtlichen Auswirkungen der von Hobbes einerseits und von Rousseau andererseits aufgestellten Staatslehren sehr verschieden gewesen sind, wurzeln doch die Systeme beider Denker letztlich in der individualistischen Philosophie der Aufklärung.

§ 2 Ursprung und Sinn des Staates nach der Christlichen Soziallehre

Die Aussagen der Christlichen Soziallehre über den Staat sind sowohl sozialtheologischer als auch sozialphilosophischer Natur.

1. *Die sozialtheologische Deutung* läßt sich in sechs Sätzen zusammenfassen:

a) *Der Staat ist nicht der „präsente Gott".* Die Heilige Schrift wendet mit betonter Absicht die Vergottungsformeln des Herrscherkultes (Soter und Epiphanes) auf *Christus* an. Nicht der Kaiser ist der Heiland und der unter uns erschienene Gott, sondern Christus: Wir sind zum Heil berufen „durch die Erscheinung (Epiphanie) unseres Heilandes (Soter) Christus Jesus" (2 Tim 1,10). Die Gläubigen werden ermahnt, *für* die Könige, nicht *zu* ihnen zu beten, womit die Göttlichkeit des Herrschers schlechthin verneint ist: „So ist es gut und wohlgefällig vor Gott, unserem Heiland" (1 Tim 2,3).

b) *Die theokratische Deutung des Staates widerspricht der Schrift.* Aus dem Herrenwort: „Gebt dem Kaiser, was des Kaisers ist, und Gott, was Gottes ist" (Mk 12,17) spricht weder die Verachtung des Staates, dem man „meinetwegen" geben möge, was er verlange, noch seine theokratische Unterordnung unter die kirchliche Hierarchie. Die Frage der Pharisäer lautete: Wer hat recht, die hellenistisch-heidnischen Staatsvergötterer oder die Zelotenpartei, die den Staat der Tempelpriesterschaft ausliefert? Das Weder-Noch der Antwort Christ lehnt Staatsvergottung und Theokratie ab und erkennt die Eigenständigkeit des Staates an.

c) *Der mit Zwangsgewalt ausgestattete Staat gehört dem Äon zwischen Sündenfall und Wiederkunft des Herrn an.* Im kommenden Reiche Gottes wird es den Staat ebensowenig geben wie die naturrechtlichen Institutionen der Ehe und des Eigentums.

d) *Der Ursprung der Zwangs- und Strafgewalt des Staates* liegt insofern in der Sünde begründet, als die gefallene Menschheit der Ordnungsfunktion des Staates gegen Rechtsbrecher und Böswillige bedarf: „Die Obrigkeiten sind nicht für gute Taten ein Schrecken, sondern für böse. Willst du keine Furcht haben vor der Gewalt, so handle gut, und du wirst von ihr Lob erhalten. Denn sie ist Gottes Dienerin zu deinem Besten. Tust du aber Böses, so fürchte sie; denn sie trägt nicht umsonst das Schwert. Sie ist ja Gottes Dienerin und vollstreckt die Strafe an dem, der Böses tut" (Röm 13,3–4).

e) Auch wenn die Zwangsgewalt des Staates durch die Sünde bedingt ist, *hat der Staat doch nicht im Fürsten der Sünde, im Satan, seinen Ursprung, sondern in Gott:* „Jedermann sei der obrigkeitlichen Gewalt untertan. Denn es gibt keine Gewalt, die nicht von Gott stammt; wo eine Gewalt besteht, ist sie von Gott angeordnet. Wer sich demnach gegen die Gewalt auflehnt, lehnt sich gegen die Anordnung Gottes auf" (Röm 13,1–2).

f) Wenn auch die Schrift die Bedeutung und Würde des Staates anerkennt, weist sie doch mit großem Ernst darauf hin, *daß gerade der Staat zu einer widergöttlichen Macht entarten kann.* Am Ende der Zeiten wird der „falsche Prophet", das „Tier aus der Erde", die politische Gewalt zum Terror mißbrauchen: „Alle, groß und klein, reich und arm, frei und unfrei, brachte es (das Tier) dazu, auf ihrer rechten Hand oder an ihrer Stirne ein Zeichen zu tragen. Keiner sollte kaufen oder verkaufen dürfen, der nicht das Zeichen trug" (Offb 13,16–17). Die Vergötzung des Staates ist eine reale Möglichkeit des Staates schlechthin; sein biblisches Attribut ist das „Maul" (Offb 13,5).

Die evangelische Soziallehre, die sich im Unterschied zur katholischen Auffassung ausschließlich als Sozialtheologie versteht und deshalb eine Staatsphilosophie ablehnt, ist in ihren Aussagen über den Staat im Lauf der Geschichte sehr spannungsreich und uneinheitlich gewesen, was sich aus der Verschiedenheit der Ansatzpunkte – Luthers Zwei-Reiche-Lehre, Calvins Christokratie, die altlutherische Regimentenlehre, die Lehre von den Erhaltungsordnungen usw. – erklärt. Während die evangelische Sozialethik heute in Luthers Lehre vom landesherrlichen Kirchenregiment eine zeitbedingte Notlösung erblickt, die in der modernen säkularisierten Gesellschaft als überholt gelten müsse, erkennt sie in Luthers Staatslehre ein Doppeltes als auch für unsere Zeit bedeutsam an: einmal die Deutung des Staates als göttliche Erhaltungsordnung („zu deinem Besten", Röm 13,4), sodann die Lehre, daß die staatlichen Obrigkeiten „Amtsleute Gottes", „Masken Gottes" (Luther) sind, unter denen „Gott heimlich die Welt regiert", wobei allerdings nicht übersehen wird, daß die Staatsgewalt, statt dem Bösen zu wehren, selber Helfershelfer des Bösen werden kann.

2. *In sozialphilosophischer Sicht* ist der Staat die im Naturrecht begründete, der Vollendung irdischer Wohlfahrt dienende, auf Recht und Macht beruhende höchste Gesellschaftsform eines Volkes. Bei der näheren Ausdeutung dieser Aussage geht die Christliche Soziallehre von folgenden Erwägungen aus:

a) Aus eigener Kraft vermag der Mensch sich nicht „zur ganzen Fülle und zum ganzen Reichtum dessen, was Gott an Anlagen in ihn hineingelegt hat" (QA 118), zu entfalten. Auch die Familie kann keineswegs, weil sie nicht autark ist, alle Lebensnotwendigkeiten meistern. Zahlreiche andere Vergemeinschaftungen sind nötig. Damit steht eine schier unübersehbare Zahl eng miteinander verbundener Einzelmenschen, Familien, Gemeinden, Betriebe, kultureller Einrichtungen usw. vor uns, deren vielfältige Beziehungen von Recht, Ordnung und Sicherheit durchwaltet sein müssen. Zur Erfüllung dieser Aufgaben bedarf es eines höchsten irdischen Sozialgebildes, das – auf Recht und Macht gestützt – *als oberste Verklammerung und höchster Hüter des Gemeinwohls* die irdische Wohlfahrt in der bestmöglichen Weise gewährleistet. Dieses oberste Sozialgebilde, der Staat, soll also das Insgesamt der Voraussetzung für eine gedeihlich Entfaltung der Einzelmenschen, der kleineren Lebenskreise und der Gesamtgesellschaft schaffen. Staat und Gesellschaft sind mithin zwar nicht getrennt, aber verschieden. Der Dualismus von Staat und Gesellschaft garantiert die Freiheit des Menschen und die Entfaltung der Kultursachbereiche. Er schützt vor der totalitären Macht des Kollektivs.

b) Sobald in einem bestimmten Gebiet, etwa in einem neu besiedelten Land, das politische Zusammengehörigkeitsbewußtsein die dort lebenden Menschen eint, bilden sie das „Corpus mysticum" des Staates, während eine ungeordnete Menschenmasse „ohne physische und moralische Einheit" noch kein „Corpus politicum" ist.[10] Dieses Zusammengehörigkeitsbewußtsein ist zwar etwas Geistiges und kein blinder biologischer Trieb, setzt jedoch, um den Staat entstehen zu lassen, keinen ausdrücklichen Vertrag voraus. Der Staat ist in diesem Sinne *nicht „Menschenwerk", sondern „Natur"[11]*. Hier zeigt sich der wesentliche Unterschied zwischen der christlichen Staatsphilosophie, wie sie besonders von den großen spanischen Theologen des 16. Jahrhunderts dargestellt worden ist, und der individualistischen Vertragstheorie eines Hobbes und Rousseau.

c) *Wann* ein Sozialgebilde die Voraussetzungen erfüllt, die an einen *obersten Hüter* des Gemeinwohls gestellt werden müssen, wird weithin von den jeweiligen gesellschaftlichen, politischen und

---

[10] *Fr. Suarez,* De Legibus III. c. 2. n. 4.
[11] *Fr. de Vitoria,* De potestate civili, Getino II, 179.

wirtschaftlichen Verhältnissen abhängen. Der Name allein macht den Staat nicht aus. Im alten Griechenland mag die Polis „Staat" im Vollsinn gewesen sein. Heute ist die Frage berechtigt, ob die überkommenen Nationalstaaten Europas überhaupt noch aus eigener Kraft die Funktionen des obersten Garanten des Gemeinwohls auszuüben vermögen. Wirtschaftlich, politisch und militärisch sind diese Staaten, nicht zuletzt infolge der technischen und weltpolitischen Entwicklung, so sehr aufeinander angewiesen, daß höchste und lebenswichtige Anliegen des Gemeinwohles nur noch gemeinsam verwirklicht werden können.

Entscheidend ist die Frage, welche geistigen Kräfte einem förderativ geeinten Europa das Antlitz geben werden. Ein rein technokratisches Europa hätte keinen Bestand. Die Kultur Europas, in der griechische, römische, germanische, keltische und slawische Elemente durch das Christentum integriert worden sind, gründet in der Achtung vor der Würde des Menschen sowie in der Anerkennung der persönlichen Entscheidungs- und Gestaltungsfreiheit. Das Christentum muß auch in Zukunft die Seele Europas bleiben.

d) Die Staatsbürger sind einerseits Träger des staatlichen Lebens, andererseits „Untertanen". Infolge der hohen Bevölkerungszahl und der großen Bevölkerungsdichte und infolge der sich daraus ergebenden wachsenden gesellschaftlichen Verflechtung hat sich die „Veranstaltlichung" in den modernen Großstaaten immer mehr ausgedehnt, so daß viele Menschen den Staat fast nur noch als Anstalt und Herrschaftsverband, aber kaum noch als Personenverband erleben. Die Christliche Soziallehre hebt beide Züge des Staates hervor, legt jedoch das entscheidende Gewicht auf das Verantwortungsbewußtsein der Bürger.

e) Da der Staat in der Menschennatur grundgelegt ist, hat er letztlich *in Gott, dem Schöpfer der Natur,* seinen Ursprung: „Im Staat zu leben, gebietet den Menschen die menschliche Natur oder richtiger: Gott, der Schöpfer der Natur"[12].

---

[12] *Leo XIII.,* Enzyklika „Diuturnum illud".

ZWEITES KAPITEL
Die Staatsgewalt

§ 1 Der naturrechtliche Charakter der Staatsgewalt

1. Nach christlichem Verständnis ist die Staatsgewalt mit dem Staat naturgegeben, und zwar „auch gegen den Willen der Bürger"[1]. Ohne die einheitliche, zum Gemeinwohl hinordnende staatliche Autorität ist die Verwirklichung des Staatszieles unmöglich, „da die einzelnen jeweils ihren privaten Vorteilen nachjagen, die häufig im Widerspruch zum Gemeinwohl stehen"[2].

2. Da der Staat der *höchste* Hüter des Gemeinwohles ist, muß seine Gewalt einheitlich, umfassend, souverän und zwingend sein. Es widerspricht freilich dem christlichen Denken, in der staatlichen Souveränität eine innerlich und äußerlich völlig unumschränkte, ja unbegrenzbare Macht zu sehen. Nach christlichem Verständnis gibt es – außer der Hölle – keine „total geschlossene" Gesellschaft. Der Staat darf nicht jener intoleranten, zu Terror und Krieg führenden Ausschließlichkeit verfallen, die weder Gott noch Nachbarn noch Menschenwürde kennt. Er muß vielmehr „offen" sein für das Eigenleben der Einzelmenschen und der kleineren Lebenskreise, für das Lebensrecht anderer Völker und vor allem für jene Ordnung, die über allen Staaten steht, weil sie von Gott gegeben ist.
Seit Jahren breitet sich in vielen Staaten eine bedrohliche Verwirrung in den sittlichen Wertüberzeugungen aus. Selbstverständlich gibt es einen berechtigten Pluralismus, etwa im Bereich der Außenpolitik, der Wirtschaftspolitik, der Sozialpolitik. Gesellschaftliche Gruppen und politische Parteien werden hier häufig verschiedener Meinung sein, ohne daß dadurch das gemeinsame Bekenntnis zu den sittlichen Grundwerten erschüttert würde. Ein Staat jedoch, der keine sittlichen Grundwerte anerkennen, sondern sich mit einer irgendwie funktionierenden äußeren Ordnung begnügen wollte, würde zerfallen.

---

[1] *Fr. de Vitoria,* a.a.O., Getino II, 188.
[2] *Fr. Suarez,* De Legibus III, c. 3. n. 4.

1. Nach christlichem Verständnis ist Gott der Urheber aller Macht und Autorität, woraus sich ergibt, daß es der christlichen Staatslehre fernliegt, die Staatsgewalt irgendwie zu verdächtigen, – etwa im Sinne der Égalité-Parole der französischen Revolution, der eine Gesellschaft gleicher Brüder – ohne Väter – vorschwebte. Manche möchten aus dieser die Autorität bejahenden Grundhaltung den Schluß ziehen, die Christliche Soziallehre huldige einem verstockten, rechtsorientierten Konservativismus und sehe eigentlich nur in der auf dem Gottesgnadentum beruhenden Monarchie die ihr gemäße Staatsform. Diese Annahme ist irrig, da die politische Freiheit in der katholischen Staatslehre einen überraschend breiten Raum einnimmt, was man vor allem aus der Lehre über den ursprünglichen Inhaber der Staatsgewalt ersehen kann, die sich in zwei Aussagen zusammenfassen läßt.

a) Nach katholischer Auffassung, wie sie insbesondere von den großen spanischen Naturrechtslehrern des 16. Jahrhunderts vertreten worden ist, *ruht die Staatsgewalt ursprünglich im Volksganzen,* d.h. nicht in den einzelnen Menschen als solchen, auch nicht in der Masse, sondern im politisch geeinten Staatsvolk.

b) Da die Staatsgewalt nicht gut „durch die Menge selbst" ausgeübt werden kann, muß ihre Handhabung „einem oder mehreren" übertragen werden, woraus sich die verschiedenen Staatsformen ergeben.[3] Die Regierung empfängt mithin ihre Gewalt unmittelbar vom Volksganzen; denn die staatliche Gemeinschaft überträgt, wie Franz von Vitoria darlegt, „nicht eine andere Gewalt, sondern ihre eigene Autorität auf den König"[4]. „Die Gewalt, die der Fürst innehat", so erklärt auch Dominikus Bañez, „kommt ganz vom Volke selbst ... Und darin unterscheidet sie sich von der geistlichen Gewalt, wie sie der Papst besitzt; denn die geistliche Gewalt des Papstes ist unmittelbar von Gott, die zeitliche Gewalt der

---

[3] *Fr. de Vitoria,* a.a.O., Getino II, 183 f.
[4] Ebd., 187.

Fürsten aber ist unmittelbar vom Volksganzen, ... und das ist die einhellige Lehre der Schüler des heiligen Thomas. Daraus folgt wiederum, daß der Fürst keine größere, sondern dieselbe Gewalt hat wie das Volksganze; denn dieses überträgt ja seine Gewalt auf ihn."[5] Die Theologen fügen hinzu, daß die Staatsgewalt bei der Übertragung an den Fürsten wurzelhaft im Volksganzen als dem ursprünglichen Inhaber erhalten bleibt. Wenn der Fürst zum Tyrannen entartet, ist deshalb das Volk berechtigt, die Staatsgewalt wieder an sich zu nehmen und den Fürsten abzusetzen. Auch Pius XII. bekannte sich am 2. Oktober 1945 zu dieser freiheitlichen und im Grunde demokratischen Staatsauffassung, die „hervorragende christliche Denker zu jeder Zeit vertreten" haben.

2. Otto von Gierke hat den spanischen Theologen des 16. Jahrhunderts vorgeworfen, sie hätten als „die eifrigsten Gegner der Reformation ... mit allen Waffen des Geistes für eine rein weltliche Konstruktion des Staats und des Herrscherrechts" gewirkt[6] und damit, wie Wilhelm Windelband hinzufügte, dem Staat „die höhere Autorität und gewissermaßen seine metaphysische Wurzel"[7] genommen. In Wirklichkeit scheidet die katholische Staatslehre sauber zwischen natürlicher und übernatürlicher Ordnung und sucht zugleich die Freiheit des Menschen gegenüber jeder pseudoreligiösen, mystischen Verbrämung des Staates und der staatlichen Gewalt zu schützen. Im übrigen ist die Auffassung der großen spanischen Theologen wesentlich von der Vertragstheorie der Aufklärung verschieden, da die Staatsgewalt nach christlichem Verständnis nicht auf willkürlichen menschlichen Vereinbarungen beruht, sondern im Naturrecht begründet ist: „Wie wir also sagen, daß die Gewalt des Staatsvolkes in Gott und im Naturrecht verankert ist, so müssen wir genau dasselbe auch von der königlichen

---

[5] *D. Bañez,* Scholastica Com. in II. II. Duaci 1915, Bd. III, 524.

[6] *O. v. Gierke,* Johannes Althusius und die Entwicklung der naturrechtlichen Staatstheorien. Breslau [3]1913, 65.

[7] *W. Windelband,* Lehrbuch der Geschichte der Philosophie. Tübingen [13]1935, 359.

Gewalt aussagen", die letztlich Gotteswerk, nicht Menschenwerk ist (Franz von Vitoria)[8].

Vor einigen Jahrzehnten ist – vor allem von Heinrich Schrörs – behauptet worden, die Lehre der spanischen Theologen über den Ursprung der Staatsgewalt sei von Leo XIII. verurteilt worden; Leo habe erklärt, die Fürsten empfingen ihre Gewalt unmittelbar, nicht mittelbar von Gott. Der Vorwurf ist nicht berechtigt. Leo XIII. wendet sich gegen Rousseau. Die Ausdrücke „unmittelbar" und „mittelbar" gebraucht er überhaupt nicht.

3. Es ergibt sich aus den bisherigen Überlegungen, daß die christliche Staatslehre auf keine bestimmte *Staatsform* festgelegt ist. Jede Staatsform steht freilich unter dem Gesetz des Gemeinwohls. Welche Staatsform in einer bestimmten Zeit und in bestimmten Verhältnissen den Vorzug verdient, ist weithin geschichtlich bedingt. Dem Lebensgefühl und der Denkweise des modernen Menschen scheint die *Demokratie* am besten zu entsprechen, obwohl ein menschenwürdiges Leben auch unter anderen Staatsformen, z. B. in der Monarchie, möglich ist. Es wäre allerdings verhängnisvoll, das demokratische Prinzip, statt des sachlichnüchtern anzuwenden, zu einem utopischen, pseudo-religiösen Messianismus zu verfälschen. Grundsätzlich ist in dieser Frage die Mahnung Leos XIII. zu beherzigen: „Kommen rein politische Fragen in Betracht, etwa die beste Staatsverfassung oder die Art der Staatsverwaltung, so ist darüber eine Meinungsverschiedenheit ohne Widerspruch zum Sittengesetz durchaus möglich. Es ist deshalb nicht recht, es Leuten zum Vorwurf zu machen, wenn sie über solche Fragen eine abweichende Meinung haben, und noch viel größer ist das Unrecht, wenn man sie des Abfalls vom Glauben oder doch der Unzuverlässigkeit im Glauben beschuldigt, wie das zu Unserem Bedauern manchmal geschehen ist"[9].

[Die Erfahrungen mit den totalitären Gesellschaftsideologien des Faschismus, des Nationalsozialismus und des marxistischen Sozialismus haben die

---

[8] *Fr. de Vitoria,* a.a.O., Getino II, 187.
[9] *Leo XIII.,* Enzyklika „Immortale Dei"; vgl. auch GS 43, 75, 92.

Kirche immer deutlicher und nachdrücklicher zu einer Befürwortung des demokratischen Verfassungsstaates geführt. Dies zeichnet sich bereits in verschiedenen Ansprachen Pius' XII. während des Zweiten Weltkriegs ab und kommt mit der Enzyklika „Pacem in terris" (1963) bzw. der Pastoralkonstitution des Zweiten Vatikanischen Konzils „Gaudium et spes" (1965) voll zum Durchbruch. Aus dem Prinzip, wonach stets die Person als „Wurzelgrund ..., Träger und Ziel aller gesellschaftlichen Institutionen" (GS 25,1; vgl. 26,3; 63,1) anzusehen ist, entscheiden sich die Dokumente der jüngeren kirchlichen Sozialverkündigung eindeutig für eine rechtsstaatliche und freiheitliche Staatsverfassung.[10] Am weitestgehenden hat sich das Apostolische Schreiben von Paul VI. „Octogesima adveniens" (1971) bereits vor „Sollicitudo rei socialis" und „Centesimus annus" mit dem Thema Kirche und Demokratie beschäftigt. Wenn die kirchliche Sozialliehre „auch nicht interveniert, um eine bestehende Struktur kraft ihrer Autorität zu bestätigen oder ein vorfabriziertes Muster vorzulegen, beschränkt sie sich doch nicht darauf, einige allgemeine Grundsätze in Erinnerung zu rufen" (OA 42). Diese allgemeine Aussage wird am Beispiel der Stellung der Kirche zur Demokratie verdeutlicht: „Octogesima adveniens" spricht vom „Anspruch auf Gleichheit und ... auf Mitbestimmung" als „Ausdrucksformen der menschlichen Würde" (OA 22). Daraus wird die Konsequenz gezogen: „Die erwähnte doppelte Forderung von Gleichheit und Mitbestimmung zielt auf eine bestimmte Gestalt demokratischer Gesellschaft. Verschiedene Formen liegen vor; einige sind schon erprobt; aber keine von ihnen befriedigt vollkommen. So wird zwischen Ideologien und praktischer Erfahrung weiter um brauchbare Lösungen gerungen" (OA 24). Damit wird eine klare Richtung gewiesen: Wenn es auch verschiedene Möglichkeiten gibt, wie verschiedene demokratische Ordnungen Gleichheit und Mitbestimmung im Sinne des von der Kirche vertretenen Menschenbildes zu verwirklichen suchen, so soll es auf jeden Fall eine demokratische Ordnung sein, die anzustreben ist.

In all diesen genannten Aussagen findet sich die historische Einschränkung, daß bei der Wahl der Regierungsform „der augenblickliche Zustand und die Lage eines jeden Volkes in Betracht gezogen werden (müssen), die je nach Ort und Zeit verschieden sind" (PT 68)[11]. Diese Einschränkung berücksichtigt konkrete geschichtliche Hindernisse auf dem Weg zur Demokratie, ohne indes das Zielgebot abzuschwächen. Daraus ergibt sich also kein Alibi, sich in manchen „Entwicklungsländern" mit der Demokratie ruhig Zeit zu lassen bzw. in einer Übergangszeit „Entwicklungsdiktaturen" zu legitimieren. In seinen Sozialenzykliken „Sollicitudo rei socialis" und „Centesimus annus" hat Johannes Paul II. mit solchen Rechtfertigungen gründlich aufgeräumt. Er sieht in mangelnden demokratischen Verhältnissen eine der

---

[10] Vgl. dazu besonders PT 60–79; GS 31,3, 73–75.
[11] Vgl. auch GS 31,3; 74,6.

Hauptursachen für die Unterentwicklung in der Welt und fordert deshalb: Bestimmte Staaten „brauchen die Reform einiger ungerechter Strukturen, insbesondere der eigenen *politischen Institutionen,* um korrupte, diktatorische und autoritäre Regime durch *demokratische Ordnungen der Mitbeteiligung* zu ersetzen", d. h. konkret: „Teilnahme aller Bürger am öffentlichen Leben", „Rechtssicherheit", „Achtung und Förderung der Menschenrechte"; all dies sei „die *notwendige Bedingung und sichere Garantie* der Entwicklung ‚jedes Menschen und aller Menschen' " (SRS 44).

Zusammenfassend läßt sich mit „Centesimus annus" festhalten: „Die Kirche weiß das System der Demokratie zu schätzen, insoweit es die Beteiligung der Bürger an den politischen Entscheidungen sicherstellt und den Regierten die Möglichkeit garantiert, ihre Regierungen zu wählen, sie zur Rechenschaft zu ziehen und sie dort, wo es sich als notwendig erweist, auf friedliche Weise zu ersetzen. Die Kirche kann daher die Bildung geschlossener Führungseliten, die aus Sonderinteressen oder aus ideologischen Absichten die Staatsmacht an sich reißen, nicht billigen" (CA 46).

Dies gilt aber nicht für alles, was sich „Demokratie" nennt, sondern nur für jene „wahre Demokratie", die „nur in einem Rechtsstaat und auf der Grundlage einer richtigen Auffassung vom Menschen möglich" ist. Damit setzt sich die kirchliche Sozialverkündigung von der Behauptung ab, „der Agnostizismus und der skeptische Relativismus seien die Philosophie und die Grundhaltung, die den demokratischen politischen Formen entsprechen" (CA 46). Denn „die Freiheit erhält erst durch die Annahme der Wahrheit ihren vollen Wert. In einer Welt ohne Wahrheit verliert die Freiheit ihre Grundlage, und der Mensch ist der Gewalt der Leidenschaften und offenen und verborgenen Bedingtheiten ausgesetzt" (46). Die „wahre" und insoweit von der Kirche bejahte Demokratie ist nur auf der Grundlage überpositiver, vorstaatlicher und unveräußerlicher „Menschenrechte" möglich. Deshalb „müssen die Völker ... durch die ausdrückliche Anerkennung dieser Rechte der Demokratie eine glaubwürdige und solide Grundlage geben" (CA 47).]

§ 3 Rechte und Pflichten der Staatsgewalt

Der Aufgabenbereich der Staatsgewalt – in Gesetzgebung, Verwaltung und Rechtsprechung – wird durch das Staatsziel, das in der Schaffung der Voraussetzungen für eine gedeihliche Entwicklung der einzelnen, der kleineren Lebenskreise und der Gesamtgesellschaft besteht, umschrieben. Zu den wesentlichen Aufgaben der Staatsgewalt gehören: der Schutz nach außen und

überhaupt eine ehrliche und gerechte Außenpolitik, der Aufbau und die Wahrung der Rechtsordnung im Innern, die vor allem in der Staatsverfassung, in der Wirtschaftsverfassung, im Privatrecht, im Strafrecht usw. Gestalt annehmen muß, eine gerechte Verwaltung und Rechtsprechung sowie die Pflege der Wohlfahrt, wobei betont werden muß, daß nicht nur die materielle Wohlfahrt wirtschafts- und sozialpolitisch gefördert werden muß, sondern daß auch die *immaterielle* Wohlfahrt zu pflegen ist, deren Kennzeichen vor allem die Verwirklichung der sozialen Gerechtigkeit, eine auf sittlichen Werten aufbauende Volksbildung, eine hochstehende Kultur und Wissenschaft, ein vorbildliches Gesundheitswesen sowie die Wahrung der Gewissens- und Religionsfreiheit sind. Heute bedroht der mit fanatischem Eifer das „herrschende System" bekämpfende *Terrorismus* die Sicherheit der Staaten. Rücksichtslos sucht er die Ideologie einer „neuen Gesellschaft" zu verwirklichen. Aber es ist leichter, von einer gesellschaftlichen Ordnung zu sagen: „So nicht!", als zu sagen: „Sondern so!"
Im folgenden sollen drei staatsethisch wichtige und heute lebhaft erörterte Probleme behandelt werden: das Besteuerungsrecht des Staates, das Recht des Staates, die Todesstrafe zu verhängen, und das Recht des Staates, Krieg zu führen.

1. *Über das Besteuerungsrecht* stellt die Christliche Soziallehre drei Grundsätze auf:

a) *Das Recht des Staates, Steuern zu erheben, ist im Gemeinwohl begründet,* das ohne die Opferbereitschaft der Bürger nicht verwirklicht werden kann. Die enge soziale Verflechtung in der modernen Gesellschaft und die krisenhafte Entwicklung der sozialen und politischen Verhältnisse seit dem Beginn des industriellen Zeitalters haben den finanziellen Bedarf des Staates gewaltig ansteigen lassen. Über die zulässige Steuerhöchstgrenze sind verschiedene Thesen aufgestellt worden: Die einen meinten, der einzig gerechte Steuersatz sei der biblische Zehnt; andere behaupteten, ein Steuersatz von 14 Prozent, wie er vor dem Ersten Weltkrieg in Italien galt, sei „fast maßlos" (Arthur Vermerrsch SJ); wieder andere erklärten, die Grenze einer volkswirtschaftlich tragbaren Steuerlast liege bei 25 Prozent des Sozialprodukts (Colin Clark). All diese Aussagen sind anfechtbar, da es unmöglich ist, von vornherein Steuerhöchstziffern auszumachen. Nach den Grundsätzen der sozialen Gerechtigkeit wird das Ausmaß der steuerlichen Belastung durch die jeweiligen Erfordernisse des Gemeinwohls bestimmt. Dabei müssen freilich die Auswirkungen sehr hoher Steuern beachtet werden. Konfiskatorische Steuern, die jede Belohnung unternehmerischer Initiative einziehen, wirken lähmend, hemmen die Kapitalbildung und schrecken das Auslandskapital ab. Auch droht die Demoralisierung, da sehr hohe Steuern zu Fälschungen und Lügen (Steuerhinterziehung) verleiten.

b) *Die Steuerlast ist nach der Leistungsfähigkeit der Bürger zu verteilen.* Es entspricht der verteilenden Gerechtigkeit, daß nach dem Prinzip der Steuerprogression mit steigendem Wert des Steuerobjekts der Steuersatz überproportional steigt, wobei jedoch darauf geachtet werden muß, daß die Eigeninitiative nicht untergraben wird. Allerdings lehrt die Erfahrung, daß es angesichts der komplizierten Marktverhältnisse in der modernen Wirtschaft nicht leicht ist, den Grundsatz der verteilenden Gerechtigkeit im Steuerwesen zu verwirklichen. Einerseits sind die verschiedenen Bevölkerungsschichten nicht in derselben Weise steuerlich erfaßbar; es ist z. B. leichter, die Steuern vom Immobilienbesitz und von den Lohn- und Gehaltsempfängern einzuziehen als von den wirtschaftlich Selbständigen. Andererseits wird die beabsichtigte Belastung durch Steuerüberwälzung mehr oder weniger vereitelt. Ob die Steuer überwälzt wird, hängt nämlich nicht nur vom Gesetzgeber ab, sondern von den jeweiligen Machtpositionen auf den Märkten. Es gibt natürlich Steuern, die nach dem Willen des Gesetzgebers auf die Konsumenten überwälzt werden sollen, z. B. die Tabaksteuer. Für andere Steuern, z. B. für die Einkommensteuer, die Soforthilfe und den Lastenausgleich, trifft das jedoch nicht zu. Hier stehen Steuerlehre und Steuerpolitik vor der Aufgabe, die konkreten Verhältnisse zu durchschauen und eingetretene Mißstände, soweit nur möglich, zu beheben.

c) *Die Steuergesetze verpflichten im Gewissen.* Die Höhe der Steuern, ihre Anonymität, das Fehlen einer sichtbaren Gegenleistung, die komplizierten Überwälzungsvorgänge und nicht zuletzt das Umsichgreifen jener Haltung, die man „Grenzmoral" zu nennen pflegt, haben die Steuermoral bedenklich absinken lassen. Die Steuerhinterziehung, so sagen manche, sei so allgemein geworden, daß derjenige, der sich nicht anschließe, im Konkurrenzkampf zu erliegen drohe. Dieser Haltung gegenüber betont die Christliche Soziallehre, daß die Steuerpflicht eine Gewissenspflicht ist: „So gebt denn jedem, was ihr schuldig seid: Steuer, wem Steuer, Zoll, wem Zoll, Ehrfurcht, wem Ehrfurcht, Achtung, wem Achtung gebührt" (Röm 13,7). Die von manchen Theologen als probabel hingestellte Meinung, die Steuergesetze seien bloße – im Gewissen nicht verpflichtende – Pönalgesetze, ist unhaltbar. Auch ist derjenige, der vom Käufer eingezogenen Verbrauchssteuern hinterzieht, ersatzpflichtig; die Ersatzpflicht ist ebenfalls gegeben, wenn die Hinterziehung gerechter Steuern dazu führt, daß andere um so schwerer belastet werden. Wenn die Bürger die Steuergesetze für verbesserungsbedürftig halten, liegt die Lösung nicht in der Steuerhinterziehung, sondern in der auf demokratischem Wege anzustrebenden Steuerreform. Auch sollte der Bürger bedenken, daß hohe Steuern durch dringende Aufgaben des Staates bedingt sind und daß der Staat u. U. vor dem Dilemma steht, entweder hohe Steuern zu erheben oder Inflationspolitik zu treiben, und ohne Zweifel wäre der letztere Weg für das allgemeine Wohl viel verderblicher. Mit Recht nennt deshalb das Zweite Vatikanische Konzil die Steuerhinterziehung einen „Betrug" (GS 30).

2. *Das Recht der Staatsgewalt, einen Verbrecher durch Vollstreckung eines rechtskräftigen Urteils hinzurichten,* war im Abendland bis zur Aufklärung – wenn man von einigen Kirchenvätern und den Waldensern absieht – unumstritten. Heute ist die Diskussion um die Todesstrafe überaus lebhaft. Die einen lehnen die Todesstrafe leidenschaftlich ab: Keiner menschlichen Institution stehe das Recht über das Leben eines Menschen zu, das Gott sich vorbehalten habe. Auch dürfe sich kein Richter die Entscheidung darüber anmaßen, ob jemand eine todeswürdige Schuld auf sich geladen ha-

be. Verbrechen seien häufig durch die sozialen Verhältnisse bedingt, so daß eine gute Sozialpolitik die beste Kriminalpolitik sei. Die Todesstrafe – als Überbleibsel der mittelalterlichen Leibes- und Lebensstrafen – widerspreche der modernen Humanitätsidee und müsse schon mit Rücksicht auf mögliche Justizmorde abgelehnt werden. Die häufig vorgebrachte Meinung, daß die Androhung der Todesstrafe vor Verbrechen abschrecke, sei durch die Erfahrung widerlegt. Im übrigen vermöge die lebenslängliche Haft die Gesellschaft vor weiteren Übergriffen eines Verbrechers wirksam zu schützen.

Andere halten die Todesstrafe auch in der modernen Gesellschaft für notwendig: Die Heilige Schrift und die theologische Überlieferung lehrten eindeutig, daß der Staatsgewalt das Richtschwert zustehe. Durch die Todesstrafe werde die Heiligkeit der Gottesordnung, die der Verbrecher in schwerster Weise verletzt habe, eindringlich und wirksam anerkannt und wiederhergestellt. Auch bedrohe die Abschaffung der Todesstrafe die Gefängniswärter mit dem Tode, da der Mord am Wärter dem lebenslänglich Verurteilten keine Strafverlängerung, wohl jedoch die Möglichkeit der Flucht bringe. Im übrigen habe sich mancher Verbrecher im Angesicht des Todes bekehrt, während ein langes Zuchthausleben die Menschen zermürbe und keineswegs eine günstige „Heilszeit" sei.

Die Christliche Soziallehre stellt über das Schwertrecht der Staatsgewalt *drei Grundsätze* auf:

a) *Dem Staat, und nur dem Staat, steht das Recht zu, zur Bestrafung schwerer Verbrechen Todesurteile zu fällen und zu vollstrecken.* Die Lehre der Heiligen Schrift ist eindeutig: „Wer Menschenblut vergießt, dessen Blut soll auch durch Menschen vergossen werden" (Gen 9,6). Die obrigkeitliche Gewalt „trägt nicht umsonst das Schwert. Sie ist Gottes Dienerin und vollstreckt die Strafe an dem, der Böses tut" (Röm 13,4). Das kirchliche Lehramt hat zwar gegen die Blutrache gekämpft, das Schwertrecht der staatlichen Gewalt jedoch anerkannt. Papst Innozenz III. (1198–1216) schrieb den Waldensern folgendes Bekenntnis vor: „Wir bekennen, daß die staatliche Gewalt ohne schwere Sünde die Todesstrafe verhängen kann, vorausgesetzt, daß sie diese Strafe nicht aus Haß, sondern auf Grund eines Urteils, nicht willkürlich, sondern nach reiflicher Überlegung verhängt". Pius XII. erklärte am 13. September 1952, es sei der öffentlichen Autorität vorbehalten, „den Verurteilten zur Sühne seines Verbrechens des Lebensgutes zu berauben, nachdem er sein Lebensrecht bereits durch das Verbrechen verwirkt hat"[12].

b) *Das Schwertrecht des Staates ist eine eindringliche Anerkennung der Unantastbarkeit höchster menschlicher Güter, besonders des menschlichen Lebens.* Die Heiligkeit der Gottesordnung wird durch die Todesstrafe auch in diesem Äon als „mächtig" erwiesen. Die Todesstrafe ist ein Akt staatlicher Notwehr. Letztlich gründet ihre Berechtigung darin, daß auf andere Weise das Gemeinwohl nicht gewahrt werden kann.

c) *Das Recht des Staates, die Todesstrafe zu verhängen, besagt nicht, daß es dem Staat nicht gestattet sei, auf die Ausübung dieses Rechtes zu verzichten.* Ob der Staat auf die Verhängung der Todesstrafe verzichten kann, hängt von den jeweiligen Verhältnissen, d. h. von den durch die Verhältnisse bedingten Notwendigkeiten des Gemeinwohls ab. Da der moderne Staat im allgemeinen über eine schlagfertige Polizei und über sichere Gefängnisse verfügt, sprechen heute mehr Gründe für den Verzicht auf die Todesstrafe als etwa im Mittelalter, wobei freilich zu bedenken ist, daß gefährliche Verbrecher nicht selten von ihren Komplizen durch Entführung und Geiselnahme befreit werden und ihr Unwesen fortsetzen.

3. *Krieg und Frieden.* Die Lehre der katholisch-theologischen Überlieferung über den Krieg ist im Grund eine *Friedenslehre.*

a) Die geistesgeschichtlich einflußreichste Zusammenstellung der mittelalterlichen Lehre von Frieden und Krieg steht im Gratianischen Dekret (1139–1142). Hier findet man die Auseinandersetzung mit der Kriegsethik des Alten Testamentes. Hier werden die einschlägigen Stellen des Neuen Testamentes zitiert. Hier kom-

---

[12] *Pius XII.,* 13.9.1952 (UG 2280).

men die Kirchenväter und Päpste zu Wort. Hier spürt man vor allem, welch beherrschenden Einfluß Augustinus auf die Lehre von Frieden und Krieg ausgeübt hat. Gratian führt das Augustinus-Wort an: „Würde die christliche Lehre alle Kriege unter Sünde stellen, so wäre den Soldaten, als sie um Rat für ihr Seelenheil baten, im Evangelium entgegnet worden, sie sollten die Waffen wegwerfen und sich gänzlich dem Kriegsdienst entziehen. Es wurde ihnen aber gesagt: Verübt gegen niemand Gewalt und Betrug und seid zufrieden mit eurem Sold."[13]

Die entscheidende Aussage über den gerechten Krieg ist für Gratian das Wort des heiligen Augustinus: Gerecht sind jene Kriege, „die das Unrecht rächen"[14]. Wie bei der Todesstrafe handelt es sich letztlich um Notwehr.

Thomas von Aquin hat die Kriegsethik des Gratianischen Dekrets übernommen und in ein System gebracht. Drei Voraussetzungen, so schreibt er, müssen erfüllt sein, damit ein Krieg gerecht sei. Erstens steht es nur der rechtmäßigen staatlichen Autorität zu, Krieg zu führen. Privatkriege, d. h. Kriege innerstaatlicher Gruppen, sind unerlaubt. Zweitens muß ein gerechter Kriegsgrund gegeben sein, nämlich das ungerechte Verhalten des Gegners. Drittens darf ein Krieg nur in rechter Gesinnung geführt werden, nämlich in der Absicht, „das Gute zu fördern oder das Böse zu verhindern". Der heilige Augustinus habe zutreffen erklärt: „Die Zerstörungswut, die grausame Rachsucht, die streitsüchtige und unversöhnliche Gesinnung, die Wildheit des Gegenschlags, die Gier nach Macht und dergleichen werden mit Recht in der Kriegsführung als schuldhaft gebrandmarkt." Wer in solcher Absicht Krieg führe, so schreibt Thomas von Aquin, lade schwere Schuld auf sich, auch wenn der Krieg aus einem gerechten Grunde begonnen worden wäre.[15]

Es zeugt von der Autorität des heiligen Thomas von Aquin, daß seine drei Bedingungen eines gerechten Krieges von den Theolo-

[13] Decretum Gratiani (Venedig 1615), Pars II. Causa XXIII. qu. 1. 2 „Paratus", pag. 1209.

[14] Ebd., Causa XXIII. qu. 2. c. 2 „Dominus noster", pag. 1208.

[15] *Thomas von Aquin,* S. th. II-II, 40,1.c.

gen der späteren Jahrhunderte übernommen worden sind. Nachdrücklich weisen die Theologen darauf hin, daß ein Krieg „zur Vergrößerung des Reiches" und „zum Ruhm des Fürsten", also der imperialistische Eroberungskrieg, ein Verbrechen sei.[16]

Wer Gut und Blut der Bürger mißbraucht, um berühmt zu werden, ist nach Franz von Vitoria († 1546) kein König, sondern ein Tyrann.[17]

Natürlich waren sich die Theologen bewußt, daß die damals geführten Kriege häufig – oder meistens – eine furchtbare Verletzung der christlichen Friedensbotschaft waren. Mit Vorliebe erzählen sie eine Geschichte, die Augustinus aus Cicero[18] in seinen „Gottesstaat" übernommen hat: Einst wurde ein Pirat vor Alexander den Großen gebracht. „Alexander fragte ihn, warum er mit seinen Räubereien das Meer unsicher mache. Jener antwortete mit hartnäckigem Freimut, er tue es aus denselben Gründen, aus denen er die ganze Welt verfolge. Aber, so fuhr er fort, weil ich es nur mit einem kleinen Schiff tue, nennt man mich einen Räuber. Weil Du jedoch dasselbe mit einer mächtigen Flotte, nämlich mit einer Menge von Völkern unternimmst, heißt Du Kaiser. Denn ein anderer Unterschied ist nicht zwischen mir und Dir, außer daß mich die Not dazu zwingt, Dich aber die grenzenlose Gier. Schließlich starb Alexander und wurde mit seinem Raub in die Hölle gestürzt".[19] „Wer könnte", so schrieb der Florentiner Erzbischof Antonin im 15. Jahrhundert, „all die Übel aufzählen, die die Kriege mit sich bringen! Raub ohne Ende bei Freund und Feind. So viele Vergewaltigungen, Ehebrüche, Schändungen und Buhlereien!"[20] Bartholomé de Las Casas kennzeichnete im 16. Jahrhundert die Kolonialkriege in Amerika als „Rauben, Ärgernis geben, in Gefangenschaft schleppen, Menschen zerfetzen, Reiche

---

[16] Vgl. etwa *Fr. de Vitoria,* Relectio „De jure belli", Getino II, 398; *L. Molina,* De Justitia et Jure, Tr. II, disp. 102, n. 2.

[17] *Fr. de Vitoria,* Relectio „De jure belli", a. a. O., 399.

[18] Die Stelle steht bei *Cicero,* De republica, Lib. 3., und bei *Augustinus,* De Civitate Dei, Lib. 4. c. 4 (CSEL 40, I, 167).

[19] Der Text steht bei *Antonin v. Florenz,* Summa theol. Pars II. Tit. 1 c 12. § 3.

[20] Ebd., Pars II, Tit. 7. c. 7 § 3.

entvölkern, den christlichen Glauben und die christliche Religion bei den friedfertigen Heiden zum stinkenden Abscheu machen"[21]. Die überlieferte Lehre von Frieden und Krieg sucht der Furie des Krieges nicht Tür und Tor zu öffnen, sondern Schranken gegen den Krieg aufzubauen. Jörg Fisch hat [...] nachgewiesen, daß die Friedensschlüsse im Mittelalter durch die Vorstellung „Schuld – Buße – Vergebung" bestimmt wurden, was durch Worte wie „Vergeben" und „Verzeihen" ausgedrückt worden sei. In der Neuzeit seien an ihre Stelle säkularisierte Vokabeln wie „Aufheben", „Vergessen" oder „Amnestie" getreten.[22] Aus der überlieferten christlichen Lehre von Frieden und Krieg spricht ein anderer Geist als aus dem Wort Heinrich Rogges, der Krieg sei „eine Gewohnheit des Kollektiv-Kampfes, den der Mensch mit einigen anderen (!) sozialen Tieren gemeinsam hat"[23]. Auch irrte Carl Ph. G. von Clausewitz, als er seinerzeit meinte, die Kriege der modernen, gebildeten Völker seien „viel weniger grausam und zerstörend" als die Kriege früherer Zeiten.[24] Dem Krieg als solchem wohnt der Hang zu skrupelloser, äußerster Gewalttätigkeit inne. Je „gottferner" die Menschheit wird, desto grauenhaftere Formen werden die Kriege annehmen.

b) Friede und Krieg im Atomzeitalter

Die Vorräte an nuklearen, biologischen und chemischen Waffen nehmen ständig zu. Wenn auch nur ein enger Kreis von Spezialisten über die Einzelheiten Bescheid weiß, steht doch fest, daß die bisher gelagerten Waffen an Zahl und Zerstörungskraft ungeheuerlich sind. Eine übliche Atombombe mit einer Sprengkraft von einer Megatonne reißt, wie die Fachleute sagen, auf trockenem

---

[21] *B. de Las Casas,* Disputa o Controversia con G. De Sepulveda, Resp. ad obj. 4. p. 100.

[22] *J. Fisch,* Krieg und Frieden im Friedensvertrag. Eine universalgeschichtliche Studie über Grundlagen und Formelemente des Friedensschlusses. Stuttgart 1981.

[23] *H. Rogge,* Nationale Friedenspolitik. Berlin 1934, 537.

[24] *C. v. Clausewitz,* Vom Kriege. Berlin/Leipzig ⁹1915, 4 (Erste Auflage 1832–1834). – Lenin empfahl allen Parteifunktionären, das Werk „Vom Kriege" „gründlich zu studieren".

Sandboden einen Krater von 90 Meter Tiefe und 1000 Meter Durchmesser auf. Druckwelle, Hitzewelle und radioaktive Strahlungen verbinden sich zu einer furchtbaren Orgie der Vernichtung und führen durch Verbrennungen, Organzerreißung und radioaktive Schädigungen zum schrecklichen Tod zahlloser Menschen. Während die Druckwelle einer mittleren Atombombe in einem Umkreis von zehn Kilometern zerstörerisch wirkt, sind Druckwelle und Hitzestrahlung der *Neutronenwaffe,* die nicht als Bombe, sondern als Granate oder Rakete hergestellt wird, verhältnismäßig gering. Um so stärker ist bei dieser Kurzstreckenwaffe die Neutronenausstrahlung, die in einem Umkreis von einem Kilometer den Menschen einen qualvollen Tod – in einem Todeskampf von ein bis vierzehn Tagen – bringt.

Die Bedrohung wächst ins Unvorstellbare, da immer mehr Staaten in den Besitz von Nuklearwaffen gelangen. Nicht nur wohlüberlegte, lang vorbereitet Angriffspläne, sondern Mißverständnisse und irrationales Handeln könnten zum Ausbruch eines Atomkrieges führen. Auch kann man nur mit Schrecken daran denken, daß gewissenlose Gewaltherrscher, wie sie immer wieder in der Geschichte aufgetreten sind und die Massen fasziniert haben, sich der Atomwaffen bemächtigen könnten. „Man häufe nur das entsprechende Material auf, und es wird sich unfehlbar des Teuflischen im Menschen bemächtigen und mit ihm losmarschieren", schreibt C. G. Jung.[25]

Die Atomwaffenlager sind vordergründig ein Ausdruck elementarer politischer, wirtschaftlicher und weltanschaulicher Gegensätze und Interessen, zutiefst jedoch ein Anzeichen dafür, daß die sittliche Wertordnung erschüttert ist. Der Friede, so sagte Papst Johannes Paul II. [...] 1979 in Irland, ist das Ergebnis der Beobachtung „ethischer Prinzipien"[26]. In seiner Botschaft zum Weltfriedenstag 1981 entwarf der Papst ein unheimliches Panorama der Verletzung der sittlichen Ordnung. Die Stärkeren ver-

---

[25] *C. G. Jung,* Mensch und Seele. Freiburg i. Br. 1971, 255.

[26] *Johannes Paul II.,* Predigt beim Gottesdienst in Drogheda am 29. September 1979, in: Dienst am Frieden. Stellungnahmen der Päpste, des II. Vatikanischen Konzils und der Bischofssynode, Bonn 1980, 212–216, 214.

gewaltigen kleinere Völker. Sie machen sie politisch, wirtschaftlich und finanziell abhängig. Eine bestimmte Klasse oder Partei reißt die Macht an sich und unterdrückt die anderen. Terroristen morden aus dem Hinterhalt und verbreiten Angst und Schrecken. Gewisse Massenmedien suchen die Menschen psychologisch gleichzuschalten. Kriege entstehen, so fuhr der Papst fort, durch Invasionen, durch ideologischen Imperialismus, durch wirtschaftliche Ausbeutung und durch sonstige Formen des Unrechts.[27] Das alles erzeugt ein tiefes Mißtrauen zwischen den Völkern: die Angst voreinander. Das Wettrüsten nimmt kein Ende.

c) Drei anfechtbare Thesen

In den Auseinandersetzungen um Frieden und Krieg sind jüngst Wege beschritten worden, die nicht zum Ziele führen.

Erstens: Es dient dem Frieden nicht, wenn nicht mehr sachlich um die Lösung der anstehenden Fragen gerungen wird, sondern statt dessen Gefühle aufgewühlt werden. Solche die Emotionen aufpeitschende Parolen sind: „Friede um jeden Preis!", „Lieber rot als tot!", „Macht kaputt, was euch kaputtmacht!", „Frieden schaffen ohne Waffen!", „Einseitig abrüsten!".

Papst Paul VI. sagte in seiner Friedensbotschaft vom 8. Dezember 1967: „Den Frieden kann man nicht auf hohlem Wortschwall gründen, der zwar Anklang finden kann, weil er ein tiefes und echtes Sehnen der Menschen anspricht, der aber auch dazu dienen kann und leider oft dazu gedient hat, das Fehlen eines echten Friedensgeistes und wahrer Friedensabsichten zu verbergen oder sogar umstürzlerische Absichten und Aktionen oder Parteiinteressen zu tarnen." Der Papst warnt vor der „Tücke eines rein taktischen Pazifismus, der den Gegner, den man überwältigen will, narkotisiert und in den Geistern den Sinn für Gerechtigkeit, Pflicht und Opfer tötet".[28]

---

[27] Text der Friedensbotschaft im Amtsblatt der Erzdiözese Köln, 15.1.1981, Nr. 18, 21 ff.

[28] *Paul VI.,* Botschaft „an alle Menschen guten Willens" vom 8. Dezember 1967 [...], in: Dienst am Frieden, a. a. O., 83–88, hier 85, 87.

Zweitens: Es dient dem Frieden nicht, wenn die Bergpredigt mißdeutet wird. Die Botschaft der Bergpredigt machte schon damals die Menschen „sehr betroffen" (Mt 7,28). Auch wir müssen betroffen sein, wenn wir die Worte Jesu hören: „Leistet dem, der euch etwas Böses antut, keinen Widerstand, sondern wenn dich einer auf die rechte Wange schlägt, dann halte ihm auch die andere hin ... Liebt eure Feinde und betet für die, die euch verfolgen" (Mt 5,39.44).

Die christliche Liebe „bläht sich nicht auf". Sie „sucht nicht ihren Vorteil, läßt sich nicht zum Zorn reizen, trägt das Böse nicht nach" (1 Kor 13,4–5). Sie rächt sich nicht durch Vergeltung, sondern ist bereit, um der Versöhnung willen auf das eigene Recht zu verzichten und Unrecht zu erdulden. Von dieser Gesinnung soll jeder Christ erfüllt sein; man darf sie auch seinem Nächsten nahelegen. Ich vermag deshalb Johann Baptist Metz nicht zuzustimmen, wenn er meint, es sei dem Christen „nicht vergönnt, einen anderen, dem auf die rechte Wange geschlagen wird, zu ermuntern, auch die linke hinzuhalten"[29].

Die Mahnung zur Versöhnung und zum Verzicht auf Vergeltung gilt nicht nur für den einzelnen Christen, sondern auch für die Staaten. Der heilige Augustinus hat darauf hingewiesen, daß „grausame Rachsucht" und „unversöhnliche Gesinnung" auch im Krieg schuldhaft sind.[30] Es kann der Fall eintreten, daß ein Staat um des Friedens willen auf Rechtsansprüche verzichten muß.

Die Aufforderung Jesu zur Versöhnung und zum Verzicht auf Rache bedeutet jedoch nicht, daß Recht und Ordnung aufgehoben wären. Der einzelne Mensch und auch der Staat können auf dieses oder jenes Recht verzichten, dürfen aber niemals *das Recht selbst,* die Wahrheit selbst dem Unrecht und der Lüge ausliefern. Als Jesus vom Gerichtsdiener ins Gesicht geschlagen wurde, hat er ihm nicht die linke Wange hingehalten, sondern ihm entgegnet: „Warum schlägst du mich?" (Joh 18,23). Ein andermal „machte er eine Geißel aus Stricken" und trieb die Händler „aus dem Tempel hinaus" (Joh 2,15). Das war kein Widerspruch zur Bergpredigt.

---

[29] *J. B. Metz,* Laudatio auf Ernesto Cardenal. Text in: Hinweise für Öffentlichkeitsarbeit, hg. v. Bundesministerium der Verteidigung, 12.1.1981, 12.

[30] *Augustinus,* Contra Faustum, lib. 22. c. 74.

Die staatliche Gewalt, die das Zusammenleben der Menschen durch die Rechtsordnung sicherstellt, ist „von Gott eingesetzt ... Nicht ohne Grund trägt sie das Schwert. Sie steht im Dienst Gottes und vollstreckt das Urteil an dem, der Böses tut" (Röm 13,1.4). Die Regierung ist verpflichtet, das Leben und die Freiheit der Bürger gegen ungerechte Angreifer zu verteidigen. Das verbietet die Bergpredigt nicht. Hätte im letzten Weltkrieg der Staat Israel schon bestanden und wäre eine nationalsozialistische Armee gegen das Land vorgerückt, hätten jüdische Soldaten das Leben ihrer Frauen und Kinder verteidigen dürfen und müssen.

Drittens: Es dient dem Frieden nicht, wenn revolutionären Bewegungen die Gewaltanwendung empfohlen wird. In den letzten Jahrzehnten haben kriegsähnliche Gewalttaten revolutionärer Bewegungen, vor allem im Vorderen Orient, in Irland, in Lateinamerika und in Afrika, bedenklich zugenommen. Auch wenn kein neuer Weltkrieg ausgebrochen ist, sind doch die lokalen Kriegshandlungen so häufig gewesen, daß in den Jahren 1945 bis 1980 nur an 60 Tagen kein Krieg in der Welt herrschte.[31]
Die im Dienst des Friedens stehende Forderung der überlieferten Lehre, daß innerstaatliche Gewalten und Bewegungen, z. B. Städte und Provinzen,[32] keinen Krieg führen dürfen, wird unterlaufen.

d) Zehn Leitsätze

Erster Leitsatz: Der Krieg ist kein „taugliches und angemessenes Mittel, zwischenstaatliche Streitfragen zu lösen". Ebensowenig sind „Prestige" und „nationale Ehre" ein gerechter Kriegsgrund.[33] Es widerspricht der christlichen Friedensbotschaft, den Krieg zu deuten als „Bewährung zu Freiheit und Größe", als das „urtümliche Mittel, die Dinge in Fluß zu bringen und Wachstums-

---

[31] Vgl. Französische Kommission „Justice et Paix", Le Monde entre deux Eres, Überlegungen über Krieg und Frieden in der gegenwärtigen Zeit, 20.2.1980, S. 2.

[32] Vgl. etwa *L. Molina,* De Justitia et Jure, Tr. II, disp., 100, n. 14, und *Fr. Suarez,* tract. de Caritate, III, 13, sect. 2. n. 2.

[33] *Pius XII.,* [24.12.1944 (UG 3495)], 24.12.1948 (UG 4150).

stockungen auszuräumen"[34], als „wunderliche Dreifaltigkeit" aus blindem Haß, launischem Zufallsspiel und politischer Berechnung, „ohne daß es andere Schranken gäbe als diejenigen der innewohnenden Gegengewichte"[35].

Zweiter Leitsatz: Der Friede „besteht nicht darin, daß kein Krieg ist". Er ist vielmehr die Frucht jener von Gott stammenden Ordnung, „die von den Menschen durch stetes Streben nach immer vollkommenerer Gerechtigkeit verwirklicht werden muß", ja noch mehr: Er ist „die Frucht der Liebe, die über das hinausgeht, was die Gerechtigkeit zu leisten vermag" (GS 78). Dieses Friedensverständnis setzt eine Bewußtseinsänderung voraus, die zu einer Änderung der Verhältnisse führen wird. Daß dies möglich ist, zeigt die neuere Geschichte. Hexenwahn, Sklaverei und Kolonialherrschaft sind auf diese Weise beseitigt worden.

Der Weg zur Bewußtseinsänderung muß konkret sein. Einige Hinweise:

Von Kind an muß der Mensch *das Sich-Versöhnen,* das Friedenstiften, das Ausgleichen, das Verzeihen persönlich erfahren und einüben: in der Familie, beim Spiel, beim Sport usw. Der große Friede in der Welt beginnt mit dem kleinen Frieden daheim.

Wir müssen *die Sprache des Friedens* sprechen. Die Macht des Wortes und des Bildes für die öffentliche Meinungsbildung und damit auch für die Gesinnung des Friedens kann heute kaum überschätzt werden. Die Geschichte lehrt, daß nicht selten Hetze und Haßpropaganda ein Volk in den Krieg getrieben haben. Papst Johannes Paul II. warnte in seiner Friedensbotschaft vom 8. Dezember 1978 vor der „Verführung durch die Sprache". Wenn man alles in den Begriffen „von Machtverhältnissen, Gruppen- und Klassenkämpfen und im Freund-Feind-Schema" ausdrücke, schüre man den Haß.[36]

---

[34] *H. Stegemann,* Der Krieg. Sein Wesen und seine Wandlung. I. Stuttgart/Berlin 1939, 3.

[35] *C. v. Clausewitz,* Vom Kriege, a. a. O., 4, 20 f.

[36] *Johannes Paul II.,* Botschaft zum Weltfriedenstag 1979 vom 8. Dezember 1978, in: Dienst am Frieden, a. a. O., 186–194, hier 191.

Von großer Bedeutung für die Schaffung eines Friedensbewußtseins ist die Abkehr von jeder Form von *Gewalt und Terror* unter den Menschen. Gewalt und Terror schaffen Kriegsbewußtsein. Der Terrorismus ist nichts Neues. In der zweiten Hälfte des 19. Jahrhunderts war er eine gefährliche Macht, die die staatliche Ordnung bedrohte. Zar Alexander II. von Rußland, König Umberto von Italien, König Karl von Portugal, Kaiserin Elisabeth von Österreich, zwei spanische Ministerpräsidenten und ein französischer Ministerpräsident fielen ihm zum Opfer. Bakunin und Netschajew veröffentlichten 1869 einen „Revolutionären Katechismus", in dem es heißt: „Der Revolutionär ist ein geweihter Mensch. Er ist erbarmungslos gegen den Staat im allgemeinen und für die ganze zivilisierte Klasse der Gesellschaft, und er darf ebensowenig Gnade für sich erwarten. Zwischen ihm und der Gesellschaft herrscht ein Kampf auf Leben und Tod, offen und versteckt, aber ohne Ende und Versöhnung. Er muß sich an die Folterung gewöhnen."[37]

Ein allgemeines Friedensbewußtsein wird nur dann entstehen, wenn die *Rechte aller Völker* „auf Existenz, auf Freiheit, auf Unabhängigkeit, auf eine eigene Kultur und auf eine echte Entwicklung"[38] gesichert, und wenn Elend und Hunger überall überwunden werden. [...]

Dritter Leitsatz: Es gibt Güter, „welche die göttliche Friedensordnung unbedingt zu achten und zu gewährleisten ... verpflichtet", Güter, deren Verletzung durch einen angreifenden Staat ein „Anschlag auf die Majestät Gottes" ist. Diese Güter sind „von solcher Wichtigkeit für das menschliche Zusammenleben, daß ihre Verteidigung gegen den ungerechten Angriff zweifellos vollkommen gerechtfertigt ist"[39]. Es handelt sich hier nicht um Güter irgendwelcher Art, etwa um territoriale Ansprüche, sondern um

---

[37] *Th. Schieder,* Propyläengeschichte Europas. Staatensystem als Vormacht der Welt 1848 bis 1918. Frankfurt a. M./Berlin/Wien 1977, 206.

[38] *Johannes Paul II.,* Homilie bei der Messe im Konzentrationslager Birkenau am 7. Juni 1979 [...], in: Dienst am Frieden, a. a. O., 208–212, hier 211.

[39] *Pius XII.,* 24.12.1948 (UG 4152, 4154), 3.10.1953, 19.10.1953.

die höchsten Lebensgüter eines Volkes: das Recht auf Leben, Gerechtigkeit, Gewissens- und Religionsfreiheit und dergleichen.

Vierter Leitsatz: Wenn ein Volk von einem anderen Staat überfallen und – etwa aufgrund diktatorischer Ideologien – seiner höchsten Güter – des Lebensrechtes, der Gewissens- und Religionsfreiheit usw. – beraubt wird, gebietet es [...] „die Solidarität der Völkerfamilie", nicht in „gefühlloser Neutralität" den „einfachen Zuschauer" zu spielen, sondern dem bedrohten Volk zu Hilfe zu kommen.[40] Es sei an Sanktionen erinnert.

Fünfter Leitsatz: „Solange der Mensch jenes schwache, unbeständige und sogar böse Wesen, als das er sich oft zeigt, sein wird, solange werden Defensivwaffen leider nötig sein."[41] Das Zweite Vatikanische Konzil hat erklärt: „Solange die Gefahr von Krieg besteht und solange es noch keine zuständige internationale Autorität gibt, die mit entsprechenden Mitteln ausgestattet ist, kann man, wenn alle Möglichkeiten einer friedlichen Regelung erschöpft sind, einer Regierung das Recht auf sittlich erlaubte Verteidigung nicht absprechen" (GS 79).
Es ist eine schwere Bedrohung des Friedens, Kriege, die im Dienst bestimmter Ideologien stehen, als gerechtfertigt hinzustellen. „Unsererseits", so sagt Lenin, ist ein Krieg „legitim und gerecht"; denn er wird „für den Sozialismus, für die Befreiung anderer Völker von der Bourgeoisie" geführt. Es wäre ein großer Dienst am Frieden, wenn die Staaten der marxistischen Welt erklären würden, daß dieses Vermächtnis Lenins heute nicht mehr gilt. Auch dient es der Friedensgesinnung nicht, wenn für Schulkinder die Wehrkunde eingeführt wird, eine Maßnahme, die wiederum auf Lenin zurückgeht. Die kommunistische Mutter, so erklärte er, werde zu ihrem Sohn sagen: „Du wirst bald groß sein, man wird dir das Gewehr geben. Nimm es und erlerne gut alles Militäri-

---

[40] *Pius XII.,* 24.12.1948 (UG 4152).
[41] *Paul VI.,* Ansprache vor der Vollversammlung der Vereinten Nationen in New York am 4. Oktober 1965, in: Dienst am Frieden, a.a.O., 52–59, hier 57.

sche". Entwaffnung sei ein „Grundirrtum"; denn die Sozialisten könnten „niemals Gegner revolutionärer Kriege sein".[42] [...]

Sechster Leitsatz: Wenn auch viele die Anhäufung von Waffen für „das wirksamste Mittel" halten, „einen gewissen Frieden zwischen den Völkern zu sichern", ist der Rüstungswettlauf doch eine außerordentlich ernste Gefahr für die Menschheit und angesichts der ungeheuren Summen, die er verschlingt, eine unerträgliche Schädigung der Armen (GS 81). Papst Johannes XXIII. hat deshalb gefordert, „daß der allgemeine Rüstungswettlauf aufhört; daß ferner die in verschiedenen Staaten bereits zur Verfügung stehenden Waffen auf beiden Seiten und gleichzeitig vermindert werden; daß Atomwaffen verboten werden; und daß endlich alle auf Grund von Vereinbarungen zu einer entsprechenden Abrüstung mit wirksamer gegenseitiger Kontrolle gelangen" (PT 112).

Trotz dieser Mahnungen und Warnungen geht der Rüstungswettlauf weiter. Alle Staaten reden vom Frieden, und alle Staaten rüsten auf. „Bis vor kurzem", so erklärte Papst Johannes Paul II. vor der UNESCO in Paris am 2. Juni 1980, „hat man noch behauptet, die Nuklearwaffen seien ein Mittel der Abschreckung, das den Ausbruch eines größeren Krieges verhindert, und das stimmt vermutlich". Dann fuhr der Papst jedoch fort: „Man kann sich aber fragen, ob das immer so bleiben wird. Die Nuklearwaffen, welcher Art und Größe sie auch sein mögen, werden Jahr für Jahr vollkommener; sie werden auch in immer mehr Ländern ein Bestandteil der Rüstung. Wie darf man dann noch sicher sein, daß der Einsatz von Nuklearwaffen, auch als Mittel nationaler Verteidigung oder bei begrenzten Konflikten, nicht zu einer unvermeidlichen Eskalation führt und damit zu einem Ausmaß an Zerstörung, das die Menschheit sich nicht vorstellen, aber auch nicht bejahen kann?"[43] Das Gleichgewicht des Schreckens ist in der Tat gefährlich und die sogenannte Krisenstabilität zerbrechlich.

---

[42] *W. I. Lenin,* Ausgewählte Werke. I. a. a. O., 876, [...] 881.
[43] *Johannes Paul II.,* Ansprache an den Exekutivrat der UNESCO in Paris am 2. Juni 1980, in: Dienst am Frieden, a. a. O., 240–243, hier 241–242.

Siebter Leitsatz: Wenn auch eine vollständige Abrüstung zur Zeit nicht erreichbar scheint, muß doch alles versucht werden, durch völkerrechtliche Verträge die Rüstung schrittweise allseitig und gleichzeitig zu beschränken und die Waffenvorräte abzubauen. Herwig Büchele hält die „gleichgewichtig-gleichzeitige Abrüstung" für unmöglich und schlägt statt dessen „einseitige Vorleistungen" vor, wobei ein angreifender Staat jedoch damit rechnen müsse, „daß auf seinen Erstschlag auch der Zweitschlag erfolgt". Mithin schließt auch die einseitige Vorleistung den „schlimmsten Fall" des Atomkrieges nicht aus. Das Dilemma bleibt.[44] Ziel muß sein, den Erstschlag, der Millionen von Menschenleben vernichten würde, auszuschließen. Die Forderung nach allseitiger Abrüstung steht in einer elementaren Spannung zur Notwendigkeit der Selbstverteidigung. Es gilt, diese Spannung zu erkennen und auszuhalten. Die Erfahrung lehrt, daß Aggressoren dann anzugreifen pflegen, wenn sie das Risiko als gering betrachten. Das trifft für den Ausbruch des Zweiten Weltkrieges ebenso zu wie für den sowjetischen Überfall auf Afghanistan. Man kann die hypothetische Frage stellen, ob vor 40 Jahren das Gleichziehen der Rüstungen nicht den Zweiten Weltkrieg und damit den Tod von Millionen verhindert hätte. Die Kirche wird nicht müde, in der Öffentlichkeit ihre moralische Autorität für eine umfassende Friedenssicherung in der Welt einzusetzen. Sie beschwört die Regierungen, den Willen zum Frieden durch eine allseitige und gleichzeitige Abrüstung zu bekunden. Zwingen kann sie die Regierungen freilich nicht.

Achter Leitsatz: Im Bereich der Friedenssicherung gibt es Fragen, in denen Christen „bei gleicher Gewissenhaftigkeit" zu verschiedenen Urteilen kommen können (GS 43).
Zu diesen Fragen gehören die Nachrüstung und der Waffenexport. Das Zweite Vatikanische Konzil spricht die Mahnung aus, „daß in solchen Fällen niemand das Recht hat, die Autorität der Kirche ausschließlich für sich und seine eigene Meinung in Anspruch zu nehmen. Immer aber sollen sie in einem offenen Dialog sich gegenseitig zur Klärung der Frage zu helfen suchen; dabei

---

[44] *H. Büchele,* Bergpredigt und Gewaltfreiheit, in: StZ 199 (1981) 638 ff.

sollen sie die gegenseitige Liebe bewahren und vor allem auf das Gemeinwohl bedacht sein" (GS 43). Es ist unrecht, diejenigen zu diffamieren, die eine einseitige Abrüstung ablehnen. Auch widerspricht der Vorwurf, Soldaten handelten nicht aus sittlich begründeter Einsicht, dem Zweiten Vatikanischen Konzil, das erklärt hat: „Wer als Soldat im Dienst des Vaterlandes steht, betrachte sich als Diener der Sicherheit und Freiheit der Völker. Indem er diese Aufgabe recht erfüllt, trägt er wahrhaft zur Festigkeit des Friedens bei" (GS 79). Angesichts der Kompliziertheit des modernen Kriegsproblems ist es freilich möglich, daß Christen zu der Überzeugung kommen, „aus Gewissensgründen den Wehrdienst" verweigern zu müssen. Der Staat sollte diese sittlich begründete Kriegsdienstverweigerung – aus Achtung vor der Gewissensfreiheit – gesetzlich anerkennen (GS 79).

Neunter Leitsatz: Da ein Krieg, der mit modernen wissenschaftlichen Waffen geführt wird (ABC-Krieg), „ungeheure und unkontrollierbare Zerstörungen" auslöst und „die Grenzen einer gerechten Verteidigung" weit überschreitet, muß „mit einer ganz neuen inneren Einstellung" an die Frage des Krieges herangegangen werden. Darum erklärt das Zweite Vatikanische Konzil, indem es sich „die Verurteilung des totalen Krieges, wie sie schon von den letzten Päpsten ausgesprochen wurde", zu eigen macht: „Jede Kriegshandlung, die auf die Vernichtung ganzer Städte oder weiter Gebiete und ihrer Bevölkerung unterschiedslos abstellt, ist ein Verbrechen gegen Gott und gegen den Menschen, das fest und entschieden zu verwerfen ist" (GS 80). Papst Paul VI. wiederholte diese Lehre in seiner Botschaft an die Abrüstungskonferenz der Vereinten Nationen vom 24. Mai 1978: „Die Frage nach Krieg und Frieden", so sagt der Papst, „stellt sich heute in neuen Begriffen. Nicht daß sich die Prinzipien geändert hätten. Die Aggression eines Staates gegen einen anderen war gestern genau so unerlaubt, wie sie es heute ist." Auch in der Vergangenheit sei, wie das Zweite Vatikanische Konzil erklärt habe, ein Krieg, der auf die „Vernichtung ganzer Städte oder weiter Gebiete" abgezielt habe, ein „Verbrechen gegen Gott und gegen den Menschen" gewesen (GS 80). Heute dagegen stünden nach dem Urteil des Konzils dem

Krieg Mittel zur Verfügung, die „seinen Schrecken und seine Verwerflichkeit ins Unermeßliche" steigerten.[45] Dies gilt nicht erst für die Neutronenwaffe, sondern für alle ABC-Waffen.

Gegen die Neutronenwaffe wird freilich von vielen besonders heftig protestiert. Sie sei nicht nur in sich schrecklich, sondern werde den Rüstungswettlauf ins Unermeßliche vorantreiben. Auch sei der Hinweis, daß der Einsatz der Neutronenwaffe auf bestimmte Ziele, zum Beispiel auf massenweise heranrückende Panzer, begrenzt werden könne, höchst bedenklich; denn wer mit der Neutronenwaffe beginne, bahne dem totalen Atomkrieg den Weg.

Andere sagen, auch nukleare SS 20-Raketen und 40 000 Panzer seien schrecklich. Dazu komme, daß die Neutronenwaffe keine Angriffs-, sondern eine Verteidigungswaffe sei. Sie werde auf Staaten, die über zahlreiche Panzer verfügten, abschreckend wirken und auf diese Weise einen Angriffskrieg verhindern.

Damit ist die Frage gestellt, ob ein Staat – angesichts der gegenwärtigen Bedrohung[46] – ABC-Waffen zur Aufrechterhaltung des „Gleichgewichts des Schreckens", d. h. zur Verhütung eines Angriffskrieges, besitzen darf. Auch wenn man – nach den bisherigen Überlegungen – dem Staat dieses Recht nicht absprechen darf, befinden wir uns doch in einer auf die Dauer unhaltbaren Lage. Denn „selbst wenn das Gleichgewicht des Schreckens dazu dienen konnte und noch für einige Zeit dazu dienen kann, das Schlimmste zu verhüten, wäre es doch eine tragische Illusion zu meinen, der Rüstungswettlauf könne bis ins Unendliche so weitergehen, ohne eine Katastrophe heraufzubeschwören"[47]. Ein Ausweg aus dieser Tragik ist wohl nur auf Weltebene möglich. Dazu ein zehnter Leitsatz.

---

[45] *Paul VI.,* Botschaft an die Abrüstungskonferenz der Vereinten Nationen vom 24. Mai 1978 [...], in: Dienst am Frieden, a. a. O., 177–178.

[46] *P. Gosztony* (Die Rote Armee. Geschichte und Aufbau der sowjetischen Streitkräfte seit 1917. Wien u. a. 1980) weist darauf hin, daß die Rote Armee zehn Feldzüge, meistens Angriffsfeldzüge unternommen und in ungeheurem Maß aufgerüstet hat. – Am 17. September 1939 wurde Polen von der Roten Armee überfallen. Ostpolen wurde der Sowjetunion einverleibt.

[47] *Paul VI.,* Botschaft an die Abrüstungskonferenz, a. a. O. 178.

Zehnter Leitsatz: Es ist „eine von allen anerkannte öffentliche Weltautorität" einzurichten, „die über wirksame Macht verfügt, um für alle Sicherheit, Wahrung der Gerechtigkeit und Achtung der Rechte zu gewährleisten" (GS 82). Diese „universale öffentliche Gewalt", so heißt es in der Enzyklika „Pacem in terris", muß ohne Zwang „durch Übereinkunft aller Völker" eingesetzt werden. Ihre Macht muß „überall auf Erden Geltung haben" (PT 138).

Man darf freilich nicht übersehen, daß ein militärisches Eingreifen der Weltautorität gegen einen mächtigen Angreiferstaat kriegsähnlichen Charakter annehmen kann. Gewalt und Krieg werden stets die Menschheit bedrohen. Es gibt in diesem Äon keine in jeder Hinsicht idealen Verhältnisse, was aber gerade bedeutet, daß wir uns mit aller Kraft für den Frieden einsetzen müssen [...].

§ 4 Die Grenzen der Staatsgewalt und das Widerstandsrecht des Volkes

1. Göttliches und natürliches Recht setzen der Staatsgewalt feste Grenzen. Vor allem die Personwürde des Menschen und die Wesensordnung der Ehe und Familie sind unantastbar. In den meisten Staaten werden die Grenzen der Staatsgewalt durch die Verfassung, die z. B. die Freiheit des Gewissens und der Meinungsäußerung, die Vereinsfreiheit, die Freiheit der Wahl des Berufes und des Arbeitsplatzes und den Schutz des Eigentums garantiert, näher umschrieben. Da in der modernen Gesellschaft Menschen verschiedener Konfessionen und Weltanschauungen zusammenleben, kommt dem *Toleranzproblem* nicht nur in der Religion, sondern auch in der Erziehung, in der Bildung, in der Wissenschaft und in sonstigen Bereichen des kulturellen Lebens besondere Bedeutung zu. Ausgehend von dem Grundsatz, daß niemand zur Preisgabe seiner Überzeugung gezwungen werden darf, tritt die Christliche Soziallehre sowohl im staatlichen als auch im gesellschaftlichen Raum für die Wahrung der Toleranz ein. Würde z. B. der Staat in der weltanschaulich pluralistischen Gesellschaft durch seine Behörden eigentliche Erziehungsaufgaben durchführen lassen, so wären religiöse und weltanschauliche Vergewaltigungen unvermeidlich. Georg Heppes möchte zwar dem Staat das Recht

zuschreiben, „im eigenen Bereich Erziehung aus eigener Kraft zu besorgen". Wenn Heppes dann darlegt, die Erziehung habe „dem Wahren, dem Guten, dem Schönen, dem Erhabenen und Heiligen" zu dienen, wird man erstaunt fragen müssen, nach welchen Normen der Staat in der pluralistischen Gesellschaft bestimmen solle, was wahr, gut, schön, erhaben und heilig ist;[48] denn die Annahme, daß es eine über allen Religionsbekenntnissen und Weltanschauungen schwebende Erziehung und Bildung gebe, ist eine Verspätungserscheinung aus der Zeit des Nationalliberalismus.

Im übrigen dürfte die Toleranz heute weniger vom Staat als vielmehr von gewissen innergesellschaftlichen Kräften und Strömungen bedroht sein, z. B. von jenen Richtungen, die als höchste, alle Bereiche des geistigen Lebens verpflichtende Norm die sogenannte werturteilsfreie, positivistische Wissenschaft ansehen und z. B. mehr oder weniger offen die These vertreten, daß ein philosophische und religiöse Wahrheiten anerkennender Gelehrter nicht auf den Lehrstuhl einer Universität gehöre. Abgesehen davon, daß jede Wissenschaft auf philosophischen Voraussetzungen, z. B. erkenntnistheoretischer Art, beruht, muß das Schlagwort von der „konfessionellen Gebundenheit" als kränkend und diffamierend bezeichnet werden.

Nicht unbedenklich ist ferner die Tendenz, die Toleranz auf das Einzelgewissen einzuschränken und sie den Gemeinschaften und ihren Einrichtungen, etwa katholischen Kindergärten oder Krankenhäusern, zu verweigern. In einer pluralistischen Gesellschaft muß auch eine Gemeinschaft das Recht haben, nach ihrem Glauben zu leben und Einrichtungen zu schaffen, die diesem Glauben entsprechen (Tendenzbetriebe).

2. Wenn auch die Heilige Schrift die staatliche Obrigkeit als „von Gott angeordnet" bezeichnet, wird doch jeder Staat und jede Regierung die Unzulänglichkeit alles Irdischen und Geschöpflichen an sich tragen. An allen Gesetzen, an sämtlichen staatlichen Maßnahmen wird man – mit mehr oder weniger Recht – das eine oder andere auszusetzen haben. Beängstigender ist, daß Staaten und

---

[48] *G. Heppes,* Die Grenzen des Elternrechtes. Darmstadt 1955, 101.

Regierungen, wie die Erfahrung lehrt, nicht nur den einen oder anderen Mangel aufweisen, sondern schlechthin *zu verbrecherischer Tyrannei* entarten können. Seit Aristoteles pflegt man zwei Arten von Tyrannen zu unterscheiden: den Usurpator oder Invasor, der sich widerrechtlich die Staatsgewalt angemaßt hat, dann aber vielleicht ordentlich regiert, und den „tyrannus regiminis", der seine Herrschaft, auch wenn er sie rechtmäßig angetreten hat, zur Vernichtung des Gemeinwohls mißbraucht, indem er die Gewissen knechtet, im Inland oder – durch Anzettelung von Kriegen – auch im Ausland mordet und raubt und Verbrechen auf Verbrechen häuft. Dabei handelt es sich heute meistens nicht wie in der Antike um einen *einzelnen* Tyrannen, sondern um Bewegungen oder Parteien, die mit Schrecken und Terror ein tyrannisches Regiment aufrichten. Jeder gewissenhafte Bürger wird unter einem solchen System leiden, und zwar nicht erst dann, wenn er selbst unmittelbar betroffen ist, sondern weil er das Unrecht mit ansehen muß, das anderen, vor allem den Menschen anderer Völker, im Namen des Staates zugefügt wird, dem er selber angehört. Die Christliche Soziallehre unterscheidet in solcher Lage zwei Verhaltensarten:

a) Das nächstliegende und ohne jeden Zweifel sittlich einwandfreie Mittel der Abwehr ist der *passive Widerstand:* Man führt verbrecherische Gesetze nicht aus, sondern handelt ausdrücklich gegen die Tendenz ungerechter Staatsmaßnahmen. Man verweigert verbrecherischen Befehlen den Gehorsam, indem man sich etwa, um ein nichtkonstruiertes Beispiel zu nennen, weigert, jüdische Kinder zu erschießen, und ist bereit, die Folgen auf sich zu nehmen. Der Mensch kann in Lagen kommen, in denen zwischen Heroismus auf der einen und Verbrechen auf der anderen Seite kein bequemer Mittelweg offensteht. Der passive Widerstand kann allerdings nur dann auf politischen Erfolg rechnen, wenn ein so großer Teil des Volkes boykottierend abseits steht, daß die Regierung einlenken muß. Bei den modernen totalitären Systemen der Tyrannis mit ihren raffinierten Propagandamethoden und dem engmaschigen Netz staatspolizeilicher Überwachung besteht die Gefahr, daß der passive Widerstand nur zaghaft und vereinzelt einsetzt und wirkungslos bleibt. Die Ereignisse der letzten Jahrzehnte in Ungarn, in der Tschechoslowakei und in Polen weisen in dieselbe Richtung.

b) Damit stellt sich die Frage, ob einem tyrannischen Regierungssystem gegenüber nicht auch *der aktive Widerstand* möglich ist. Es lassen sich zwei Formen aktiven Widerstandes unterscheiden:

Erstens: Der *öffentliche Protest* gegen verbrecherische Maßnahmen der Regierung. In heldenmütiger Weise hat sich Kardinal Galen von Münster dieses Mittels bedient. Es sei ferner an den gemeinsamen Hirtenbrief der deutschen Bischöfe vom Oktober 1943 erinnert, der an Hand der Zehn Gebote den damaligen Machthabern ihre Übergriffe vorhielt: „Keine irdische Macht darf das Leben eines Unschuldigen frevelhaft verletzen und vernichten. Wer ein solches Leben angreift, greift Gott selber an. Tötung (Unschuldiger) ist in sich schlecht, auch wenn sie angeblich im Interesse des Gemeinwohls verübt würde: an schuld- und wehrlosen Geistesschwachen und -kranken, an unheilbar Siechen und tödlich Verletzten, an erblich Belasteten und lebensuntüchtigen Neugeborenen, an unschuldigen Geiseln und entwaffneten Kriegs- und Strafgefangenen, an Menschen fremder Rasse und Abstammung."

Zweitens: Die eigentliche Problematik liegt in er zweiten Form des aktiven Widerstandes, dem Sturz der verbrecherischen Regierung. Friedrich Paulsen meinte 1899, im Prinzip sei die „staatsabsolutistische Auffassung im Recht", da „weder die Staatsgewalt als beschränkt durch Rechte der einzelnen, noch der Staatszweck als begrenzt auf den bloßen Rechtszweck gefaßt werden" könne. Mithin könne die gewaltsame Veränderung der Staatsverfassung niemals „als ein Recht konstruiert werden". Das Widerstands- und Revolutionsrecht hätte ja „die Souveränität des Individuums, also die Verneinung des Staates, zur Voraussetzung". Die Revolution sei „unter allen Umständen Unrecht". Damit sei aber nicht gesagt, daß eine Revolution „nicht unter Umständen historisch notwendig und moralisch gerechtfertigt sein könnte". Eine „kühne Tat", die einen verbrecherischen Fürsten unschädlich mache, könne „ohne Zweifel moralisch möglich und verdienstlich sein". Das sei dann der Fall, „wenn die Erhaltung des Volkes, die Durchsetzung seiner Lebensinteressen auf einem anderen Wege nicht möglich ist"[49].

Die Christliche Soziallehre erkennt zwar einen Unterschied, aber keinen Gegensatz von Sittlichkeit und Recht an. Das Gemeinwohl als oberste Norm für Staat und Regierung ist sowohl eine sittliche als auch eine rechtliche Kategorie. In diesem Sinne erklärt Thomas von Aquin, daß die gewaltsame Befreiung von einem das Gemeinwohl zerstörenden Regime keine Empörung sei; vielmehr sei der Tyrann selber der Empörer wider das Gemeinwohl.[50]

Im einzelnen sind von der katholischen Staatsethik über den aktiven Widerstand des Volkes beim Sturz einer verbrecherischen Regierung folgende Grundsätze aufgestellt worden:

Es muß feststehen, daß die Regierung tatsächlich verbrecherisch-tyrannisch entartet ist, daß die Appellation an eine höhere Instanz, z. B. an die Vereinten Nationen, unmöglich oder aussichtslos ist und daß die durch den Umsturz erstrebten neuen Verhältnisse dem Gemeinwohl entsprechen. Es muß also ausgeschlossen sein, daß politische Abenteurer völlig unklare Zustände schaffen und vielleicht eine Tyrannei aufrichten, die schlimmer wäre als die abgeschüttelte.

Es darf nur soviel Gewalt angewandt werden, als zum Sturz der Tyrannis erforderlich ist; alle verfassungsmäßigen Möglichkeiten müssen erschöpft sein. Auch muß alles getan werden, um die – besonders in der modernen Gesellschaft – sehr komplizierten lebensnotwendigen Einrichtungen zu erhalten. Die öffentliche Ordnung und Sicherheit muß also nach Möglichkeit gewahrt bleiben. Sonst könnte es geschehen, daß das Volk, wie Thomas von Aquin schreibt, durch die Revolution mehr Schaden erleidet als durch die Tyrannis.[51] An sich ist also die allmähliche Evolution der Revolution vorzuziehen, insbesondere dann, wenn es sich

---

[49] F. Paulsen, System der Ethik. II[11–12], Berlin 1921, 585.
[50] Thomas von Aquin, S. th. II-II 42,2.
[51] Thomas von Aquin, S. th. II-II 42,2.

nicht um eine politische, sondern um eine soziale Revolution handelt. „Jede Revolution", heißt es in der Enzyklika „Populorum progressio", „ – ausgenommen im Fall der eindeutigen und lange dauernden Gewaltherrschaft, die die Grundrechte der Person schwer verletzt und dem Gemeinwohl des Landes ernsten Schaden zufügt – zeugt neues Unrecht, bringt neue Störungen des Gleichgewichts mit sich, ruft neue Zerrüttung hervor" (PP 31).

Die Gewaltanwendung darf nicht „kraft privater Anmaßung einiger, sondern nur kraft öffentlicher Autorität" erfolgen.[52] Würde man jedem einzelnen die Berechtigung zuerkennen, Tyrannen umzubringen, so würde das Volk, wie Thomas von Aquin sagt, durch Meuchelmorde häufiger seine guten Herrscher verlieren, als von der Tyrannei befreit werden. Die Gewaltanwendung muß also von solchen ausgehen, die berechtigterweise im Namen der Gesamtheit handeln dürfen. In früheren Jahrhunderten wurde hier von den Staatsethikern auf die sogenannten indirekten feudalen Gewalten hingewiesen. Heute könnte man an das Parlament denken, sofern es nicht längst von den Diktatoren ausgeschaltet oder gleichgeschaltet worden ist. Mehr Aussicht auf Erfolg dürften vielleicht mächtige Verbände (Generalstreik der Gewerkschaften) haben. Denkbar wäre es auch, daß eine Verschwörung den größten Teil der Nation hinter sich hätte und gleichsam als Initialzündung wirkte.

Schließlich muß die vernünftig begründete Wahrscheinlichkeit gegeben sein, daß der Aufstand erfolgreich sein wird. Ein Fehlschlag würde die Wut des Tyrannen steigern und die Unterdrückung verschlimmern. Falls jede Aussicht auf einen erfolgreichen Umsturz ausgeschlossen ist, bleibt nichts übrig, als die Tyrannei zu ertragen und „zu Gott, dem König aller, seine Zuflucht zu nehmen"[53]. Das Zweite Vatikanische Konzil drückt sich zurückhaltend aus: Wo die Bürger „von einer öffentlichen Gewalt, die ihre Zuständigkeit überschreitet, bedrückt werden, sollen sie sich nicht weigern, das zu tun, was das Gemeinwohl objektiv verlangt.

---

[52] *Thomas von Aquin:* „non privata praesumptione aliquorum, sed auctoritate publica procedendum", De Reg. Princ.

[53] *Thomas von Aquin,* De Reg. Princ.

Sie haben jedoch das Recht, ihrer und ihrer Mitbürger Rechte gegen den Mißbrauch der staatlichen Autorität zu verteidigen, freilich innerhalb der Grenzen des Naturrechts und des Evangeliums" (GS 74). Wie man sieht, ist das Anliegen, das hinter dem modernen Schlagwort der „Theologie der Revolution" steht, nichts Neues. Nur ist es bedauerlich, daß einige Vertreter der „Theologie der Revolution" und der „der Befreiung" die Änderung der gesellschaftlichen Verhältnisse mit der Evangelisierung gleichsetzen und das uns in Christus geschenkte Heil auf rein diesseitige Dimensionen einschränken.

Ein starker Damm gegen den Mißbrauch staatlicher Macht ist die klare Unterscheidung zwischen Staat und Gesellschaft. Wenn die Grenzen sich verwischen und politische oder wirtschaftliche Interessentengruppen sich mit dem staatlichen Gemeinwohl identifizieren, wird der Staat als Letztverantwortlicher für das Gemeinwohl entthront und zugleich durch Sondergruppen tyrannisch mißbraucht.

Noch unheilvoller – besonders für den Weltfrieden – wirkt es sich aus, wenn sich innerweltliche Heilsverheißungen in politische Macht umsetzen und überall den Klassenkampf und die Revolution schüren. Das Ja zur Gewalttätigkeit ist ein Vermächtnis Lenins. Er erklärte: „Wer den Klassenkampf anerkennt, der kann nicht umhin, auch Bürgerkriege anzuerkennen", die eine natürliche „Entwicklung und Verschärfung des Klassenkampfes" sind. „Bürgerkriege zu verneinen oder zu vergessen, hieße in den äußersten Opportunismus verfallen".[54]

Heute scheinen auch christliche Autoren zu übersehen, daß revolutionäre Gewalttaten den Kriegsgeist fördern und den Frieden bedrohen. Es sei zwar „schrecklich", meinte der ehemalige Professor der Salesianer-Universität in Rom, Giulio Girardi, daß es manchmal unumgänglich sei, „aus Liebe töten zu müssen"; aber die „Zuflucht zur Gewalt" sei erlaubt, wenn „kein anderer Weg" mehr offenstehe.[55]

---

[54] *W. I. Lenin,* Ausgewählte Werke. I. a. a. O., 877.
[55] *G. Girardi,* Revolutionäre Gewalt aus christlicher Verantwortung. Mainz 1971, 66–67.

Auch Johann Baptist Metz verteidigte es bei der Verleihung des Friedenspreises des deutschen Buchhandels an Ernesto Cardenal, daß dieser Priester sich „auf die Seite des Gewaltwiderstandes" gestellt habe; die Einheit von Gottes- und Nächstenliebe sei zwar „unaufkündbar"; aber „Gewaltlosigkeit" könne auch „getarnte Feigheit" sein, weil sie „die Züge des Opportunismus" tragen könne; in diesem Sinn werde „das Antlitz der Liebe" nicht eindeutig von der Gewaltlosigkeit geprägt, sondern die Liebe könne „niemals gesucht, immer aufgedrängt – das finstere Antlitz der Gewalt als Ausdruck ihrer Verzweiflung annehmen".[56]

Die Bischöfe von El Salvador haben 1981 in einem ergreifenden Hirtenbrief ein Ja zum Frieden und ein Nein zur Gewalttätigkeit gesprochen. Sie wenden sich sowohl gegen einen die Menschen ausbeutenden „Atheismus von rechts" als auch gegen die ideologische Verfälschung des Evangeliums durch linke Revolutionäre. Die Gewalttätigkeit sei die „giftige Frucht bastardierter Interessen von Herrschaft und Gewalt". Ihre Saat sei „Zerstörung und Hunger"[57]. Es ist unchristlich zu sagen: Menschen niederzuschießen, ist von links gut, von rechts böse – oder umgekehrt.

---

[56] *J.B. Metz,* Laudatio auf Ernesto Cardenal, a.a.O., 12.
[57] Spanischer Text in: Docla, Nr. 56, Januar/Februar 1981. Französischer Text in: La Documentation Catholique, 5. Juli 1981, 656–663.

DRITTES KAPITEL
Sittliche Verantwortung für den Staat

Die Christliche Soziallehre sieht im Staat eine gottgewollte Institution, der gegenüber der Mensch sittlich verpflichtet ist. In der modernen Gesellschaft muß sich die sittliche Verantwortung für den Staat in doppelter Weise auswirken: positiv in der Erfüllung der Staatsbürgerpflichten, negativ in der Ablehnung jener Haltung, die im Staat einen Spielball der Interessentengruppen sehen möchte.

§ 1 Die Erfüllung der Staatsbürgerpflichten

1. Man pflegt heute nicht selten zu sagen, daß der moderne Mensch zwar ein betontes Ja zu seiner Familie spreche, daß jedoch dieses verstärkte „Mit-Uns" im persönlichen Lebensbereich der Familie zu einem auffallenden „Ohne-Uns" gegenüber den „Ansprüchen der Gesamtgesellschaft" geführt habe. Von hier aus erkläre sich die allgemeine „Gleichgültigkeit gegenüber den Erfordernissen des sozialen Ganzen" und die „fortschreitende Entpolitisierung des deutschen Menschen". Wenn man auch dieses Urteil nicht verallgemeinern darf, ist es doch unverkennbar, daß die Bereitschaft, sich für den Staat verantwortlich zu fühlen, bei vielen verkümmert ist.

2. In der modernen Gesellschaft sind zwei Arten von Staatsbürgerpflichten zu unterscheiden:

a) Am häufigsten und eindrucksvollsten erlebt der Mensch die sogenannten Pflichten des „Untertanen" (z.B. die Steuerpflicht, die Wehrpflicht und dgl. [...]). Leider wird der Staat immer mehr zum fordernden und verteilenden Staat.

b) Der moderne Staatsbürger ist jedoch nicht nur zum Gehorchen, sondern auch zum politischen Mitgestalten aufgerufen. In der Demokratie sind alle für das Gemeinwohl verantwortlich: in Gemeinde, Land und Bund. Es sei an „Recht und Pflicht der freien Wahl" (GS 75) und an die Mitarbeit in der Selbstverwaltung, aber auch an das Recht der Kritik und Kontrolle (öffentliche Meinung) erinnert.

§ 2 Interessentengruppen und Gemeinwohl

1. *Interessentengruppen* sind im gesellschaftlichen Raum als Wildwuchs entstandene, d. h. verfassungsrechtlich nicht integrierte, organisierte Verbände, die gleichgerichtete wirtschaftliche Interessen ihrer Mitglieder zusammenfassen und zur Durchsetzung dieser Interessen auf die öffentliche Meinung, auf die politischen Parteien, auf die Parlamente, auf die Regierungen, auf die Verwaltung und Rechtsprechung sowie auf die entgegengesetzten Interessentengruppen Einfluß und Druck auszuüben suchen. Die Interessenverbände (pressure groups) suchen also im gesellschaftlichen Raum Macht zu gewinnen und auszuüben, auch wenn in der geltenden Staats- und Wirtschaftsverfassung diese Machtstellung nicht vorgesehen ist. Von den politischen Parteien, die – wenigstens ihrem Leitbild nach – das Interesse des ganzen Volkes vertreten sollen, heben sich die Interessentenverbände durch die Einengung auf die Sonderinteressen des Verbandes ab.
Das Umsichgreifen der pressure groups ist für alle Industriestaaten der westlichen Welt charakteristisch. Man hat die Bundesrepublik, in der vor allem die Arbeitgeberverbände, die Gewerkschaften und die Grüne Front als Interessentenverbände hervorgehoben werden, einen „Bund der vereinigten Verbände, Kirchen, Kreis- und Stadtrepubliken" genannt, einen „Gruppenmarkt" mit politischem „Gruppenhandel" und mit „Verbandsherzogtümern", von denen einige die „Kurwürde" für sich beanspruchten.[1] Man spricht vom „Zerfall der Staatlichkeit", von der „Wiederherstellung der indirekten Gewalten", von der „Biegung der typischen Prinzipien und Institutionen des freiheitlich-demokratischen Staates" usw.

---

[1] *Th. Eschenburg,* Herrschaft der Verbände? Stuttgart 1955, 49, 64 f., 87.

Vor allem *die politischen Parteien,* so sagt man, seien einer vielfältigen Attacke der Interessentengruppen ausgesetzt. Die pressure groups suchten in den politischen Parteien Abgeordnete unterzubringen, was leicht gelinge, da einerseits hinter diesen Wahlkandidaten Stimmenpakete der Verbände stünden und andererseits jene Abgeordneten für die Parteien wertvolle Experten darstellten. Die Folge sei eine vielseitige Verschränkung der Verbände mit den politischen Parteien, so daß man vor der buntscheckigen „Verbandsfärbung" der Parteien sprechen könne. Dabei spielten Spenden, Wahlgelder, Dienst- und Sachleistungen, die den Parteien von den Interessentengruppen gewährt würden, eine große Rolle.

Auch auf *Parlament, Regierung und Verwaltung,* so wird weiter erklärt, suchten die Interessentenverbände einzuwirken. Am Sitz des Parlaments und der Regierung fänden sich zahlreiche Lobby-Büros der pressure groups, die das Vorverfahren der Gesetzgebung an sich gerissen und das Parlament weithin entmachtet hätten. Moderne Gesetze seien Waffenstillstandsverträge der Interessentengruppen.

Des weiteren, so klagt man, sei es den pressure groups gelungen, ihre Leute auf entscheidende Posten *in den Ministerien und in der Verwaltung* zu bringen. Selbst auf die Rechtsprechung gewännen sie Einfluß, indem sie die Veröffentlichung ihnen genehmer Gesetzeskommentare anregten und finanzierten.

2. Die Christliche Soziallehre stellt über die Sonderinteressen der Verbände das Gemeinwohl des Staates und appelliert an das sittliche Verantwortungsbewußtsein der Verbandsfunktionäre. Sie geht dabei von folgenden Erwägungen aus:

a) Die Bildung der Interessentengruppen ist in gewisser Hinsicht Ausdruck des Schutzbedürfnisses des modernen Menschen gegenüber der sich immer mehr ausweitenden Staatsmacht: „Wie hilflos wären wir dem Staate ausgeliefert, wenn nicht in ihm und neben ihm, sich gegenseitig bekämpfend, die zahlreichen Mächte der Religion, der Wirtschaft, der sozialen Gruppen und die von allen diesen mehr und weniger getragenen politischen Parteien existierten."[2] Auch ist die Vorfilterung und Vorformung politischer und wirtschaftlicher Bestrebungen und Forderungen, wie sie die Verbände vornehmen, nicht nur negativ zu werten. Ferner ist anzuerkennen, daß sich bei einigen Interessentenverbänden begrüßenswerte Formen der Selbstverwaltung herausgebildet haben. Es zeigt sich z. B., daß Arbeitgeberverbände und Gewerkschaften sich nicht nur über die Tariflöhne einigen, sondern daß mehr und mehr auch die Regelung der Arbeitszeit aus der Kompetenz des Staates in die der Tarifpartner übergeht. Auf diese Weise sind sinnvolle Anpassungen, Übergangslösungen und gegebenenfalls auch Experimente leichter möglich als bei starren gesetzlichen Regelungen.

b) Versuche, die Interessentengruppen staatsrechtlich mit Parlament und Regierung in einen geordneten Kontakt zu bringen, stellen die sogenannten Wirtschaftsräte dar, wie sie in Frankreich, Belgien, Luxemburg, Italien und in den Niederlanden geschaffen worden sind. Eine Integration der Verbände ist jedoch bisher noch nirgendwo erreicht worden, so daß Goetz Briefs mit Recht bemerkt, die pluralistische Ära besitze „kein autonomes Struktur- und Funktionsprinzip für Wirtschaft und Gesellschaft". Angesichts dieser Lage gewinnt das Anliegen der „Leistungsgemeinschaftlichen Ordnung", wie sie in der Enzyklika „Quadragesimo anno" beschrieben wird und auch in „Mater et Magistra" anklingt, neue und aktuelle Bedeutung: nämlich „wohlgefügte Glieder des Gesellschaftsorganismus" zu bilden, die als „naturgemäße Ausstattung" der Gesellschaft bezeichnet werden können. [...].

c) Ob es gelingt, die Interessentengruppen innerhalb der entwikkelten Industriegesellschaft zu integrieren, wird entscheidend von jenen Männern abhängen, die in den Verbänden die Macht ausüben. In früheren Jahrhunderten pflegte man den einzelnen Ständen und Berufen – in den Fürstenspiegeln, Handwerkerspiegeln, Bauernspiegeln, Kaufmannsspiegeln – christliche Leitbilder zu

---

[2] H. *Peters*, Die Gewaltentrennung in moderner Sicht. Köln/Opladen 1954, 32.

geben. Heute fehlen weithin glaubwürdige Leitbilder des Industriearbeiters, des Unternehmers, des Parlamentariers und nicht zuletzt des Verbandsfunktionärs. Ein wesentlicher Zug im Leitbild des Verbandsfunktionärs muß jene Haltung sein, die bei der Vertretung der Sonderinteressen das Gemeinwohl des ganzen Volkes in Programm und Praxis als oberste Norm anerkennt.

VIERTES KAPITEL
Staat und Kirche

§ 1 Verschiedenheit und Eigenständigkeit von Staat und Kirche

1. „Gott hat die Sorge für das Menschengeschlecht zwei Gewalten zugeteilt: die kirchlichen und der weltlichen. Die eine hat er über die göttlichen Dinge gesetzt, die andere über die irdischen. Jede ist in ihrer Art die höchste; jede hat ihre bestimmten Grenzen, die ihr durch ihre Natur und ihren nächsten und unmittelbaren Gegenstand gezogen sind".[1] *Staat und Kirche sind nach Ursprung, Ziel und Verfassung verschieden.* Während der Staat eine naturrechtliche Institution ist, gehört die Kirche der übernatürlichen Ordnung an: „Der göttliche Erlöser begann nämlich den Bau des mystischen Tempels seiner Kirche damals, als er predigend seine Gebote verkündete; er vollendete ihn dann, als er verherrlicht am Kreuze hing, und offenbarte und übergab ihn schließlich der Öffentlichkeit als er seinen Jüngern in sichtbarer Weise den Heiligen Geist als Tröster sandte"[2]. Ziel des Staates ist die Verwirklichung des irdischen Gemeinwohls, Ziel der Kirche das übernatürliche Heil der Menschen. Staatsverfassung und Staatsform unterliegen dem geschichtlichen Wandel; für die Kirche jedoch ist durch göttliches Recht die hierarchische Verfassung festgelegt.

2. *Kirche und Staat sind jeweils in ihrem Bereich eigenständig* und nicht einander untergeordnet, weder die Kirche dem Staat noch der Staat der Kirche. Wie die Kirche „durch Gottes gnädigen Willen in sich und durch sich selbst alle Hilfsmittel besitzt, die zu ihrem unversehrten Bestand und zu ihrer Betätigung notwendig sind"[3], so ist auch der Staat bei der Ordnung seiner Angelegenheiten eigenständig, so daß man, wie Franz von Vitoria schreibt, „in den Dingen, die zum staatlichen Gemeinwohl gehören, der staatlichen Autorität mehr als der kirchlichen gehorchen muß". „Die Kir-

---

[1] *Leo XIII.,* Enzyklika „Immortale Dei".
[2] *Pius XII.,* Enzyklika „Mystici Corporis" 26, [AAS 35 (1943) 204].
[3] *Leo XIII.,* Enzyklika „Immortale Dei".

che", so heißt es auch in der Enzyklika „Quadragesimo anno",
„würde es sich als einen Übergriff anrechnen, grundlos in diese
irdischen Angelegenheiten sich einzumischen" (QA 41). Sie ist
nicht „an irgendein politisches System gebunden" (GS 76).

§ 2 Bezogenheit von Staat und Kirche

1. Trotz aller Verschiedenheit sind Staat und Kirche in vielfacher
Weise aufeinander bezogen, so daß es irrig wäre, „jedwedes Band
zwischen den beiden Gesellschaften" zu leugnen und „die kühle
und trennende Atmosphäre des Sich-nicht-kennens und der Gleichgültigkeit" als das normale Verhältnis zwischen Kirche und Staat
anzusehen.[4] Es läßt sich eine dreifache Bezogenheit unterscheiden:

a) Staat und Kirche gehen „auf den gleichen Ursprung, nämlich
Gott" zurück.[5] Auch sind alle naturrechtlichen Ordnungen infolge der Christozentrik der Schöpfung auf Christus bezogen.

b) Staat und Kirche befassen sich „mit dem gleichen Menschen",
„mit seiner persönlichen, natürlichen oder übernatürlichen Würde".[6] In vielen Fragen, z. B. in der Feiertagsordnung, im Eherecht,
im Schulwesen, berühren sich die Aufgabenbereiche des Staates
und der Kirche („gemischte Angelegenheiten"). Weil in diesen
Fragen beide Gewalten, „wenn auch unter verschiedener Rücksicht, rechtlich beteiligt und zuständig sind", muß zwischen beiden „eine geordnete Verbindung bestehen".[7]

c) Besonders spannungsreich ist jene Bezogenheit der Kirche zum
Staat, die sich aus dem Auftrag der Kirche ergibt, Hüterin und
Verkünderin der sittlichen Ordnung zu sein. Pius X. erklärte am
9. November 1903, er sehe voraus, „daß einige Anstoß nehmen

---

[4] *Pius XII.,* 29.10.1947 (UG 2747).
[5] *Pius XII.,* 29.10.1947 (UG 2747).
[6] *Pius XII.,* 29.10.1947 (UG 2747).
[7] *Leo XIII.,* Enzyklika „Immortale Dei".

werden, wenn wir erklären", daß wir verpflichtet sind, „die Grundsätze der Ordnung, der Autorität, der Gerechtigkeit und Billigkeit" zu schützen, und zwar „im privaten und im öffentlichen Leben" und auch „auf dem sozialen und politischen Gebiet". In demselben Sinne heißt es bei Pius XII.: „Zum unanfechtbaren Geltungsbereich der Kirche ... gehört es, in denjenigen Belangen des sozialen Lebens, die an das Gebiet der Sittlichkeit heranreichen oder es schon berühren, darüber zu befinden, ob die Grundlagen der jeweiligen gesellschaftlichen Ordnung mit der ewig gültigen Ordnung übereinstimmen, die Gott, der Schöpfer und Erlöser, durch Naturrecht und Offenbarung kundgetan hat"[8].

2. *Geschichtlich* hat das Verhältnis zwischen Staat und Kirche sehr verschiedene Formen angenommen:

a) Im kirchenstaatlichen System, z. B. in den geistlichen Fürstentümern vor der Französischen Revolution und im Kirchenstaat, war dieselbe Person Inhaber der geistlichen und weltlichen Gewalt. Gegen diese aus germanischem Denken stammende Verkoppelung sind erhebliche Bedenken zu erheben, da dieses System zur Verwischung der beiden Bereiche verleitet und Schwierigkeiten und Fehler in der Staatsführung das Vertrauen zu Papst und Bischof zu untergraben drohen.

b) Unhaltbar ist das System der Theokratie (Hierokratie), da die Eigenständigkeit des Staates verkannt oder geleugnet wird.

c) Unvereinbar mit dem Wesen der Kirche ist das Staatskirchentum, das die Eigenständigkeit der Kirche antastet (Gallikanismus, Josephinismus).

d) Sowohl die kirchenfeindliche Trennung von Kirche und Staat, die häufig in der Form der Kirchenverfolgung auftritt (heidnisches Römerreich, bolschewistische Staaten), als auch die „neutrale Trennung", in der Kirche und Staat fast beziehungslos ne-

---

[8] *Pius XII.*, 1.6.1941 (UG 498).

beneinander leben (USA), verkennen, daß Staat und Kirche wesentlich aufeinander bezogen sind. In einer weltanschaulich pluralistischen Gesellschaft kann allerdings die „neutrale Trennung" unter bestimmten Voraussetzungen angebracht sein.

e) In Ländern, in denen Kirche und Staat seit Jahrhunderten eng verflochten gewesen sind, hat sich die teilweise oder „hinkende" Trennung (U. Stutz) herausgebildet, die zwar die Unabhängigkeit und Eigenständigkeit des Staates und der Kirche anerkennt, beide Bereiche jedoch institutionell verbindet, z. B. durch Anerkennung der Kirche als öffentlich-rechtliche Körperschaft, durch Anerkennung des Besteuerungsrechts der Kirche, durch Errichtung von Bekenntnisschulen, Theologischen Fakultäten usw. In der Bundesrepublik ist dieses System verwirklicht, wenn auch manche nicht von „hinkender" Trennung als vielmehr von der „freien Kirche im freien Staat" sprechen möchten. In einem gewissen Sinn wird übrigens auch der Öffentlichkeitsauftrag der Kirche als Hüterin und Verkünderin der sittlichen Ordnung anerkannt, indem man die Kirche „das unbestechliche Gewissen des Staates und der Wirtschaft" nennt: „ancilla nicht, nicht domina, wohl aber conscientia rei publicae et rerum publicarum"[9].

f) Der Idealfall – einträchtige Zusammenarbeit von Kirche und Staat unter Wahrung der beiderseitigen Eigenständigkeit – ist geschichtlich wohl nur selten verwirklicht gewesen. Im übrigen dürfte der Übergang zur „hinkenden" Trennung fließend sein, wie überhaupt die konkrete Gestaltung des Verhältnisses zwischen Kirche und Staat eine große Spannweite besitzt.

§ 3 Kirche und Partei

1. Die Stellung der Kirche zu den politischen Parteien, die in der repräsentativen Demokratie unentbehrlich sind, wird durch die

---

[9] Minister Adolf Grimme bei der Amtseinführung des Landesbischofs Hanns Lilje, 1947.

Grundsätze bestimmt, die allgemein das Verhältnis der Kirche zu Staat und Politik regeln. An sich sind die politischen Parteien „weltliche" Einrichtungen, die der Führung durch die Kirche nicht unterstehen. Viele Programmpunkte und Entscheidungen einer politischen Partei werden im Lichte der katholischen Glaubens- und Sittenlehre „indifferent" erscheinen. Hier gilt die Mahnung des Zweiten Vatikanischen Konzils, daß es „in Fragen der Ordnung irdischer Dinge" auch unter Christen „berechtigte Meinungsverschiedenheiten" geben kann (GS 75). In solchen Fällen hat niemand das Recht, „die Autorität der Kirche ausschließlich für sich und seine eigene Meinung in Anspruch zu nehmen" (GS 43). In der weltanschaulich pluralistischen Gesellschaft der Gegenwart wird die Kirche freilich zuweilen auch vor Programmen politischer Parteien stehen, gegen die sie als Hüterin der Glaubens- und Sittenlehre Einspruch erheben muß.

2. Aus diesen Überlegungen lassen sich vier Folgerungen ableiten:

a) Wenn man den Fall voraussetzt, daß in einem Staat keine Partei – in Programm und Politik – gegen die katholische Glaubens- und Sittenlehre verstößt, ist es in das Belieben der Katholiken gestellt, welcher Partei sie sich anschließen wollen.

b) Um der irrigen Meinung vorzubeugen, Partei und Kirche seien dasselbe, wäre es vom Standpunkt der Kirche begrüßenswert, wenn die Haltung aller oder doch mehrerer Parteien es zuließe, daß die Katholiken ihnen ohne Gewissensbedenken beitreten könnten. Die Erfahrung lehrt nämlich, daß eine politische Einheitspartei der Katholiken – trotz aller Betonung ihres nichtkirchlichen Charakters – leicht mit Kirche und Christentum gleichgesetzt wird.

c) Wenn eine politische Partei Ziele verfolgt, die der christlichen Glaubens- und Sittenlehre widersprechen, sind den Katholiken Teilnahme und Wahl untersagt. Das oberflächliche Schlagwort „die Religion habe mit der Politik nichts zu tun", ist falsch. Pius XI. entgegnete treffend, es gebe eine Politik, die in die Kirchen eindringe und die Altäre umstürze. Die politischen Parteien bestimmen mithin selber durch ihr Programm und durch ihre Politik ihre Nähe oder Distanz zur Kirche.

d) Da es in einer weltanschaulich pluralistischen Gesellschaft möglich sein kann, daß die Programme der bestehenden politischen Parteien der katholischen Glaubens- und Sittenlehre in wesentlichen Punkten widersprechen, wird es sich als notwendig erweisen können, daß sich katholische Bürger zu einer eigenen politischen Partei zusammenschließen oder gemeinsam mit nichtkatholischen Christen eine Partei bilden. Diese Partei ist keine „kirchliche Einrichtung", keine konfessionelle und klerikale, sondern eine *politische* Partei, die für das Wohl des *ganzen* Volkes verantwortlich ist. Wenn sie sich „christlich" nennt, so bedeutet das nicht kirchliche Bevormundung, sondern Bekenntnis zu den Grundsätzen der Christlichen Soziallehre. Heute vertreten nicht wenige – bewußt oder unbewußt – die These, daß nur die Anhänger des Liberalismus, des Sozialismus oder des Humanismus oder sonstiger säkularisierter Richtungen berechtigt seien, politisch aktiv zu werden, nicht jedoch die Anhänger des christlichen Glaubens, jedenfalls nicht nach den Grundsätzen ihres Glaubens; wenn katholische Staatsbürger sich politisch betätigen wollten, müßten sie gleichsam ihren Glauben – im politischen Raum – aufgeben und nach liberalen oder sozialistischen Leitbildern handeln. Eine durch den Glauben geprägte politische Betätigung katholischer Staatsbürger sei „politischer Klerikalismus". Auf diesen kränkenden Vorwurf ist zu erwidern, daß in der modernen weltanschaulich pluralistischen Gesellschaft auch der Christ berechtigt und verpflichtet ist, *aus seinem Glauben* an der politischen Gestaltung des Staates, der Gesellschaft und der Wirtschaft mitzuwirken. Die Christen sollen, wie das Zweite Vatikanische Konzil lehrt, ein Vorbild dafür sein, wie man pflichtbewußt handelt und sich für das Gemeinwohl einsetzt. Sie sollen durch ihre Tat zeigen, „wie sich Autorität mit Freiheit, persönliche Initiative mit solidarischer Verbundenheit zum gemeinsamen Ganzen, gebotene Einheit mit fruchtbarer Vielfalt verbinden lassen" (GS 75). Dabei ist jedoch klar zu unterscheiden „zwischen dem, was die

Christen als einzelne oder im Verbund im eigenen Namen als Staatsbürger, die von ihrem christlichen Gewissen geleitet werden, um dem, was sie im Namen der Kirche zusammen mit ihren Hirten tun" (GS 76).

In der modernen Gesellschaft ist die Kirche nur soweit gegenwärtig und wirksam, als „das Zeugnis der Christen" reicht (GS 76), das sich „im Bereich der Arbeit, des Berufes, des Studiums, der Wohnstätte, der Freizeit, des kameradschaftlichen Zusammenseins" auswirken muß (AA 13). Fehlt dieses Zeugnis, so wird die Kirche den geistigen Raum der Gesellschaft nicht mehr füllen, und es werden andere Kräfte eindringen und sich durchsetzen und auch die rechtlich gesicherte Stellung der Kirche im Staat erschüttern. Fehlende Glaubenssubstanz kann durch staatliche Privilegien nicht subsidiär ersetzt werden.

ERSTES KAPITEL
Die Einheit des Menschengeschlechts als Fundament der Völkergemeinschaft

Während die Tierwelt in zahlreichen Gattungen und Arten aufgeteilt ist, die sich häufig erbarmungslos bekämpfen, sind die Menschen trotz ihrer Verschiedenheit nach Hautfarbe und Volkstum nicht nur eine biologische Einheit,[1] sondern durch dieselbe Menschennatur metaphysisch geeint. Die inhumane Beschränkung des „Menschseins" auf den eigenen Stamm, die eigene Rasse, das eigene Volk oder die eigene Klasse führt zur Bestialität. Weil die Menschen nicht nur „viele", sondern „viele derselben Art" sind, bilden sie – unabhängig von Vereinbarung und Zustimmung – in geistig-sittlicher, rechtlicher und wirtschaftlicher Hinsicht eine ursprüngliche, vorgegebene Einheit.

§ 1 Die geistig-sittliche Einheit der Menschheit

1. Durch die bei allen Menschen gleiche Menschennatur ist die Hinordnung der ganzen Menschheit auf dieselben geistig-sittlichen Werte des Wahren, Guten, Schönen und Heiligen gegeben. Die Verwirklichung dieser Werte geschieht durch das Zusammenwirken aller Völker und Kulturkreise in der Weltgeschichte.

---

[1] *Jérôme Lejeune* schreibt: „Alle gegenwärtig lebenden Menschen haben die gleichen Chromosomen." Daraus folgt, „daß der Karyotyp ... des Menschen, so wie wir ihn heute kennen, ursprünglich in einer sehr begrenzten Gruppe, ja bei einem einzigen Paar in Erscheinung getreten ist" (Über den Beginn des menschlichen Lebens, in: Die Herausforderung der Vierten Welt. Köln 1973, 45).

2. Weil Weltwirtschaft und Weltverkehr, Presse und Rundfunk, Kriegsdrohung und Friedenssehnsucht die ganze Menschheit wie nie zuvor zu schicksalhafter Einheit verbunden haben, ist die Anerkennung gemeinsamer geistiger und sittlicher Grundwerte heute dringender als in früheren Epochen, da die Erdteile und Kulturkreise kaum in Berührung miteinander standen. Der Weltfriede gründet zutiefst weder im System der Blockbildungen noch im Gleichgewicht der Rüstungen, sondern in der geistigen Einheit der Menschen und Völker. Pius XII. mahnte deshalb: „Man öffne die Grenzsperren, man beseitige die Drahtverhaue, man gewähre jedem Volk freien Einblick in das Leben aller anderen, man hebe die dem Frieden so abträgliche Abschließung bestimmter Länder von der übrigen Kulturwelt auf"[2]. Trotz aller „eisernen Vorhänge" wird das Bewußtsein weltweiter solidarischer Verbundenheit bei allen Völkern immer stärker. Zugleich ist dieses Einswerden der Welt eine Herausforderung für die Kirche, die sich zwar stets zur Katholizität bekannt hat, aber allzu lange im „christlichen Abendland" eingeschlossen war.

Die Christen sind aufgerufen, beim Aufbau einer brüderlichen Welt mitzuwirken.

§ 2 Die Menschheit als Rechtsgemeinschaft

1. Aus der Lehre vom alle Menschen verpflichtenden Naturrecht folgt, daß die Menschheit eine Rechtsgemeinschaft ist. Der ganze Erdkreis, so lehrte Franz von Vitoria, ist irgendwie „ein einziges Gemeinwesen" oder, wie Franz Suarez sich ausdrückte, eine Einheit, „die nicht nur auf der Artgleichheit der Menschen beruht, sondern gleichsam politischer und moralischer Natur ist".

2. Besonders nachdrücklich hat Pius XII. diese Lehre unterstrichen: Das von Gott stammende Naturrecht bindet „nicht nur die einzelnen, sondern auch die Völker"[3]. Jeder Einzelstaat ist „in die

---

[2] *Pius XII.*, 23.12.1950 (UG 3681).
[3] *Pius XII.*, 24.12.1940 (UG 3584).

internationale Rechtsordnung und damit in die Ordnung des Naturrechts, das alles stützt und krönt, eingebettet", so daß er nicht als „‚souverän' im Sinne absoluter Schrankenlosigkeit" gelten kann.[4] Das Gemeinwohl und der Wesenszweck der einzelnen Staaten „kann weder bestehen noch gedacht werden ohne deren innere Beziehung zur Einheit des Menschengeschlechts"[5]. Besonders deutlich weitet sich in der Enzyklika „Mater et Magistra" das Gemeinwohl, das man bisher auf den Staat einzuschränken pflegte, zum Menschheitsgemeinwohl aus.

[Die zunehmende Abhängigkeit aller Völker voneinander darf freilich nicht die weiterhin fundamentale Bedeutung des einzelstaatlichen Gemeinwohls übersehen. Johannes Paul II. sagt dazu: „Indem die stärkeren und reicheren Nationen jeglichen Imperialismus und alle Absichten, die eigene Hegemonie zu bewahren, überwinden, müssen sie sich für andere moralisch verantwortlich fühlen, bis ein wirklich internationales System geschaffen ist, das sich auf die Grundlage der Gleichheit aller Völker und auf die notwendige Achtung ihrer legitimen Unterschiede stützt. Die wirtschaftlich schwächeren Länder oder jene, deren Menschen gerade noch überleben können, müssen mit Hilfe der anderen Völker und der internationalen Gemeinschaft in den Stand versetzt werden, mit ihren Schätzen an Menschlichkeit und Kultur, die sonst für immer verloren gehen würden, auch selbst einen Beitrag zum Gemeinwohl zu leisten" (SRS 39). Die Menschheit als Rechtsgemeinschaft setzt in dieser Sicht also immer kulturell geprägte und politisch verfaßte Staatsvölker voraus, nicht bloß Ansammlungen von Menschen. Das so verstandene einzelstaatliche Gemeinwohl muß gesichert sein, sonst können keine tragfähigen zwischenstaatlichen oder globalen Verbindungen entstehen. Einzelstaatliches und universales Gemeinwohl bedingen einander.]

§ 3 Die wirtschaftliche Solidarität der Menschheit

1. Weil Gott die Erdengüter ursprünglich „der ganzen Menschheitsfamilie" und nicht bestimmten Völkern oder Menschen zugeteilt hat (QA 45), bildet die Menschheit auch in wirtschaftlicher Hinsicht eine solidarische Einheit. Gott hat es so eingerichtet, meinte Johannes Chrysostomus († 407), daß nicht überall alles

---

[4] *Pius XII.*, 6.12.1953 (UG 3967).
[5] *Pius XII.*, 24.12.1951 (UG 4198).

wächst und erzeugt wird, um die Völker auf diese Weise durch den Warenaustausch inniger miteinander zu verbinden.

Theodoret von Cyrus († 458) verglich das zwischen den Ländern liegende Meer mit dem Markt einer ausgedehnten Stadt und die Inseln mit den Herbergen für die Kaufleute. Auch bei Heinrich von Langenstein († 1397) liest man, der Fernhandel solle nach Gottes Willen „ein Band der Liebe" um die Völker schlingen.[6]

2. Pius XII. hat diese Gedanken auf die Gegenwart angewandt: An die Stelle des Eigennutzes „muß gemäß den Vorschriften der göttlichen Gesetze eine ehrliche, rechtliche und wirtschaftliche Verbundenheit treten, eine brüderliche Zusammenarbeit der Völker"[7]. Im Rahmen einer „sittlich begründeten neuen Ordnung" sei „kein Platz für enge selbstsüchtige Berechnungen, die auf eine derartige Aneignung der gemeinnützigen wirtschaftlichen Hilfsquellen und Rohstoffe abzielen, daß die von der Natur weniger begünstigten Nationen davon ausgeschlossen bleiben"[8].

Johannes XXIII. hat diese Forderung aufgegriffen und „die Völker, die mit Reichtum und Überfluß gesättigt sind", ermahnt, „die Lage jener anderen Völker nicht (zu) vergessen, deren Angehörige mit so großen inneren Schwierigkeiten zu kämpfen haben, daß sie vor Elend und Hunger fast zugrunde gehen". Die Menschen in allen Teilen der Welt sind gleichsam „Bewohner ein und desselben Hauses", so daß „ein dauerhafter und segensreicher Friede nicht gewährleistet ist, wenn die wirtschaftliche und soziale Lage des einen von der des andern allzu stark abweicht" (MM 157).

[Die Tatsache der zunehmenden gegenseitigen Abhängigkeit aller von allen macht deutlich, daß die „moralische Kategorie" einer weltweiten „Solidarität" unausweichlich und nachdrücklich zu fordern ist. Der Papst definiert sie als „feste und beständige Entschlossenheit, sich für das ‚Gemeinwohl' einzusetzen, das heißt für das Wohl aller und eines jeden, weil wir alle für

---

[6] Vgl. *J. Höffner,* Wirtschaftsethik und Monopole im 15. und 16. Jahrhundert. Darmstadt ²1969, 79 f.

[7] *Pius XII.,* 24.12.1940 (UG 3591).

[8] *Pius XII.,* 24.12.1941 (UG 3794).

alle verantwortlich sind" (SRS 38). Solidarität vermeidet alle Formen der Ausbeutung und Unterdrückung, sie weist positiv den „Weg zum Frieden und zugleich zur Entwicklung" (SRS 39).]

ZWEITES KAPITEL
Die Organisation der Völkergemeinschaft

§ 1 Die Notwendigkeit der Organisation der Völkergemeinschaft

1. Die Menschheit als Rechtsgemeinschaft vermag nur dann Autorität auszuüben, wenn sie durch Schaffung einer Organisation handlungsfähig gemacht wird, – ein Gedanke, der dem mittelalterlichen orbis christianus sehr geläufig war und in der Kaiseridee Gestalt angenommen hatte. Das ganze Menschengeschlecht, so bekennt z. B. Dante in seiner „Monarchia", ist eine Teilordnung des großen, von dem einen Gott regierten Universums. Die Menschheit ist also nur dann als Gleichnis des Kosmos harmonisch in Gottes Schöpfung eingefügt, wenn sie von einem höchsten Monarchen regiert wird. Gäbe es mehrere völlig unabhängige Staaten, so stünde ja im Streitfall kein Richter über ihnen. Mithin muß es einen höchsten und letzten Richter auf dieser Erde geben, „vor dessen Richterstuhl alle Zwistigkeiten mittelbar oder unmittelbar entschieden werden, und das ist der Monarch oder Kaiser", der Garant der Gerechtigkeit und Freiheit.[1]

2. Zu dem Plan, „eine wirksame politische Organisation der Welt zu schaffen", bemerkte Pius XII.: „Nichts kommt *mehr* mit der überlieferten Lehre der Kirche überein, nichts entspricht *mehr* ihrer Verkündigung über den gerechten oder ungerechten Krieg, zumal unter den heutigen Verhältnissen. Man *muß* also zu einer Organisation dieser Art kommen"[2]. Der „Weg zur Völkergemeinschaft und deren Errichtung" hat „nicht den Willen der Staaten zur einzigen und letzten Norm", sondern vielmehr „die Natur oder den Schöpfer"[3].

---

[1] *Dante,* Monarchia, lib. 1 c. 10.
[2] *Pius XII.,* 6.4.1951 (UG 3995).
[3] *Pius XII.,* 6.12.1953 (UG 3966).

1. Der Plan, die Völkergemeinschaft rechtlich zu institutionalisieren, der schon in der „Heiligen Allianz" (1815) angeklungen war, wurde zum erstenmal im „Völkerbund" (1920–1946) verwirklicht, an dessen Stelle nach dem Zweiten Weltkrieg die Organisation der „Vereinten Nationen" getreten ist. Die im Namen der Völkergemeinschaft geschaffenen Institutionen werden sich freilich nur dann durchzusetzen vermögen, wenn sich der größte und mächtigste Teil der Staaten zu ihnen bekennt. Kleinere Länder werden sich beugen müssen. Sobald es sich aber um entscheidende Auseinandersetzungen der Großmächte oder ganzer Staatengruppen handelt, droht stets die Gefahr, daß die Völkergemeinschaft in Parteien auseinanderfällt. „Unter diesem Gesichtspunkt könnte die Weltgeschichte mit ihrer ununterbrochenen Reihe von Machtkämpfen das Ziel der Errichtung einer Rechtsgemeinschaft freier Staaten ... als Utopie erscheinen lassen."[4]

2. Trotz aller Mißerfolge in der Vergangenheit und trotz der heute einander unversöhnlich gegenüberstehenden Mächte der östlichen und westlichen Welt ist die Notwendigkeit, die Völkergemeinschaft wirksam zu organisieren, heute – vor allem angesichts der Bedrohung der Menschheit durch die ABC-Waffen – dringender denn je. Dazu kommt, daß der Weltfrieden auch das leidenschaftliche Aufbegehren der hungernden Völker schon in wenigen Jahren gefährlicher bedroht sein könnte als durch den Ost-West-Gegensatz, wobei der Hunger leicht versucht sein wird, sich mit der kommunistischen Ideologie zu verbinden. Das Ärgernis, daß dem Reichtum in den fortgeschrittenen Industriestaaten der Hunger in den Entwicklungsländern gegenübersteht, kann nur durch die Zusammenarbeit aller Völker beseitigt werden. Das Gemeinwohl der ganzen Menschheit verlangt, daß die Völkergemeinschaft sich eine Ordnung gibt, „die den heutigen Aufgaben entspricht, vor allem im Hinblick auf die zahlreichen Gebiete, die immer noch unerträgliche Not leiden" (GS 84).

---

[4] *Pius XII.,* 6.12.1953 (UG 3965).

DRITTES KAPITEL
Aufgaben der Völkergemeinschaft in der Gegenwart

Vorbemerkung

Die Zuständigkeiten, die man bis zum Zweiten Weltkrieg den Institutionen der Völkergemeinschaft zuerkannte, waren im wesentlichen verhütender und abwehrender Art: Schlichtung zwischenstaatlicher Streitigkeiten, Verhüten von Kriegen und dgl. Auch heute sind diese Anliegen – insbesondere angesichts der bedrohlichen Spannung zwischen Ost und West – von schicksalhafter Bedeutung für die Menschheit. Seit dem Zweiten Weltkrieg steht die Völkergemeinschaft jedoch vor einer neuen, nicht mehr negativ-abwehrenden, sondern positiv-aufbauenden, an die Solidarität der Völker appellierenden Aufgabe, die man als „Entwicklungshilfe" zu bezeichnen pflegt. Da diese an sich großartige Aktion von den Nachwirkungen des Kolonialismus überschattet wird, empfiehlt es sich, zunächst den Kolonialismus kurz zu kennzeichnen und dann die Probleme der Entwicklungshilfe darzustellen.

§ 1 Das Erbe des Kolonialismus

1. Man pflegt fünf Epochen des kolonialen Zeitalters zu unterscheiden: die Epoche der kolonialen Vorherrschaft der Portugiesen und Spanier (1492–1598), die niederländische Epoche (1598–1688), die Epoche der französisch-englischen Auseinandersetzungen (1688–1783), die Epoche der kolonialen Vorherrschaft Englands (1783–1870) und die Epoche des weltumspannenden Kolonialimperialismus im eigentlichen Sinne (1870–1940). Zu Beginn des 20. Jahrhunderts beherrschten die europäischen Völker fast alle politisch schwachen Länder der Erde, die entweder in Kolonien oder Protektorate oder Pachtgebiete verwandelt wurden. Aber zugleich setzte der Niedergang ein. In einer elementaren Unabhängigkeitsbewegung, die durch die beiden Weltkriege in ungeahnter Weise gefördert worden ist, erkämpften sich die farbigen Völker ihre Freiheit.

2. Sucht man den Kolonialismus zu charakterisieren, so fallen sechs Eigentümlichkeiten auf:

a) Die abendländischen Völker traten den anderen Rassen, auch wenn diese Nationen auf eine jahrtausendealte Kultur zurückblicken konnten, mit dem Bewußtsein allseitiger Überlegenheit gegenüber. Insbesondere alle Farbigen galten als kulturell rückständig und wurden als Menschen „minderen Rechts" behandelt. Man sprach von der „Bürde des weißen Mannes", dem die Aufgabe zugefallen sei, die „primitiven" Völker zu erziehen.

b) Der moderne Kolonialismus hat die ganze Erde erschlossen und Völker und Kulturkreise, die bisher ihr Eigenleben geführt hatten, in vielfältige und dauernde Berührung mit der übrigen Welt gebracht, ein Prozeß, der andererseits in bedenklicher Weise zu Entwurzelung und Überfremdung geführt hat.

c) In der Ära des Kolonialismus wanderte zugleich mit der europäischen Vorherrschaft die vom Abendland ausgehende „technische Revolution" um die ganze Erde. Sie hat so einschneidend auf die Daseinsweise und das Lebensgefühl aller Völker eingewirkt, wie es seit dem Übergang zur Seßhaftigkeit im Neolithikum oder seit dem Entstehen der Hochkulturen nicht mehr geschehen ist. Zugleich begann sich ein durch die Technik geprägter Menschentyp zu formen, der überall auf Erden, auch in den ehemaligen Kolonialländern, auffallend ähnliche Züge annimmt. Eine neue Epoche der Weltgeschichte ist angebrochen, und ohne Zweifel wäre die Technik ohne den Kolonialismus nicht in so kurzer Zeit in alle Teile der Welt vorgedrungen.

d) Im Gefolge und weithin unter dem Schutz der Kolonialmächte begannen die christlichen Missionare ihr Bekehrungswerk. Die oft engen Beziehungen der Glaubensboten zu den Kolonialbehörden ließen bei der einheimischen Bevölkerung den Eindruck entstehen, die christliche Mission sei eine Begleiterscheinung des europäischen Kolonialismus. So konnte es nicht ausbleiben, daß mit dem Zusammenbruch des Kolonialismus auch die christlichen Missionen in eine Krise gerieten.

e) Es ist anzuerkennen, daß sich das christliche Gewissen in der europäischen Heimat angesichts der Zustände in den Kolonien protestierend erhoben hat und für die Menschenrechte der Eingeborenen eingetreten ist. Zwei große Protestbewegungen lassen sich unterscheiden: die spanische Kolonialethik des 16. Jahrhunderts, die zum Aufbau einer für die damaligen Verhältnisse großartigen Kolonialgesetzgebung führte, und die Bewegung zur Aufhebung der Sklaverei, die gegen Ende des 18. Jahrhunderts einsetzte. Beide Bewegungen sind dem christlichen Bewußtsein in den europäischen Ländern entsprungen und nicht etwa durch die Empörung der Kolonialvölker, die sich damals kaum noch zum Selbstverständnis durchgerungen hatten, hervorgerufen worden.

f) Die Auswirkungen des europäischen Kolonialismus auf die ehemaligen Kolonialvölker müssen als gewaltig und unauslöschlich bezeichnet werden. Auch nach dem Ende der Kolonialherrschaft ist eine Rückkehr zu den früheren Zuständen nirgendwo mehr möglich. Ein starkes und empfindliches Nationalbewußtsein ist aufgebrochen, das sich einerseits gegen jede Bevormundung wehrt, andererseits jedoch den technischen Fortschritt der modernen Industriestaaten in kürzester Zeit einholen möchte.

3. Rückt man die europäische Kolonialherrschaft in das Licht der christlichen Grundsätze, wird man beschämt eingestehen müssen, daß der Kolonialismus in seinen wesentlichen Äußerungen nicht vor dem christlichen Gewissen bestehen kann. Gewaltsame Beseitigung der politischen Selbständigkeit, wirtschaftliche Ausbeutung und sonstige Demütigungen waren die Regel, wenn auch nicht übersehen werden darf, daß tüchtige Kolonisatoren „manchem bettelarmen Land ihr Wissen und ihr Können zur Verfügung gestellt ..., die Unwissenheit und die Krankheit zurückgedrängt, neue Verbindungswege eröffnet und die Lebenslage verbessert" haben (PP 7). Bis in das 19. Jahrhundert herrschte die Negersklaverei. Man schätzt, daß im Laufe der Jahrhunderte etwa

dreißig Millionen Neger nach Amerika geschleppt worden sind, eine furchtbare Zahl, wenn man bedenkt, daß wohl ebenso viele bei den Sklavenjagden und auf den Transportschiffen zugrunde gegangen sind.

Vier Folgerungen drängen sich auf:

a) Das Zeitalter des Kolonialismus ist zu Ende. Staaten, die sich bemühen, die Reste ihrer Kolonialherrschaft krampfhaft zu halten, haben die Zeichen der Zeit nicht verstanden. Bei allen Völkern der Welt ist das Bewußtsein der eigenen Freiheit und der Würde eines jeden Menschen überaus lebendig.

b) Abendländische Kultur und Zivilisation können nicht als Norm für die ganze Menschheit hingestellt werden. Gewisse Ausprägungen des abendländischen Denkens, z. B. Technik und Industrialismus, sind zwar um die ganze Erde gewandert, wobei freilich beachtet werden muß, daß auch diese Erscheinungen bei den einzelnen Völkern eine jeweils verschiedene Gestalt annehmen. Grundsätzlich sind Eigenwert und Daseinsrecht aller Kulturkreise anzuerkennen. Es wäre töricht, nicht einsehen zu wollen, daß Europa seine führende Stellung und Geltung in der Welt verloren hat. Die Schwerpunkte des Weltgeschehens haben sich in andere Erdteile verlagert. All diese Entwicklungen und Wandlungen zeigen, daß für die moderne Welt, die zu einer Einheit geworden und sich dieser Einheit bewußt ist, das Gesetz der wechselseitigen Befruchtung der verschiedenen Kulturkreise gelten muß, wenn es nicht zu weltweiten Katastrophen kommen soll. Es ist verständlich, daß die ehemaligen Kolonialvölker vorerst einem übersteigerten Nationalismus huldigen, der dem friedlichen Austausch zwischen den Kulturen hinderlich ist. Auch gibt es in vielen ehemaligen Kolonialvölkern nur eine dünne Schicht gebildeter und zur Führung befähigter Menschen. Aber man darf hoffen, daß sich die Verhältnisse im Lauf der Jahre normalisieren werden.

c) Kirche und Mission erkennen den Wert und die Eigenart der Völker und Kulturen an. Wir wissen nicht, wie lange die Kirche noch ihren Weg durch die Geschichte gehen wird. Vielleicht sind es bis zur Wiederkunft des Herrn noch viele Jahrtausende, so daß erst ein kleiner Teil der Kirchengeschichte hinter uns liegt. Die Kirche Christi ist „kraft ihrer Sendung und Natur an keine besondere Form menschlicher Kultur und an kein besonderes politisches, wirtschaftliches oder gesellschaftliches System gebunden" (GS 42). Indem sie in den verschiedenen Kulturen Gestalt annimmt, empfängt sie als „Königin, von vielfältiger Pracht umflossen" (Ps 44,10), neuen Reichtum und Schmuck.[1]

d) Wer die Geschichte des Kolonialismus überblickt, wird es als eine sittliche Pflicht bezeichnen müssen, daß die europäischen Völker den ehemaligen Kolonialvölkern zu Hilfe kommen.

§ 2 Entwicklungshilfe

1. Von der entwickelten Industriegesellschaft geht heute eine weltweite Suggestivwirkung aus. Völker, die jahrtausendelang in einer gewissen statischen Genügsamkeit gelebt hatten, sind erwacht und zu einem neuen Bewußtsein gelangt; dieses Erwachen aber geschieht mit dem Blick auf den Zivilisationskomfort der entwickelten Industriestaaten, denen gegenüber man sich selbst als enterbt, zurückgesetzt oder gar als ausgebeutet betrachtet. Wie in der zweiten Hälfte des 19. Jahrhunderts die industrielle Arbeiterschaft Europas sich ihrer Klassenlage innerhalb der bürgerlichen Gesellschaft bewußt geworden ist, was unübersehbare politische, gesellschaftliche und wirtschaftliche Folgen hatte, so werden in der zweiten Hälfte des 20. Jahrhunderts die Menschen in den Entwicklungsländern sich ihrer Lage innerhalb der Völker und Staaten der ganzen Welt bewußt, was zu noch gewaltigeren Auswirkungen führen wird. Seit dem Zweiten Weltkrieg hat vor allem die politische Klugheit die wohlhabenderen Staaten veranlaßt, den Entwicklungsländern in beträchtlichem Ausmaß wirt-

---

[1] Vgl. *J. Höffner*, An den Quellen der Evangelisierung, Köln ²1974 (Themen und Thesen 7). – *Ders.*, Kolonialismus und Evangelium. Trier ³1972.

schaftliche Hilfe zu gewähren, so daß die Entwicklungshilfe mehr oder weniger zu den Maßnahmen des „Kalten Krieges" gezählt werden kann. Die Christliche Soziallehre stellt demgegenüber die Frage nach der *sittlichen Verpflichtung* zur Entwicklungshilfe in den Vordergrund. Folgende Überlegungen drängen sich auf:

a) Es muß Herz und Gewissen der Menschen in den wohlhabenden Staaten erschüttern, daß heute von den rund 4 Milliarden Menschen eine Milliarde teils unterernährt ist, teils buchstäblich Hunger leidet. Nach den Schätzungen der Ernährungs- und Landwirtschaftsorganisation der Vereinten Nationen (FAO) waren in der Zeit von 1974 bis 1976 durchschnittlich 436 Millionen Menschen in der Welt am hungern oder am verhungern. Für das Jahr 1990 wird die Zahl dieser notleidenden Menschen auf rd. 350 Millionen geschätzt. Am Beispiel Afrikas sei hier das tatsächliche Ausmaß der Notlage aufgezeigt. Jeder sechste Afrikaner ist unterernährt oder leidet an Hunger. Der Hunger in der Welt ist zu einem dauernden Hauptproblem unserer Gesellschaft geworden. Trotz verstärktem Kampf gegen den Hunger wird diese Geißel noch viele Jahre weiterbestehen. Wer von einer drohenden Hungerkatastrophe spricht, die – wegen der Verflochtenheit der ganzen Menschheitsfamilie – auch die reichen Länder in das Verderben einbeziehen würde, malt kein Gespenst an die Wand.

b) Der Satz: „Je dichter die Bevölkerung, desto größer ist der Hunger", stimmt nicht. Das Rhein-Ruhr-Gebiet gehört, um ein Beispiel zu bringen, zu den am dichtesten bevölkerten Gebieten der Erde. Trotzdem reichten in den letzten Jahren die Arbeitskräfte nicht aus. Hunderttausende von ausländischen Arbeitnehmern wurden in das Rhein-Ruhr-Gebiet geholt, so daß die Bevölkerungsdichte noch stieg. Bei alledem leiden die Menschen im Rhein-Ruhr-Gebiet keinen Hunger. Im Gegenteil, man pflegt dieses Gebiet ein typisches Beispiel der sogenannten Wohlstands- und Überflußgesellschaft zu nennen.
Die eigentlichen Ursachen sind weder Mißernten noch Bevölkerungsdichte; sie liegen vielmehr in den jeweiligen gesellschaftlichen und wirtschaftlichen Verhältnissen. In den sogenannten

Entwicklungsländern lassen die überkommenen Feudalsysteme, der Kapitalmangel, die primitiven Ackerbau-Methoden, die fehlende berufliche Ausbildung, die hinausgezögerte Agrarreform, der geringe Preis der von den Entwicklungsländern auf den Weltmärkten angebotenen Rohstoffe und zahlreiche andere Gründe den wirtschaftlichen Aufschwung nur schwer in Gang kommen. Die Folgen stellen eine Kette des Elends dar: fehlende Arbeitsplätze – Arbeitslosigkeit – Armut – fehlende Nachfrage – geringe landwirtschaftliche Erzeugung – geringes Angebot – Unterernährung – Hunger. Natürlich wirkt es sich in dieser Lage erschwerend aus, daß sich die Bevölkerung, weil der hygienische und medizinische Fortschritt in den Entwicklungsländern leichter und früher als der wirtschaftliche Fortschritt zu erreichen ist, in einem Ausmaß vermehrt hat, mit dem die Nahrungsmittelerzeugung nicht Schritt halten konnte.

c) Angesichts dieser Lage ist es ein Gebot der *gesamtmenschlichen Gemeinwohlgerechtigkeit,* diesen Völkern tatkräftig zu Hilfe zu kommen. Die hungernden Völker erwarten vor allem von den Christen ein „Zeichen". Bleibt dieses Zeichen aus, droht die Gefahr, daß ein „zweiter Messias" durch „großtuerische, aber trügerische Versprechungen" die Massen aufwiegeln und an „totalitäre Ideologien" ausliefern wird (PP 11).

d) Den einzelnen verpflichtet die Liebe, nach besten Kräften und auf seine Weise zur Entwicklungshilfe beizutragen. In theologischer Sicht gibt es nicht nur eine Menschheitsolidarität der Sünde (solidaritas peccati originalis totius generis humani), worüber die Theologen in der Erbsündelehre Tiefes aussagen, sondern auch eine Menschheitssolidarität der Liebe (solidaritas caritatis totius generis humani), was bisher nur wenig ausgedeutet worden ist. Je mehr die Menschheit im industriellen Zeitalter eine Einheit wird, desto mehr sind auch die Menschen fremder Rasse und Zivilisation unsere Nächsten, und desto mehr muß die christliche Liebe über Familie, Verwandtschaft, Nachbarschaft, Dorf und Volk hinauswachsen und sich zu der Not niederneigen, unter der Menschen in anderen Erdteilen leiden.

2. Die Kette des Elends kann nur zerrissen werden, wenn in einem weltweiten Helfen folgende Maßnahmen durchgeführt werden.

a) - Vermehrung der landwirtschaftlichen Anbauflächen. Sachverständige meinen, daß die als Ackerland nutzbare Fläche auf der Erde verdoppelt werden könnte.
- Verbesserung der Ackerbau-Methoden durch Mechanisierung, Bewässerung, Pflanzenschutz, Seuchenbekämpfung, Düngung und dergleichen.
- Änderung der „verfeinerten Eßgewohnheiten" zugunsten der Hungernden. In den Industriestaaten werden jährlich 300 bis 400 Millionen Tonnen Getreide als Viehfutter zur Fleischerzeugung verbraucht. Sind Mastkälber und Schweine wichtiger als die hungernden Menschen?
- Erhebliche Ausweitung der Entwicklungshilfe, auch unter schweren Opfern. Der Satz: „Jeder ist sich selbst der Nächste" wird sich für das künftige Schicksal der Menschheit verhängnisvoll auswirken.
- Senkung der Rüstungsausgaben. Im Jahre 1973 wurden auf der Welt 207 Milliarden US-Dollar für die Rüstung ausgegeben. Bereits im Jahre 1979 waren die Rüstungsausgaben mit 518 Mrd. US-Dollar weit mehr als verdoppelt worden, und 1981 wurden nach Angaben des Internationalen Instituts für Friedensforschung (SIPRI) in Stockholm weltweit 650 Mrd. US-Dollar [...] für die Rüstung ausgegeben. Die Spannungen in der Welt nehmen zu und treiben das Wettrüsten voran. [...]
- Leistung von Entwicklungshilfe durch die reich gewordenen Ölländer, bei denen sich Milliardenbeträge angesammelt haben.
Die Schwierigkeiten, die einer Verwirklichung dieses Programms entgegenstehen, sind groß: hohe Weltmarktpreise für landwirtschaftliche Maschinen und für Düngemittel, Kapitalmangel, Verteuerung des Erdöls, zu geringe Entwicklungshilfe, die nicht einmal ein Prozent des Bruttosozialprodukts der reichen Staaten erreicht.

b) Mit tiefem Ernst warnt die Enzyklika „Mater et Magistra" vor jeder Art des Neokolonialismus, der die Entwicklungshilfe dazu mißbraucht, sich in die politischen Verhältnisse der Entwicklungsländer einzumischen, „um Herrschaftsansprüche durchzusetzen". Ein solches Vorgehen läuft „offenbar darauf hinaus, eine neue Form von Kolonialherrschaft aufzurichten, die unter einem heuchlerischen Deckmantel die frühere, überholte Abhängigkeit wiederherstellen würde, von der viele Staaten sich erst vor kurzem frei gemacht haben". Die „technische und finanzielle Hilfe" muß uneigennützig gewährt werden, und zwar so, daß die Entwicklungsländer „in den Stand gesetzt werden, ihren wirtschaftlichen und sozialen Fortschritt einmal selbständig zu vollziehen". Nur auf diese Weise kann es gelingen, „alle Staaten zu einer Gemeinschaft zu verbinden, deren einzelne Glieder im Bewußtsein ihrer Rechte und Pflichten übereinstimmend zur Wohlfahrt aller beitragen" (MM 171–174).

Die *wirtschaftliche Entwicklungshilfe* sollte nicht mit der Errichtung von Prestige-Großbetrieben beginnen, sondern bei der Förderung arbeitsintensiver Maßnahmen im Bereich der Substrukturen ansetzen: Bau von Straßen, Brücken, Eisenbahnen, Wasserleitungen usw. Zugleich müssen zahlreiche mittlere und kleinere Betriebe zur Erzeugung von Konsumgütern (Textilbetriebe, Möbelwerkstätten, Betriebe zur Herstellung von Hausrat und dgl.) geschaffen werden, damit den beim Aufbau der Substrukturen verdienten Löhnen ein entsprechendes Konsumgüterangebot gegenübersteht; sonst steigen die Preise, und die Verelendung bleibt dieselbe.

c) In vielen Entwicklungsländern, z. B. in Lateinamerika, ist eine Agrarreform (Überwindung der Latifundien- und Minfundienstruktur) dringend geboten. Bei der Durchführung ist eine Entschädigung nach dem Verkehrswert weder möglich noch von der Christlichen Soziallehre gefordert. Wenn der Soldat sein Leben für das allgemeine Wohl ohne Entschädigung einsetzen muß, wird der Mensch erst recht verpflichtet werden können, zur Behebung schwerster, den Bestand des Staates bedrohender Mißstände auf Vermögenswerte gegen eine den Verhältnissen angepaßte Entschädigung zu verzichten (vgl. GS 71). Unternehmer und Großeigentümer in den Entwicklungsländern verstoßen in schwerer Weise gegen das allgemeine Wohl, wenn sie ihre Mittel „dem produktiven Einsatz" vorenthalten oder – z. B. durch Verlagerung ihrer Kapitalien ins Ausland – dem „Gemeinwesen materielle und ideelle Hilfen, auf die es angewiesen ist", entziehen (GS 65).

[In seiner Enzyklika „Sollicitudo rei socialis" befaßt sich Johannes Paul II. mit den einzelnen Dimensionen der Entwicklungshilfe aus heutiger Sicht. Sozialethisch sind dabei besonders die folgenden Aussagen hervorzuheben: (1) Die unzureichende Entwicklungshilfe der reichen Länder und bestimmte ungerechte Strukturen in den Wirtschaftsbeziehungen zwischen den reichen und den armen Ländern werden kritisiert. Dessen ungeachtet sieht der Papst aber den Schlüssel für eine wirklich erfolgreiche Entwicklung in den rechtlichen, politischen und ökonomischen Strukturen der Entwicklungsländer selbst (vgl. SRS 44). – (2) Wichtig ist ferner die Feststellung, „daß in der heutigen Welt unter den anderen Rechten oft auch das Recht auf unternehmerische Initiative unterdrückt wird. Und doch handelt es sich um ein wichtiges Recht nicht nur für den einzelnen, sondern auch für das Gemeinwohl. Die Erfahrung lehrt uns, daß die Leugnung eines solchen Rechtes oder seine Einschränkung im Namen einer angeblichen ‚Gleichheit' aller in der Gesellschaft tatsächlich den Unternehmungsgeist, das heißt die Kreativität des Bürgers als eines aktiven Subjektes lähmt oder sogar zerstört. Als Folge entsteht auf diese Weise nicht so sehr eine echte Gleichheit, als vielmehr eine ‚Nivellierung nach unten'. An Stelle von schöpferischer Eigeninitiative kommt es zu Passivität, Abhängigkeit und Unterwerfung unter den bürokratischen Apparat, der als einziges ‚verfügendes' und ‚entscheidendes' – wenn nicht sogar ‚besitzendes' – Organ der gesamten Güter und Produktionsmittel alle in eine Stellung fast völliger Abhängigkeit bringt, die der traditionellen Abhängigkeit des Arbeiterproletariats im Kapitalismus gleicht" (SRS 15). Positiv schlägt der Papst den „Ländern der Dritten Welt" das Modell einer sozialen Marktwirtschaft vor, „das die grundlegende und positive Rolle des Unternehmens, des Marktes, des Privateigentums und der daraus folgenden Verantwortung für die Produktionsmittel, der freien Kreativität des Menschen im Bereich der Wirtschaft anerkennt" (CA 42). – (3) Schließlich fordert der Papst die Beachtung der ökologischen Wechselwirkungen und Kreisläufe, insbesondere die Berücksichtigung „der Begrenztheit der natürlichen Hilfsquellen" (CA 34). Der Mensch habe kein absolutes Recht, nach eigenem Gutdünken die Natur „zu gebrauchen oder zu mißbrauchen" (CA 34). Er dürfe die natürlichen Ressourcen nicht „mit absolutem Verfügungsanspruch" benutzen. Dies bringe nicht nur die gegenwärtige Menschheit „in ernste Gefahr", sondern vor allem auch alle zukünftigen Generationen (CA 34).]

3. Der Beitrag der Kirche

a) Die Kirche wird an die Gewissen ihrer Gläubigen und aller Menschen guten Willens appellieren.

b) Die Kirche wird auch selber Hilfsmaßnahmen durchführen (vergleiche das Werk MISEREOR). Sie wird sich dabei in besonderer Weise der Bildungshilfe zuwenden und zum Beispiel Berufsschulen und Lehrwerkstätten errichten. In vielen Entwicklungsländern wird der soziale und wirtschaftliche Aufstieg ohne eine durch geduldige Erziehung allmählich zu erreichende Bewußtseins- und Verhaltensänderung nicht verwirklicht werden können. Nur unter dieser Voraussetzung wird auch die „Hilfe zur Selbsthilfe" Erfolg haben.

Die Missionen haben hier Vorbildliches geleistet. Jedoch muß – z.B. in Lateinamerika – nicht nur der reichen Oberschicht, sondern auch den begabten Kindern der breiten Unterschicht der Zugang zur höheren Schulbildung ermöglicht und erleichtert werden. Die Zukunft der Kirche in den Entwicklungsländern wird weithin davon abhängen, ob die Christen nicht nur individuell, sondern gemeinsam von der Gerechtigkeit und Liebe Zeugnis geben.

c) Ohne die tatkräftige Mithilfe der *Ortskirchen* in den Entwicklungsländern blieben die Bemühungen der europäischen Kirche freilich fast wirkungslos. Die Bereitschaft der Ortskirchen zum entwicklungspolitischen Engagement wächst von Jahr zu Jahr. Das hängt mit dem gesunden Selbstbewußtsein der Ortskirchen in der Dritten Welt zusammen. Auch in der Kirche vollzieht sich eine allmähliche Verlagerung der Gewichte von Europa und Nordamerika nach Süden, nach Afrika, Asien und Lateinamerika. Die Mitarbeit der einheimischen Ortskirchen gibt den Hilfsmaßnahmen die Nähe zum Menschen. Sie macht es ferner möglich, daß z.B. das Werk MISEREOR nicht selber Projekte durchzuführen braucht, weil die Ortskirchen genügend Eigeninitiativen entwickeln.[2]

---

[2] Vgl. *J. Höffner,* Der Hunger in der Welt. Köln 1975 (Sonderdrucke 31).

Das soziale, wirtschaftliche und politische Zeugnis der Christen in den Entwicklungsländern steht nicht unter dem Zeichen einer innerweltlichen Heilshoffnung, wie manche Vertreter der „Theologie der Befreiung" meinen. Auch die größten sozialen Reformen vermögen die Sehnsucht des Menschen nach dauerndem Leben, bleibendem Glück und nie endender Liebe nicht zu stillen; denn der Mensch ist „in seinem Verlangen unbegrenzt und berufen zu einem Leben höherer Ordnung" (GS 10). Es gibt keinen innerweltlichen Ausbruch aus der Endlichkeit und Begrenztheit des Menschen in das Land der endgültigen und ewigen Freiheit. Aber gerade die Hoffnung auf das Kommende ist für den Christen der stärkste Antrieb zum sozialen und politischen Engagement im Dienste der Freiheit der Kinder Gottes.

[Die Enzyklika „Sollicitudo rei socialis" beschäftigt sich eingehend mit der Frage, worin der spezifische Beitrag der Kirche zur Entwicklung der Völker liegt. Neben den bereits erwähnten sozialethischen Weichenstellungen sind hier folgende Aussagen besonders wichtig: (1) Johannes Paul II. nennt die Vorstellung, als ob die Entwicklung der Völker ein ausschließlich technisch und ökonomisch lösbares Problem sei, einen „einfältigen Optimismus mechanistischer Art" (SRS 27). Er stellt dem seine entwicklungsethische Hauptthese entgegen: „Eine Entwicklung, die nicht die kulturelle, transzendente und religiöse Dimension der Menschen und der Gesellschaft umfaßt" (SRS 46), wird das Ziel der „wirtschaftlichen Entwicklung" nicht erreichen. Die selbstverständlich unverzichtbaren Leistungen der Wissenschaften und deren Anwendungen in Technik, Ökonomie und Politik werden nur dann „die wahre menschliche Entwicklung" befördern, wenn sie „von einer sittlichen Grundeinstellung gelenkt" (SRS 28) werden. Deren sicherste Verankerung sieht der Papst in „Gottes Willen ..., dem einzigen wahren Fundament einer Ethik mit absoluter Verpflichtung" (SRS 38). Anders gesprochen: Ohne entsprechende „moralische Entschlüsse" (SRS 35), die auf der „Ebene des Verhaltens der Menschen als verantwortliche Personen wirken" (SRS 35), läßt sich eine verantwortliche Gesellschaft nicht verwirklichen. – (2) Ein wichtiger Aspekt des kirchlichen Beitrags liegt im Bereich der Motivation der Menschen. Der Christ weiß um das Böse im Menschen. Er darf aber trotz aller negativen Erfahrungen nicht resignieren: „Wer den schwierigen, aber auch beglückenden Auftrag zurückweisen wollte, das Los des ganzen Menschen und aller Menschen zu verbessern, und dies unter dem Vorwand der Last des Kampfes und der ständigen Anstrengung zur Überwindung der Schwierigkeiten oder sogar wegen der Erfahrung des Mißerfolgs und des

Rückfalls auf den Ausgangspunkt, der würde dem Willen des Schöpfers untreu" (SRS 30). Die Kirche habe trotz ihrer realistischen Sicht des Bösen in der Welt „Vertrauen auch zum Menschen"; denn in der menschlichen Person seien „ausreichend Qualitäten und Energien vorhanden ..., weil der Mensch Ebenbild des Schöpfers ist und im Einfluß des erlösenden Wirkens Christi steht, der ‚jedem Menschen nahe ist', und weil das mächtige Wirken des Heiligen Geistes ‚die Erde erfüllt' (Weish. 1,7)". Deshalb seien weder „Verzweiflung noch Pessimismus oder Passivität" zu rechtfertigen. Man könne „im Bereich der Unterentwicklung auch durch Angst, Unentschlossenheit und im Grunde durch Feigheit sündigen" (SRS 47).]

4. In vielen Entwicklungsländern stößt die Kirche auf das marxistische Anti-Evangelium, das mit Absolutheitsanspruch allen Völkern die innerweltliche Heilsbotschaft der klassenlosen Gesellschaft verkündet. Es ist erstaunlich, daß große Völker, die mit Recht auf ihre Kultur und Geschichte stolz sind, den dialektischen Materialismus, der doch ein typisches Produkt europäischen Denkens ist, unkritisch übernehmen, ohne zu bedenken, daß sie auf diese Weise zur Beute eines ideologischen Neo-Kolonialismus werden.

[Im letzten Abschnitt seines Lehrbuchs weist Joseph Höffner auf das „marxistische Anti-Evangelium" hin, auf das die Kirche „in vielen Entwicklungsländern" stoße. Ein Jahr nach der Veröffentlichung der letzten Auflage dieses Lehrbuches hat er sich in einem Vortrag vor der Deutschen Bischofskonferenz[3] kritisch mit der Verwendung der „marxistischen Analyse" in bestimmten befreiungstheologischen Ansätzen auseinandergesetzt. Die Enzyklika „Sollicitudo rei socialis" weist auf die „positiven Werte, aber auch die Fehlentwicklungen und die Gefahren (hin), die mit dieser Form theologischer Reflexion und Arbeit verbunden sind", wie sie das „kirchliche Lehramt" in den Instruktionen „Libertatis nuntius" (6.8.1984) und „Libertatis conscientia" (22.4.1986) aufgezeigt habe (SRS 46). Sie läßt keinen Zweifel daran, daß der „Hauptbeitrag" der Kirche zur „Lösung des drängenden Problems der Entwicklung" darin besteht, daß sie „die Wahrheit über Christus, über sich selbst und den Menschen verkündet und auf eine konkrete Situation anwendet. Als Mittel zur Erreichung dieses Zieles benutzt die Kirche ihre Soziallehre". Dazu gibt es keine Alternative. Deshalb hält sie es für angebracht, die „Summe von Leitprinzipien, von Urteilskriterien und von

---

[3] „Soziallehre der Kirche oder Theologie der Befreiung?" Hg. v. Sekretariat der Deutschen Bischofskonferenz, Bonn 1984.

Richtlinien für das konkrete Handeln", wie sie die Soziallehre der Kirche vorlegt, „genauer zu kennen und mehr zu verbreiten" (SRS 41).]

SACHVERZEICHNIS

340

ABKÜRZUNGSVERZEICHNIS

AA	Dekret über das Apostolat der Laien „Apostolicam actuositatem" (Zweites Vatikanisches Konzil)
AAS	Acta apostolicae sedis
CA	Johannes Paul II., Enzyklika „Centesimus annus"
DH	Erklärung über die Religionsfreiheit „Dignitatis humanae" (Zweites Vatikanisches Konzil)
DS	Enchiridion symbolorum, definitionum et declarationum de rebus fidei et morum. Ed. H. Denzinger/A. Schönmetzer, Freiburg i. Br. ³⁶1976
GE	Erklärung über die christliche Erziehung „Gravissimum educationis" (Zweites Vatikanisches Konzil)
GS	Pastorale Konstitution über die Kirche in der Welt von heute „Gaudium et spes" (Zweites Vatikanisches Konzil)
IkaZ	Internationale katholische Zeitschrift „Communio"
JCSW	Jahrbuch für christliche Sozialwissenschaften
KuG	Reihe „Kirche und Gesellschaft"
LE	Johannes Paul II., Enzyklika „Laborem exercens"
LG	Dogmatische Konstitution über die Kirche „Lumen gentium" (Zweites Vatikanisches Konzil)
MM	Johannes XXIII., Enzyklika „Mater et magistra"
MySal	Mysterium salutis. Grundriß heilsgeschichtlicher Dogmatik. 5 Bde. Hg. v. J. Feiner/M. Löhrer. Einsiedeln/Zürich 1965–1981
NZZ	Neue Zürcher Zeitung
OA	Paul VI., Apostolisches Schreiben „Octogesima adveniens"
PP	Paul VI., Enzyklika „Populorum progressio"
PT	Johannes XXIII., Enzyklika „Pacem in terris"
QA	Pius XI., Enzyklika „Quadragesimo anno"
RH	Johannes Paul II., Enzyklika „Redemptor hominis"
RN	Leo XIII., Enzyklika „Rerum novarum"
SRS	Johannes Paul II., Enzyklika „Sollicitudo rei socialis"
ThR	Theologische Rundschau
StZ	Stimmen der Zeit
UG	Aufbau und Entfaltung des gesellschaftlichen Lebens. Soziale Summe Pius XII. 3 Bde. Hg. v. A.-F. Utz/J.-F. Groner. Freiburg (Schweiz) 1954–1961.
ZKTh	Zeitschrift für Katholische Theologie

LITERATURVERZEICHNIS

I. Grundlegung

Abhandlungen zur Sozialethik. Hg. v. W. Weber/A. Rauscher/L. Roos. Paderborn 1969 ff.

Auer, Albert, Der Mensch hat Recht. Naturrecht auf dem Hintergrund des Heute. Graz/Wien/Köln 1956.

Baraúna, G. (Hg.), Die Kirche in der Welt von heute. Untersuchungen und Kommentare zur Pastoralkonstitution „Gaudium et spes" des II. Vatikanischen Konzils. Salzburg 1967.

Berg, Ludwig, Sozialethik. München 1959.

Bigo, P., La Doctrine sociale de l'Eglise. Paris 1965.

Böckle, Franz/Böckenförde, E. W. (Hg.), Naturrecht in der Kritik. Mainz 1973.

Chénu, Marie-Dominique, Das Volk Gottes in der Welt. Paderborn 1968.

Civitas. Jahrbuch für christliche Gesellschaftsordnung. Hg. v. Heinrich Pesch Haus, Mannheim 1962 ff.

Clément, Marcel, Introduction à la doctrine sociale catholique. Paris 1951.

Cronin, John F., Social Principles and Economic Life. Milwaukee 1959.

David, Jakob, Das Naturrecht in Krise und Läuterung. Köln 1967.

Drexler, H., Die Entdeckung des Individuums. Salzburg 1966.

Duquoc, Christian, Kirche und Fortschritt. Wien/München 1967.

Evangelisches Soziallexikon. Hg. v. Th. Schober u.a., Stuttgart/Berlin 1980.

Fagothy, Austin, Right and Reason. Ethics in Theory and Practise. St. Louis 1959.

Fellermeier, Jakob, Abriß der katholischen Gesellschaftslehre. Freiburg i. Br. 1956.

Fischer, H., Theorie der Kultur. Das kulturelle Kraftfeld. Stuttgart 1965.

Fuchs, Josef, Lex naturae. Zur Theologie des Naturrechts. Düsseldorf 1955.

Geppert, Theodor, Teleologie der menschlichen Gemeinschaft. Grundlegung der Sozialphilosophie und Sozialtheologie. Münster 1955.

Goenaga, Jos., Philosophia socialis. Rom 1964.

Gundlach, Gustav, Die Ordnung der menschlichen Gesellschaft. 2 Bde. Köln 1964.

Harth, Werner, Kirchliche Sozialverkündigung und christliche Sozialbewegung. Literaturauswahl (Stand Mai 1982). Deutscher Katecheten-Verein, München 1982.

Henning, Rudolf, Der Maßstab des Rechts im Rechtsdenken der Gegenwart. Münster 1961.

Herr, Theodor, Zur Frage nach dem Naturrecht im deutschen Protestantismus der Gegenwart. München/Paderborn/Wien 1972.

Höffner, Joseph, Gesellschaftspolitik aus christlicher Weltverantwortung. Reden und Aufsätze. Münster 1966.

—, Weltverantwortung aus dem Glauben. Reden und Aufsätze II. Münster 1969.

Houtart, F., L'Eglise et le Monde. Paris 1964.

Jahrbuch des Instituts für Christliche Sozialwissenschaften der Universität Münster. Münster 1960 ff.; seit 1968: Jahrbuch für Christliche Sozialwissenschaften.

Katholisches Soziallexikon. Hg. v. A. Klose/W. Mantl/V. Zsifkovits. Innsbruck u. a. ²1980.

Kirche und Gesellschaft. Hg. v. der Katholischen Sozialwissenschaftlichen Zentralstelle Mönchengladbach, Heft 1 ff. seit 1973.

Klein, Wolfgang, Teilhard de Chardin und das Zweite Vatikanische Konzil. München/Paderborn/Wien 1975.

Klüber, Franz, Grundlagen der katholischen Gesellschaftslehre. Osnabrück 1960.

—, Naturrecht als Ordnungsnorm der Gesellschaft. Der Weg der katholischen Gesellschaftslehre. Köln 1966.

Külp, Bernhard, Kurzgefaßte Katholische Soziallehre. Köln 1962.

Laun, Andreas, Die naturrechtliche Begründung der Ethik in der neueren katholischen Moraltheologie. Wien 1973.

Leclercq, Jacques, Du droit naturel à la sociologie. 2 Bde. Paris 1960.

Link, Ewald, Das Subsidiaritätsprinzip. Sein Wesen und seine Bedeutung für die Sozialethik. Freiburg i. Br. 1955.

Messner, Johannes, Das Naturrecht. Handbuch der Gesellschaftsethik, Staatsethik und Wirtschaftsethik. Innsbruck/Wien/München 1950, ³1958.

—, Kulturethik. Innsbruck 1954.

—, Das Gemeinwohl. Idee, Wirklichkeit, Aufgaben. Osnabrück ²1968.

—, Du und der andere. Vom Sinn der menschlichen Gesellschaft. Köln 1969 (Kommentare zur Pastoralkonstitution des Zweiten Vatikanischen Konzils Über die Kirche in der Welt von heute III).

Monzel, Nikolaus, Katholische Soziallehre. I. Grundlegung, Köln 1965.

Muhler, Emil, Die Soziallehre der Päpste. München ²1959.

von Nell-Breuning, Oswald, Gerechtigkeit und Freiheit. Grundzüge katholischer Soziallehre. Wien/München/Zürich 1980.

—, Soziallehre der Kirche. Erläuterungen der lehramtlichen Dokumente. Wien/München/Zürich ³1983.

Neue Ansätze der katholischen Soziallehre. Festschrift für Prälat Dr. Franz Müller. Hg. v. Katholisch-Sozialen Institut der Erzdiözese Köln. Köln 1970.

Platte, Hans K., Soziologie der Massenkommunikationsmittel. Analysen und Berichte. München/Basel 1965.

Rauscher, *Anton*, Subsidiaritätsprinzip und Berufsständische Ordnung. München 1958.

— (Hg.), Das Humanum und die christliche Sozialethik. Köln 1970.

Rommen, Heinrich, Die ewige Wiederkehr des Naturrechts. München ²1947.

Schasching, Johann, Katholische Soziallehre und modernes Apostolat. Innsbruck/Wien/München 1956.

Scheffczyk, L., Christliche Weltfrömmigkeit. Essen 1964.

Schelauske, Hans Dieter, Naturrechtsdiskussion in Deutschland. Ein Überblick über zwei Jahrzehnte: 1945–1965. Köln 1968.

Schilling, Otto, Christliche Gesellschaftslehre, Freiburg i. Br. 1926.

Schriften des Instituts für christliche Sozialwissenschaften der Universität Münster. Münster 1955 ff.

Schwarte, Johannes, Gustav Gundlach S.J. (1892–1963). Maßgeblicher Repräsentant der katholischen Soziallehre während der Pontifikate Pius' XI. und Pius' XII. München/Paderborn/Wien 1975.

Schwer, Wilhelm, Katholische Gesellschaftslehre. Paderborn 1928.

Sozialenzykliken: Leo XIII., Rerum novarum (1891); Pius XI., Quadragesimo anno (1931); Johannes XXIII., Mater et Magistra (1961), Pacem in terris (1963); Paul VI., Populorum progressio (1967), Apostolisches Schreiben „Octogesima adveniens" (1971); Johannes Paul II., Laborem exercens (1981), [Sollicitudo rei socialis (1987), Centesimus annus (1991)].

Staatslexikon. Recht, Wirtschaft, Gesellschaft. Hg. v. der Görres-Gesellschaft. Bd. 1–8. Freiburg i. Br. ⁶1957–1963.

[*Texte zur katholischen Soziallehre.* Die sozialen Rundschreiben der Päpste und andere kirchliche Dokumente mit Einführungen von O. v. Nell-Breuning und J. Schasching. Bornheim/Kevelaer ⁸1992.]

Thils, Gustave, Theologie der irdischen Wirklichkeiten. Salzburg (1955).

Utz, Arthur, Grundsatzfragen des öffentlichen Lebens. Bibliographie. Bd. 1–4. Freiburg i. Br. 1960 ff.

— / *Groner, Joseph-Fulko (Hg.)*, Aufbau und Entfaltung des gesellschaftlichen Lebens. Soziale Summe Pius XII. Bd. 1–3. Freiburg (Schweiz) 1954–1961.

—, Sozialethik. I: Die Prinzipien der Gesellschaftslehre. Heidelberg/Löwen 1958.

— / *Brigitta Gräfin von Galen (Hg.)*, Die katholische Sozialdoktrin in ihrer geschichtlichen Entfaltung. Eine Sammlung päpstlicher Dokumente vom 15. Jahrhundert bis in die Gegenwart (Originaltexte mit Übersetzung). 4 Bde. Aachen 1976.

Weber, Wilhelm, Anfragen an die Soziallehre der Kirchen; in: JCSW 13 (1972) 27–53.

Welty, Eberhard, Herders Sozialkatechismus. Ein Werkbuch der katholischen Sozialethik in Frage und Antwort. 3 Bde. Freiburg i. Br. 1951–1958.

Wendland, Heinz-Dietrich, Botschaft an die soziale Welt. Beiträge zur christlichen Sozialethik der Gegenwart. Hamburg 1959.

Wiesner, W., Die Welt im Verständnis des christlichen Glaubens. Heidelberg 1964.

Wildmann, Georg, Personalismus, Solidarismus und Gesellschaft. Der ethische und ontologische Grundcharakter der Gesellschaftslehre der Kirche. Wien 1961.

William, J. M., Catholic Social Thought. New York 1950.

Zweites Vatikanisches Konzil (1962–1965). Für die Christliche Gesellschaftslehre sind folgende Konzilsdokumente besonders bedeutsam: Gaudium et spes (Pastoralkonstitution über die Kirche in der Welt von heute), Apostolicam actuositatem (Dekret über das Laienapostolat), Dignitatis humanae (Erklärung über die Religionsfreiheit), Gravissimum educationis (Erklärung über die christliche Erziehung).

II. Das Ordnungsgefüge der Gesellschaft

1. Ehe und Familie

Begemann, Helmut, Strukturwandel der Familie. Hamburg 1960.

Berg, Ludwig, Ehegemeinschaft in sozialtheologischer Sicht. Münster 1967.

Buytendijk, F. J. J., Die Frau. Wesen, Erscheinung, Dasein. Köln 1953.

Claessens, Dieter, Familie und Wertsystem. Berlin ³1972.

David, J./Hanßler, B./Strobl, J., Vom Vater in der Familie, Gesellschaft und Kirche. Donauwörth 1960.

David, Jakob, Neue Aspekte der kirchlichen Ehelehre. Bergen-Enkheim ³1966.

Die Erziehungskraft der Familie. Hg. v. Kulturbeirat beim Zentralkomitee der deutschen Katholiken. Köln 1967.

Dreier, Wilhelm, Das Familienprinzip. Ein Strukturelement der modernen Wirtschaftsgesellschaft. Münster 1960.

—, Wirtschaftliche und soziale Sicherung von Ehe und Familie. Münster 1965.

Enciclopedia del Matrimonio. Brescia 1960.

Familiensoziologie. Ein Reader als Einführung. Hg. v. D. Claessens/P. Milhoffer. Frankfurt a. M. 1973.

Grelot, P., Mann und Frau nach der Heiligen Schrift. Mainz 1965.

Hadriga, Franz, Kinder ohne Eltern? Erziehungsprobleme berufstätiger Eltern. Wien 1956.

Häring, Bernhard, Ehe in dieser Zeit. Salzburg 1960.

—, Der Christ und die Ehe. Düsseldorf 1965.

Heinen, Wilhelm, Werden und Reifen des Menschen in Ehe und Familie. Münster 1965.

Hinze, Edith, Lage und Leistung erwerbstätiger Mütter. Berlin/Köln 1960.

Höffner, Joseph, Ehe und Familie. Wesen und Wandel in der industriellen Gesellschaft. Münster 1959.

—, Nur Du – und Du für immer. Köln ³1981.

Hofmann, A. C./Kersten, D., Frauen zwischen Familie und Fabrik. München 1958.

Jeannière, A., Anthropologie sexuelle. Paris 1964.

Johannes Paul II., A l'image de Dieu. Le Mariage, la Famille: Une vocation. Rom 1981.

Leclercq, Jacques, Familie im Umbruch. Ehe und Familie im Strukturwandel unserer Gesellschaft. Luzern/München 1965.

Leclercq, J.,/David, J., Die Familie. Ein Handbuch. Freiburg i. Br. 1955.

Lips, A., Mann und Frau in der Ehe. Wien/Freiburg i. Br./Basel 1967.

Lüschen, Günther/Lupri, Eugen (Hg.): Soziologie der Familie. Opladen 1970 (Kölner Zeitschrift für Soziologie und Sozialpsychologie. Sonderheft 14).

Rosenbaum, Heidi, Familie als Gegenstruktur zur Gesellschaft. Stuttgart 1973.

Schelsky, Helmut, Wandlungen der deutschen Familie in der Gegenwart. Stuttgart 1955.

Scherer, A. u. R./Dorneich, J., Ehe und Familie. Freiburg i. Br. 1956–1959 (Wörterbuch der Politik 7/8).

Schmucker, Helga u. a., Die ökonomische Lage der Familie in der Bundesrepublik Deutschland. Tatbestände und Zusammenhänge. Stuttgart 1961.

Viollet, Jean (Hg.), Vom Wesen und Geheimnis der Familie. Salzburg 1952.

Weber, L. M., Mysterium Magnum. Zur innerkirchlichen Diskussion um Ehe, Geschlecht und Jungfräulichkeit. Freiburg i. Br. 1964.

Wingen, M., Die wirtschaftliche Förderung der Familie. Paderborn o. J.

2. Arbeit und Beruf

Auer, Alfons, Christsein im Beruf. Düsseldorf 1966.

Baerwald, Friedrich, Lebenserwartungen von Lehrlingen und Jungarbeitnehmern im Großbetrieb. München/Paderborn/Wien 1973.

Bienert, Walther, Die Arbeit nach der Lehre der Bibel. Eine Grundlegung evangelischer Sozialethik. Stuttgart ²1956.

Blücher, Viggo Graf, Freizeit in der Industriellen Gesellschaft. Stuttgart 1956.

Caplow, Theodor, Soziologie der Arbeit. Meisenheim a. Glan 1958.

Daheim, Hansjürgen, Der Beruf in der modernen Gesellschaft. Köln/Berlin 1967.

Dörschel, Alfons, Arbeit und Beruf in wirtschaftspädagogischer Betrachtung. Freiburg i. Br. 1960.

Glaser, Ernst, Familie, Beruf, Freizeit. Wien 1954.

Haessle, Johannes, Das Arbeitsethos der Kirche nach Thomas von Aquin und Leo XIII. Untersuchungen über den Wirtschaftsgeist des Katholizismus. Freiburg i. Br. 1923.

Höffner, Joseph, Der technische Fortschritt und das Heil des Menschen. Paderborn (1953).

Holzapfel, Helmut, Die sittliche Wertung der körperlichen Arbeit im christlichen Altertum. Würzburg 1941.

Huber, Hans, Geist und Buchstabe der Sonntagsruhe. Salzburg 1958.

Mokre, Johann, Grundriß der Arbeiterkunde. Wien 1950.

Pieper, Josef, Muße und Kult. München [4]1955.

Pietsch, Max, Von Wert und Würde menschlicher Arbeit. Frankfurt a. M. 1952.

Rondet, Henri, Die Theologie der Arbeit. Ein Entwurf. Würzburg 1956.

Roos, Lothar, Ordnung und Gestaltung der Wirtschaft. Grundlagen und Grundsätze der Wirtschaftsethik nach dem II. Vatikanischen Konzil. Köln 1971.

Todoli, J., Filosofia del trabajo. Madrid 1955.

Weber, Wilhelm, Ethik der Arbeit. In: Handwörterbuch des Personalwesens. Hg. v. E. Gaugler. Stuttgart 1975, 754–761.

Weinstock, Heinrich, Arbeit und Bildung. Die Rolle der Arbeit im Prozeß um unsere Menschwerdung. Heidelberg 1954.

Welty, Eberhard, Vom Sinn und Wert der menschlichen Arbeit. Heidelberg 1946.

3. Die Wirtschaft

Beutter, Friedrich, Die Eigentumsbegründung in der Moraltheologie des 19. Jahrhunderts. Paderborn 1971.

Burghardt, Anton, Eigentumsethik und Eigentumsrevisionismus. Vom Abfindungslohn zum Miteigentum. München 1955.

Calvez, Jean-Yves/Perrin, Jacques, Kirche und Wirtschaftsgesellschaft. Die Soziallehre der Päpste von Leo XIII. bis zu Johannes XXIII. 2 Bde. Recklinghausen 1964–1965.

Dreier, Wilhelm, Funktion und Ethos der Konsumwerbung. Münster 1965.

Dürr, Wolfram, Wesen und Ziele des Ordoliberalismus. Winterthur 1954.

Eigentumsordnung und katholische Soziallehre. Hg. v. Katholisch-Sozialen Institut der Erzdiözese Köln. Köln 1970.

Eigentum und Eigentümer in unserer Gesellschaftsordnung. Köln/Opladen 1960 (Veröffentlichungen der Walter-Raymond-Stiftung I).

Galbraith, John Kenneth, Gesellschaft im Überfluß. München/Zürich 1959.

Grace, Frank, The Concept of Property in Modern Christian Thought. Urbana 1953.

Grenner, K. H., Wirtschaftsliberalismus und katholisches Denken. Köln 1967.

Hättich, Manfred, Wirtschaftsordnung und katholische Soziallehre. Stuttgart 1957.

Höffner, Joseph, Wirtschaftsethik und Monopole im 15. und 16. Jahrhundert. Jena 1941 [Darmstadt ²1969].

—, Die Verantwortung der Kirche für die Arbeitswelt. Köln 1983.

Horváth, Alexander, Eigentumsrecht nach dem hl. Thomas von Aquin. Graz 1929.

Jahrbuch des Instituts für Christliche Sozialwissenschaften. Bd. II: Breite Vermögensstreuung. Münster 1961.

Jostock, Paul, Das Sozialprodukt und seine Verteilung. Paderborn (1955).

Kalveram, Wilhelm, Der christliche Gedanke in der Wirtschaft. Köln 1949.

Kapitalismuskritik im Widerstreit. Hg. v. Anton Rauscher. Köln 1973.

Kirche und Wirtschaftsgesellschaft. Eine Sendereihe in RADIO VATICANA. Hg. v. der Internationalen Stiftung HUMANUM. Köln 1974.

Kraus, Otto, Sozialphilosophie und Wirtschaftspolitik. Berlin 1960.

Kriegel, Annie, Un autre Communisme? (Eurokommunismus). Paris 1977.

Mann, A., Sozialprodukt, Lohnpolitik und Produktivität. Frankfurt a. M. 1956.

Marktwirtschaft und soziale Verantwortung. Hg. v. B. B. Gemper. Köln 1973.

Mitbestimmung? Hg. v. G. Briefs. Stuttgart 1967.

Mötteli, C., Licht und Schatten der sozialen Marktwirtschaft. Erlenbach/Zürich 1961.

Mounier, Emmanuel, Vom kapitalistischen Eigentumsbegriff zum Eigentum des Menschen. Luzern 1936.

Nawroth, Egon Edgar, Die Sozial- und Wirtschaftsphilosophie des Neoliberalismus. Heidelberg/Löwen 1961.

von Nell-Breuning, Oswald, Wirtschaft und Gesellschaft. 3 Bde. Freiburg i. Br. 1956–1960.

—, Kapitalismus und gerechter Lohn. Freiburg i. Br. 1960.

Noonan, John T., The Scholastic Analysis of Usury. Cambridge, Mass. 1957.

Oberhauser, Alois, Die wirtschaftlichen Auswirkungen und Grenzen des Investivlohnes. Paderborn o. J.

Oeconomia Humana. Wirtschaft und Gesellschaft auf dem II. Vatikanischen Konzil. Köln/Bonn 1973.

Ökonomischer Humanismus. Neoliberale Theorie, Soziale Marktwirtschaft und christliche Soziallehre. Köln 1960.

Hans, Peter, Wandlungen der Eigentumsordnung und der Eigentumslehre seit dem 19. Jahrhundert. Aarau 1949.

Roos, Lothar, Ordnung und Gestaltung der Wirtschaft. Grundlagen und Grundsätze der Wirtschaftsethik nach dem II. Vatikanischen Konzil. Köln 1971.

Schmid, Hans, Neoliberalismus und Katholische Soziallehre. Eine Konfrontierung. Köln 1954.

Schreiber, Wilfrid, Sozialpolitik in einer freien Welt. Osnabrück 1961.

Schumpeter, Joseph A., History of Economic Analysis. London ²1955.

Tautscher, Anton, Wirtschaftsethik. München 1957.

Tritsch, Walther, Die Wirtschaftsdynamik unserer Zeit. Stuttgart 1959.

Utz, A. F., Freiheit und Bindung des Eigentums. Heidelberg 1948.

—, Zwischen Neoliberalismus und Neomarxismus. Die Philosophie des Dritten Weges. Köln 1975.

Weber, H./Tischleder, P., Wirtschaftsethik. Essen 1931.

Weber, Wilhelm, Wirtschaftsethik am Vorabend des Liberalismus (Ludwig Molina als Wirtschaftsethiker). Münster 1959.

—, Geld und Zins in der spanischen Spätscholastik. Münster 1962.

—, Stabiler Geldwert in geordneter Wirtschaft. Gegenwartsfragen der Währungsethik, Münster 1965.

—, Der Unternehmer. Eine umstrittene Sozialgestalt zwischen Ideologie und Wirklichkeit. Köln 1973.

Weber, Wilhelm/Schreiber, Wilfrid/Rauscher, Anton, Das Konzil zur Wirtschaftsgesellschaft, Münster 1966.

Weddigen, Walter, Wirtschaftsethik. System humanitärer Wirtschaftsmoral. Berlin 1951.

Wirtschaftspolitische Zielkonflikte und katholische Solziallehre. Hg. v. Katholisch-Sozialen Institut der Erzdiözese Köln. Köln 1970.

4. Der Staat

Beckel, Albrecht, Christliche Staatslehre. Grundlagen und Zeitfragen. Osnabrück 1960.

Demokratie, Kirche, Politische Ethik. Münster 1971 (JCSW X).

Ermecke, Gustav, Zur ethischen Begründung der Todesstrafe heute. Paderborn 1959.

Essener Gespräche zum Thema Staat und Kirche. Hg. v. J. Krautscheidt/H. Marré. Münster 1969 ff.

Forster, K. (Hg.), Das Verhältnis von Kirche und Staat. Würzburg 1967.

Gnägi, Anton, Katholische Kirche und Demokratie. Zürich/Einsiedeln/Köln 1970.

Hamm, Franz, Zur Grundlegung und Geschichte der Steuermoral. Trier 1908.

Hermens, F. A., Ethik, Politik und Macht. Frankfurt a. M./Bonn 1961.

Heyland, Karl, Das Widerstandsrecht des Volkes gegen verfassungswidrige Ausübung der Staatsgewalt im neuen deutschen Verfassungsrecht. Tübingen 1950.

Kern, Fritz, Gottesgnadentum und Widerstandsrecht im früheren Mittelalter. Leipzig 1914.

Kipp, Heinrich, Mensch, Recht und Staat. Köln 1947.

Kirche und Staat. Von der Mitte des 15. Jahrhunderts bis zur Gegenwart. Hg. v. H. Raab. München 1966.

Kirche – Politik – Parteien. Hg. v. A. Rauscher. Köln 1974.

Kühle, H., Staat und Todesstrafe. Münster 1934.

Langner, Albrecht, Die politische Gemeinschaft. Köln 1968.

Maier, Hans, Der Christ in der Demokratie. Augsburg 1968.

—, Kirche und Gesellschaft. München 1972.

Mikat, Paul, Das Verhältnis von Kirche und Staat in der Bundesrepublik. Berlin 1964.

Monzel, Nikolaus, Die Nation im Lichte der christlichen Gemeinschaftsidee. Bonn 1949.

Nawiasky, Hans, Allgemeine Staatslehre. Köln 1945.

Rock, Martin, Widerstand gegen die Staatsgewalt. Münster 1966.

Rommen, Heinrich, Der Staat in der katholischen Gedankenwelt. Paderborn 1935.

—, Die Staatslehre des Franz Suarez S.J. M. Gladbach (1927).

Sanchez Agesta, L., El Concepto del Estado en el pensamiento español del siglo XVI. Madrid 1959.

Schambeck, Herbert, Kirche – Staat – Gesellschaft. Probleme von heute und morgen. Wien/Freiburg i. Br./Basel 1967.

Schilling, Otto, Die Staats- und Soziallehre des hl. Augustinus. Freiburg i. Br. 1910.

Schönstedt, Friedrich, Der Tyrannenmord im Spätmittelalter. Berlin 1938.

Tischleder, Peter, Ursprung und Träger der Staatsgewalt nach der Lehre des hl. Thomas und seiner Schule. M. Gladbach 1923.

von Wiese, Leopold, Gesellschaftliche Stände und Klassen. München 1950.

Wössner, J., Die ordnungspolitische Bedeutung des Verbandswesens. Tübingen 1961.

5. Die Völkergemeinschaft

Bestez, H./Boesch, E. E., (Hg.), Entwicklungspolitik. Handbuch und Lexikon. Stuttgart/Mainz 1966.

Bopp, Jörg, Populorum progressio – Aufbau der Kirche? Stuttgart 1968.

Bosc, R., Sociologie de la Paix. Paris 1965.

Comblin, J., Die Theologie des Friedens. Graz 1966.

Coste, R., Dynamique de la Paix. Paris 1965.

Delavignette, Robert, Christentum und Kolonialismus. Aschaffenburg 1961.

Europa und der Kolonialismus. Hg. v. E. Meyer u. a. Zürich/Stuttgart 1962.

Höffner, Joseph, Kolonialismus und Evangelium. Spanische Kolonialethik im Goldenen Zeitalter. Trier ³1972 (¹1947 unter dem Titel: Christentum und Menschenwürde. Das Anliegen der spanischen Kolonialethik im Goldenen Zeitalter).

—, Das Friedensproblem im Licht des christlichen Glaubens. Bonn 1981.

Krauss, Heinrich, Die Entwicklungsenzyklika Papst Pauls VI. Populorum progressio. Freiburg i. Br. 1967.

Leclercq, Jacques, Wege zur Völkergemeinschaft. Aschaffenburg 1959.

Mac Reavy, L. L., Peace and War in Catholic Doctrine. Oxford 1963.

Die sittliche Ordnung der Völkergemeinschaft. Aufriß einer Ehik der internationalen Beziehungen. Hg. v. Internationale Soziale Studienvereinigung. Augsburg 1950.

Rein, A., Die europäische Ausbreitung über die Erde. Potsdam 1931.

Riedmatten, Henri de, Die Völkergemeinschaft. Köln 1969.

Römische Bischofssynode 1971: Gerechtigkeit in der Welt. Mit einer Einleitung v. Klaus Hemmerle/Wilhelm Weber. Trier 1972.

Schmauch, Jochen, Herrschen oder Helfen? Kritische Überlegungen zur Entwicklungshilfe. Freiburg i. Br. 1967.

Schmid, R./Beck, W., Streit um den Frieden. München/Mainz 1967.

Sieber, E., Kolonialgeschichte der Neuzeit. Die Epochen der europäischen Ausbreitung über die Erde. Bern 1949.

Weidert, Alois, Elemente einer theologischen Konflikt- und Friedenstheorie. Traditionskritische, biblische und hermeneutische Überlegungen zum Problem des Friedens. Diss. theol. Münster 1973 (Fotoprint-Manuskript).

Zeiller, J., La Croix conquiert le Monde. Paris 1960.